500만 독자 여러분께 감사드립니다!

세상이 아무리 바쁘게 돌아가더라도
책까지 아무렇게나 빨리 만들 수는 없습니다.

길벗은 독자 여러분이
가장 쉽게, 가장 빨리 배울 수 있는 책을
한 권 한 권 정성을 다해 만들겠습니다.

독자의 1초를 아껴주는 정성을
만나보세요.

미리 책을 읽고 따라해 본 2만 베타테스터 여러분과
무따기 체험단, 길벗스쿨 엄마 2% 기획단,
시나공 평가단, 토익 배틀, 대학생 기자단까지!
믿을 수 있는 책을 함께 만들어주신 독자 여러분께 감사드립니다.

㈜도서출판 길벗 www.gilbut.co.kr
길벗스쿨 www.gilbutschool.co.kr

'AI로 실무 완전 정복!'

직장인을 위한
AI실무
엑셀
파워포인트
워드

엑셀

박미정, 박은진 지음

길벗

직장인을 위한 AI 실무 엑셀&파워포인트&워드
The Business Practice Series - AI for Excel&PowerPoint&Word

초판 발행 · 2025년 9월 29일

지은이 · 박미정, 박은진
발행인 · 이종원
발행처 · (주)도서출판 길벗
출판사 등록일 · 1990년 12월 24일
주소 · 서울시 마포구 월드컵로 10길 56(서교동)
대표 전화 · 02)332-0931 | **팩스** · 02)322-3895
홈페이지 · www.gilbut.co.kr | **이메일** · gilbut@gilbut.co.kr

기획 및 편집진행 · 박슬기(sul3560@gilbut.co.kr)
디자인 · 박상희 | **제작** · 이준호, 손일순, 이진혁
영업마케팅 · 전선하, 박민영, 서현정 | **유통혁신** · 한준희 | **영업관리** · 김명자 | **독자지원** · 윤정아
교정교열 · 안혜희 | **전산편집** · 김정미 | **CTP 출력 및 인쇄** · 금강인쇄 | **제본** · 신정문화사

· 잘못된 책은 구입한 서점에서 바꿔 드립니다.
· 이 책은 저작권법에 따라 보호받는 저작물이므로 무단전재와 무단복제를 금합니다.
· 이 책의 전부 또는 일부를 이용하려면 반드시 사전에 저작권자와 (주)도서출판 길벗의 서면 동의를 받아야 합니다.
· 인공지능(AI) 기술 또는 시스템을 훈련하기 위해 이 책의 전체 내용은 물론 일부 문장도 사용하는 것을 금지합니다.

ⓒ 박미정, 박은진, 2025

ISBN 979-11-407-1564-0 03000
(길벗 도서번호 007220)

가격 26,000원

독자의 1초를 아껴주는 정성 길벗출판사

(주)도서출판 길벗 | IT교육서, IT단행본, 경제경영, 교양, 성인어학, 자녀교육, 취미실용 www.gilbut.co.kr
길벗스쿨 | 국어학습, 수학학습, 주니어어학, 어린이단행본, 학습단행본 www.gilbutschool.co.kr

인스타그램 · gilbut.it | **페이스북** · gilbutzigy | **네이버 블로그** · blog.naver.com/gilbutzigy

작가의 말

직장인의 필수 도구, 제대로 익히기

오늘날 직장인에게 오피스 프로그램은 업무의 기본이자 필수 역량입니다. 하지만 막상 제대로 배우지 못한 채, 인터넷 검색이나 선배의 조언을 통해 단편적으로 익히다 보니 기초가 부족해 실전에 활용하기 어렵습니다. 또한 유튜브 영상에서 접한 팁들도 비효율적인 방법인 줄 모른 채 그대로 따라 하다 오히려 더 헤매는 경우가 많습니다. 이 책은 20년 이상 실무 현장에서 교육해 온 강사들의 경험을 바탕으로, 직장인들이 가장 자주 활용하는 오피스 기능을 더욱 정확하게, 효율적으로, 빠르게 사용할 수 있도록 친절하게 안내합니다.

오피스의 새로운 시대, AI를 더하다

엑셀, 파워포인트, 워드는 이제 단순한 문서 작성 도구를 넘어 AI 기능과 결합되어 실무 효율성을 획기적으로 높이고 있습니다. 반복 작업 자동화, 스마트한 데이터 분석, 디자인 제안과 콘텐츠 자동 생성 등 다양한 AI 기반 기능을 통해 누구나 전문가 수준의 결과물을 손쉽게 만들 수 있습니다.
마이크로소프트 코파일럿(Microsoft Copilot)과 ChatGPT를 비롯한 다양한 생성형 AI 도구들도 오피스 환경에 자연스럽게 활용되면서 협업과 문서 작업의 새로운 기준을 제시하고 있습니다.
이 책에서는 최신 오피스 기능과 함께 AI 활용법도 함께 소개하여 실무자들이 변화하는 디지털 업무 환경에 효과적으로 대응할 수 있도록 구성했습니다.

모든 버전에서 바로 쓰는 실전 노하우

이번 책은 최신 오피스 버전에만 국한하지 않고 이전 버전 사용자와 마이크로소프트 365(Microsoft 365) 이용자 모두 문제없이 잘 따라 할 수 있도록 범용 기능 중심으로 집필했습니다. 그리고 실무에 바로 적용할 수 있는 오피스 활용 능력을 키우고 업무 경쟁력을 높이는 데 도움이 되도록 구성했습니다. 이제 여러분도 오피스를 완벽한 비즈니스 도구로 활용해 보세요.

마지막으로 집필 기간 동안 애써주신 길벗의 박슬기 부장님께 깊은 감사를 드리며 항상 큰 힘과 용기를 주는 가족에게도 진심으로 고마움을 전합니다.

2025년 9월
저자 **박미정**, **박은진** 드림

한눈에 보는 챗GPT와 코파일럿 비교 포인트!

AI 기술이 발전하면서 ChatGPT와 마이크로소프트 365 코파일럿(Microsoft 365 Copilot)과 같은 혁신적인 생산성 도구가 등장했습니다. 이 도구들은 단순한 기능 보조를 넘어 문서 작성, 데이터 분석, 창의적 아이디어 생성 등 다양한 업무를 획기적으로 지원하면서 개인과 기업 모두에게 AI 활용을 보편화시켰습니다. 이처럼 AI 도구가 일상에 깊숙이 자리 잡으면서 각 도구의 핵심적인 차이를 명확히 이해하는 것이 중요해졌습니다. 이를 통해 자신의 필요에 맞는 AI 도구를 선택하고 더 효율적으로 활용할 수 있습니다.

1. ChatGPT: 범용적인 AI 비서(유료 서비스)

ChatGPT는 OpenAI가 개발한 범용 인공지능 챗봇으로, 질문 답변, 글쓰기, 코드 생성 등 다양한 작업을 수행하며 폭넓은 분야에서 활용할 수 있는 AI 비서입니다.

[주요 기능]
- 2025년 9월 기준 GPT-5 모델을 사용하여 자연어 이해 및 빠른 응답 속도
- 코드 생성 및 디버깅 지원
- **멀티모달 지원**: 이미지 이해, 자연스러운 음성 대화 지원

[주요 기능]

플랜	월 사용료	대상	내용
Free	무료	개인	• GPT-5 기본 접근 • 웹 검색 • 일부 도구 제한적 사용
Plus	20달러	개인	• Free 포함+GPT-5 확장 접근 • 메시지 및 파일 분석 • 이미지 및 음성 한도 확대 • 에이전트 등
Pro	200달러	개인(파워 유저)	• Plus 포함+모든 추론 모델 • 고급 음성 무제한 수준 • GPT-5 Pro • 고사양 추론 옵션
Team	25~30달러(1인)	팀(2명 이상)	• 전용 워크스페이스 • SSO, 관리 기능 • 데이터 보호(학습 제외) • 커넥터, 프로젝트, 에이전트 등

2. 마이크로소프트 365 코파일럿: 기업 업무 환경에 최적화된 협업 도구(유료 서비스)

마이크로소프트 365 코파일럿은 워드(Word), 엑셀(Excel), 파워포인트(PowerPoint), 아웃룩(Outlook), 팀즈(Teams) 등 M365 주요 앱에서 작동하는 AI 비서로, 문서 작성 및 데이터 분석, 슬라이드 요약, 이메일 작성 등을 지원합니다.

[주요 기능]
- 워드, 엑셀, 파워포인트 등 M365 앱과 긴밀히 연동
- AI가 문서 및 데이터를 분석하여 자동으로 보고서 생성
- 기업용 보안 및 관리 도구와 통합(SharePoint, Teams 지원)

3. ChatGPT VS. 마이크로소프트 365 코파일럿의 차이점 한눈에 보기

차이점	ChatGPT Plus	마이크로소프트 365 코파일럿
기본 성격	범용 대화형 AI	오피스 생산성 특화 AI
주요 대상	일반 사용자, 개발자, 교육자, 개인 창작자 전반	M365를 사용하는 기업·기관·사무직 종사자
최적화 작업	다양한 대화, 글쓰기, 코딩, 학습, 콘텐츠 생성	문서 작성, 이메일 요약 및 작성, 프레젠테이션 생성, 데이터 분석
데이터 활용	공개 데이터셋 기반 (입력 텍스트+플러그인+API 연동)	Microsoft Graph(메일, Teams, OneDrive, SharePoint 등)
보안 등급	일반 수준	기업용 보안 지원(SOC 2 Type II 인증)
특화 기능	• 코드 생성 및 디버깅 • 플러그인 활용(웹 검색, PDF 분석 등) • 음성 대화, 이미지 생성(DALL·E 3) • 영상 제작(SORA)	• **워드**: 자동 보고서, 요약, 초안 작성 • **엑셀**: 데이터 분석, 복잡한 수식 생성 • **파워포인트**: 자동 슬라이드 생성 • **아웃룩**: 메일 요약 및 작성, 회의 메모 정리 • 200쪽 분량의 문서 5분 안에 요약
장점	• 다양한 분야에서 활용 가능(창작, 학습, 개발 등) • 다국어 처리 능력(한국어 포함) • ChatGPT Voice 음성 모드로 실시간 자연스러운 음성 대화 지원 • 빠른 업데이트 및 신규 기능 제공	• M365 앱과 긴밀히 연동(워드, 엑셀, 파워포인트) • 기업 맞춤형 AI 분석 가능 • 보안(SOC 2 Type II 보안 인증) 및 권한 시스템과 통합 관리
단점	• 실시간 정보 반영 제한적 • 기업 내부 데이터 접근은 별도 세팅 필요 • 오피스 문서와의 직접 연동은 제한적	• M365 구독 필요 • 로컬 엑셀 파일 분석 불가(OneDrive 필수) • 사용 범위가 오피스 업무로 제한적이고 범용성 부족 • 높은 가격 정책(300인 기업 기준 3억 원 이상)

이 책의 구성

나에게 필요한 핵심 기능부터 빠르게 익힐 수 있도록 [활용도], [실무 활용 사례], [업무 시간 단축]을 제공합니다. [Tip]과 [잠깐만요!]를 통해 추가로 알아두면 더 좋은 유용한 정보를 익히고 [온라인 영상 강의]로 더 쉽고 직관적으로 학습할 수 있습니다.

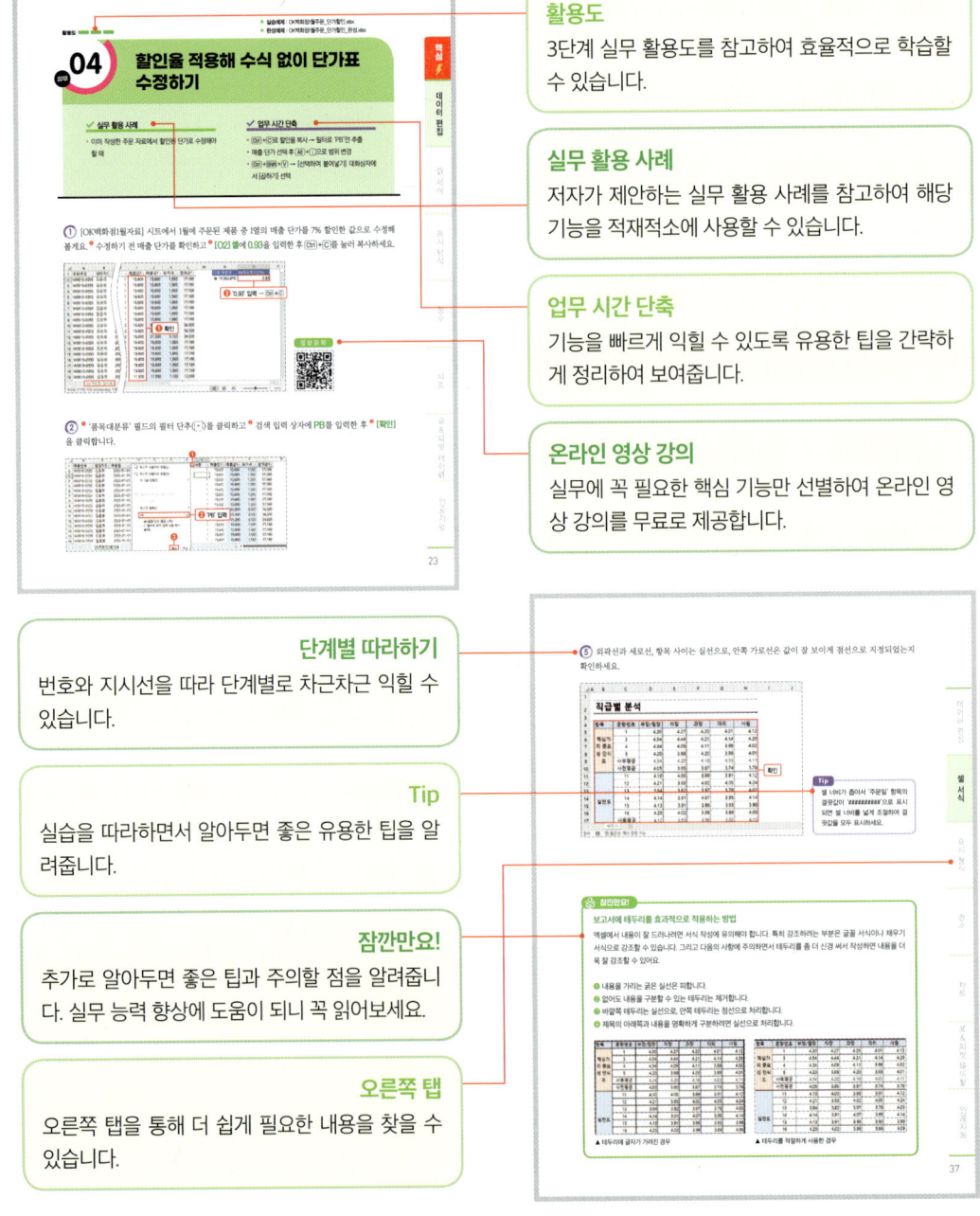

활용도
3단계 실무 활용도를 참고하여 효율적으로 학습할 수 있습니다.

실무 활용 사례
저자가 제안하는 실무 활용 사례를 참고하여 해당 기능을 적재적소에 사용할 수 있습니다.

업무 시간 단축
기능을 빠르게 익힐 수 있도록 유용한 팁을 간략하게 정리하여 보여줍니다.

온라인 영상 강의
실무에 꼭 필요한 핵심 기능만 선별하여 온라인 영상 강의를 무료로 제공합니다.

단계별 따라하기
번호와 지시선을 따라 단계별로 차근차근 익힐 수 있습니다.

Tip
실습을 따라하면서 알아두면 좋은 유용한 팁을 알려줍니다.

잠깐만요!
추가로 알아두면 좋은 팁과 주의할 점을 알려줍니다. 실무 능력 향상에 도움이 되니 꼭 읽어보세요.

오른쪽 탭
오른쪽 탭을 통해 더 쉽게 필요한 내용을 찾을 수 있습니다.

직장인을 위한 핵심 포인트!

실제 업무에 100% 활용할 수 있는 핵심 기능을 엄선했습니다. 쉽게 찾아 빠르게 배울 수 있도록 정리했으니 이 책의 내용을 모두 읽은 후에도 필요할 때마다 이 페이지를 펼쳐 적극 활용해 보세요.

	업무에 꼭 필요한 핵심 기능	빠른 쪽 찾기
1	할인율 적용해 수식 없이 단가표 수정하기	23쪽
2	제목을 깔끔하게 균등 분할 맞춤 정렬하기	31쪽
3	백만 단위로 자릿수 표시하기	41쪽
4	전월 대비 상승 품목에만 ▲ 기호 표시하기	45쪽
5	판매 날짜에서 분기값 계산하기 – IFS 함수	58쪽
6	부서와 달성률에 따라 인센티브 계산하기 – VLOOKUP, INDIRECT 함수	65쪽
7	사번 이용해 원하는 정보 한 번에 가져오기 – VLOOKUP, MATCH 함수	69쪽
8	순위별 매출에 해당하는 수출 거래처 알아보기 – INDEX, MATCH, LARGE 함수	75쪽
9	값이 다른 2개의 계열을 콤보 차트로 작성하기	85쪽
10	오차 막대로 평균 매출 분석하는 차트 작성하기	88쪽
11	매출 상위 품목만 행 전체 강조하기	91쪽
12	재주문 항목에만 깃발 표시해 강조하기	94쪽
13	수도권부터 주택 보급률 현황 정렬하기	105쪽
14	특정 요일과 평균 매출 이상 데이터만 추출하기 – 고급 필터, 수식	114쪽
15	분기별로 매출 Top 3 업체 분석하기	122쪽
16	피벗 테이블의 요약 함수 바꾸고 매출 비율 표시하기	128쪽
17	담당 MD별로 보고서 필터링하기	130쪽
18	관계 설정하고 피벗 테이블 작성하기	135쪽
19	조건부 함수와 중첩 함수 쉽게 작성하기	149쪽
20	ChatGPT로 VBA 코드 작성하고 설명하기	179쪽

목차

CHAPTER 01 데이터 전처리부터 실무 보고서 작성까지!

데이터 편집
SECTION 01 | 좀 더 빠르게 데이터 편집하기

- 01 빠르게 데이터 선택하는 방법 익히기 … 15
- 02 특수 문자가 포함된 셀 찾아 한 번에 '0' 입력하기 … 17
- 03 빠르게 잘못된 날짜 데이터 수정하기 … 20
- 핵심 04 할인율 적용해 수식 없이 단가표 수정하기★ … 23
- 05 줄 바꿈 문자 한 번에 제거하기 … 26

셀 서식
SECTION 02 | 셀 서식 지정해 깔끔한 보고서 완성하기

- 01 자주 사용하는 바로 가기 키 익히기 … 29
- 핵심 02 제목을 깔끔하게 균등 분할 맞춤 정렬하기★ … 31
- 03 셀 병합하지 않고 범위 가운데에 제목 정렬하기 … 33
- 04 내용 강조하는 테두리 작성하기 … 35

표시 형식
SECTION 03 | 표시 형식 지정해 정확한 보고서 완성하기

- 01 자주 사용하는 사용자 지정 표시 형식 익히기 … 39
- 핵심 02 백만 단위로 자릿수 표시하기★ … 41
- 03 날짜를 요일로 표시하기 … 43
- 핵심 04 전월 대비 상승 품목에만 ▲ 기호 표시하기★ … 45
- 05 목차의 항목과 페이지 사이에 채움선 채우기 … 47

예제파일 및 완성파일은 홈페이지에서 다운로드하세요!

이 책에 사용된 예제파일 및 완성파일은 **길벗출판사 홈페이지**(www.gilbut.co.kr)에서 다운로드할 수 있어요. 홈페이지 검색 창에 『**직장인을 위한 AI 실무 엑셀 파워포인트 워드**』를 검색하고 **[자료실]**을 클릭해 실습파일을 다운로드하세요. 회원 가입을 하지 않아도 누구나 부록 실습파일을 다운로드할 수 있습니다.

CHAPTER 02 능력 있는 직장인의 필수 조건! 함수 정복하기

함수

SECTION 04 | 실무에서 자주 사용하는 기본 함수 익히기

- 01 근무 시간에 따른 비용 계산하기 — IF 함수 … 53
- 02 프로젝트 수와 총연구비 계산하기 — COUNTA, COUNTIF, SUMIF 함수 … 55
- **핵심** 03 판매 날짜에서 분기값 계산하기 — IFS 함수 … 58
- 04 제품 코드별 단가 이용해 금액 계산하기 — VLOOKUP 함수 … 60

SECTION 05 | 업무 효율성을 높이는 고급 함수 다루기

- 01 판매 품목의 수 계산하기 — SUMPRODUCT 함수 … 63
- **핵심** 02 부서와 달성률에 따라 인센티브 계산하기★
  — VLOOKUP, INDIRECT 함수 … 65
- **핵심** 03 사번 이용해 원하는 정보 한 번에 가져오기★
  — VLOOKUP, MATCH 함수 … 69
- 04 이름 기준으로 왼쪽 열의 사번과 입사일자 가져오기
  — XLOOKUP 함수 … 72
- **핵심** 05 순위별 매출에 해당하는 수출 거래처 알아보기★
  — INDEX, MATCH, LARGE 함수 … 75

QR 코드로 동영상 강의를 시청해 보세요!

책에 실린 QR 코드를 통해 저자의 동영상 강의를 바로 시청할 수 있습니다. 유튜브에서 『오피스랩』을 검색해도 강의를 무료로 볼 수 있어요.

① 책 속 QR 코드를 찾으세요.
② 스마트폰 카메라를 실행하고 QR 코드를 비춰보세요.
③ 동영상 강의 링크가 나타나면 화면을 터치해 강의를 시청하세요.

CHAPTER 03 데이터 분석하고 보고서 시각화하기

차트

SECTION 06 | 실무 데이터를 위한 엑셀 시각화 및 보고서 작성 기법

	01 요약 보고서와 차트 연동하기	81
핵심	02 값이 다른 2개의 계열을 콤보 차트로 작성하기	85
핵심	03 오차 막대로 매출 평균 분석하는 차트 작성하기*	88
핵심	04 매출 상위 품목만 행 전체 강조하기*	91
핵심	05 재주문 항목에만 깃발 표시해 강조하기*	94
	06 규칙 편집해 데이터 막대 음수값 조정하기	98
	07 스파크라인으로 생산 지수 통계 추이 작성하기	101

표 & 피벗 테이블

SECTION 07 | 데이터 정렬 및 필터링해 데이터 관리하기

핵심	01 수도권부터 주택 보급률 현황 정렬하기*	105
	02 전체 필드를 원하는 순서대로 한 번에 정렬하기	107
	03 다중 조건에 맞는 데이터 추출하기	109
	04 여러 항목 중 OR 조건으로 데이터 추출하기	111
핵심	05 특정 요일과 평균 매출 이상 데이터만 추출하기* — 고급 필터, 수식	114

SECTION 08 | 계산식 없이 피벗 테이블로 빠르게 데이터 요약하기

	01 표 작성하고 이름 지정하기	117
	02 피벗 테이블로 호스트별 방송 횟수 및 매출 요약하기	120
핵심	03 분기별로 매출 Top 3 업체 분석하기*	122
	04 피벗 테이블의 레이아웃과 디자인 변경하기	126
핵심	05 피벗 테이블의 요약 함수 바꾸고 매출 비율 표시하기*	128
	06 담당 MD별로 보고서 필터링하기	130
	07 피벗 테이블 값을 양식 폼으로 그대로 옮기기	133
핵심	08 관계 설정하고 피벗 테이블 작성하기*	135

CHAPTER 04 ChatGPT와 엑셀 코파일럿으로 업무 효율성 높이기

인공지능

SECTION 09 | ChatGPT와 코파일럿으로 고급 수식 및 함수 작성하기

- 01 복잡한 수식을 자연어로 설명하고 생성하기 … 143
- 02 다중 조건의 매출 보고서 작성하기 … 146
- **핵심** 03 조건부 함수와 중첩 함수 쉽게 작성하기 … 149
- 04 함수 최적화하기 … 151

SECTION 10 | 데이터 분석 및 인사이트 도출하기

- 01 자동으로 피벗 테이블 생성하고 수정하기 … 155
- 02 데이터 트렌드와 패턴 파악하기 … 158
- 03 자동으로 데이터 요약하고 주요 통계 지표 생성하기 … 162
- 04 파이썬으로 결과 심층 분석하기 … 164

SECTION 11 | 생성형 AI로 데이터 시각화 및 차트 작성하기

- 01 데이터에 적합한 차트 유형 추천받기 … 167
- 02 자연어로 차트 만들고 사용자 맞춤 설정하기 … 172
- 03 조건부 서식 규칙 만들고 적용하기 … 175

SECTION 12 | VBA 및 매크로 작업 지원받기

- **핵심** 01 ChatGPT로 VBA 코드 작성하고 설명하기 … 179
- 02 반복 작업 위해 매크로 생성하고 적용하기 … 184

찾아보기 … 188

CHAPTER 01

데이터 전처리부터 실무 보고서 작성까지!

현업에서 다루는 엑셀은 많은 부분이 수식으로 이루어져 있지만 문서의 기본은 역시 데이터와 서식입니다. 그중에서도 현업의 데이터는 다른 장비와 위치에서 가져오는 경우가 많으므로 바로 엑셀에서 수식을 연결해 사용할 수 없는 경우가 많습니다. 실무에서는 데이터 가공이 무엇보다도 중요합니다. 따라서 이번 장에서는 엑셀 작업의 전처리 상황과 기술을 익힐 수 있도록 구성했고 셀 서식과 표시 형식을 지정해 깔끔하게 보고서를 작성할 수 있는 방법을 제시합니다. 또한 업무 능력을 향상시킬 수 있는 다양한 Tip과 바로 가기 키에 대한 정보도 알아보겠습니다.

SECTION	01 좀 더 빠르게 데이터 편집하기
SECTION	02 셀 서식 지정해 깔끔한 보고서 완성하기
SECTION	03 표시 형식 지정해 정확한 보고서 완성하기

SECTION 01

좀 더 빠르게 데이터 편집하기

데이터 선택부터 편집, 데이터 가공은 실무에서 가장 많은 시간이 소요되는 작업으로, 제대로 기능을 사용할 수 없으면 모두 수작업으로 진행해야 합니다. 이번 섹션에서는 바로 가기 키(단축키)를 비롯해서 데이터를 편집할 때 업무 시간을 단축하고 효율적으로 문서를 작성하기 위해 필요한 다양한 필수 팁을 학습해 보겠습니다.

● 실습예제 : 이름상자_범위선택.xlsx

01 빠르게 데이터 선택하는 방법 익히기

많은 양의 데이터를 선택할 때는 마우스보다 바로 가기 키나 이름 상자에 셀 범위를 직접 입력해서 선택하는 것이 편리합니다. 셀 범위는 다음과 같이 다양한 방법으로 선택할 수 있어요.

① 바로 가기 키로 범위 선택하기

바로 가기 키	기능
시작 셀 클릭 → Ctrl + Shift + ↓	열 방향으로 연속 범위를 선택합니다.
시작 셀 클릭 → Ctrl + Shift + →	행 방향으로 연속 범위를 선택합니다.
Shift + → / ←	오른쪽/왼쪽 방향으로 한 셀씩 추가 선택합니다.
Shift + ↓ / ↑	아래쪽/위쪽 방향으로 한 셀씩 추가 선택합니다.
Ctrl + A	전체 워크시트를 선택합니다.
Ctrl + Spacebar	워크시트에서 전체 열을 선택합니다.
Shift + Spacebar	워크시트에서 전체 행을 선택합니다.
Ctrl + Shift + Home	현재 선택한 셀을 기준으로 셀 선택 영역을 워크시트의 시작 부분까지 확장합니다.
Ctrl + Shift + Spacebar	워크시트에 데이터가 있으면 현재 데이터 영역을 선택합니다.

② 이름 상자 이용해 단일 범위 선택하기

이름 상자에 직접 셀 주소나 셀 범위를 입력해서 빠르게 범위를 선택할 수 있습니다.

▲ 이름 상자에 셀 범위 'A1:G13'을 입력하고 Enter를 눌러 범위를 한 번에 선택한 경우

③ 이름 상자 이용해 다중 범위 선택하기

이름 상자에 여러 범위의 주소를 쉼표(,)로 구분해서 입력하면 다중 범위를 선택할 수 있습니다.

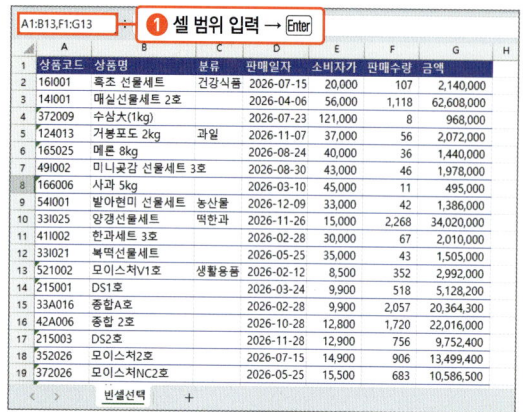 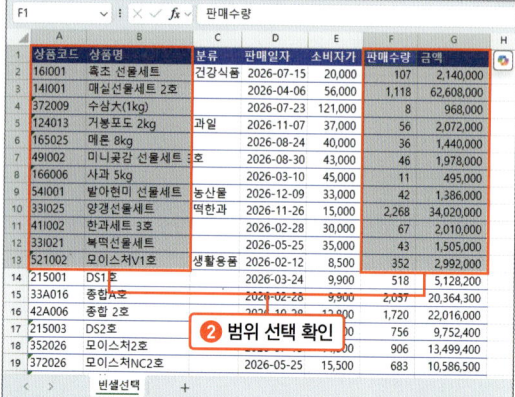

▲ 이름 상자에 셀 범위 'A1:B13,F1:G13'을 입력하고 Enter를 눌러 다중 범위를 한 번에 선택한 경우

● **실습예제** : 특수문자가 포함된 셀 찾기.xlsx
● **완성예제** : 특수문자가 포함된 셀 찾기_완성.xlsx

활용도

실무 02 특수 문자가 포함된 셀 찾아 한 번에 '0' 입력하기

✓ 실무 활용 사례

- 다른 장비에서 수집한 데이터에 특정 문자가 삽입되어 있어서 0으로 바꿔야 할 때
- 특수 문자를 0으로 바꿔 계산에 포함시켜야 할 때

✓ 업무 시간 단축

- Ctrl + G , Alt + S
- [이동 옵션] 대화상자를 열고 '상수'의 [텍스트]에만 체크 표시
- '0' 입력 후 Ctrl + Enter 로 범위에 복사

---

1 여러 장비(device)를 통해 엑셀로 저장되는 다양한 자료 중에는 특이한 데이터가 있을 수 있습니다. 이런 데이터 때문에 수식에서 오류가 발생할 수 있으므로 빠르게 선택해서 처리해야 합니다. 만약 특이한 데이터를 눈으로 확인할 수 없다면 이동 옵션으로 선택할 수 있어요. [주문통계(9월)] 시트에서 숫자값이 있는 모든 범위(**[B4:AF14]**)를 선택합니다.

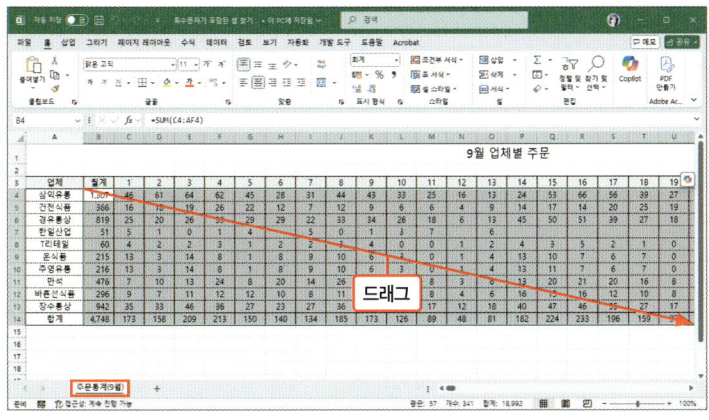

> **Tip**
> 실무에서는 빈 셀을 찾아 누락된 값을 추가해야 하는 경우가 많습니다. 이때 Ctrl + G 를 눌러 [이동 옵션] 대화상자를 열고 Alt + S , K 를 눌러 빈 셀만 선택합니다. 이 상태에서 '0'을 입력하고 Ctrl + Enter 를 눌러 값을 채우면 좀 더 빠르게 작업할 수 있어요.

❷ ❶ [홈] 탭-[편집] 그룹-[찾기 및 선택]을 클릭한 후 ❷ [이동 옵션]을 선택하세요.

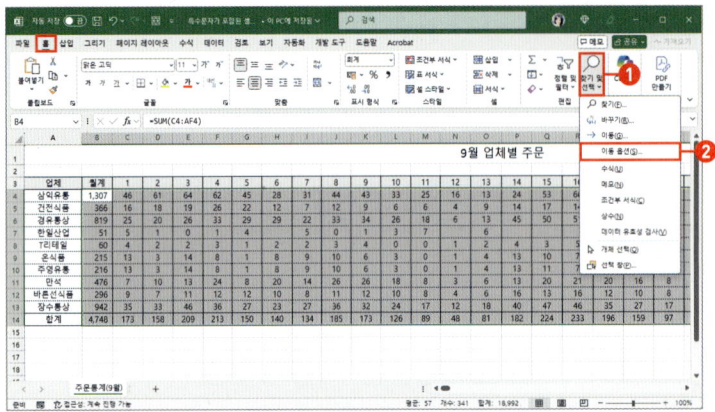

❸ [이동 옵션] 대화상자가 열리면 ❶ '종류'에서 [상수]를 선택하고 ❷ [텍스트]에만 체크 표시한 후 ❸ [확인]을 클릭합니다.

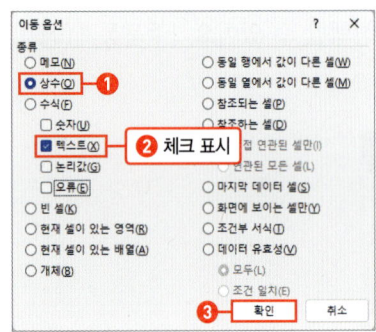

④ 비어있는 것처럼 보이는 셀들이 선택되었는지 확인합니다.

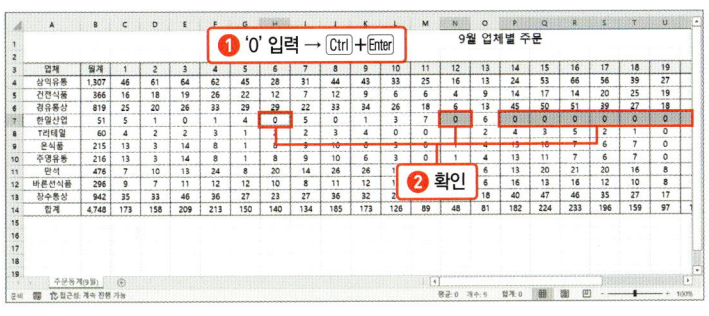

> **Tip**
> 선택된 셀은 빈 셀처럼 보이지만 빈 셀이 아닙니다. [이동 옵션] 대화상자에서 [빈 셀]을 선택하면 해당되는 셀이 없다는 메시지 창이 열립니다.

⑤ 비어있는 것처럼 보이는 셀들을 선택한 상태에서 ❶ 0을 입력하고 Ctrl+Enter를 누른 후 ❷ 선택한 셀 범위에 모두 '0' 값이 입력되었는지 확인하세요.

● 실습예제 : 데이터가공_날짜.xlsx
● 완성예제 : 데이터가공_날짜_완성.xlsx

활용도 ■■■

빠르게 잘못된 날짜 데이터 수정하기

✓ **실무 활용 사례**
- 형식이 일정하지 않은 날짜 데이터를 엑셀 데이터로 바꿔야 할 때

✓ **업무 시간 단축**
- [Alt]+[A], [E]로 텍스트 나누기
- 텍스트 마법사 마지막 단계에서 [날짜] 선택

---

① '2026.01.01.'처럼 입력된 데이터는 엑셀에서 날짜로 처리되지 않습니다. 잘못 입력된 날짜 데이터를 다시 날짜로 변경하기 위해 [실적] 시트에서 **❶** 셀 범위 **[C3:C20]**을 선택하고 **❷** **[데이터] 탭-[데이터 도구] 그룹-[텍스트 나누기]**를 클릭하세요.

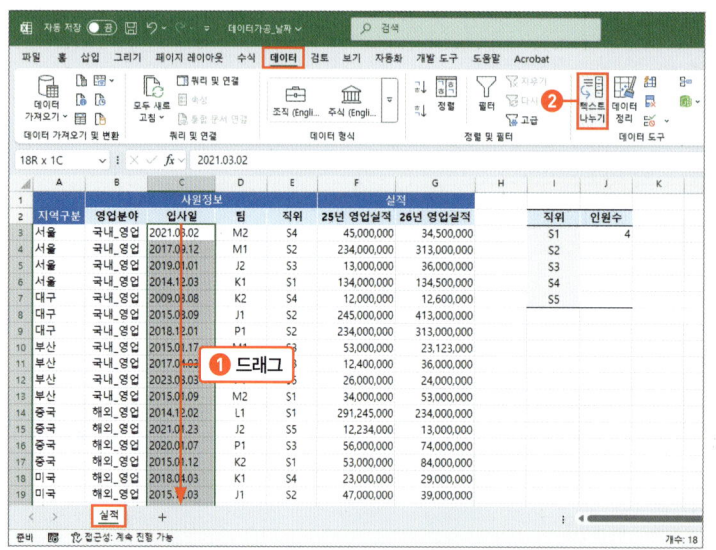

> **Tip**
> '텍스트 나누기'는 한 셀에 있는 데이터를 여러 셀로 나누어 각 열에 서식을 추가하여 분리하는 기능입니다. 여기서는 마지막 단계에 있는 날짜 형식을 사용하기 위해 '텍스트 나누기' 기능을 사용하는 것입니다.

② [텍스트 마법사 - 3단계 중 1단계] 대화상자가 열리면 옵션을 변경하지 않고 ❶ [다음]을 클릭합니다. [텍스트 마법사 - 3단계 중 2단계] 대화상자에서도 옵션을 변경하지 않고 ❷ [다음]을 클릭하세요.

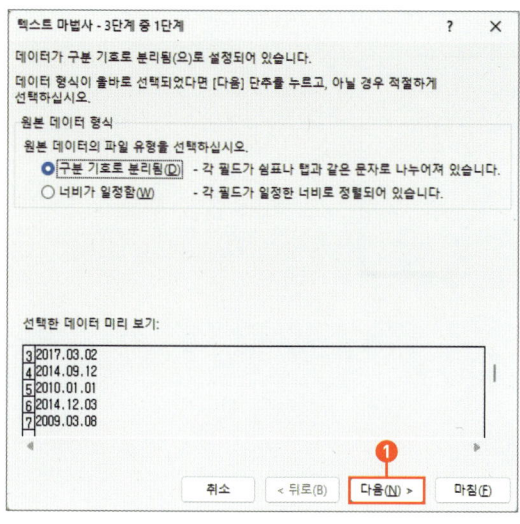
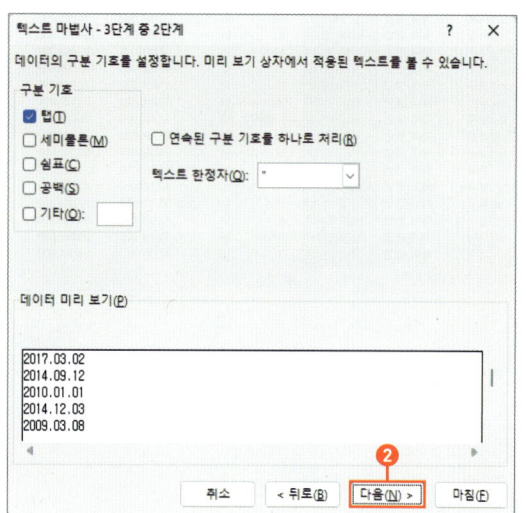

③ [텍스트 마법사 - 3단계 중 3단계] 대화상자가 열리면 '열 데이터 서식'에서 ❶ [날짜], [년월일]을 지정하고 ❷ [마침]을 클릭합니다.

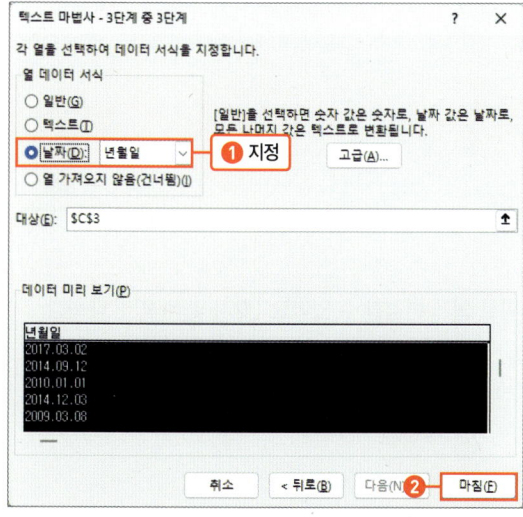

④ 입사일이 날짜 데이터로 변경되었는지 확인합니다.

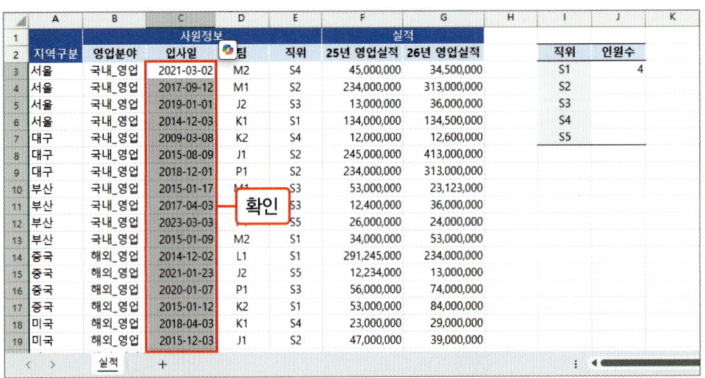

잠깐만요!

텍스트를 날짜로 바꾸는 또 다른 방법

'2026.02.10'과 같은 텍스트는 '바꾸기' 기능을 이용해 날짜로 쉽게 변경할 수 있어요. [찾기 및 바꾸기] 대화상자의 [바꾸기] 탭에서 '찾을 내용'에는 '.'를, '바꿀 내용'에는 '-'을 입력하고 [모두 바꾸기]를 클릭하면 '2026-02-10'과 같이 좀 더 쉽게 날짜로 변경할 수 있습니다.

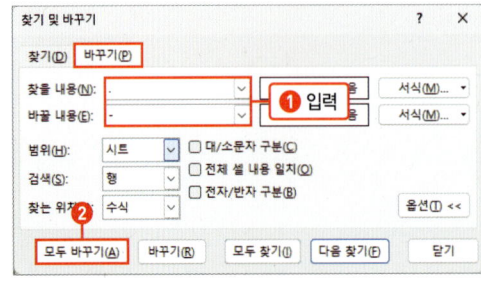

활용도 ■■■■

04 할인율 적용해 수식 없이 단가표 수정하기

● 실습예제 : OK백화점1월주문_단가할인.xlsx
● 완성예제 : OK백화점1월주문_단가할인_완성.xlsx

✓ **실무 활용 사례**
- 이미 작성한 주문 자료에서 할인된 단가로 수정해야 할 때

✓ **업무 시간 단축**
- Ctrl + C 로 할인율 복사 → 필터로 'PB'만 추출
- 매출 단가 선택 후 Alt + ; 으로 범위 변경
- Ctrl + Shift + V → [선택하여 붙여넣기] 대화상자에서 [곱하기] 선택

핵심
데이터 편집
셀 서식
표시 형식
함수
차트
표&피벗 테이블
인공지능

❶ [OK백화점1월자료] 시트에서 1월에 주문된 제품 중 I열의 매출 단가를 7% 할인한 값으로 수정해 볼게요. ❶ 수정하기 전 매출 단가를 확인하고 ❷ [O2] 셀에 **0.93**을 입력한 후 Ctrl + C 를 눌러 복사하세요.

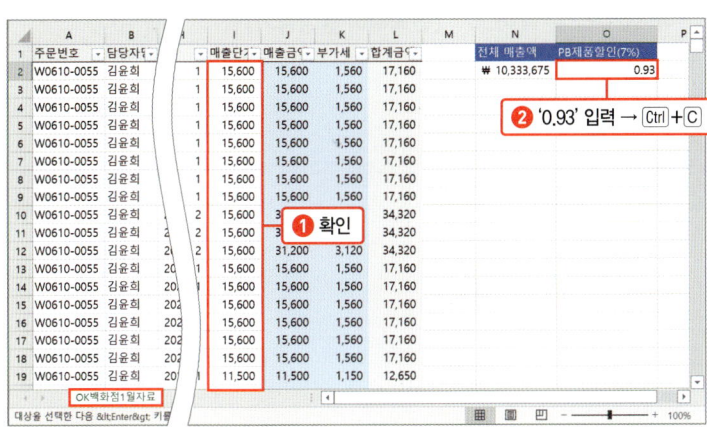

영상 강의

❷ ❶ '품목대분류' 필드의 필터 단추(▼)를 클릭하고 ❷ 검색 입력 상자에 **PB**를 입력한 후 ❸ [확인]을 클릭합니다.

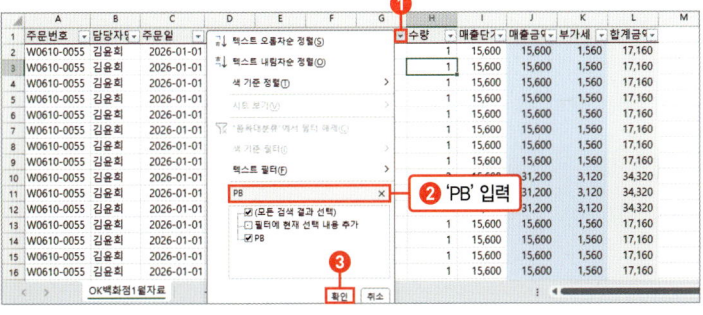

23

③ '품목대분류' 필드에 ❶ 'PB' 품목만 필터링되었는지 확인하고 ❷ 해당 매출 단가의 전체 범위를 선택한 후 Alt + ;을 눌러 화면에 보이는 단가만 선택합니다.

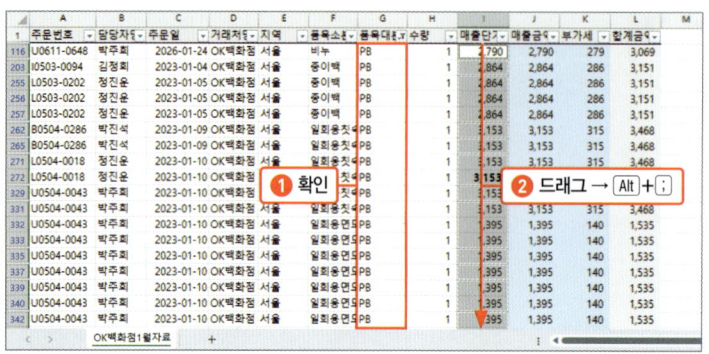

Tip

Alt + ;은 [홈] 탭-[편집] 그룹-[찾기 및 선택]을 클릭하고 [이동 옵션]을 선택해 [이동 옵션] 대화상자를 연 후 '종류'에서 [화면에 보이는 셀만]을 선택하는 것과 같습니다.

④ ❶ 선택한 범위에서 마우스 오른쪽 단추를 클릭하고 ❷ [선택하여 붙여넣기]를 선택합니다.

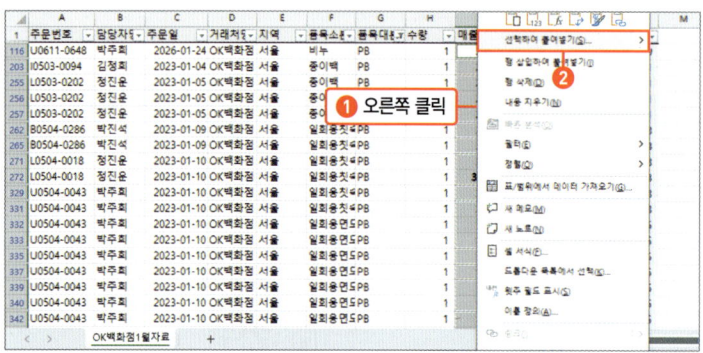

⑤ [선택하여 붙여넣기] 대화상자가 열리면 ❶ '연산'에서 [곱하기]를 선택하고 ❷ [확인]을 클릭하세요.

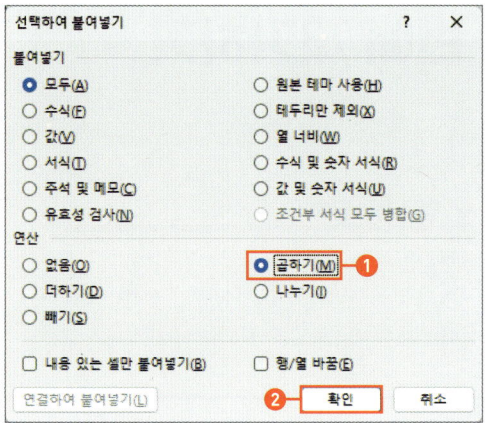

⑥ 'PB' 품목의 '매출단가'가 7% 할인된 값으로 변경되었는지 확인합니다.

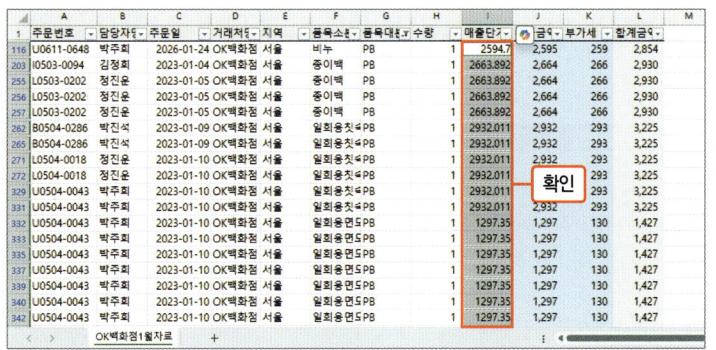

Tip
[O2] 셀에 '0.93'을 입력했으므로 '매출단가' 필드의 값이 7% 할인된 값으로 구해졌습니다.

⑦ ❶ Ctrl + Shift + L 을 눌러 필터를 해제하고 ❷ [N2] 셀의 전체 매출액도 변경되었는지 확인합니다.

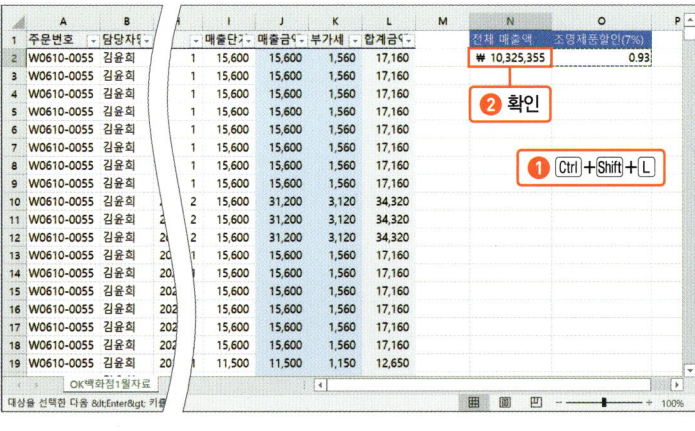

Tip
'품목대분류' 필드에서 'PB' 품목만 값이 바뀌었는지도 확인하세요.

● 실습예제 : 교육생_줄바꿈제거.xlsx
● 완성예제 : 교육생_줄바꿈제거_완성.xlsx

05 줄 바꿈 문자 한 번에 제거하기

✓ **실무 활용 사례**
- 2줄로 된 자료를 모두 1줄로 바꾸어야 할 때

✓ **업무 시간 단축**
- Ctrl + H
- [찾기 및 바꾸기] 대화상자의 [바꾸기] 탭에서 '찾을 내용'에 Ctrl + J 로 입력 → [모두 바꾸기] 클릭

① 엑셀에서는 Alt + Enter 를 눌러 데이터를 2줄로 입력할 수 있지만, 이런 자료를 포함해서 계산하면 문제가 발생할 수 있으므로 줄 바꿈을 제거하고 계산해야 합니다. [주소록] 시트에서 ❶ 줄 바꿈이 있는 '교육과정' 항목의 셀 범위 **[D2:D41]**을 선택하고 ❷ **[홈] 탭-[편집] 그룹-[찾기 및 선택]**을 클릭한 후 ❸ **[바꾸기]**를 선택하세요.

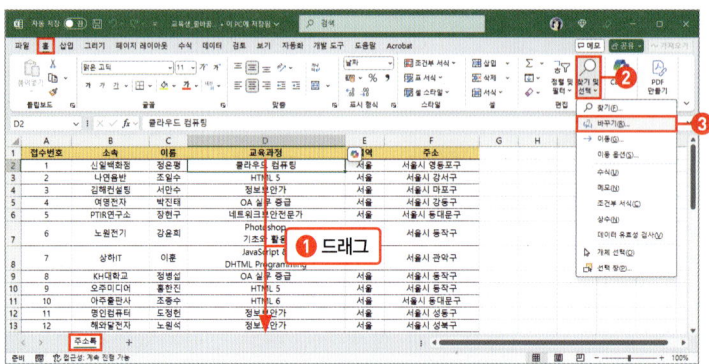

Tip
'바꾸기' 기능의 바로 가기 키는 Ctrl + H 입니다.

② [찾기 및 바꾸기] 대화상자의 [바꾸기] 탭이 열리면 ❶ '찾을 내용'에 커서를 올려놓고 Ctrl + J 를 누릅니다. 이렇게 하면 입력된 내용은 표시되지 않아도 특정 문자(줄 바꿈)가 입력된 상태입니다. '바꿀 내용'에는 아무것도 입력하지 않고 ❷ **[모두 바꾸기]**를 클릭합니다.

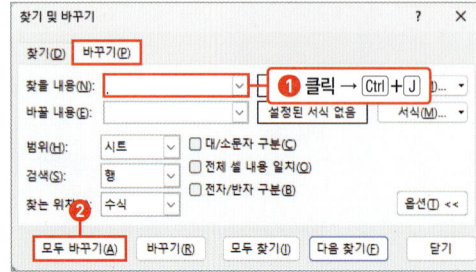

③ 7개 항목이 바뀌었다는 메시지 창이 열리면 ❶ **[확인]**을 클릭합니다. [찾기 및 바꾸기] 대화상자로 되돌아오면 ❷ **[닫기]**를 클릭하세요.

④ '교육과정' 항목에 있는 줄 바꿈이 제거되면서 모든 교육 과정의 내용이 1줄로 바뀌었는지 확인합니다.

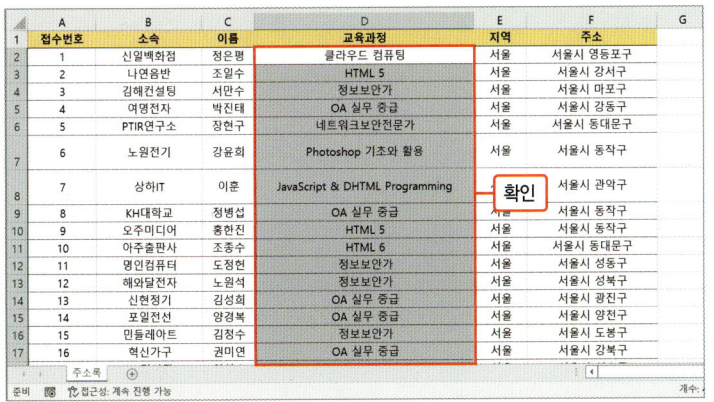

> **Tip**
> 완성예제를 실행하면 7열과 8열의 높이도 다른 열들과 동일하게 정렬되어 보입니다.

SECTION

02

셀 서식 지정해
깔끔한 보고서 완성하기

엑셀에는 일반 워드프로세서에서는 다루기 힘든 여러 가지 서식 기능이 있습니다. 이번 섹션에서는 셀에 적용할 수 있는 다양한 맞춤 기능과 테두리 서식을 이용해 깔끔한 보고서를 작성하는 방법에 대해 알아보겠습니다.

활용도 실무 01 자주 사용하는 바로 가기 키 익히기

엑셀에서 바로 가기 키(단축키)를 사용하면 문서를 더욱 빠르게 작성하고 계산할 수 있습니다. 이번에는 Ctrl과 Alt를 이용한 바로 가기 키를 소개하므로 함께 알아두는 것이 좋습니다.

① 엑셀 기능과 관련된 바로 가기 키

바로 가기 키	기능
Ctrl+Shift+;	현재 시간을 입력합니다.
Ctrl+;	현재 날짜를 입력합니다.
Ctrl+1	[셀 서식] 대화상자를 엽니다.
Ctrl+A	전체 워크시트를 선택합니다.
Ctrl+E	첫 셀의 내용을 기준으로 규칙에 맞게 빠르게 전체 데이터 열을 채웁니다.
Ctrl+F	[찾기 및 바꾸기] 대화상자의 [찾기] 탭을 엽니다.
Ctrl+G	[이동] 대화상자를 표시합니다.
Ctrl+H	[찾기 및 바꾸기] 대화상자의 [바꾸기] 탭을 엽니다.
Ctrl+N	새로운 빈 통합 문서를 엽니다.
Ctrl++	빈 셀을 삽입하는 [삽입] 대화상자를 엽니다.
Ctrl+-	선택한 셀을 삭제하는 [삭제] 대화상자를 엽니다.
Ctrl+Y	가능한 경우 마지막으로 실행한 명령이나 작업을 반복합니다.
Ctrl+Z	실행 취소 명령을 사용하여 마지막으로 실행한 명령을 취소합니다.
Alt+;	[이동 옵션] 대화상자에 있는 [화면에 보이는 셀만]과 같은 기능입니다.
Ctrl+Shift+L	필터 단추를 표시 및 제거합니다.
Ctrl+9 / Ctrl+Shift+9	선택한 행을 숨기기/숨기기 취소합니다.
Ctrl+0	선택한 셀에 있는 모든 열을 숨깁니다.
Ctrl+Alt+V	[선택하여 붙여넣기] 대화상자를 엽니다.
Shift+F3	[함수 마법사] 대화상자를 열고 함수식이 있으면 [함수 인수] 대화상자를 실행합니다.

② 셀 서식과 관련된 바로 가기 키

바로 가기 키	기능
Ctrl+1	[셀 서식] 대화상자를 엽니다.
Ctrl+Shift+_	선택한 셀 범위에 테두리를 제거합니다.
Ctrl+Shift+~	숫자 데이터에 일반 표시 형식을 적용합니다(음수는 괄호 표시).
Ctrl+Shift+$	숫자 데이터에 기호가 포함된 통화 표시 형식을 적용합니다.
Ctrl+Shift+%	숫자 데이터에 백분율 표시 형식을 적용합니다.
Ctrl+Shift+#	연, 월, 일로 날짜 서식을 적용합니다.
Ctrl+Shift+@	시간, 분, AM/PM으로 시간 표시 형식을 적용합니다.
Ctrl+Shift+!	천 단위 구분 기호(,)를 표시합니다.
Ctrl+B	굵은 글꼴 서식을 적용 및 해제합니다.
Ctrl+U	밑줄을 적용 및 해제합니다.
Ctrl+I	기울임 글꼴 서식을 적용 및 해제합니다.
Ctrl+5	취소선을 적용 및 해제합니다.

③ 자주 사용하는 Alt 와 관련된 바로 가기 키

바로 가기 키	기능
Alt+A	[데이터] 탭으로 이동합니다.
Alt+F	[파일] 탭으로 이동합니다.
Alt+H	[홈] 탭으로 이동합니다.
Alt+H, B	원하는 테두리를 추가합니다.
Alt+H, A, C	셀 내용을 가운데에 맞춥니다.
Alt+H, H	채우기 색을 선택합니다.
Alt+M	[수식] 탭으로 이동합니다.
Alt+N	[삽입] 탭으로 이동합니다.
Alt+P	[페이지 레이아웃] 탭으로 이동합니다.
Alt+PgDn	워크시트에서 한 화면 오른쪽으로 이동합니다.
Alt+W	[보기] 탭으로 이동합니다.
Ctrl+Alt++	화면을 확대합니다.
Ctrl+Alt+-	화면을 축소합니다.

활용도 ■■□

● 실습예제 : 지출결의서_균등분할.xlsx
● 완성예제 : 지출결의서_균등분할_완성.xlsx

제목을 깔끔하게 균등 분할 맞춤 정렬하기

✓ **실무 활용 사례**
- 양식 문서에서 제목을 깔끔하게 작성해야 할 때

✓ **업무 시간 단축**
- Ctrl + 1
- [셀 서식] 대화상자의 [맞춤] 탭에서 [균등 분할 (들여쓰기)] 선택 → '들여쓰기'에 [1] 지정

---

① 양식 문서를 작성하다 보면 하나의 셀에 문자열을 깔끔하게 정리해야 하는 경우가 많습니다. 특히 제목은 문자 수에 맞추어 양쪽 맞춤 정렬하려면 다른 맞춤 기능을 사용해야 하죠. [Sheet1] 시트에서 ❶ Ctrl 을 이용해 제목 범위인 **[B5:B8]**과 ❷ **[D5:F7]**을 함께 선택하고 ❸ **[홈] 탭-[맞춤] 그룹-[맞춤 설정]**(⤵)을 클릭하세요.

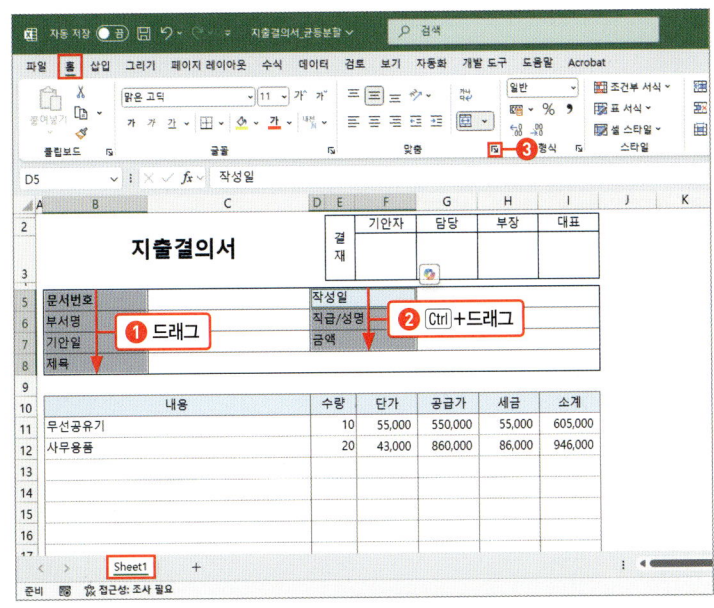

영상 강의

> **Tip**
> Ctrl + 1 을 눌러 [셀 서식] 대화상자를 열고 [맞춤] 탭을 선택해도 됩니다.

② [셀 서식] 대화상자의 [맞춤] 탭이 열리면 ❶ '텍스트 맞춤'의 '가로'에서 [**균등 분할 (들여쓰기)**]를 선택하고 ❷ '들여쓰기'에 **1**을 입력한 후 ❸ [**확인**]을 클릭합니다.

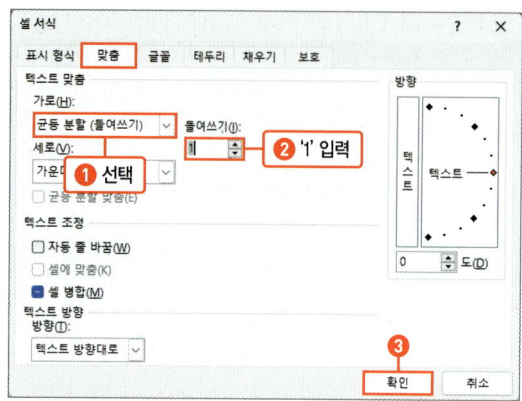

③ 제목 범위인 [**B5:B8**]과 [**D5:F7**]에 들여쓰기와 균등 분할 맞춤이 적용되었는지 확인합니다.

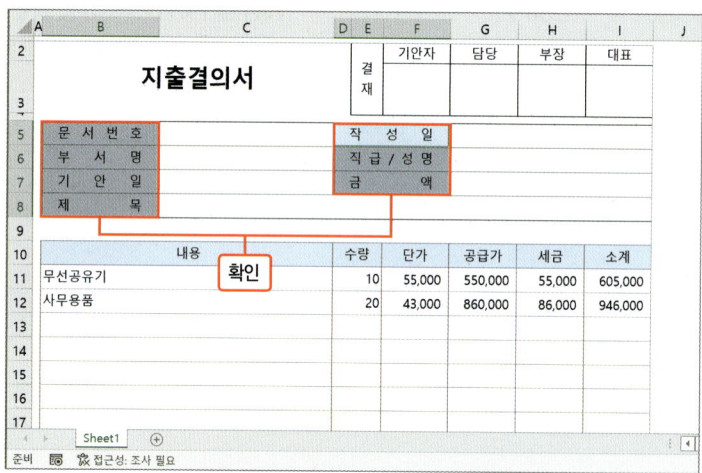

● 실습예제 : 쇼핑몰로그분석_맞춤.xlsx
● 완성예제 : 쇼핑몰로그분석_맞춤_완성.xlsx

활용도

03 셀 병합하지 않고 범위 가운데에 제목 정렬하기

기본

✓ **실무 활용 사례**
- 수식에 적용하는 제목을 가운데 맞춤 정렬해야 할 때

✓ **업무 시간 단축**
- Ctrl + 1
- [셀 서식] 대화상자의 [맞춤] 탭에서 [선택 영역의 가운데로] 선택

① [Sheet1] 시트에서 ❶ Ctrl 을 이용해 제목 범위인 **[B3:D3]** 과 ❷ **[E3:H3]** 을 함께 선택하고 ❸ **[홈] 탭-[맞춤] 그룹-[맞춤 설정]**(🔽)을 클릭합니다.

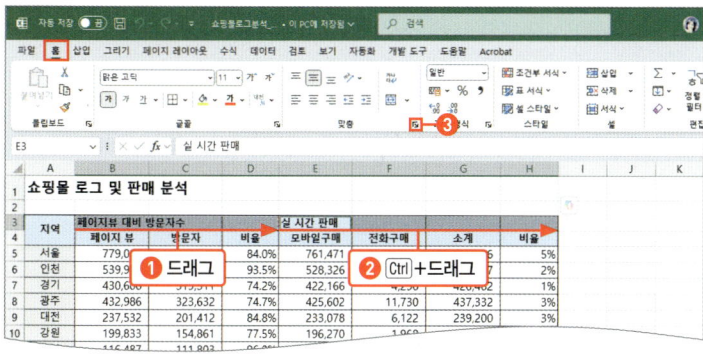

② [셀 서식] 대화상자의 [맞춤] 탭이 열리면 ❶~❷ '텍스트 맞춤'의 '가로'에서 **[선택 영역의 가운데로]** 를 선택하고 ❸ **[확인]** 을 클릭합니다.

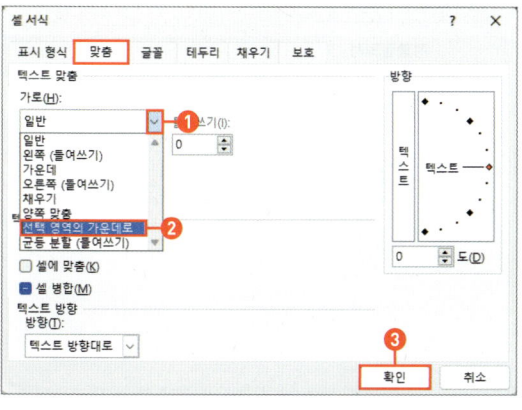

3 ❶ 다시 **[B3] 셀**을 클릭하면 셀이 병합되지 않은 것을 알 수 있어요. 하지만 ❷ 제목 '페이지뷰 대비 방문자수'와 '실 시간 판매'는 해당 범위의 가운데에 정렬된 것을 확인할 수 있습니다.

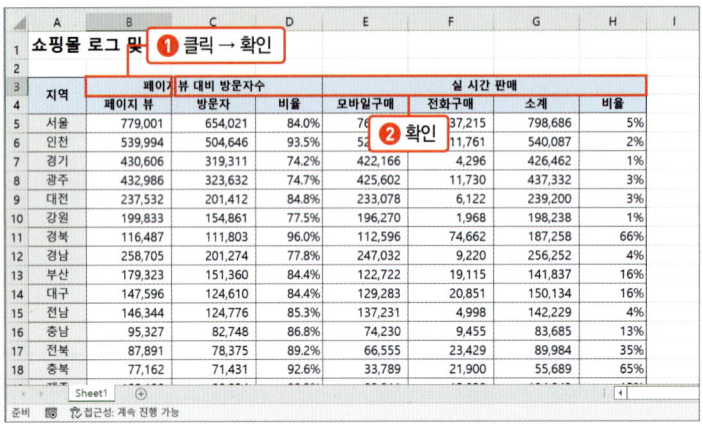

> ### 잠깐만요!
>
> ### 전체 병합해서 열 합치기
>
> 병합하려는 열들을 선택하고 [홈] 탭-[맞춤] 그룹-[병합하고 가운데 맞춤]을 클릭한 후 [전체 병합]을 선택하면 여러 개의 열을 하나의 열로 병합할 수 있습니다.
>
>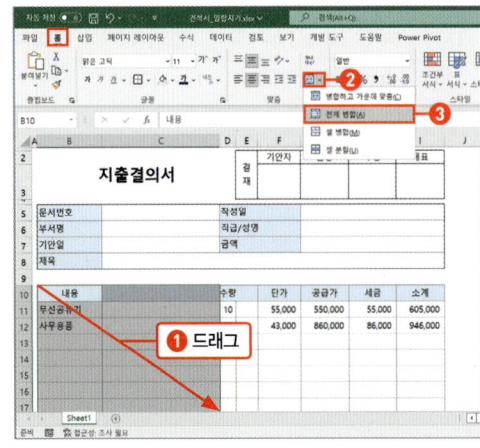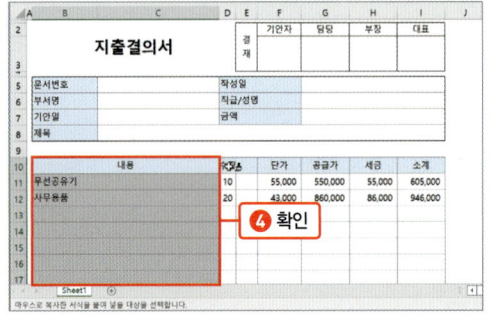
>
> ▲ '내용' 열과 1개의 빈 열을 하나의 열로 병합한 경우

활용도 ■■□

● 실습예제 : 설문통계_테두리.xlsx
● 완성예제 : 설문통계_테두리_완성.xlsx

기본 04 내용 강조하는 테두리 작성하기

① [테두리] 시트에서 테두리를 지정할 범위를 4개의 영역으로 나누어 표시해 볼게요. ❶ Ctrl 을 이용해 셀 범위 **[B4:H4]**, ❷ **[B5:H10]**, ❸ **[B11:H18]**, ❹ **[B19:H20]**을 차례대로 선택합니다.

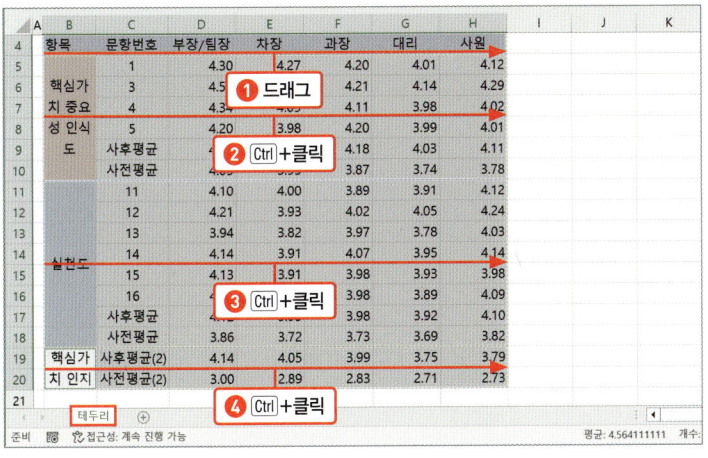

② ❶ [홈] 탭-[글꼴] 그룹-[테두리]를 클릭하고 ❷ [다른 테두리]를 선택하세요.

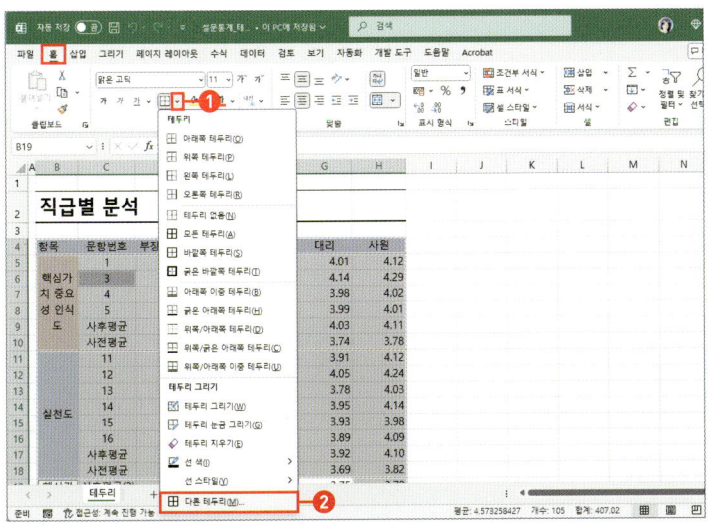

35

❸ [셀 서식] 대화상자의 [테두리] 탭이 열리면 ❶ '선'의 '스타일'에서는 **[실선]**을, ❷ '미리 설정'에서는 **[윤곽선]**을, ❸ '테두리'에서는 **[안쪽 세로선]**(▥)을 선택합니다.

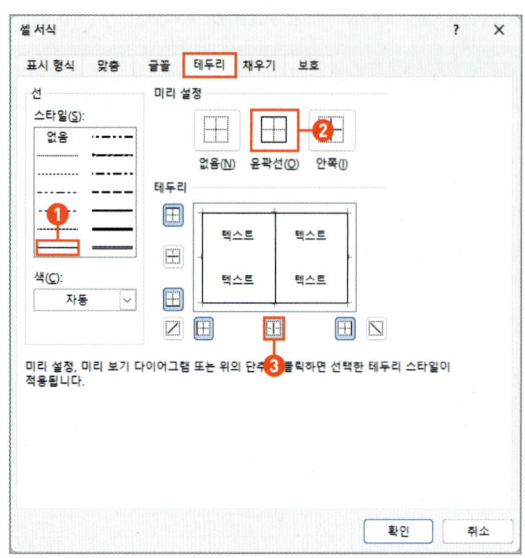

❹ 다시 ❶ '선'의 '스타일'에서는 **[점선]**을, ❷ '테두리'에서는 **[안쪽 가로선]**(▤)을 선택하고 ❸ **[확인]**을 클릭합니다.

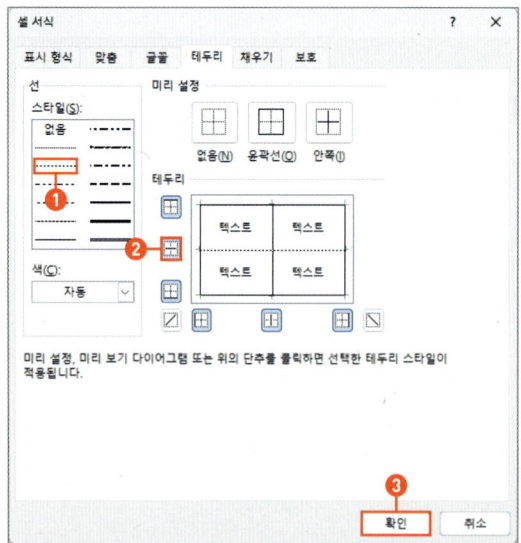

⑤ 외곽선과 세로선, 항목 사이는 실선으로, 안쪽 가로선은 값이 잘 보이게 점선으로 지정되었는지 확인하세요.

잠깐만요!

보고서에 테두리를 효과적으로 적용하는 방법

엑셀에서 내용이 잘 드러나려면 서식 작성에 유의해야 합니다. 특히 강조하려는 부분은 글꼴 서식이나 채우기 서식으로 강조할 수 있습니다. 그리고 다음의 사항에 주의하면서 테두리를 좀 더 신경 써서 작성하면 내용을 더욱 잘 강조할 수 있어요.

❶ 내용을 가리는 굵은 실선은 피합니다.
❷ 없어도 내용을 구분할 수 있는 테두리는 제거합니다.
❸ 바깥쪽 테두리는 실선으로, 안쪽 테두리는 점선으로 처리합니다.
❹ 제목의 아래쪽과 내용을 명확하게 구분하려면 실선으로 처리합니다.

▲ 테두리에 글자가 가려진 경우   ▲ 테두리를 적절하게 사용한 경우

SECTION

03

표시 형식 지정해
정확한 보고서 완성하기

엑셀에는 워드프로세서에는 없는 특별한 서식 기능이 있습니다. 대부분 숫자로 되어 있는 자료를 문서로 작성하므로 표시 형식을 사용해 일반 워드프로세서와 같이 다양하게 표현할 수 있습니다. 이번 섹션에서는 코드를 사용해서 데이터를 원하는 형식으로 자유롭게 표현하는 방법에 대해 알아보겠습니다.

자주 사용하는 사용자 지정 표시 형식 익히기

실무에서는 엑셀에서 제공하는 서식만으로는 표현하기 힘든 데이터 표시 형식이 많습니다. 이때 사용자 지정 표시 형식을 사용하면 데이터를 좀 더 다양하게 표현할 수 있어요.

① 숫자와 문자 데이터에 사용하는 코드

숫자를 표시하는 대표적인 기호는 #, 0, ?로, 숫자의 위치를 표시합니다. 문자에 @을 입력하여 표시하면 문자의 앞뒤에 다른 문자를 표시할 수 있습니다.

기호	표시 형식	기능
#	###	숫자 표시 기호로, 유효하지 않은 0은 표시하지 않습니다.
0	000	숫자 표시 기호로, 유효하지 않은 0은 '0'으로 표시합니다.
?	??	소수점 위나 아래에 있는 유효하지 않은 0 대신 공백을 추가해서 자릿수를 맞춥니다.
@	@"님"	텍스트 표시 기호로, 입력한 텍스트를 의미합니다.
.	0.00	소수점을 표시합니다.
,	#,##0	세 자리마다 자릿수를 구분하여 표시하고 숫자 기호 뒤에 표시하면 3의 배수로 자릿수를 숨깁니다.
""	0"원"	큰따옴표("") 안의 문자를 그대로 표시합니다.
G/표준	G/표준"월"	표시 형식을 지정하지 않은 입력 상태 그대로의 숫자를 표시합니다.
₩, $	₩#,##0	통화 기호를 그대로 표시합니다.

② 날짜 데이터에 사용하는 코드

날짜를 표시하는 기호는 Y, M, D로, 날짜와 요일에 대한 표시 형식을 지정할 수 있습니다.

기호	표시 형식	기능	사용 예
Y	yy	날짜에서 '연도'를 두 자리로 표시합니다.	26
	yyyy	날짜에서 '연도'를 네 자리로 표시합니다.	2026
M	m	날짜에서 '월'을 표시합니다.	4
	mm	날짜에서 '월'을 두 자리로 표시합니다.	04
	mmm	날짜에서 '월'을 영문 세 글자로 표시합니다.	Apr
	mmmm	날짜에서 '월'을 전체 영문자로 표시합니다.	April
	mmmmm	날짜에서 '월'을 영문 대문자 한 글자로 표시합니다.	A

기호	표시 형식	기능	사용 예
D	d	날짜에서 '일'을 표시합니다.	1
	dd	날짜에서 '일'을 두 자리로 표시합니다.	01
	ddd	날짜에서 '일'을 영문 세 글자로 표시합니다.	Mon
	dddd	날짜에서 '일'을 전체 영문자로 표시합니다.	Monday
A	aaa	날짜에서 '일'을 한글 요일 한 글자로 표시합니다.	월
	aaaa	날짜에서 '일'을 한글 요일 세 글자로 표시합니다.	월요일

③ 시간 데이터에 사용하는 코드

시간을 표시하는 기호는 H, M, S로, 시간에 대한 표시 형식을 지정할 수 있습니다.

기호	표시 형식	기능	사용 예
H	h	시간에서 '시'를 표시합니다.	시간 데이터가 9시 5분 9초 (9:05:09)인 경우
	hh	시간에서 '시'를 두 자리로 표시합니다.	09
	[h], [hh]	총 경과 시간을 '시'로 표시합니다.	33
M	m	시간에서 '분'을 표시합니다.	5
	mm	시간에서 '분'을 두 자리로 표시합니다.	05
	[m], [mm]	총 경과 시간을 '분'으로 환산하여 표시합니다.	545
S	s	시간에서 '초'를 표시합니다.	9
	ss	시간에서 '초'를 두 자리로 표시합니다.	09
	[s], [ss]	총 경과 시간을 '초'로 환산하여 표시합니다.	32709
AM/PM	am/pm	오전과 오후를 영문으로 표시합니다.	9:09 AM
	[$-ko-KR] AM/PM	오전과 오후를 한글로 표시합니다.	오전 9:05

④ 공백과 반복 문자를 표시하는 코드

공백은 _ 기호로, 반복은 * 기호로 표시 형식을 지정할 수 있습니다.

기호	표시 형식	기능
_	#,##0_Q	언더바(_) 뒤에 입력된 문자에 따라 공백의 크기가 결정되고 숫자 뒤에 Q의 너비만큼 공백이 표시됩니다.
*	₩*-#,##0	* 다음에 입력되는 문자를 셀의 빈 칸만큼 반복해서 채우는 기호로, * 다음의 문자 -가 통화 기호(₩)와 숫자 사이의 빈 칸만큼 반복해서 표시됩니다.

활용도 ■■□

● 실습예제 : 온실가스통계_단위표시.xlsx
● 완성예제 : 온실가스통계_단위표시_완성.xlsx

백만 단위로 자릿수 표시하기

✓ **실무 활용 사례**
- 보고서에 큰 숫자를 천 단위로 표시해야 할 때

✓ **업무 시간 단축**
- Ctrl + 1
- [셀 서식] 대화상자의 [표시 형식] 탭에서 [사용자 지정] 범주 선택 → '#,##0.0,,' 입력

① 값이 큰 데이터는 천 단위나 백만 단위 등으로 자릿수를 표시해야 할 때가 있습니다. [온실가스통계] 시트에서 100만 톤 단위로 표시 형식을 변경하기 위해 셀 범위 **[B4:I11]**을 선택하세요.

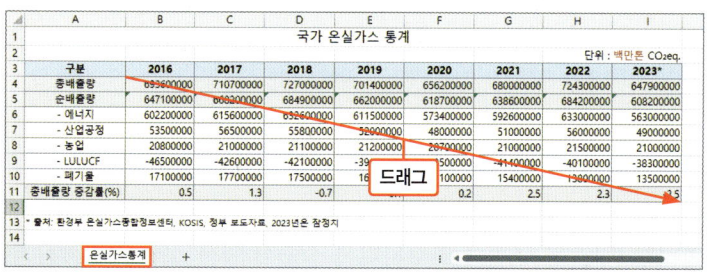

② ❶ [홈] 탭-[표시 형식] 그룹-[표시 형식]을 클릭하고 ❷ [기타 표시 형식]을 선택하세요.

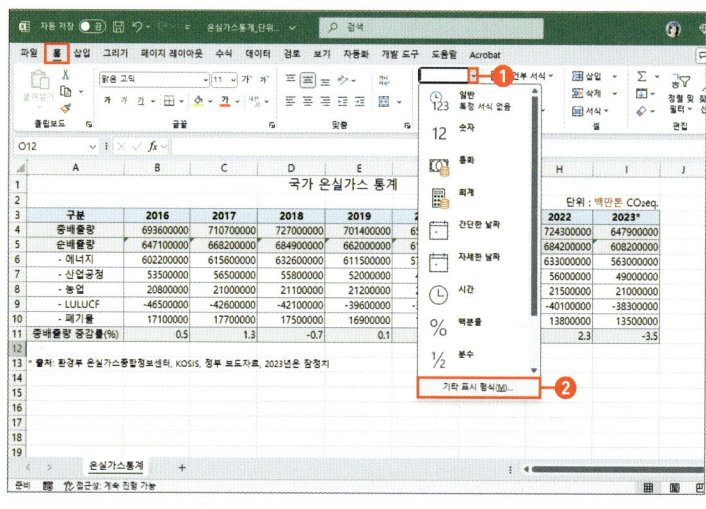

영상 강의

Tip
영상 강의를 재생했을 때 연결 페이지에서 동영상을 재생할 수 없다는 메시지가 나타나면 [YouTube에서 보기]를 클릭해 영상을 시청하세요.

③ [셀 서식] 대화상자의 [표시 형식] 탭이 열리면 ❶ **[사용자 지정] 범주**를 선택하고 ❷ '형식'에 **#,##0.0,,**를 입력한 후 ❸ **[확인]**을 클릭합니다.

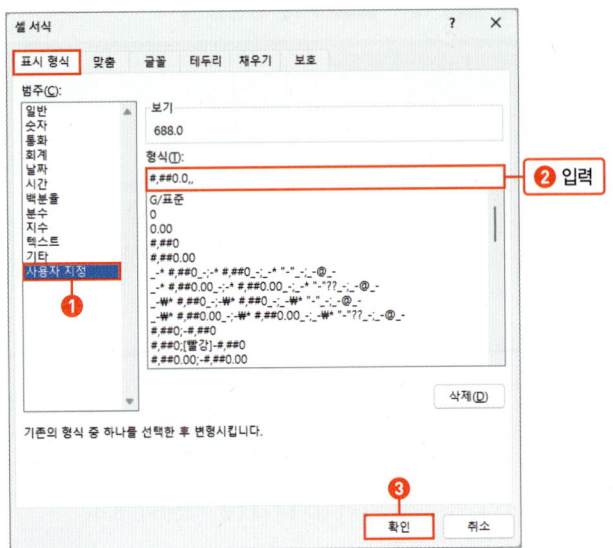

> **Tip**
> '#,##0.0'은 세 자리마다 쉼표를 표시하고 소수점 이하 첫째 자리까지 표시합니다. 맨 끝에 입력한 ','는 천 단위를, ',,'는 백만 단위를 숨깁니다.

④ 셀 범위 **[B4:I11]**의 숫자 데이터가 백만 톤 단위로 변경되면서 소수점 이하 첫째 자리까지 반올림되어 표시되었는지 확인합니다.

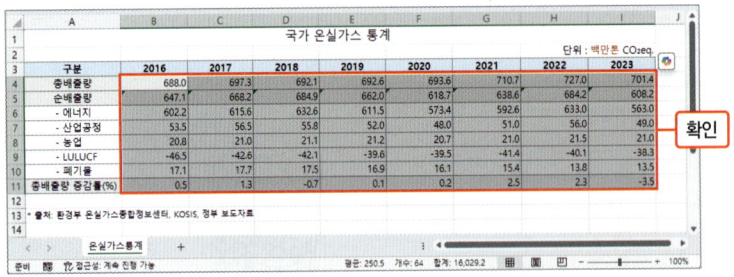

● 실습예제 : 거래현황_날짜표시.xlsx
● 완성예제 : 거래현황_날짜표시_완성.xlsx

날짜를 요일로 표시하기

① 공문서의 날짜는 2026.1.1.처럼 표시하는데, 엑셀에서 이렇게 입력하면 텍스트로 인식되어 날짜와 관련된 계산을 할 수 없습니다. 따라서 날짜를 원하는 서식으로 표현하려면 사용자 지정 서식으로 직접 입력해야 합니다. [단위지정] 시트에서 ❶ 날짜가 입력된 '주문일' 항목의 셀 범위 **[C4:C33]**을 선택하고 ❷ **[홈] 탭-[표시 형식] 그룹-[표시 형식]**을 클릭한 후 ❸ **[기타 표시 형식]**을 선택하세요.

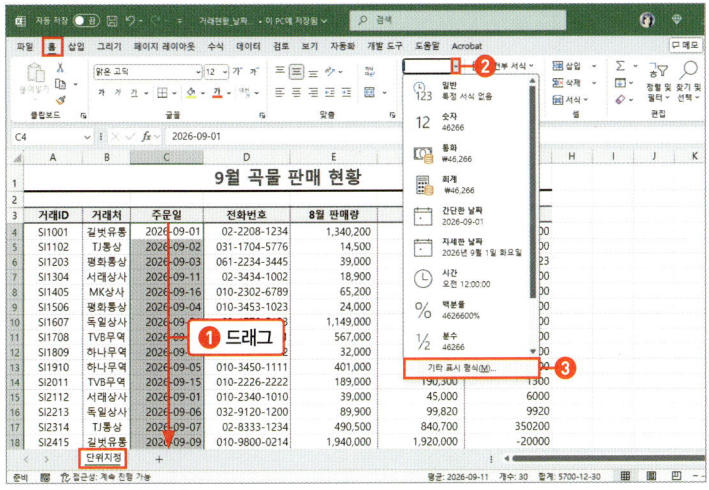

② [셀 서식] 대화상자의 [표시 형식] 탭이 열리면 ❶ **[사용자 지정] 범주**를 선택하고 '형식'에 ❷ **yyyy.mm.dd. (aaa)**를 입력한 후 ❸ **[확인]**을 클릭합니다.

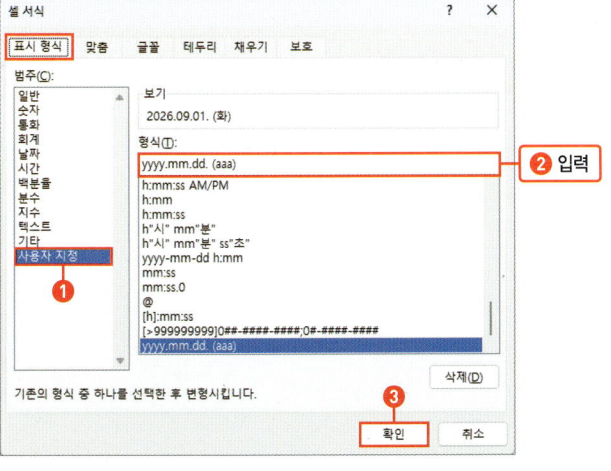

③ '주문일' 항목의 날짜가 지정한 형식으로 표시되었는지 확인합니다. 날짜 데이터이므로 **[C4] 셀**의 경우 수식 입력줄에 보이는 실제 데이터 형식은 2029-09-01입니다.

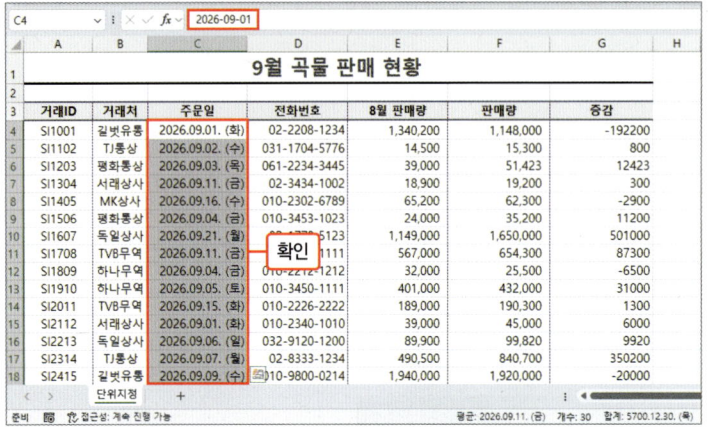

> **Tip**
> 셀 너비가 좁아서 '주문일' 항목의 결괏값이 '##########'으로 표시되면 셀 너비를 넓게 조절하여 결괏값을 모두 표시하세요.

잠깐만요!

표시하고 싶지 않은 데이터 깔끔하게 숨기기

수식에 사용하는 값 중 일부 셀을 표시하고 싶지 않다면 글자 색을 흰색으로 표시하는 것보다 사용자 지정 표시 형식으로 감추는 것이 편리합니다. 사용자 지정 표시 형식은 [셀 서식] 대화상자의 [표시 형식] 탭에서 [사용자 지정] 범주를 선택하고 '형식'에 세미콜론(;)을 이용해서 '양수;음수;0;문자열'로 구분해 표시할 수 있습니다. 이 경우 4형식 기준으로 모든 값이 표시되지 않도록 사용자 지정 표시 형식을 ';;;'으로 입력하세요.

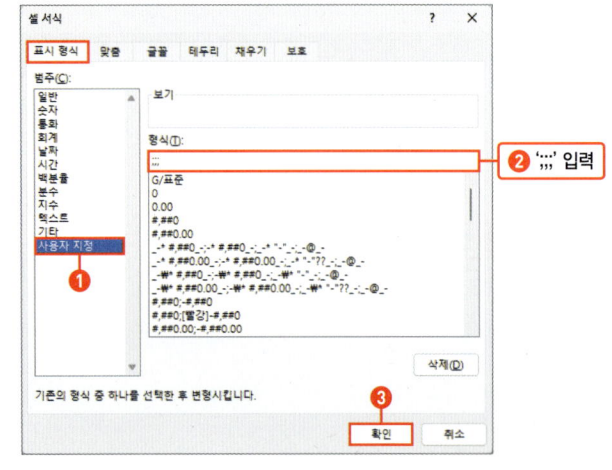

● 실습예제 : 거래현황_증감.xlsx
● 완성예제 : 거래현황_증감_완성.xlsx

실무 04 전월 대비 상승 품목에만 ▲ 기호 표시하기

① 전월 대비 증감값에서 양수값(상승 품목)에만 ▲을 표시해 볼게요. [단위지정] 시트에서 ❶ '증감' 항목의 셀 범위 **[G4:G33]**을 선택하고 ❷ **[홈] 탭-[표시 형식] 그룹-[표시 형식]**을 클릭한 후 ❸ **[기타 표시 형식]**을 선택하세요.

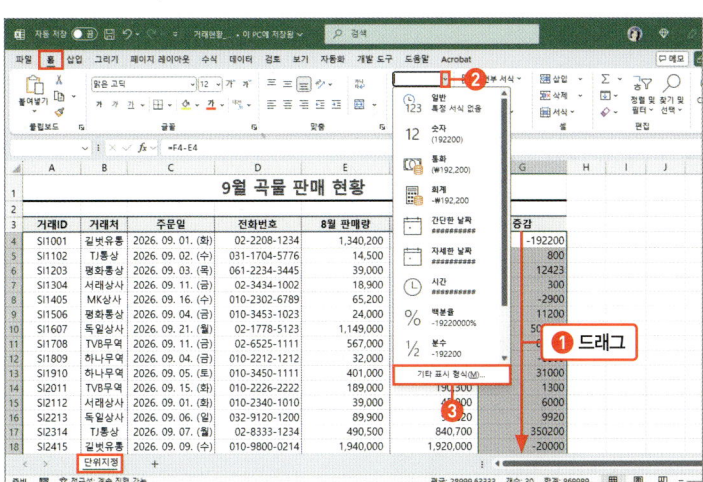

Tip
영상 강의를 재생했을 때 연결 페이지에서 동영상을 재생할 수 없다는 메시지가 나타나면 [YouTube에서 보기]를 클릭해 영상을 시청하세요.

② [셀 서식] 대화상자의 [표시 형식] 탭이 열리면 ❶ **[사용자 지정] 범주**를 선택하고 양수값에 ▲을 입력하기 위해 ❷ '형식'에 자음 **"ㅁ**을 입력한 후 한자를 누릅니다. 자음 ㅁ에 해당하는 도형 목록이 표시되면 ❸ Tab 을 눌러 도형 목록을 확장하고 ❹ **[▲]**을 클릭하세요.

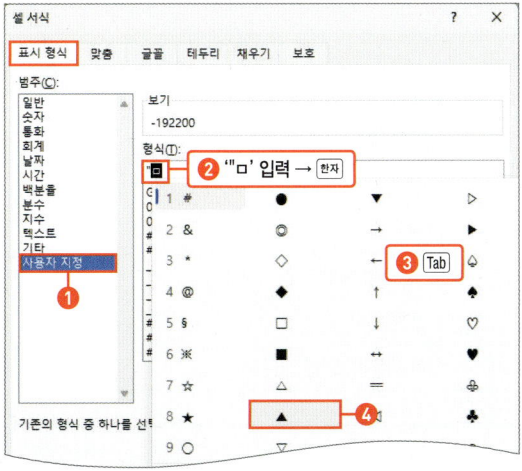

③ ▲이 입력되었으면 ❶ ▲의 앞에는 "을, 뒤에는 "#,##0;을 추가해 "▲"#,##0;을 입력하고 ❷ [확인]을 클릭합니다.

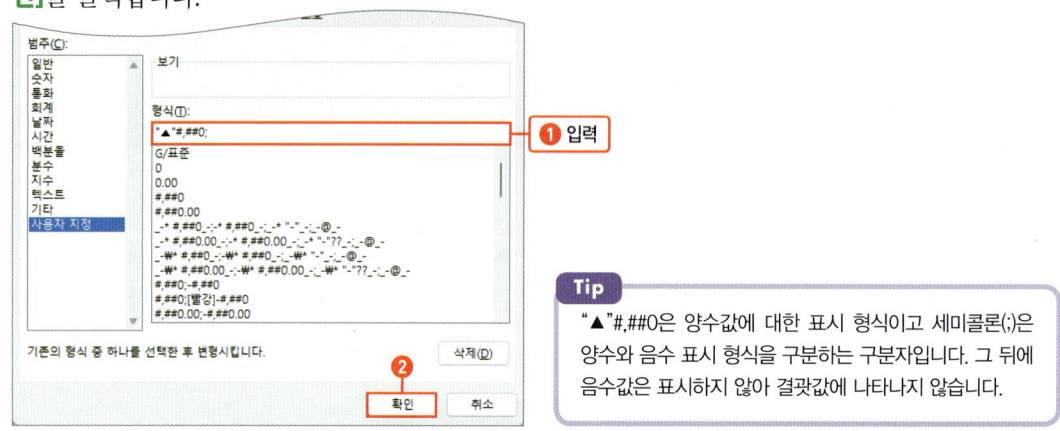

❶ 입력
❷ 확인

Tip
"▲"#,##0은 양수값에 대한 표시 형식이고 세미콜론(;)은 양수와 음수 표시 형식을 구분하는 구분자입니다. 그 뒤에 음수값은 표시하지 않아 결괏값에 나타나지 않습니다.

④ '증감' 항목에서 양수값에만 ▲이 표시되었는지 확인합니다.

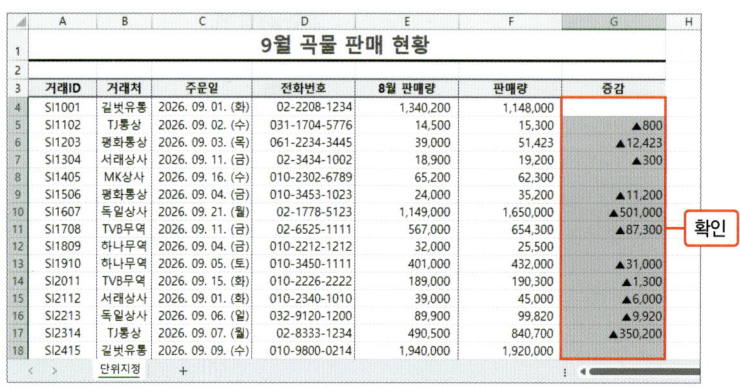

확인

잠깐만요!

자주 사용하는 한글 자음+한자 키 주요 기호 조합

자음	한자 키 조합 결과(대표 기호)	대표 용도
ㄱ	!, ', ,, …, ·, ─ 등	문장 부호 계열
ㄴ	", ( ), { }, 〈 〉, 『 』 등	다양한 괄호 기호
ㄷ	+, −, ±, ×, ÷, ≠, ≤, √, ∫, Σ 등	수학 기호
ㄹ	km, m², ℓ, ℃, Å, mm, cm 등	단위 기호
ㅁ	▫, ■, △, ▲, ▽, ▼, ☆, ★, ●, ○, ◎, ◇	도형, 장식 기호
ㅅ	㉠, ㉡, ……, ㈜ 등	한글 원문자
ㅇ	①, ②, ……, Ⓐ, Ⓑ 등	숫자 영문자, 영문 원문자

활용도 ■■■□□

● 실습예제 : 목차_채움선.xlsx
● 완성예제 : 목차_채움선_완성.xlsx

05 목차의 항목과 페이지 사이에 채움선 채우기

실무

✓ **실무 활용 사례**

- 엑셀 보고서에 표지를 작성하여 목차처럼 표시해야 할 때

✓ **업무 시간 단축**

- Ctrl + 1
- [셀 서식] 대화상자의 [표시 형식] 탭에서 [사용자 지정] 범주 선택 → '@*·' 입력

① 목차로 입력한 텍스트 뒤의 빈 영역에 가운뎃점(·)을 채움선처럼 표시해 볼게요. [목차] 시트에서 'Part 1' 아래쪽에 있는 내용 영역인 셀 범위 **[B4:B7]**을 선택하세요.

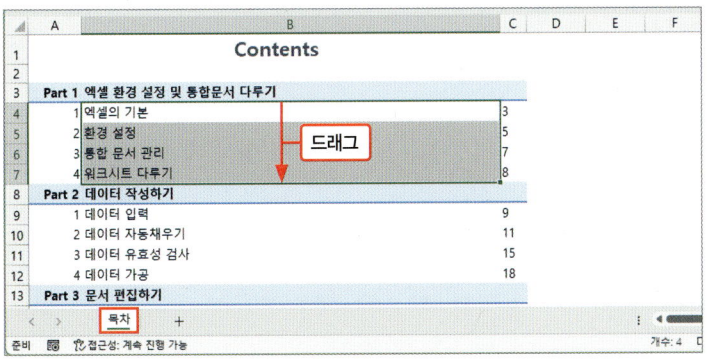

② ❶ [홈] 탭-[표시 형식] 그룹-[표시 형식]을 클릭하고 ❷ [기타 표시 형식]을 선택하세요.

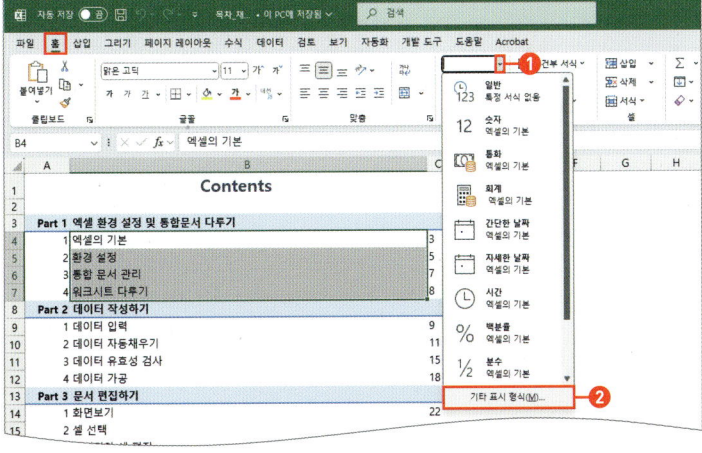

③ [셀 서식] 대화상자의 [표시 형식] 탭이 열리면 ❶ **[사용자 지정] 범주**를 선택하고 ❷ '형식'에 @*를 입력한 후 기호 문자를 입력하기 위해 자음 ㄱ을 입력하고 [한자]를 누릅니다. 자음 ㄱ에 해당하는 도형 목록이 표시되었지만 현재 목록에 원하는 문자가 없으므로 ❸ 🔲 단추를 클릭하거나 [Tab]을 누르세요.

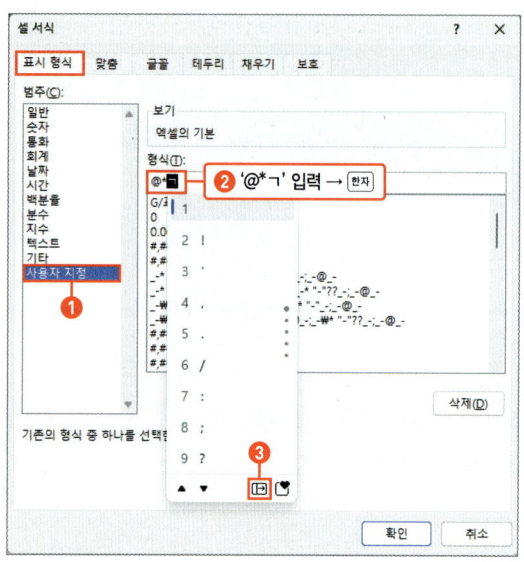

④ 도형 목록이 확장되면 ❶ 두 번째 열에서 가운뎃점 [·]을 선택하여 ❷ '형식'에 @*·을 입력하고 ❸ **[확인]**을 클릭합니다.

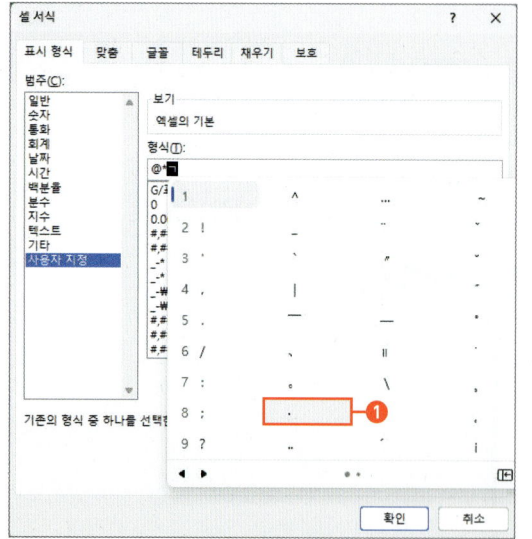 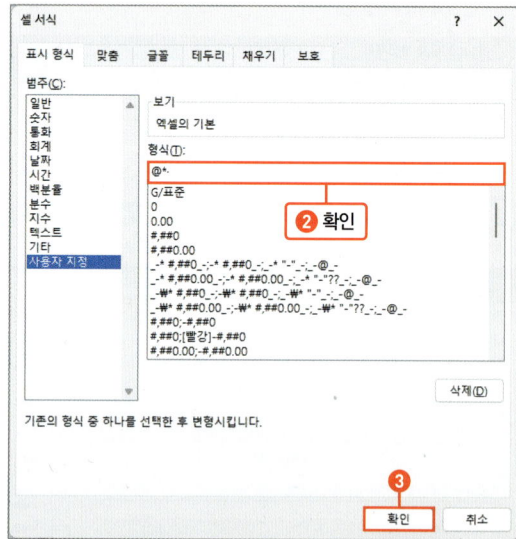

5 ❶ 목차 내용의 뒤에 채움선처럼 가운뎃점이 표시되었는지 확인합니다. ❷ 채움선을 다른 항목에 복사하기 위해 **[B4] 셀**을 클릭하고 ❸ **[홈] 탭-[클립보드] 그룹-[서식 복사]**를 더블클릭하세요.

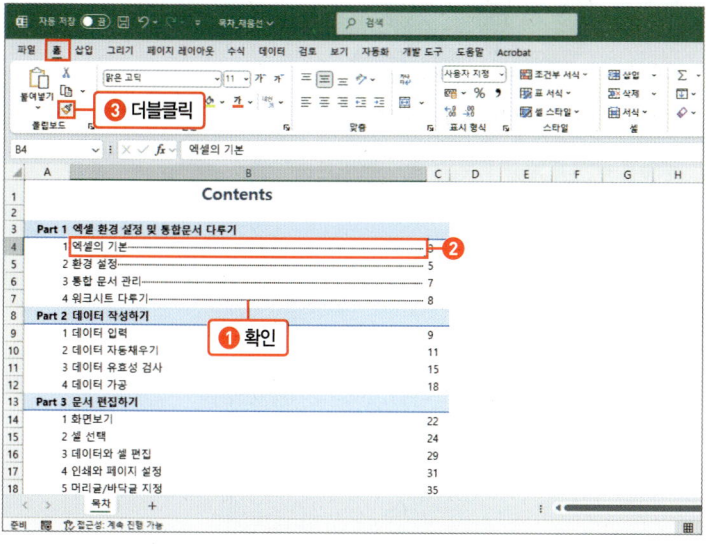

> **Tip**
> [홈] 탭-[클립보드] 그룹-[서식 복사]를 한 번 클릭하면 서식을 한 번만 복사할 수 있어요. 하지만 [서식 복사]를 더블클릭하면 Esc 를 누를 때까지 계속 서식을 복사할 수 있어서 편리합니다.

6 ❶ 마우스 포인터가 모양으로 바뀌면 내용이 있는 모든 영역을 드래그해 ❷ 'Part 10'까지 차례대로 채움선 표시 형식을 복사합니다.

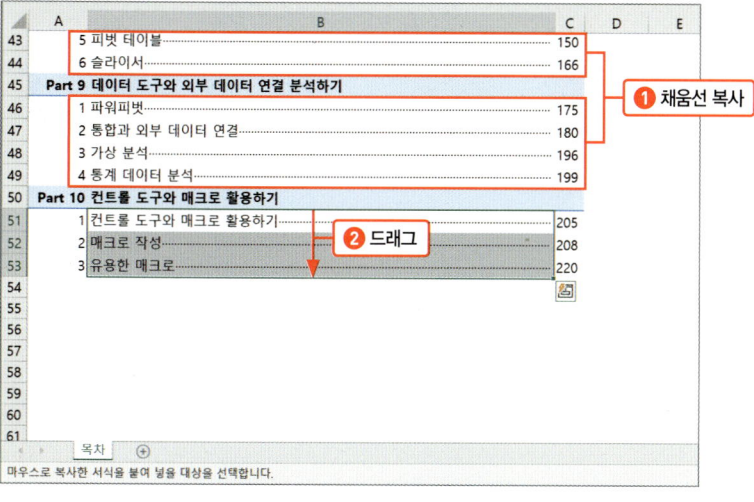

CHAPTER 02
능력 있는 직장인의 필수 조건!
함수 정복하기

데이터가 잘 정리되면 그 데이터를 기반으로 필요한 계산을 편리하게 수행할 수 있어요. 엑셀에서는 수많은 함수를 제공하지만, 실제 실무에서는 그렇게 많은 함수가 필요하지는 않습니다. 그보다 빈도 높은 함수를 서로 중첩해서 사용하거나 활용도 높게 사용할 수 있는 다양한 방법을 익히는 것이 좋습니다. 이번 장에서는 실무에서 많이 사용하는 함수뿐만 아니라 다른 함수와 함께 사용할 수 있도록 여러 실무 예제를 다루고 있으므로 다양한 예제를 통해 각자 업무에 맞는 함수 사용법을 익혀보세요.

SECTION 04 실무에서 자주 사용하는 기본 함수 익히기
SECTION 05 업무 효율성을 높이는 고급 함수 다루기

SECTION

04

실무에서 자주 사용하는 기본 함수 익히기

엑셀은 수식을 계산하고 분석하는 도구로, 셀 값을 계산하는 기본적인 수식 작성 방법과 연산자, 참조 방법까지 정확하게 이해하고 사용해야 합니다. 이번 섹션에서는 수식을 작성할 때 수식에 적용된 참조 위치를 알아내는 방법뿐만 아니라 자동 합계와 빠른 분석을 통해 기본 통계값을 빠르게 작성하는 방법에 대해 알아봅니다.

활용도 ■■■

● 실습예제 : 비용_지급.xlsx
● 완성예제 : 비용_지급_완성.xlsx

실무 01 근무 시간에 따른 비용 계산하기
— IF 함수

① 주말 여부에 따른 업무 수당 지급 금액을 작성해 볼게요. [상담직_비용] 시트에서 **[I7] 셀**에 **=IF(**를 입력하고 Ctrl+A나 Shift+F3을 누르세요.

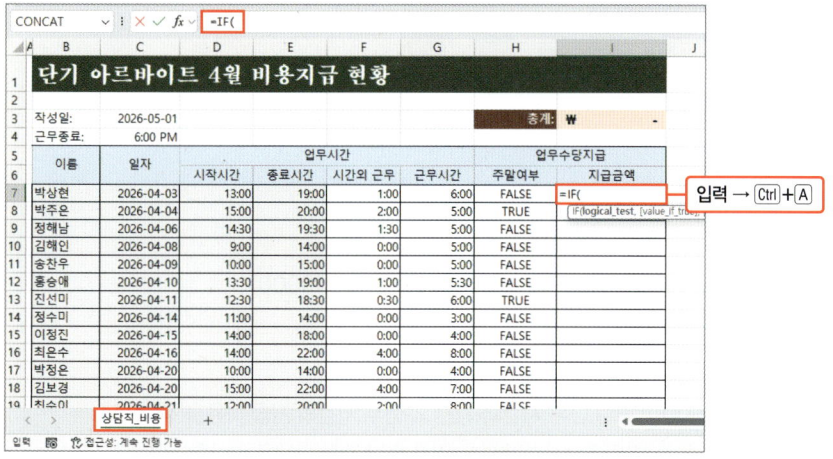

② IF 함수의 [함수 인수] 대화상자가 열리면 ❶ 각 인수에 다음과 같이 입력하고 ❷ [확인]을 클릭합니다. 여기서는 시간당 알바 비용이 주말은 2만 원, 시간 외 근무는 15,000원, 평일 정상 근무는 12,000원입니다.

- Logical_test: 주말인지 판단할 [H7] 셀을 클릭해 입력
- Value_if_true: G7*24*20000
- Value_if_false: (G7-F7)*24*12000+F7*24*15000

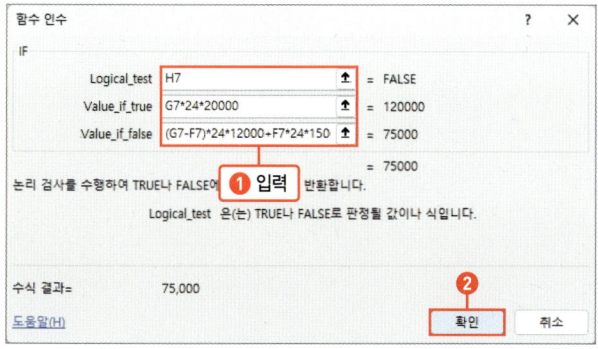

Tip
시간에 24를 곱하는 것은 '6:00'의 경우 실제값이 '0.25'이므로 이 값을 '6'으로 변환(1일은 24시간)하기 위해서입니다.

53

③ ❶ [I7] 셀에 업무 수당 지급 금액을 구했으면 ❷ [I7] 셀의 자동 채우기 핸들(✚)을 더블클릭해 나머지 셀의 결괏값을 구합니다.

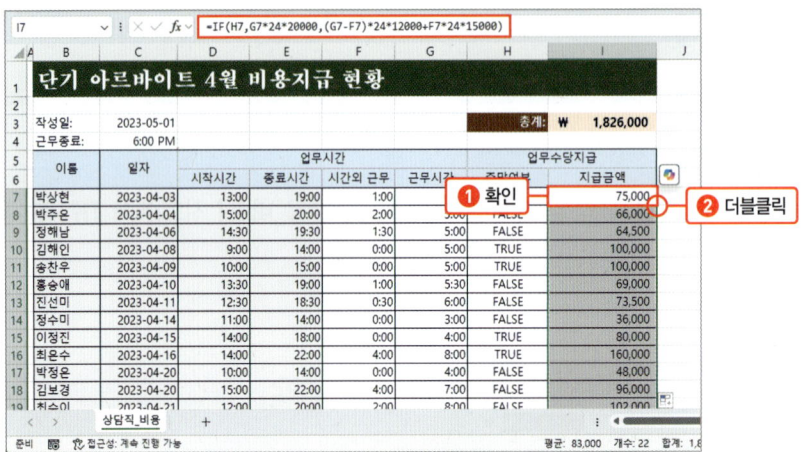

함수식 설명

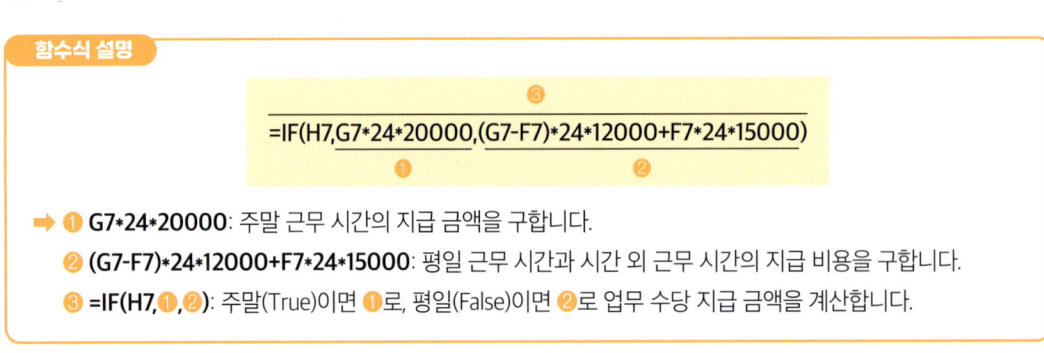

➡ ❶ **G7*24*20000**: 주말 근무 시간의 지급 금액을 구합니다.

❷ **(G7-F7)*24*12000+F7*24*15000**: 평일 근무 시간과 시간 외 근무 시간의 지급 비용을 구합니다.

❸ **=IF(H7,❶,❷)**: 주말(True)이면 ❶로, 평일(False)이면 ❷로 업무 수당 지급 금액을 계산합니다.

54

활용도

● 실습예제 : 프로젝트_건수와비용.xlsx
● 완성예제 : 프로젝트_건수와비용_완성.xlsx

02 프로젝트 수와 총연구비 계산하기
— COUNTA, COUNTIF, SUMIF 함수

① [프로젝트현황] 시트에서 **[K3]** 셀에 함수식 **=COUNTA(A5:A39) &"건"**을 입력하고 Enter 를 누릅니다.

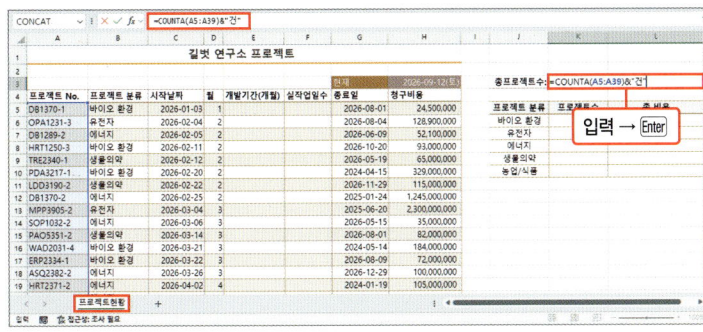

> **Tip**
> COUNTA 함수는 비어있지 않은 셀의 수를 세는 함수입니다.

함수식 설명

➡ ① **COUNTA(A5:A39)**: 프로젝트의 전체 건수를 구합니다.
② **=①&"건"**: 계산된 건수에 문자열 '건'을 추가합니다.

② ① [K3] 셀에 총 프로젝트 수를 구했으면 '바이오 환경'에 대한 프로젝트 수를 계산해 볼게요.
② **[K6]** 셀에 **=COUNTIF(**를 입력하고 Ctrl + A 나 Shift + F3 을 누릅니다.

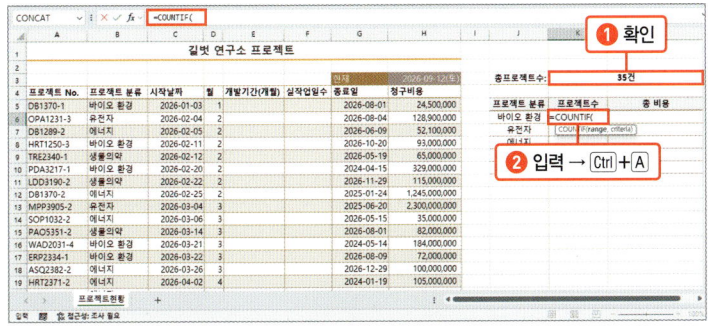

③ COUNTIF 함수의 [함수 인수] 대화상자가 열리면 ❶ 'Range'에는 $B$5:$B$39를, 'Criteria'에는 J6을 입력하고 ❷ [확인]을 클릭합니다.

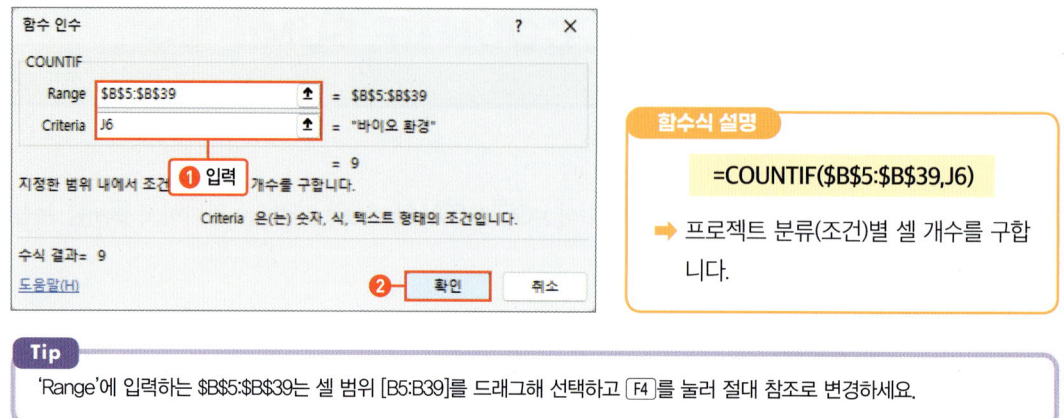

Tip
'Range'에 입력하는 $B$5:$B$39는 셀 범위 [B5:B39]를 드래그해 선택하고 F4 를 눌러 절대 참조로 변경하세요.

④ ❶ [K6] 셀에 '바이오 환경'에 대한 프로젝트 수를 구했으면 ❷ [K6] 셀의 자동 채우기 핸들(+)을 더블클릭해 나머지 셀의 결괏값을 구합니다.

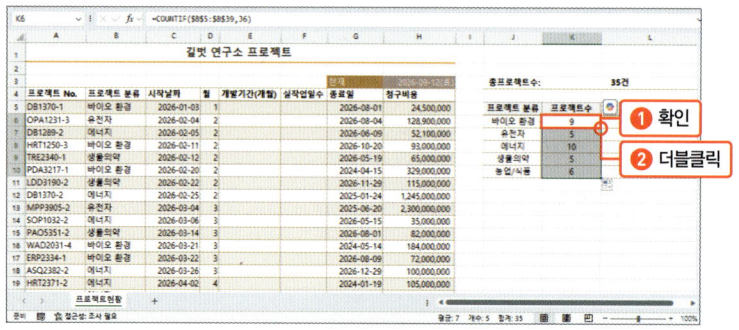

⑤ 이어서 [L6] 셀에 =SUMIF(를 입력하고 Ctrl + A 나 Shift + F3 을 누르세요.

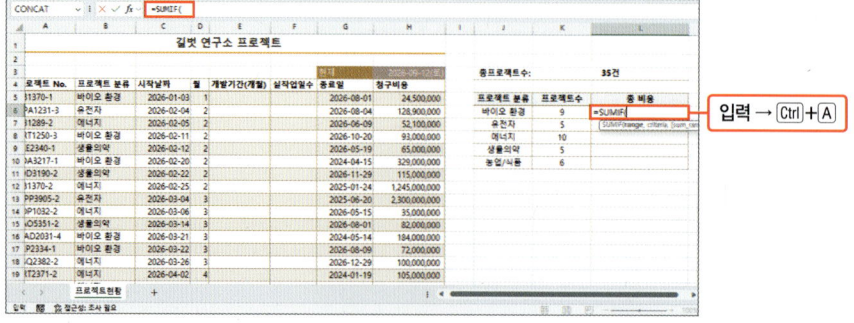

56

6 SUMIF 함수의 [함수 인수] 대화상자가 열리면 ❶ 각 인수에 다음과 같이 입력하고 ❷ [확인]을 클릭합니다.

- Range: 셀 범위 [B5:B39]를 선택하고 F4 를 눌러 절대 참조로 변경
- Criteria: J6
- Sum_range: 셀 범위 [H5:H39]를 선택하고 F4 를 눌러 절대 참조로 변경

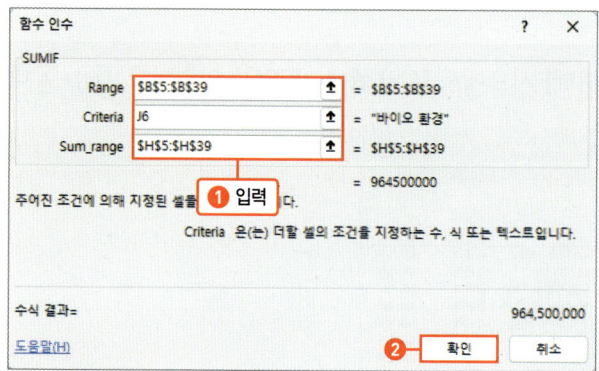

> **함수식 설명**
>
> =SUMIF($B$5:$B$39,J6,$H$5:$H$39)
>
> ➡ '프로젝트 분류' 항목의 범위에서 해당 분류(조건)를 찾아 '청구비용' 항목의 범위($H$5:$H$39)에서 값을 모두 더합니다.

7 ❶ [L6] 셀에 '바이오 환경' 프로젝트의 총 비용을 구했으면 ❷ [L6] 셀의 자동 채우기 핸들(+)을 더블클릭해 나머지 셀의 결괏값을 구합니다.

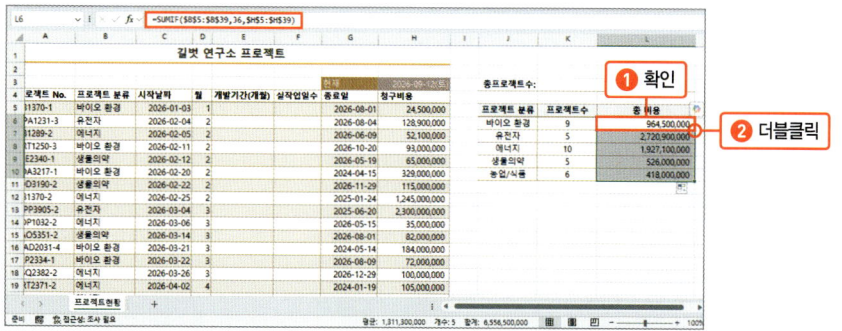

활용도 ■■■

판매 날짜에서 분기값 계산하기
— IFS 함수

● 실습예제 : 매출비교_사분기.xlsx
● 완성예제 : 매출비교_사분기_완성.xlsx

① 월에 따라 분기값을 구해볼게요. [방송판매] 시트에서 **[C2] 셀**에 **=IFS(** 를 입력하고 Ctrl + A 나 Shift + F3 을 누릅니다.

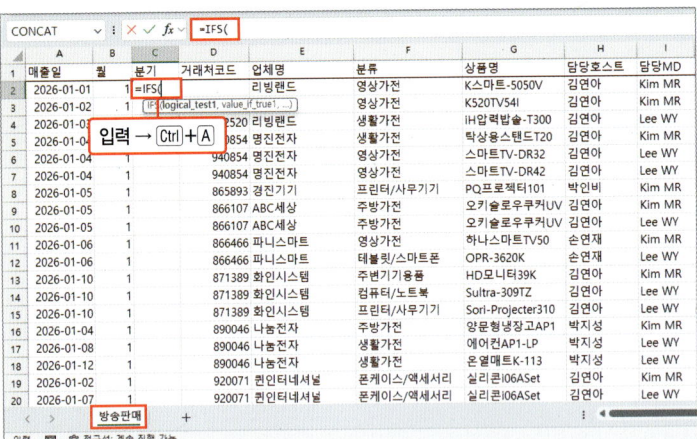

Tip
IFS 함수는 엑셀 2019 이상 버전에서 사용할 수 있는 함수로, 다중 IF 함수처럼 여러 조건의 결괏값을 작성할 수 있습니다.

② IFS 함수의 [함수 인수] 대화상자가 열리면 각 인수에 다음과 같이 입력하세요.

- Logical_test1: B2<=3
- Logical_test2: B2<=6
- Value_if_true1: "1사분기"
- Value_if_true2: "2사분기"

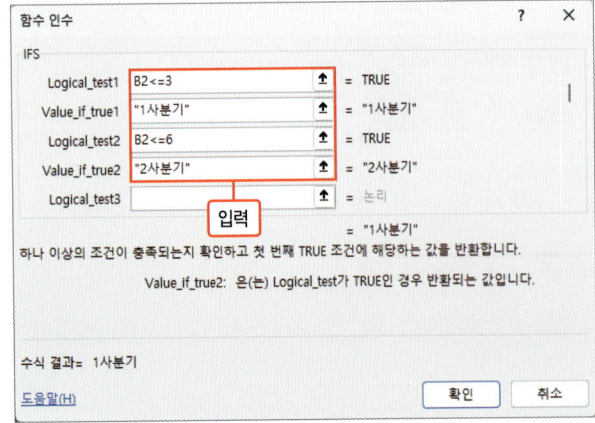

③ 이어서 ❶ 'Logical_test3'에는 **B2<=9**를, 'Value_if_true3'에는 **"3사분기"**를, 'Logical_test4'에는 **TRUE**를, 'Value_if_true4'에는 **"4사분기"**를 입력하고 ❷ **[확인]**을 클릭합니다.

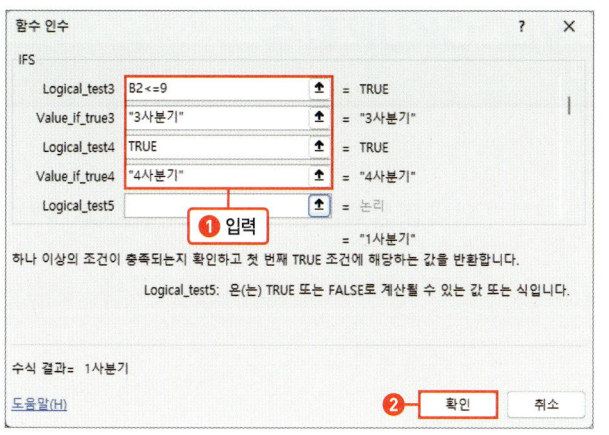

> **Tip**
> 'Logical_test4'에 'TRUE'를 입력하면 나머지 모든 조건을 의미합니다.

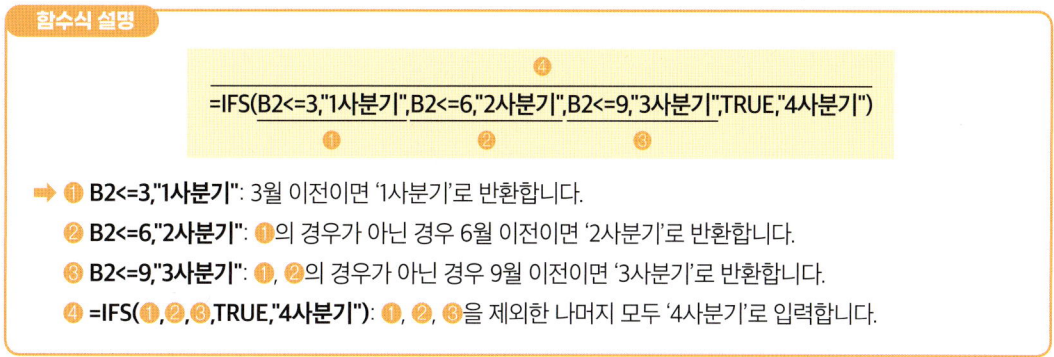

➡ ❶ **B2<=3,"1사분기"**: 3월 이전이면 '1사분기'로 반환합니다.
  ❷ **B2<=6,"2사분기"**: ❶의 경우가 아닌 경우 6월 이전이면 '2사분기'로 반환합니다.
  ❸ **B2<=9,"3사분기"**: ❶, ❷의 경우가 아닌 경우 9월 이전이면 '3사분기'로 반환합니다.
  ❹ **=IFS(❶,❷,❸,TRUE,"4사분기")**: ❶, ❷, ❸을 제외한 나머지 모두 '4사분기'로 입력합니다.

④ ❶ **[C2] 셀**에 분기값을 구했으면 ❷ **[C2] 셀**의 자동 채우기 핸들(+)을 더블클릭해 나머지 셀의 결괏값을 구하세요.

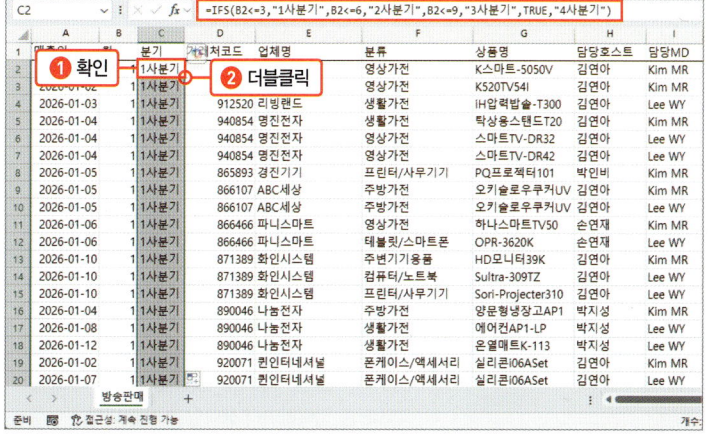

59

활용도 ●●●●

● 실습예제: 지역매출_단가.xlsx
● 완성예제: 지역매출_단가_완성.xlsx

04 제품 코드별 단가 이용해 금액 계산하기 – VLOOKUP 함수

실무

① [지역매출] 시트에서 '수량*단가'로 금액을 구하기 위해 **[F4] 셀**을 클릭하고 **=E4*VLOOKUP(**를 입력한 후 Ctrl + A 나 Shift + F3 을 누릅니다.

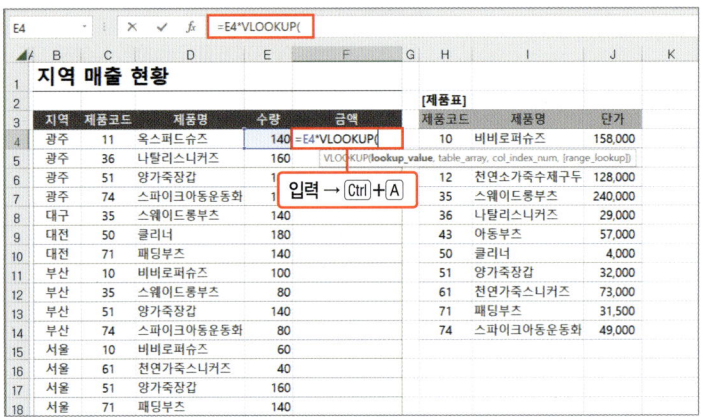

② VLOOKUP 함수의 [함수 인수] 대화상자가 열리면 ❶ 각 인수에 다음과 같이 입력하고 ❷ [확인]을 클릭합니다.

- **Lookup_value**: 참조 테이블 [제품표]의 1열에 해당하는 '제품코드'인 [C4] 셀을 클릭해 입력
- **Table_array**: 참조 범위 [H4:J14]를 선택하고 F4 를 눌러 절대 참조로 변경
- **Col_index_num**: 참조 테이블에서 단가가 있는 열 번호인 '3' 입력
- **Range_lookup**: 제품 코드와 정확히 일치하는 값을 찾기 위해 '0'이나 'False' 입력

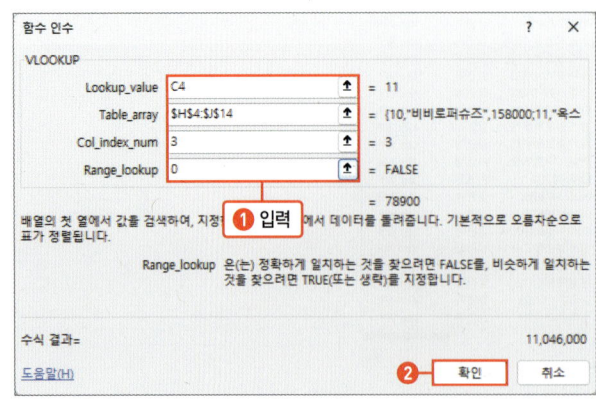

Tip
'참조표'에서 제품 코드의 1열이 오름차순 정렬되어 있으므로 'Range_lookup'에서는 '1'이나 'TRUE'를 입력하거나 생략할 수 있습니다.

함수식 설명

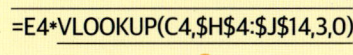

=E4*VLOOKUP(C4,$H$4:$J$14,3,0)

➡ ❶ **VLOOKUP(C4,$H$4:$J$14,3,0)**: [제품표]에서 제품 코드별 단가를 반환합니다.
   ❷ **=E4*❶**: '수량×단가'를 이용해 금액을 구합니다.

③ ❶ [F4] 셀에 금액을 구했으면 ❷ **[F4] 셀**의 자동 채우기 핸들(➕)을 더블클릭해 나머지 셀의 결괏값을 구하세요.

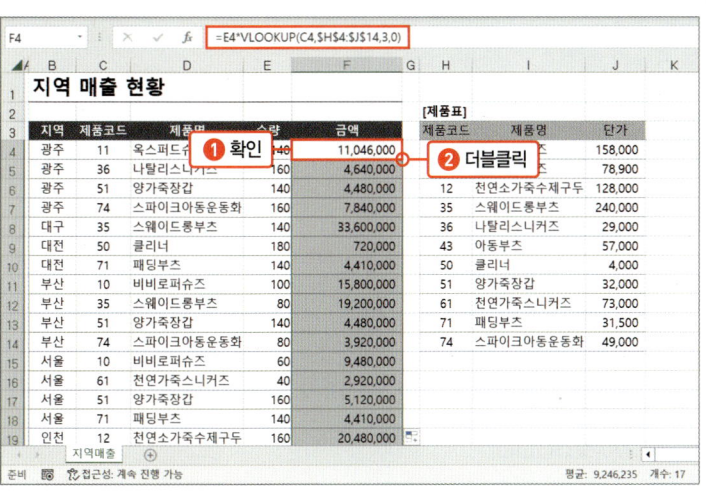

SECTION

05

업무 효율성을 높이는
고급 함수 다루기

실무에서는 단일 함수보다 여러 함수를 사용해 중첩해서 계산해야 하는 경우가 많습니다. 이번 섹션에서는 중첩 함수를 통한 다중 함수 계산 방법과 엑셀 2019 이후에 추가된 다양한 함수를 익혀서 업무의 효율성을 더욱 높여보겠습니다.

활용도 ■■■

● 실습예제 : 수도권판매_상품수.xlsx
● 완성예제 : 수도권판매_상품수_완성.xlsx

01 판매 품목의 수 계산하기
— SUMPRODUCT 함수

① [판매] 시트에서 **[E4]** 셀에 **=SUMPRODUCT(**를 입력하고 Ctrl + A 나 Shift + F3 을 누릅니다.

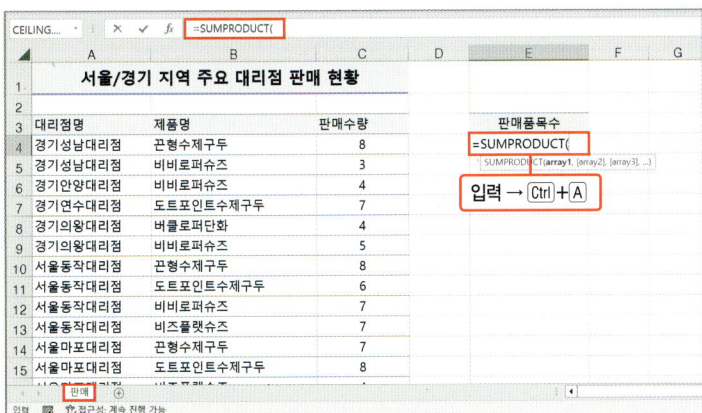

> **Tip**
> SUMPRODUCT 함수는 배열 간의 값끼리 곱한 후 합계를 구하는 함수로, 배열 수식을 대신할 수 있습니다.

② SUMPRODUCT 함수의 [함수 인수] 대화상자가 열리면 ❶ 'Array1'에 **1/COUNTIF(B4:B28, B4:B28)**을 입력하고 ❷ **[확인]**을 클릭합니다.

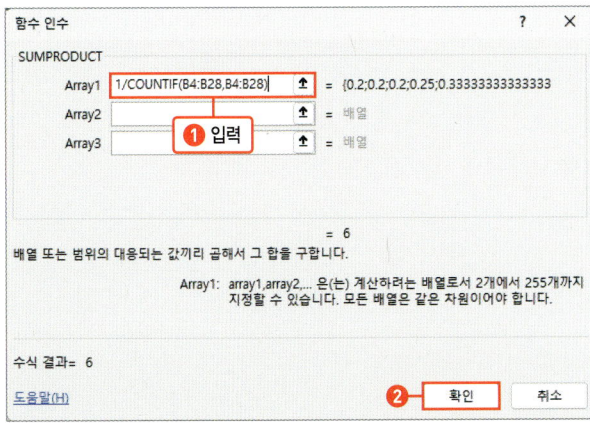

> **Tip**
> COUNTIF 함수의 두 인수가 모두 범위(집합)로 되어 있는 것에 주의하세요. 여기서는 COUNTIF 함수로 동일한 상품의 개수를 계산했는데, 이 값을 1/N한 후 모두 더하면 상품당 1개의 값으로 계산됩니다.

함수식 설명

=SUMPRODUCT(1/COUNTIF(B4:B28,B4:B28))

➡ ❶ **1/COUNTIF(B4:B28,B4:B28)**: 같은 제품명에 대한 개수에 대해 1/N의 값을 반환합니다.
❷ **=SUMPRODUCT(❶)**: ❶의 배열값을 모두 합해서 계산합니다.

③ [E4] 셀에 판매 품목 수 **6**을 구했습니다.

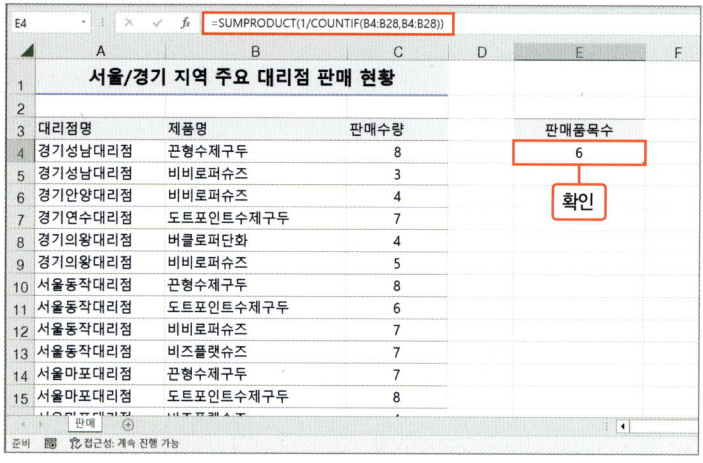

활용도 ■■■□□

● 실습예제: 영업사원매출_인센티브.xlsx
● 완성예제: 영업사원매출_인센티브_완성.xlsx

실무 02 부서와 달성률에 따라 인센티브 계산하기 – VLOOKUP, INDIRECT 함수

① [사업부별인센티브] 시트에서 셀 범위 ❶ **[A4:B9]**를 선택하고 Ctrl+T를 눌러 ❷ 표로 만듭니다.

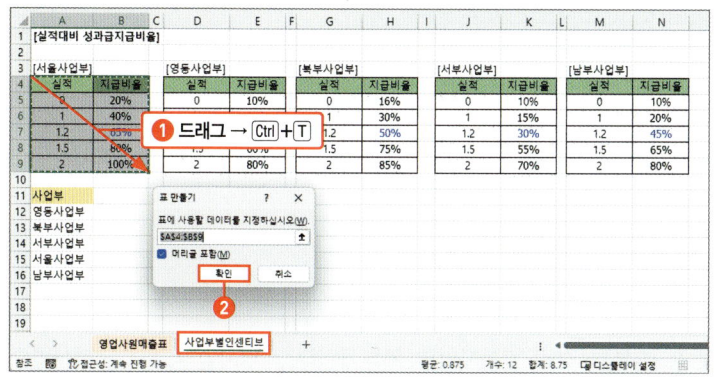

영상 강의

> **Tip**
> 영상 강의를 재생했을 때 연결 페이지에서 동영상을 재생할 수 없다는 메시지가 나타난다면 [YouTube에서 보기]를 클릭해 영상을 시청하세요.

② 이와 같은 방법으로 ❶~❸ 모든 사업부의 각 범위를 Ctrl+T를 눌러 표로 작성하세요.

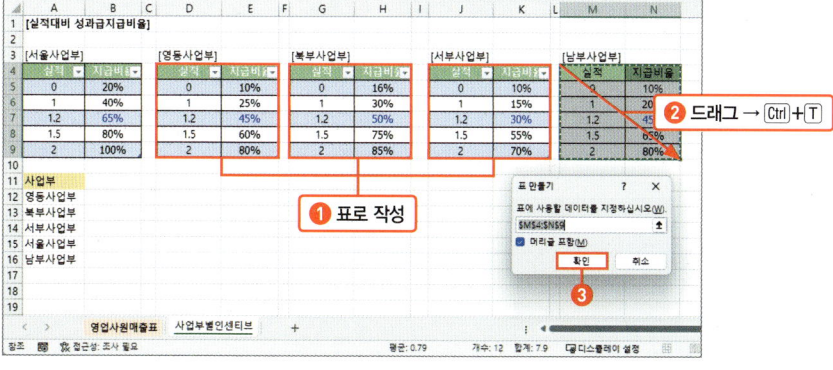

3 ❶ 작성한 표 범위 **[A4:B9]** 안에 있는 하나의 셀을 클릭하고 ❷ **[테이블 디자인] 탭-[속성] 그룹-[표 이름]**에 **서울사업부**를 입력하여 표 이름을 지정합니다.

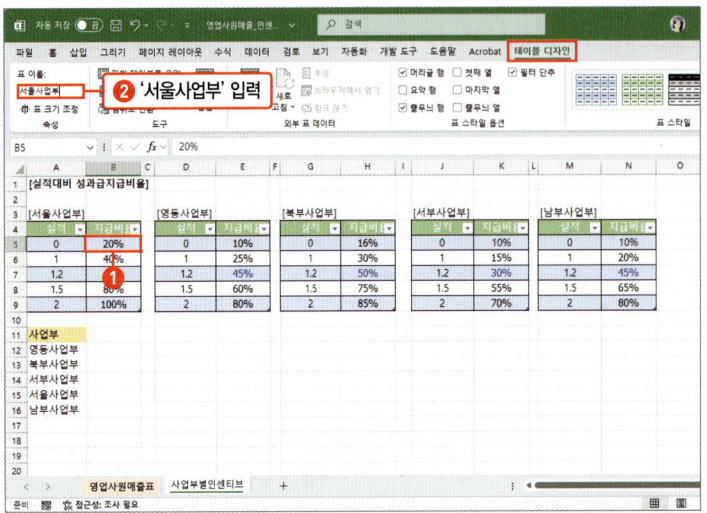

4 이와 같은 방법으로 ❶ 각 표에 표 이름을 각각 **영동사업부, 북부사업부, 서부사업부,** ❷~❸ **남부사업부**로 입력하세요.

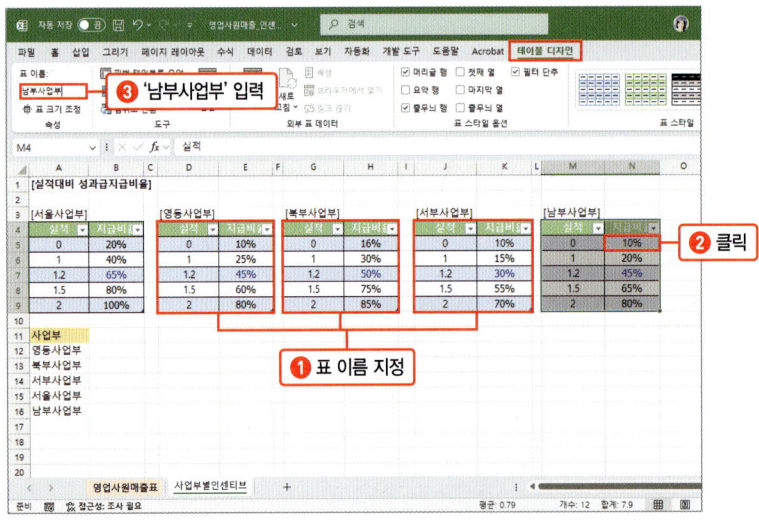

5 ⓛ **[영업사원매출표] 시트**를 선택하고 ❷ **[F4] 셀**에 **=H4*VLOOKUP(** 를 입력한 후 Ctrl + A 나 Shift + F3 을 누릅니다.

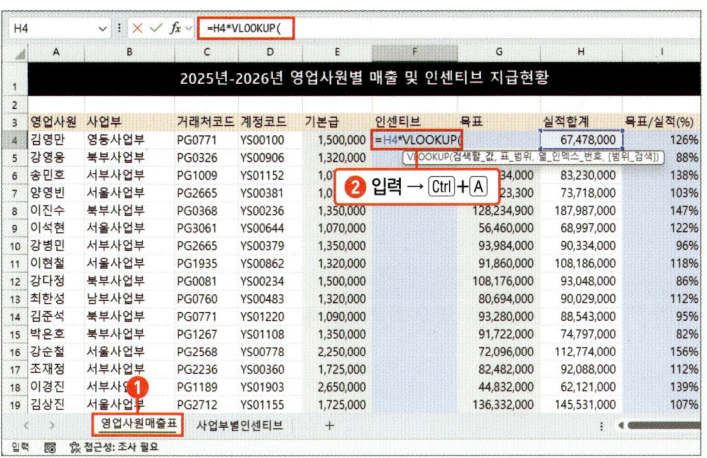

6 VLOOKUP 함수의 [함수 인수] 대화상자가 열리면 ❶ 각 인수에 다음과 같이 입력하고 ❷ **[확인]** 을 클릭합니다.

- **Lookup_value**: I4
- **Table_array**: INDIRECT(B4). INDIRECT 함수는 지정된 셀의 텍스트를 주소로 인식해 표를 범위로 가져오는 함수입니다.
- **Col_index_num**: 2
- **Range_lookup**: 1. True 값으로, Lookup_value의 값이 오름차순으로 정렬된 참조 범위에서 1열의 특정 구간에 해당될 때 값을 지정합니다.

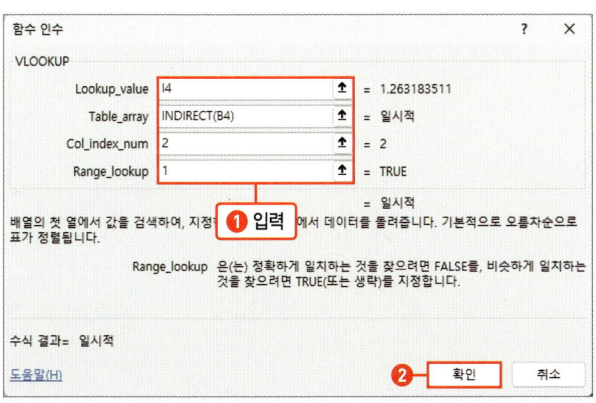

67

> **함수식 설명**
>
> =H4*VLOOKUP(I4,INDIRECT(B4),2,1)
>
> ➡ ❶ **INDIRECT(B4)**: 지정된 셀의 텍스트를 주소로 인식해 표를 범위로 가져옵니다.
> ❷ **=H4*VLOOKUP(I4,❶,2,1)**: 목표/실적(%)의 값을 ❶에 해당하는 범위에서 찾아 해당 범위에서 2열의 값(지급 비율)을 가져온 후 실적 합계를 곱해 계산합니다.

⑦ ❶ [F4] 셀에 인센티브를 구했으면 ❷ **[F4] 셀**의 자동 채우기 핸들(+)을 더블클릭해 나머지 셀의 결괏값을 구하세요.

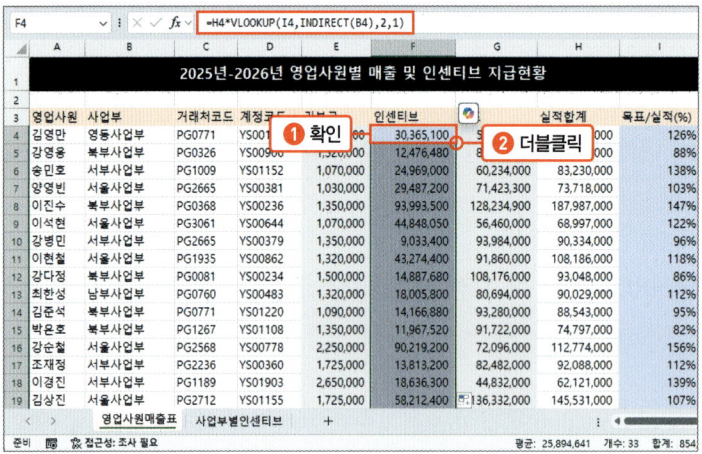

68

활용도 ■■■

● 실습예제 : 우수사원_정보.xlsx
● 완성예제 : 우수사원_정보_완성.xlsx

03 사번 이용해 원하는 정보 한 번에 가져오기 – VLOOKUP, MATCH 함수

① [우수사원] 시트에서 사번에 따른 각 정보를 계산하기 위해 **[B4] 셀**에 **=VLOOKUP(** 를 입력하고 Ctrl + A 나 Shift + F3 을 누릅니다.

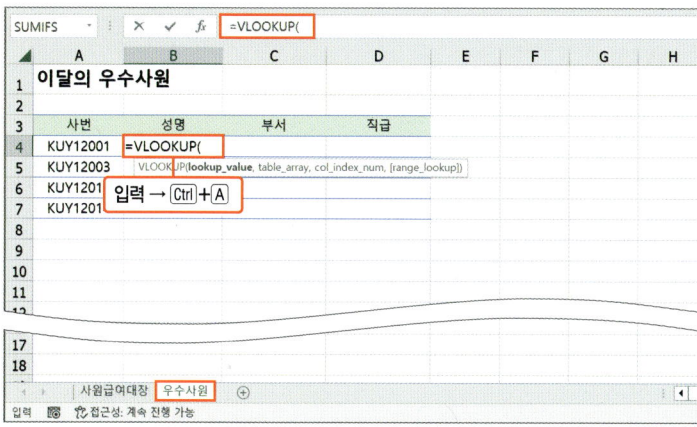

영상 강의

Tip
영상 강의를 재생했을 때 연결 페이지에서 동영상을 재생할 수 없다는 메시지가 나타나면 [YouTube에서 보기]를 클릭해 영상을 시청하세요.

② VLOOKUP 함수의 [함수 인수] 대화상자가 열리면 ❶ 각 인수에 다음과 같이 입력하고 ❷ 수식 입력줄에서 **[MATCH]**를 클릭합니다.

- Lookup_value: $A4
- Table_array: 사원급여대장!$A$4:$G$21
- Col_index_num: MATCH( )

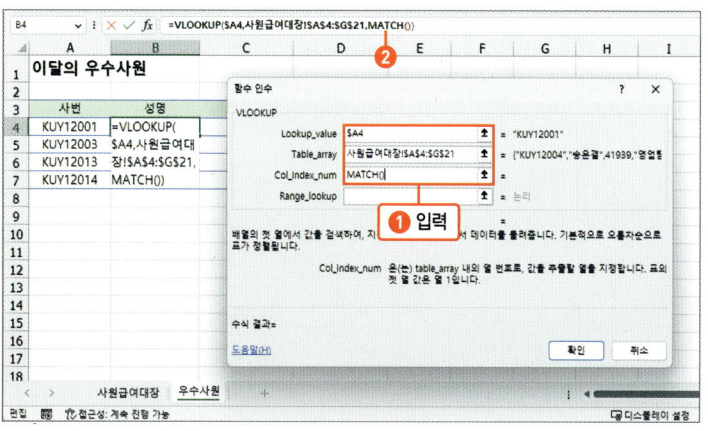

❸ MATCH 함수의 [함수 인수] 대화상자로 변경되면 ❶ 각 인수에 다음과 같이 입력하고 ❷ 수식 입력줄에서 [VLOOKUP]을 클릭합니다.

- **Lookup_value**: B$3
- **Lookup_array**: 사원급여대장!$A$3:$G$3
- **Match_type**: 0

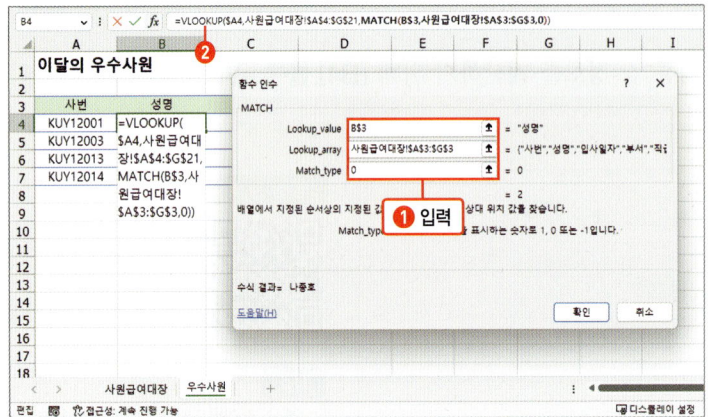

❹ VLOOKUP 함수의 [함수 인수] 대화상자로 되돌아오면 ❶ 마지막 인수인 'Range_lookup'에 0을 입력하고 ❷ [확인]을 클릭합니다.

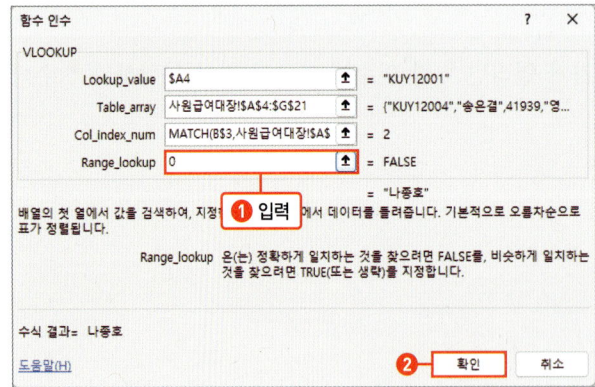

> **함수식 설명**
>
> =VLOOKUP($A4,사원급여대장!$A$4:$G$21,MATCH(B$3,사원급여대장!$A$3:$G$3,0),0)
>
> ➡ ❶ MATCH(B$3,사원급여대장!$A$3:$G$3,0): 필드명을 참조 테이블의 제목 행에서 찾아 해당 열의 번호를 반환합니다.
>
> ❷ =VLOOKUP($A4,사원급여대장!$A$4:$G$21,❶,0): 사번을 참조 테이블의 1열('사번' 필드)에서 찾아 ❶에 해당하는 열에서 값을 가져옵니다.

5 ❶ [B4] 셀에 사번에 대한 성명을 구했으면 ❷ [B4] 셀의 자동 채우기 핸들(✚)을 [D4] 셀까지 드래그해 복사합니다. ❸ [D4] 셀의 자동 채우기 핸들을 더블클릭해 나머지 셀의 결괏값을 구하세요.

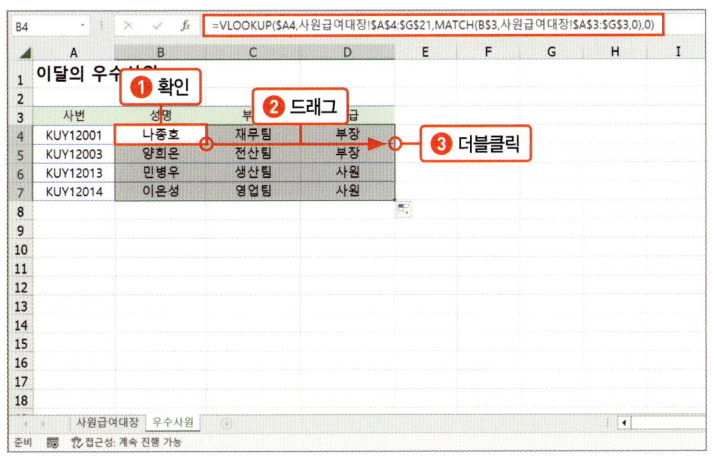

활용도 ●●●

● 실습예제 : 사원급여대장_사번.xlsx
● 완성예제 : 사원급여대장_사번_완성.xlsx

실무 04 이름 기준으로 왼쪽 열의 사번과 입사일자 가져오기 – XLOOKUP 함수

① VLOOKUP 함수를 사용하면 기준 열보다 왼쪽에 있는 열은 참조하지 못하지만 XLOOKUP 함수를 사용하면 이 문제를 해결할 수 있어요. [사원급여대장] 시트에서 **[J4] 셀**에 **=XLOOKUP(**를 입력하고 Ctrl + A 나 Shift + F3 을 누릅니다.

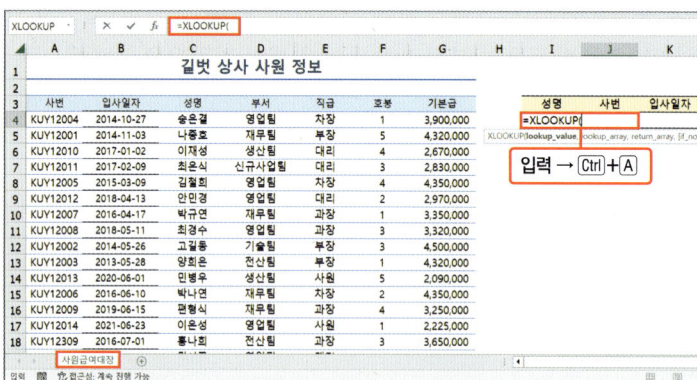

Tip
XLOOKUP 함수는 오피스 365 버전에서 사용할 수 있습니다.

② XLOOKUP 함수의 [함수 인수] 대화상자가 열리면 ❶ 각 인수에 다음과 같이 입력하고 ❷ **[확인]**을 클릭합니다.

- Lookup_value: $I$4. 찾는 값을 입력합니다.
- Return_array: A4:A21
- Lookup_array: $C4:$C21
- If_not_found: "해당사항 없음"

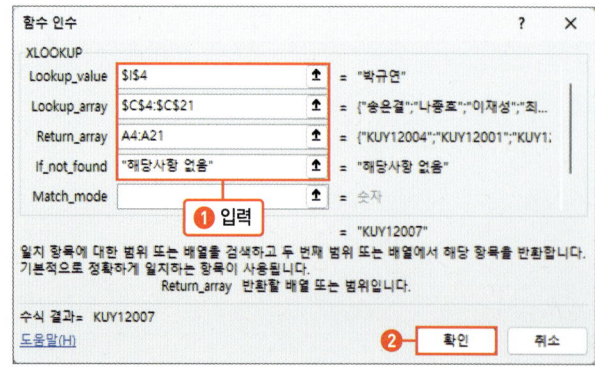

Tip
'If_not_found'에는 일치하는 값이 없을 때 반환할 값을 입력합니다.

> **함수식 설명**
>
> =XLOOKUP($I$4,$C$4:$C$21,A4:A21,"해당사항 없음")
>
> ➡ 사원 이름을 기준으로 사번을 반환하고 사원 이름이 없으면 '해당사항 없음'으로 반환합니다.

③ ❶ [J4] 셀에 사번을 구했으면 ❷ **[J4] 셀**의 자동 채우기 핸들(✚)을 **[K4] 셀**까지 드래그합니다.

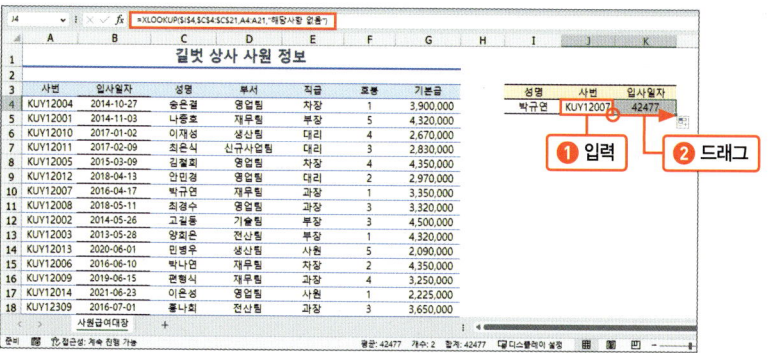

> **Tip**
>
> XLOOKUP 함수의 세 번째 인수를 [A4:A21]로 상대 참조한 이유는 수식을 복사할 때 참조 범위가 자동으로 입사 일자의 범위인 [B4:B21]로 바뀌도록 하기 위해서입니다.

④ [K4] 셀에 입사 일자를 구했으면 ❶~❷ **[홈] 탭-[표시 형식] 그룹-[간단한 날짜]**를 선택합니다.

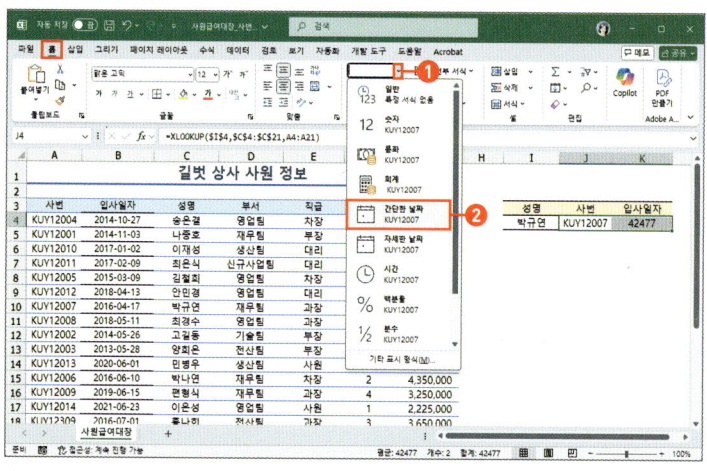

> **Tip**
>
> [K4] 셀을 선택하고 Ctrl+Shift+# 을 눌러도 간단한 날짜로 표시할 수 있어요.

⑤ [K4] 셀의 날짜 형식을 확인합니다.

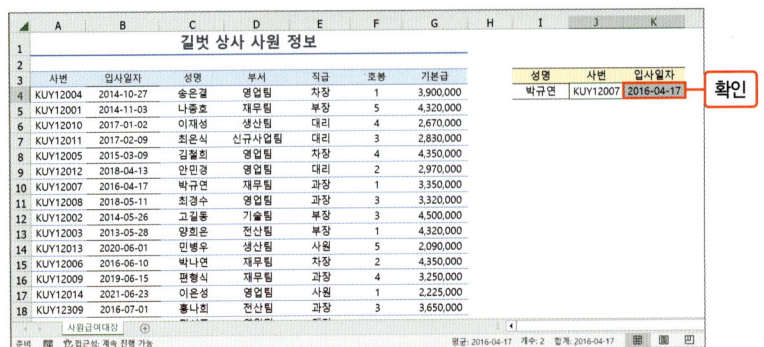

● 실습예제 : 수출거래_순위별거래처.xlsx
● 완성예제 : 수출거래_순위별거래처_완성.xlsx

활용도 ■■■

실무 05 순위별 매출에 해당하는 수출 거래처 알아보기 – INDEX, MATCH, LARGE 함수

① 특정 순위의 해당하는 수출 거래처를 계산해 볼게요. [수출거래원장] 시트에서 **[J2] 셀**에 **=INDEX(**를 입력하고 Ctrl+A나 Shift+F3을 누릅니다.

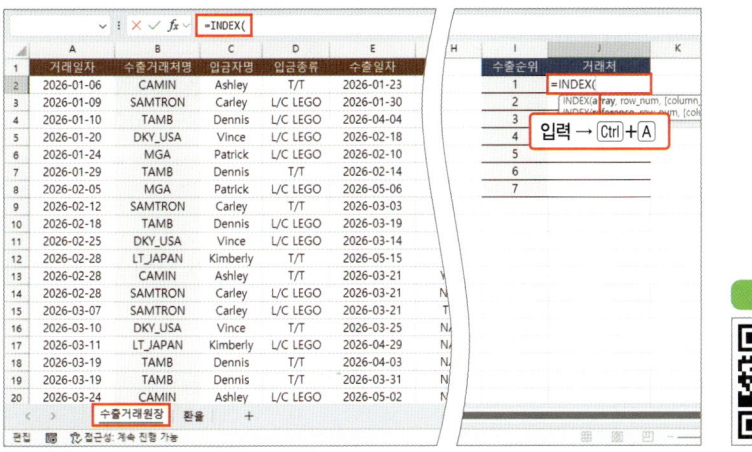

Tip
영상 강의를 재생했을 때 연결 페이지에서 동영상을 재생할 수 없다는 메시지가 나타나면 [YouTube에서 보기]를 클릭해 영상을 시청하세요.

② INDEX 함수의 [인수 선택] 대화상자가 열리면 '인수'에서 ❶ 첫 번째 인수 목록을 선택하고 ❷ **[확인]**을 클릭합니다.

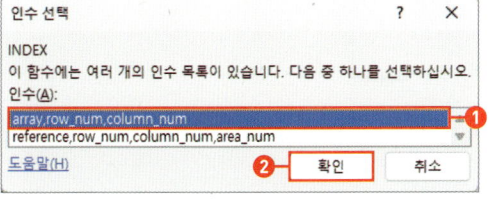

75

3 INDEX 함수의 [함수 인수] 대화상자가 열리면 ❶ 'Array'에는 **수출거래[수출거래처명]**을, 'Row_num'에는 행 번호의 값이 순위값에 따라 달라지므로 **MATCH( )** 함수를 입력하고 ❷ 수식 입력줄에서 [MATCH]를 클릭합니다.

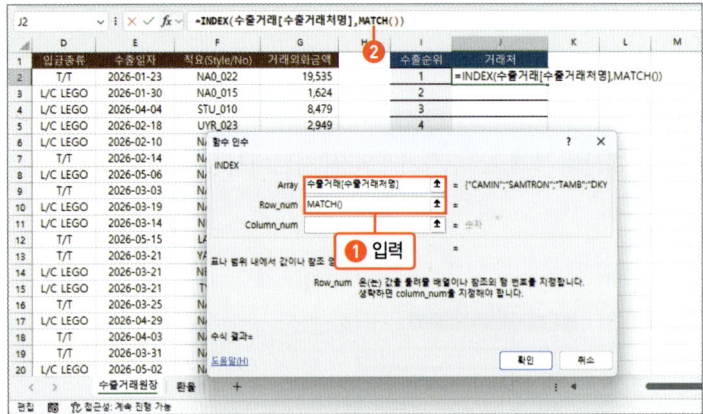

Tip
참조할 범위는 '수출거래'라는 표 이름으로 작성되어 있습니다.

4 MATCH 함수의 [함수 인수] 대화상자로 변경되면 ❶ 각 인수에 다음과 같이 입력하고 ❷ 수식 입력줄에서 다시 [INDEX]를 클릭합니다.

- Lookup_value: LARGE(수출거래[거래외화금액],I2)
- Lookup_array: 수출거래[거래외화금액]
- Match_type: 0

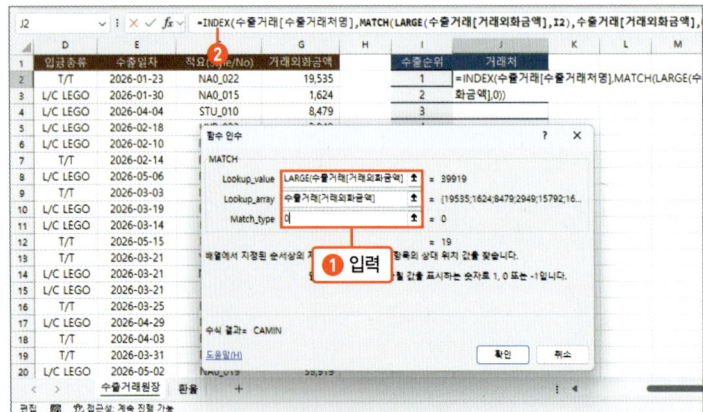

5 INDEX 함수의 [함수 인수] 대화상자로 되돌아오면 ❶ 마지막 인수인 'Column_num'에 **1**을 입력하고 ❷ [확인]을 클릭합니다.

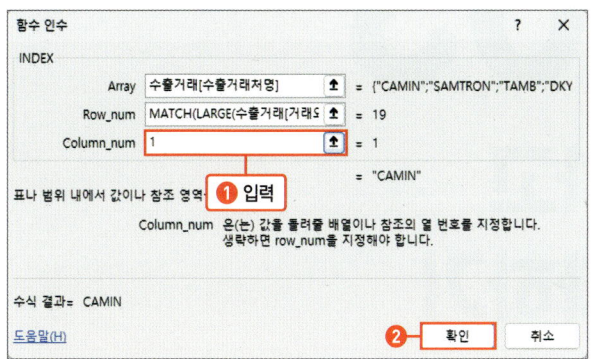

> **Tip**
> INDEX 함수에서 열이나 행이 하나만 있으면 행 번호와 열 번호를 생략해도 됩니다.

함수식 설명

=INDEX(수출거래[수출거래처명],MATCH(LARGE(수출거래[거래외화금액],I2),수출거래[거래외화금액],0),1)
　　　　　　　　　　　　　　　　　　❸　　　　　　❶　　　　　　　　　　　❷

➡ ❶ **LARGE(수출거래[거래외화금액],I2)**: '수출거래' 금액 중에서 해당 순위의 값을 계산합니다.
❷ **MATCH(❶,수출거래[거래외화금액],0)**: '거래외화금액'에서 ❶과 같은 값의 행 번호를 반환합니다.
❸ **=INDEX(수출거래[수출거래처명],❷,1)**: '수출거래처명' 배열에서 ❷행, 1열의 값을 반환합니다.

6 ❶ [J2] 셀에 수출 순위 '1'에 맞는 거래처 이름을 구했으면 ❷ [J2] 셀의 자동 채우기 핸들(＋)을 더블클릭해 나머지 셀의 결괏값을 구하세요.

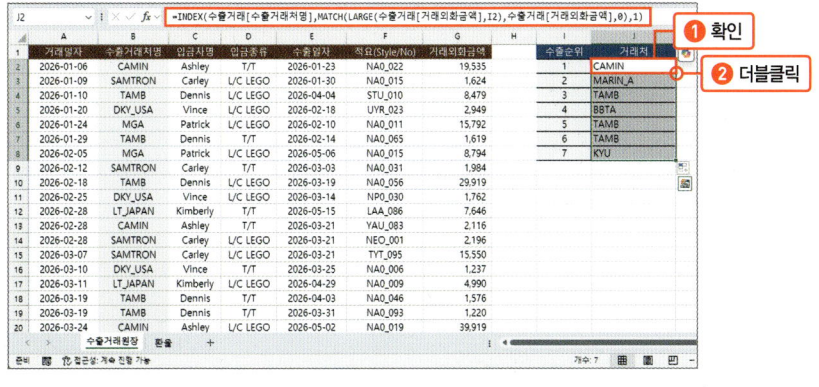

CHAPTER 03

데이터 분석하고 보고서 시각화하기

데이터 분석 후 요약된 결과는 숫자 데이터로만 작성되어 있습니다. 이 경우 중요한 비즈니스 의사를 결정해야 하는 상황에서 추세나 인사이트를 도출하기가 매우 힘듭니다. 바로 이때 직관적인 시각적 자료야말로 빠른 의사 결정에 도움을 주는 분석 기법입니다. 엑셀에서는 차트뿐만 아니라 추세를 한 셀에 표현하는 스파크라인과 조건에 따라 다양한 서식을 지정할 수 있는 조건부 서식을 이용해 데이터를 빠르게 분석할 수 있습니다.

SECTION **06** 실무 데이터를 위한 엑셀 시각화 및 보고서 작성 기법
SECTION **07** 데이터 정렬 및 필터링해 데이터 관리하기
SECTION **08** 계산식 없이 피벗 테이블로 빠르게 데이터 요약하기

SECTION

06

실무 데이터를 위한
엑셀 시각화 및 보고서 작성 기법

엑셀의 시각화 기능 중에서 다양한 차트를 이용해 데이터를 보기 좋게 표현할 수 있습니다. 이번 섹션에서는 보고서와 연동되는 차트뿐만 아니라 서로 다른 값을 하나의 차트로 표현하는 콤보 차트, 계층 차트와 같이 실무에서 많이 사용하는 차트를 작성해 볼게요.

활용도 ■■□

● 실습예제 : 매출요약_차트.xlsx
● 완성예제 : 매출요약_차트_완성.xlsx

실무 01 요약 보고서와 차트 연동하기

✓ **실무 활용 사례**
• 요약된 보고서에 매출 추세를 표현해야 할 때

✓ **업무 시간 단축**
• Alt + N , N , 1 로 '표식이 있는 꺾은선형' 차트 삽입
• Alt + J , C , E 로 데이터 변경

 [보고서] 시트에서 ❶ Ctrl 을 이용해 셀 범위 [C6:C18]과 ❷ [E6:E18]을 함께 선택합니다. ❸ [삽입] 탭-[차트] 그룹-[꺾은선형 또는 영역형 차트 삽입]을 클릭하고 ❹ '2차원 꺾은선형'의 [표식이 있는 꺾은선형]을 클릭하세요.

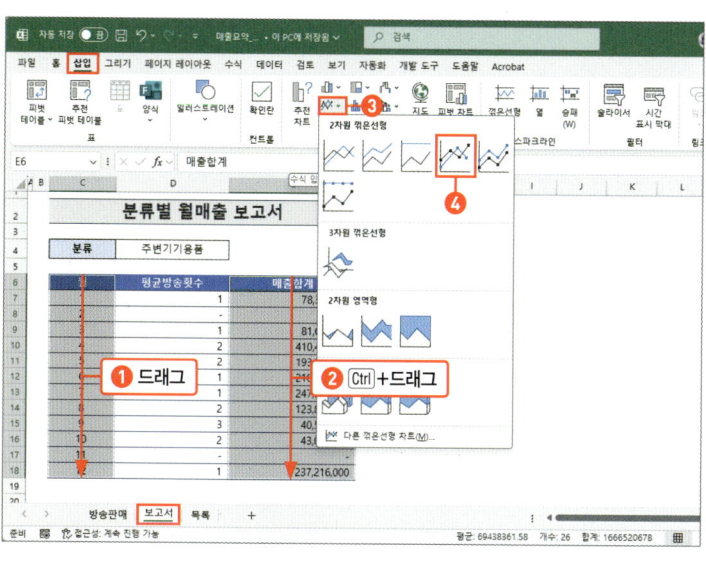

② ❶ 표식이 있는 꺾은선형 차트가 삽입되면서 차트에 '월' 항목이 계열 값으로 추가되면 '월' 항목 계열을 삭제하기 위해 차트를 선택하고 ❷ **[차트 디자인] 탭-[데이터] 그룹-[데이터 선택]**을 클릭하세요.

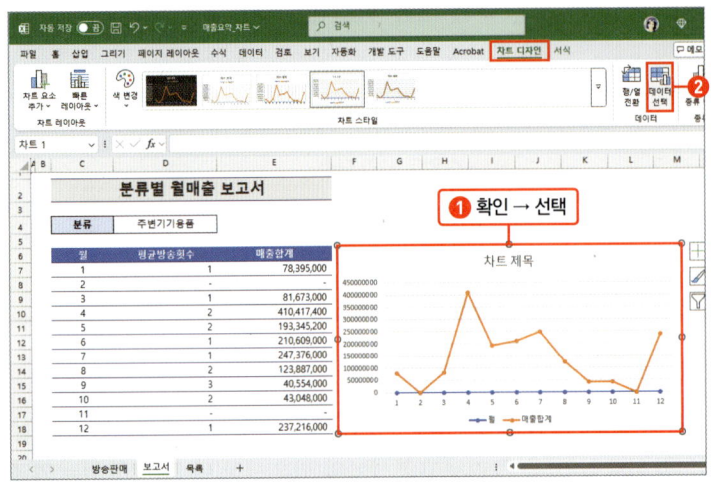

③ [데이터 원본 선택] 대화상자가 열리면 ❶ '범례 항목(계열)'에서 **[월]**을 선택하고 ❷ **[제거]**를 클릭한 후 ❸ **[확인]**을 클릭합니다.

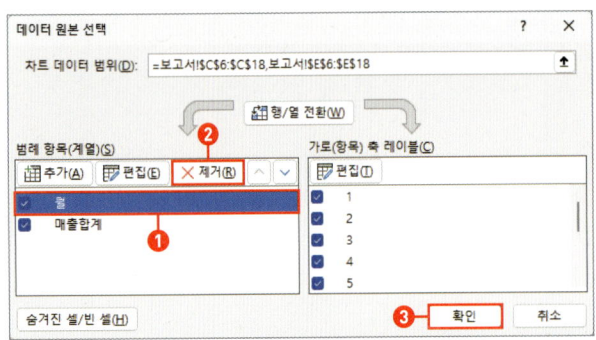

④ '월' 항목이 삭제되면서 차트에 적용된 계열이 '매출합계' 하나이므로 범례가 필요 없습니다. 차트의 오른쪽 위에 있는 ❶ **[차트 요소] 단추(➕)**를 클릭하고 ❷ **[범례]**의 체크 표시를 해제하세요.

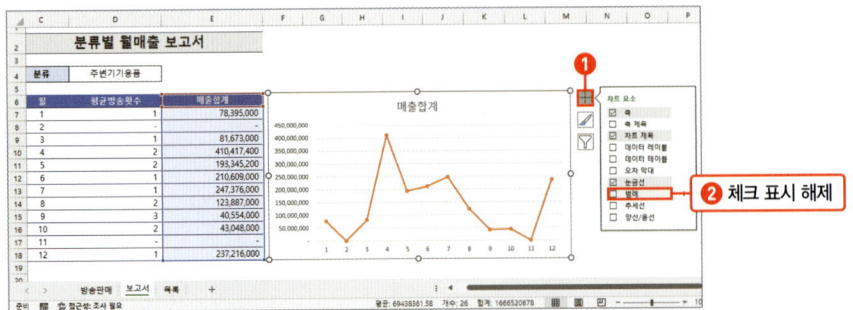

5 이번에는 가로 항목의 값에 표시 형식을 지정해 볼게요. ❶ 차트의 가로 축에서 마우스 오른쪽 단추를 클릭하고 ❷ [축 서식]을 선택하세요.

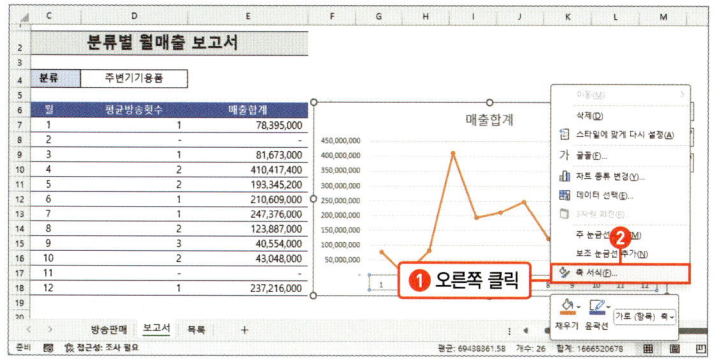

6 화면의 오른쪽에 [축 서식] 창이 열리면 ❶ [축 옵션]-[축 옵션](📊)의 ❷ [표시 형식]에서 ❸ '서식 코드'에 입력된 'G/표준' 뒤에 **"월"**을 입력한 후 ❹ [추가]를 클릭합니다.

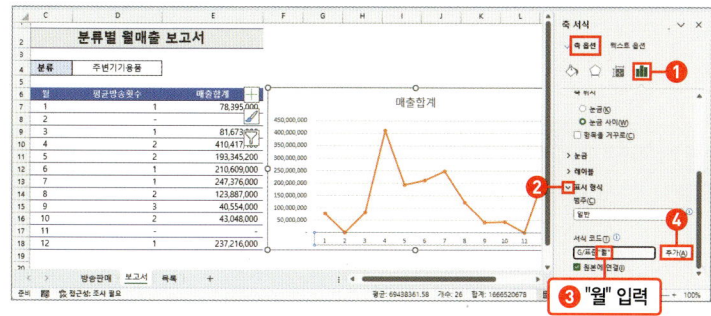

7 ❶ 가로 축의 표시 형식이 변경되었는지 확인하고 ❷ [C2] 셀에 제목 **=D4&" 월별 매출 보고서"**를 입력한 후 Enter를 누릅니다.

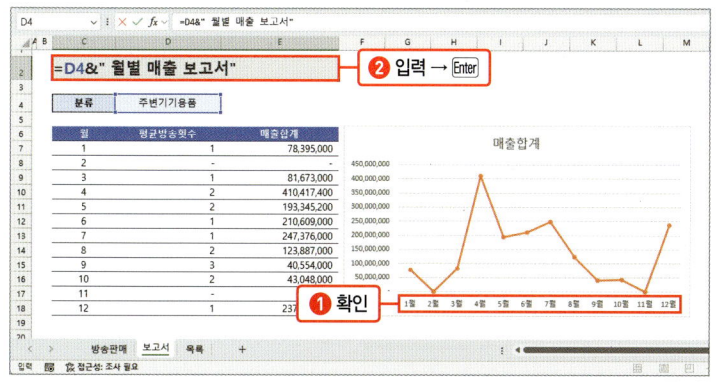

Tip
[D4] 셀의 분류값을 바꿀 때마다 제목이 변경됩니다.

⑧ [C2] 셀을 차트 제목과 연동하기 위해 ❶ 차트에서 제목을 클릭하여 선택하고 이어서 **=**를 입력합니다. ❷ **[C2] 셀**을 클릭해 수식 '=보고서!$C$2'를 완성한 후 Enter를 누르세요.

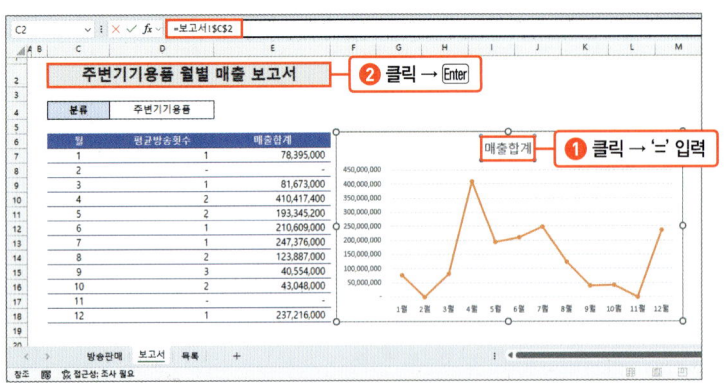

⑨ ❶ 차트의 제목이 변경되었는지 확인하고 ❷ **[D4] 셀**을 클릭합니다. ❸ [D4] 셀의 오른쪽에 목록 단추(▼)가 표시되면 클릭하고 ❹ 다른 분류값을 선택하세요.

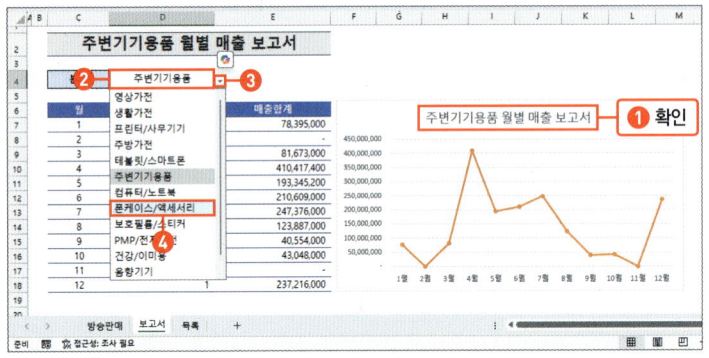

⑩ 선택한 분류값에 따라 제목과 요약 내용뿐만 아니라 차트의 모양까지 변경되었는지 확인하세요.

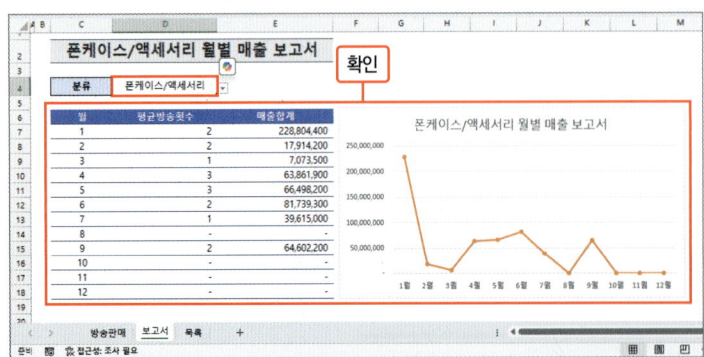

● 실습예제 : 주택보급률_콤보.xlsx
● 완성예제 : 주택보급률_콤보_완성.xlsx

실무 02

값이 다른 2개의 계열을 콤보 차트로 작성하기

✓ **실무 활용 사례**
- 차트에서 삽입할 계열의 단위나 값 차이가 커서 제대로 표현해야 할 때

✓ **업무 시간 단축**
- 작성한 차트 선택 후 [Alt]+[J], [C], [C]
- [차트 종류 변경] 대화상자에서 혼합 차트 선택
- 주택 보급률만 꺾은선형 차트로 표현하고 보조 축 선택

---

① 계열별로 값이 크게 차이 나거나 단위가 서로 다른 값을 하나의 차트에 표현하려면 단일 차트보다 보조 축을 사용해서 2개의 차트로 표현하는 것이 좋습니다. [Sheet1] 시트에서 ① 셀 범위 **[B3:G6]**을 선택하고 [Alt]+[F1]을 눌러 ② 기본 차트인 묶은 세로 막대형 차트를 빠르게 삽입합니다. 차트의 크기와 위치를 적절하게 변경하고 ③ **[차트 디자인] 탭-[종류] 그룹-[차트 종류 변경]**을 클릭하세요.

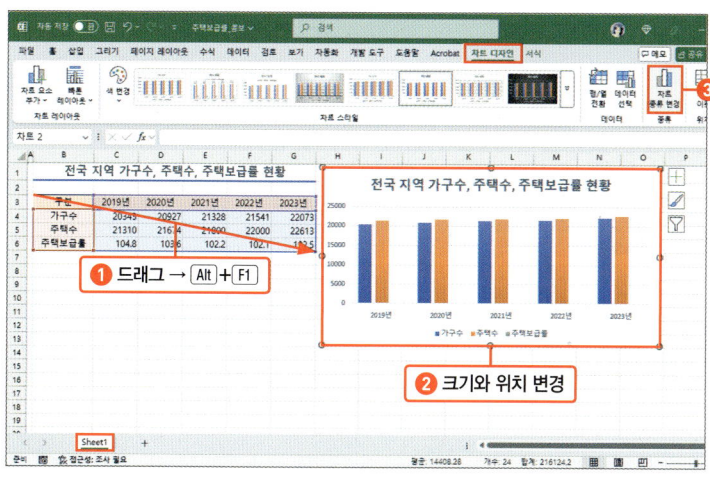

> **Tip**
> [삽입] 탭-[차트] 그룹-[콤보 차트 삽입]을 클릭하고 [사용자 지정 콤보 차트 만들기]를 선택해도 콤보 차트를 삽입할 수 있습니다.

❷ [차트 종류 변경] 대화상자의 [모든 차트] 탭이 열리면 ❶ **[혼합] 범주**를 선택합니다. '데이터 계열에 대한 차트 종류와 축을 선택합니다.'에서 ❷ '주택보급률' 계열의 '차트 종류'는 **[꺾은선형]**을 선택하고 ❸ **[보조 축]**에 체크 표시한 후 ❹ **[확인]**을 클릭하세요.

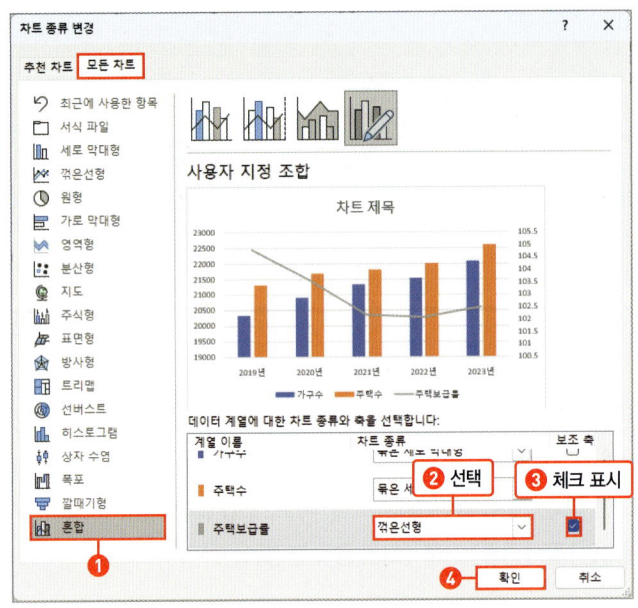

Tip
주택 보급률은 가구 수나 주택 수와 달리 백분율로 표시되어 단위가 작습니다.

❸ 축이 2개인 혼합 차트가 완성되었으면 차트의 오른쪽에 있는 보조 축을 숨겨볼게요. ❶ 차트 오른쪽의 보조 축에서 마우스 오른쪽 단추를 클릭하고 ❷ **[축 서식]**을 선택하세요.

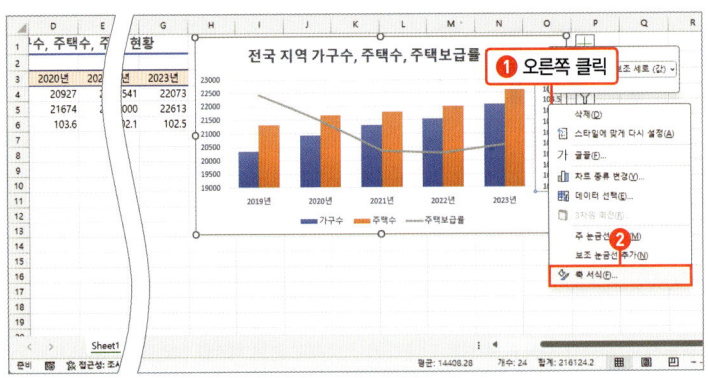

④ 화면의 오른쪽에 [축 서식] 창이 열리면 ❶ **[축 옵션]-[축 옵션]**( )의 ❷ **[레이블]**에서 ❸ '레이블 위치'의 목록 단추( )를 클릭하고 ❹ **[없음]**을 선택합니다.

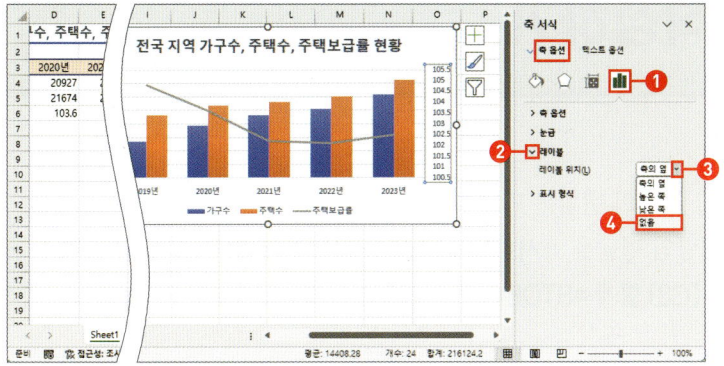

⑤ ❶ 차트의 오른쪽에 있던 보조 축이 없어졌는지 확인합니다. ❷ 차트에서 **'주택보급률' 계열**을 선택하고 ❸ **[차트 요소] 단추**( )를 클릭한 후 ❹ **[데이터 레이블]**에 체크 표시해 ❺ 차트에 데이터 레이블을 표시하세요.

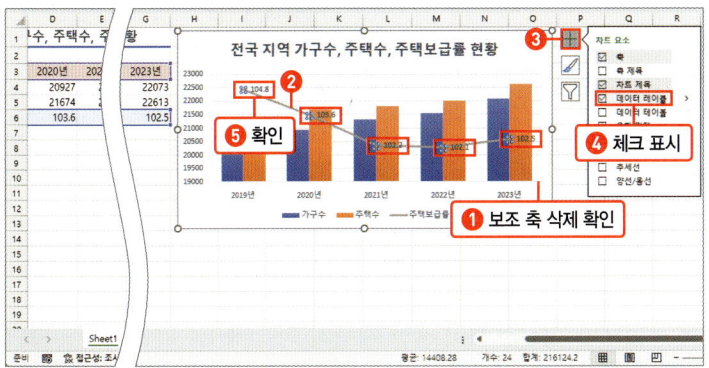

> **Tip**
> 축으로 값의 위치를 판단하는 대신 꺾은선형 차트의 각 항목에 데이터 레이블을 추가하여 값을 표시했습니다.

활용도 ■■■□□

● 실습예제 : 매장별매출_오차막대.xlsx
● 완성예제 : 매장별매출_오차막대_완성.xlsx

오차 막대로 평균 매출 분석하는 차트 작성하기

① 차트에서 값에 대한 불확실한 오류의 범위를 막대를 이용해 데이터에 대한 잠재적인 오차량으로 표시할 수 있습니다. 월별 판매량의 평균을 표시하는 차트에서 월별 매장의 배출 표준 편차를 구하기 위해 [매장별매출] 시트에서 **[G3] 셀**에 **=STDEV.S(C3:E3)**을 입력하고 Enter 를 누르세요.

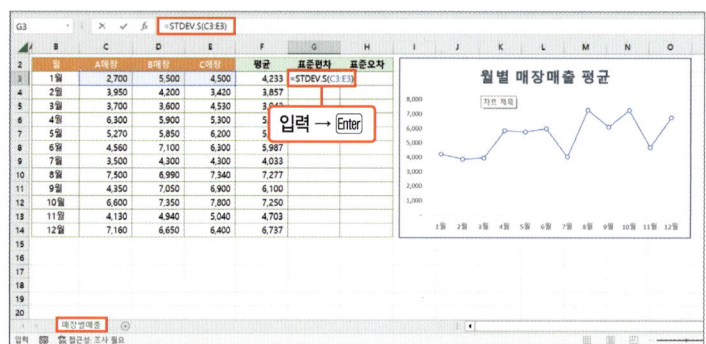

영상 강의

> **Tip**
> 영상 강의를 재생했을 때 연결 페이지에서 동영상을 재생할 수 없다는 메시지가 나타나면 [YouTube에서 보기]를 클릭해 영상을 시청하세요.

② ❶ [G3] 셀에 1월의 표준 편차를 구했으면 ❷ [G3] 셀의 자동 채우기 핸들(+)을 더블클릭해 나머지 셀의 결괏값을 구하세요.

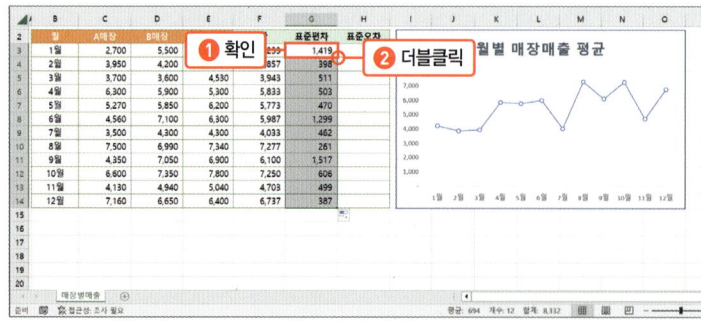

③ 이번에는 오차 막대의 값으로 사용할 표준 오차를 구하기 위해 **[H3] 셀**에 함수식 **=G3/SQRT(COUNT(C3:E3))**을 입력하고 Enter를 누릅니다.

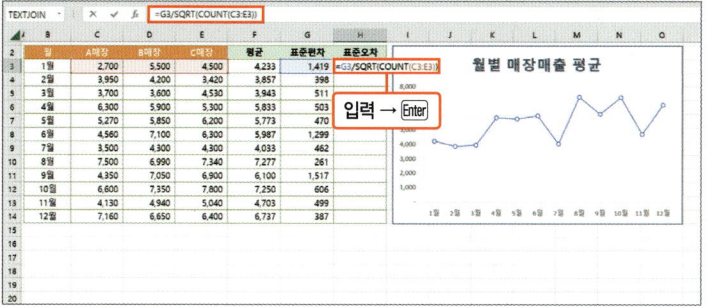

Tip
표준 오차는 표본 평균에 대한 표준 편차로, 표준 편차를 관측수의 제곱근으로 나눈 수입니다.

함수식 설명

=G3/SQRT(COUNT(C3:E3))

➡ 전체 매장의 표준 편차를 매장 수의 제곱근으로 나눕니다.

④ ❶ [H3] 셀에 표준 오차의 값을 구했으면 ❷ [H3] 셀의 자동 채우기 핸들(+)을 더블클릭해 나머지 셀의 결괏값을 구하세요.

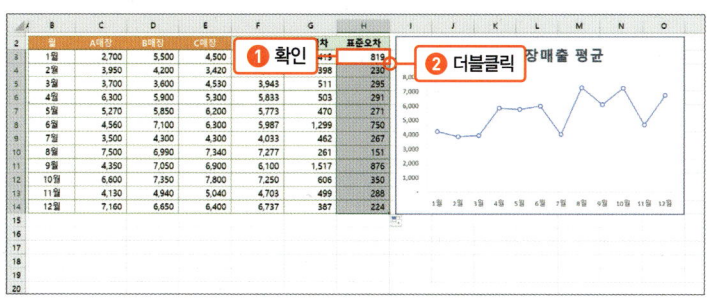

⑤ ❶ 차트를 선택하고 ❷ [차트 요소] 단추(+)를 클릭한 후 ❸~❹ [오차 막대]-[기타 옵션]을 선택합니다.

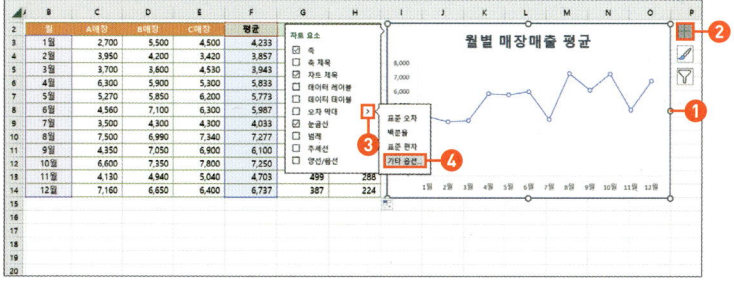

06 화면의 오른쪽에 [오차 막대 서식] 창이 열리면 [오차 막대 옵션]의 ❶ '오차량'에서 **[사용자 지정]**을 선택하고 ❷ **[값 지정]**을 클릭합니다.

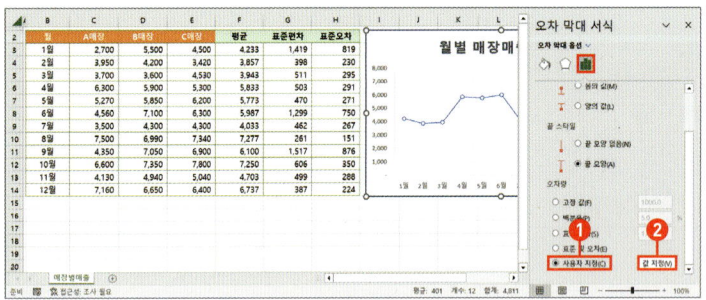

07 [오차 막대 사용자 지정] 대화상자가 열리면 ❶ '양의 오류 값'과 '음의 오류 값'에 셀 범위 **[H3:H14]**를 선택해 **=매장별매출!$H$3:$H$14**를 입력하고 ❷ **[확인]**을 클릭합니다.

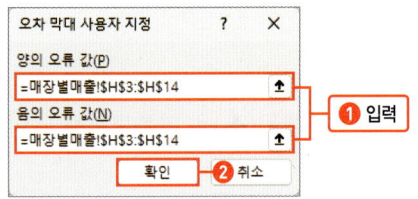

08 차트에 평균값에 대한 오차 막대가 추가되었습니다. '1월'과 '9월'의 경우 매장 간 표준 오차의 범위가 큰 것을 알 수 있습니다.

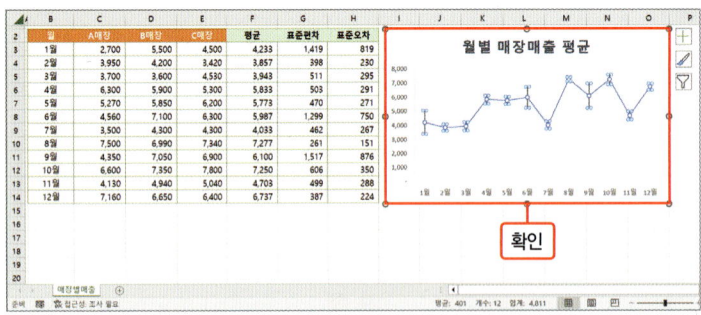

활용도 ■■■

04 매출 상위 품목만 행 전체 강조하기

● 실습예제 : 12월판매_매출상위.xlsx
● 완성예제 : 12월판매_매출상위_완성.xlsx

① 매출이 상위 10위 이내의 제품에만 행 전체에 서식을 지정해 볼게요. [A매장매출] 시트에서 행 전체에 서식을 적용해야 하므로 ❶ 셀 범위 **[A4:I72]**를 선택하고 ❷ **[홈] 탭-[스타일] 그룹-[조건부 서식]**을 클릭한 후 ❸ **[새 규칙]**을 선택하세요.

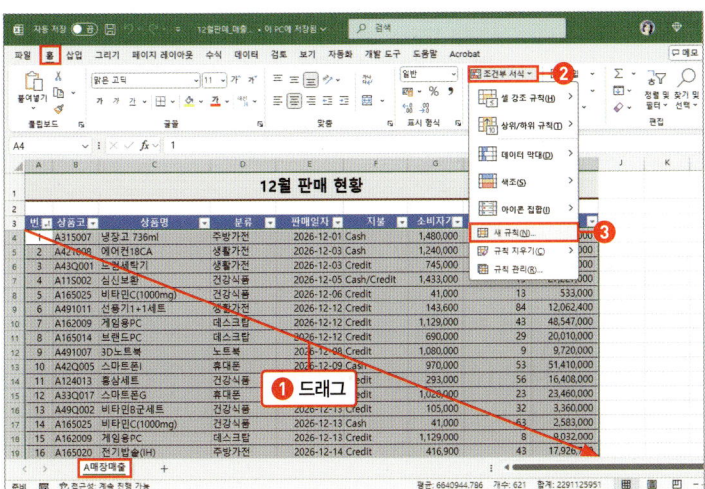

영 상 강 의

Tip
영상 강의를 재생했을 때 연결 페이지에서 동영상을 재생할 수 없다는 메시지가 나타나면 [YouTube에서 보기]를 클릭해 영상을 시청하세요.

② [새 서식 규칙] 대화상자가 열리면 ❶ '규칙 유형 선택'에서 **[수식을 사용하여 서식을 지정할 셀 결정]**을 선택하고 ❷ '다음 수식이 참인 값의 서식 지정'에 =RANK.EQ($I4,$I$4:$I$72)<=10을 입력한 후 ❸ **[서식]**을 클릭합니다.

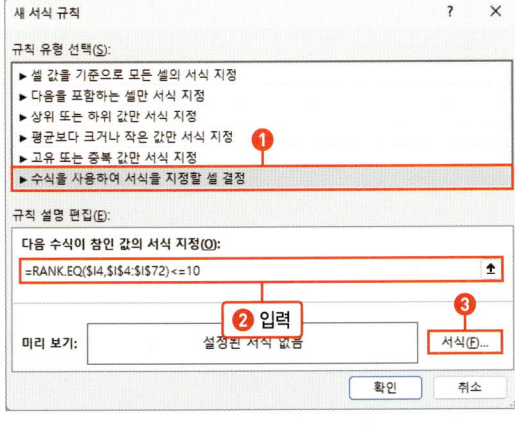

함수식 설명

=RANK.EQ($I4,$I$4:$I$72)<=10

➡ '금액' 항목 중에서 10위 안에 해당하는 매출 금액을 계산합니다.

③ [셀 서식] 대화상자가 열리면 ❶ [채우기] 탭을 선택하고 ❷ '배경색'에서 [연한 노랑]을 선택한 후 ❸ [확인]을 클릭합니다. [새 서식 규칙] 대화상자로 되돌아오면 ❹ '미리 보기'에서 지정한 색을 확인하고 ❺ [확인]을 클릭하세요.

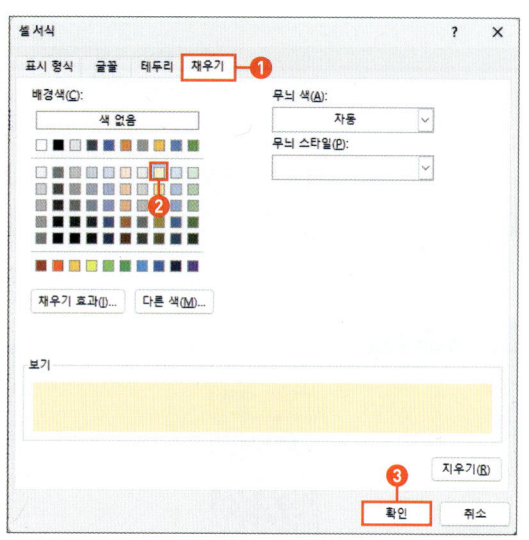
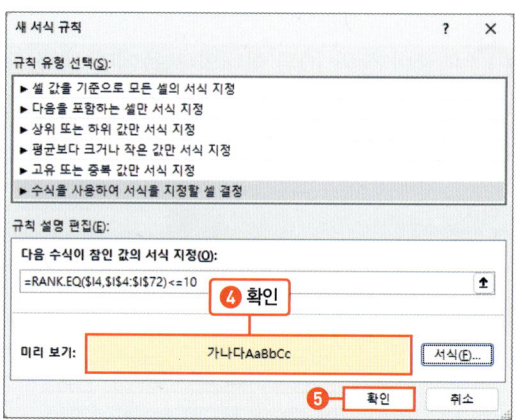

④ 셀 범위 [I4:I72]에 지정한 서식이 적용되었으면 ❶ '금액' 필드에 있는 필터 단추(▼)를 클릭하고 ❷~❸ [색 기준 정렬]-[연한 노랑]을 선택한 후 ❹ [확인]을 클릭합니다. 이때 행 전체에 서식이 적용되었으므로 필터 단추(▼)는 어떤 필드에서 클릭해도 됩니다.

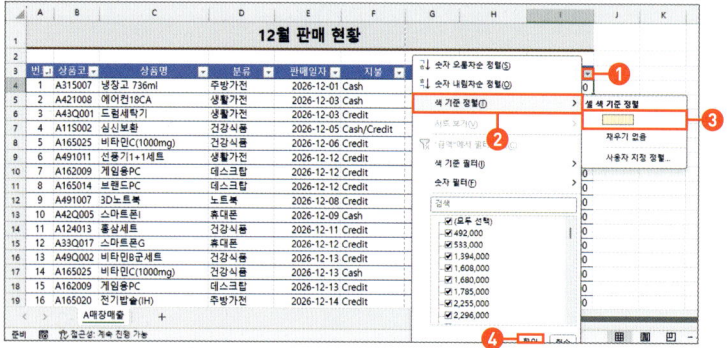

⑤ 매출 순위 10위 이내의 항목이 추출되어 정렬되면서 연한 노란색 바탕색이 표시되었는지 확인합니다.

잠깐만요!

조건부 서식에서 수식을 작성할 때 유의할 점

조건부 서식은 수식을 사용하면 더욱 다양하게 조건을 지정할 수 있습니다. 하지만 그만큼 주의하거나 지켜야 할 규칙이 많습니다.

❶ 셀 범위를 지정할 때

서식을 지정할 범위를 선택하는 방향에 따라 수식에서 사용할 셀이 결정됩니다. 예를 들어 셀 범위 [E4:E72]를 선택할 때 [E4] 셀부터 드래그해 범위를 지정하면 수식에 적용될 셀은 첫 셀인 [E4] 셀이 되고 반대 방향으로 드래그할 경우에는 [E72] 셀이 됩니다.

❷ 수식을 참조할 때

수식에 적용하는 참조는 범위에서 첫 번째 셀만 지정하여 작성하므로 참조가 중요합니다. 만약 항목이 여러 개인 셀 범위 [A4:I72]인 경우 수식에서 사용할 참조는 [$E4] 셀처럼 열을 고정한 혼합 참조로 지정해야 행 단위로 서식을 지정할 수 있어요. 다음의 서식 결과를 살펴보면 행(레코드) 단위로 지정된 것을 볼 수 있습니다.

▲ 일요일 판매 데이터 행만 강조하기

● 실습예제 : 재고목록_재주문강조.xlsx
● 완성예제 : 재고목록_재주문강조_완성.xlsx

05 재주문 항목에만 깃발 표시해 강조하기

① [재고목록] 시트에서 재주문 여부를 계산하기 위해 **[B4] 셀**에 **=(F4<=G4)*(H4="")*$H$1**을 입력하고 Enter 를 누릅니다.

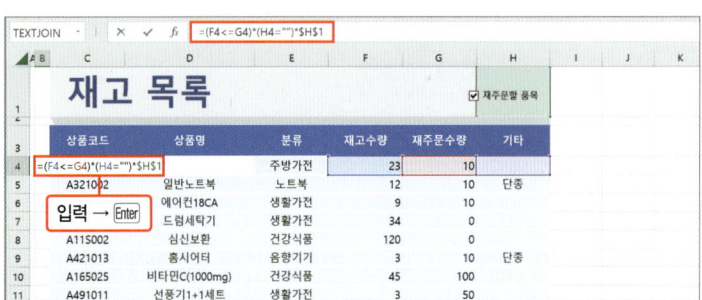

> **Tip**
> '재주문할 품목' 확인란에 체크 표시하면 [H1] 셀에 'TRUE'가 표시되는데, 이 값을 이용해 수식을 작성합니다.

함수식 설명

=(F4<=G4)*(H4="")*$H$1

➡ '재주문할 품목' 확인란에 체크 표시하고([H1] 셀 값이 TRUE), 재주문할 수량([G4] 셀)이 재고 수량([F4] 셀)보다 크며, 단종되지 않는 경우([H4] 셀이 비어있을 때)에 한해 재주문하는 수식입니다. 모든 조건을 만족하면 수식은 =1(TRUE)*1(TRUE)*1(TRUE)가 됩니다.

② ❶ [B4] 셀에 결괏값을 구했으면 ❷ [B4] 셀의 자동 채우기 핸들(+)을 더블클릭해 나머지 셀의 결괏값을 구합니다. 해당 셀 범위에 새로운 서식을 지정하기 위해 ❸ [홈] 탭-[스타일] 그룹-[조건부 서식]을 클릭하고 ❹ [새 규칙]을 선택하세요.

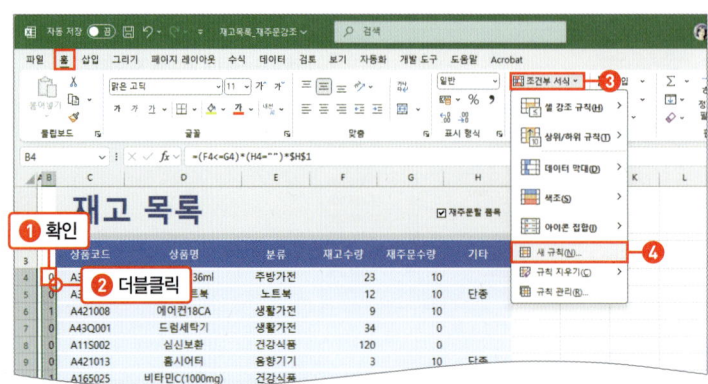

영상 강의

③ [새 서식 규칙] 대화상자가 열리면 ❶ '규칙 유형 선택'에서 [셀 값을 기준으로 모든 셀의 서식 지정]을 선택하고 ❷ '서식 스타일'에서 [아이콘 집합]을 선택합니다. ❸ [아이콘 순서 거꾸로]를 클릭하고 ❹ [아이콘만 표시]에 체크 표시한 후 ❺ '아이콘'에서 다음과 같이 첫 번째 아이콘부터 세 번째 아이콘까지 지정하고 ❻ [확인]을 클릭하세요.

- 첫 번째 아이콘: [빨간색 플래그], '종류'는 [숫자], '값'은 1
- 두 번째 아이콘: [셀 아이콘 없음], '종류'는 [숫자], '값'은 0
- 세 번째 아이콘: [셀 아이콘 없음]

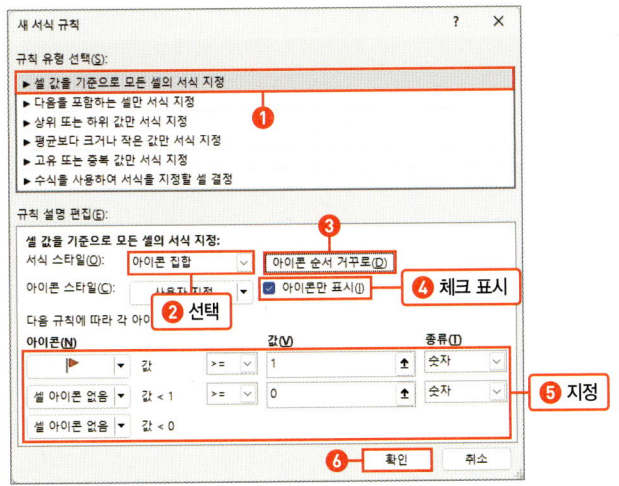

④ ❶ 재주문할 항목에 빨간색 플래그(깃발)가 표시되었는지 확인합니다. 이번에는 ❷ 전체 데이터 범위인 [C4:H27]을 선택하고 ❸ [홈] 탭-[스타일] 그룹-[조건부 서식]을 클릭한 후 ❹ [새 규칙]을 선택하세요.

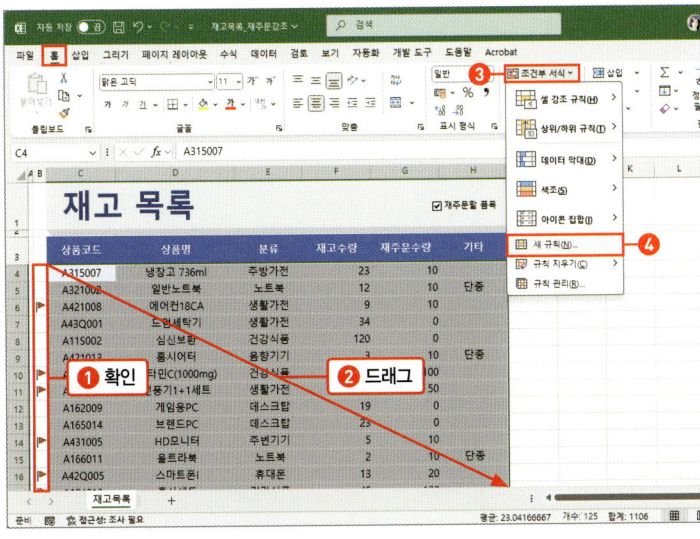

⑤ [새 서식 규칙] 대화상자가 열리면 '규칙 유형 선택'에서 ❶ [수식을 사용하여 서식을 지정할 셀 결정]을 선택하고 ❷ '다음 수식이 참인 값의 서식 지정'에 =$B4=1을 입력한 후 ❸ [서식]을 클릭합니다.

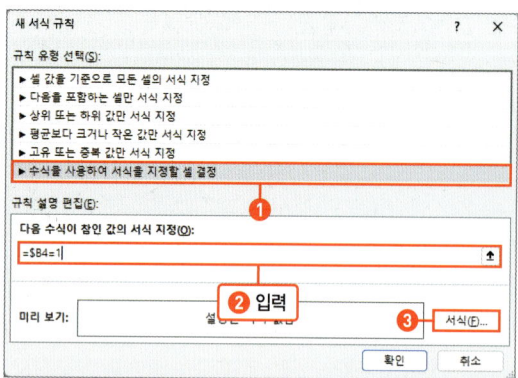

⑥ [셀 서식] 대화상자가 열리면 ❶ [채우기] 탭에서 ❷ 원하는 색을 선택하고 ❸ [확인]을 클릭합니다.

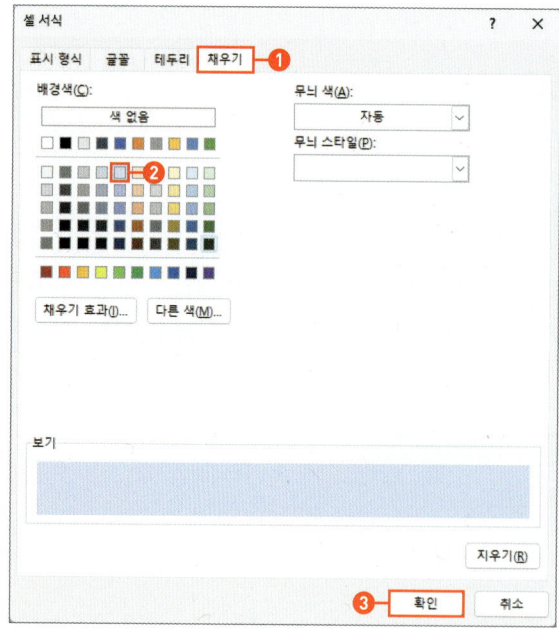

7 [새 서식 규칙] 대화상자로 되돌아오면 ❶ '미리 보기'에서 지정한 색을 확인하고 ❷ [확인]을 클릭하세요.

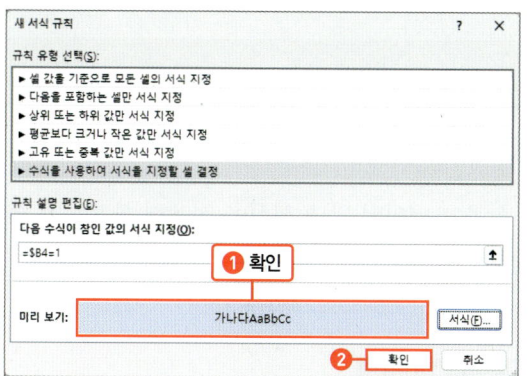

8 ❶ 빨간색 플래그(깃발)가 지정된 항목의 행에 서식이 적용되었는지 확인하고 ❷ [재주문할 품목] 확인란에 체크 표시하거나 체크 표시를 해제하면서 서식을 컨트롤해 보세요.

● 실습예제 : 실적비교_데이터막대.xlsx
● 완성예제 : 실적비교_데이터막대_완성.xlsx

활용도

기본 06 규칙 편집해 데이터 막대 음수값 조정하기

① [실적비교] 시트에서 '전년대비실적 증감비율' 항목에 데이터 막대 서식을 적용해 볼게요. ❶ 셀 범위 [G3:G16]을 선택하고 ❷ [홈] 탭-[스타일] 그룹-[조건부 서식]을 클릭한 후 ❸~❹ [데이터 막대]-'단색 채우기'의 [연한 파랑 데이터 막대]를 클릭하세요.

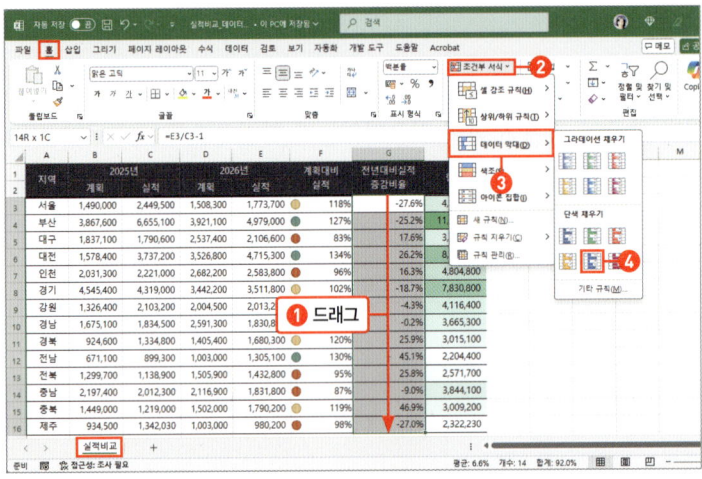

② ❶ '전년대비실적 증감비율' 항목에 데이터 막대가 표시되었으면 범위를 선택한 상태에서 규칙을 편집하기 위해 ❷ [홈] 탭-[스타일] 그룹-[조건부 서식]을 클릭하고 ❸ [규칙 관리]를 선택합니다.

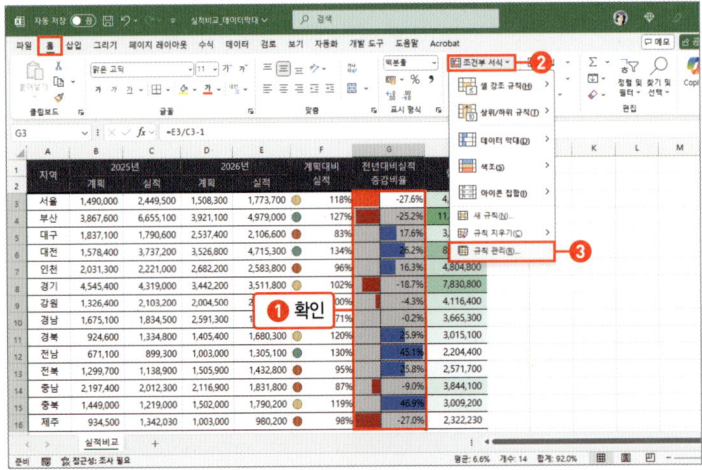

③ [조건부 서식 규칙 관리자] 대화상자가 열리면 ❶ [데이터 막대]를 선택하고 ❷ [규칙 편집]을 클릭합니다.

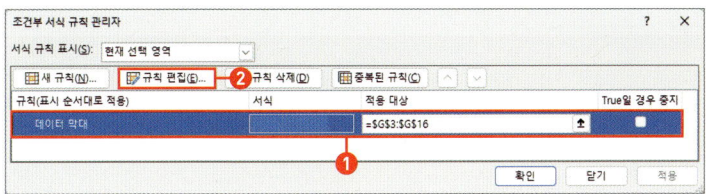

④ [서식 규칙 편집] 대화상자가 열리면 [음수 값 및 축]을 클릭합니다.

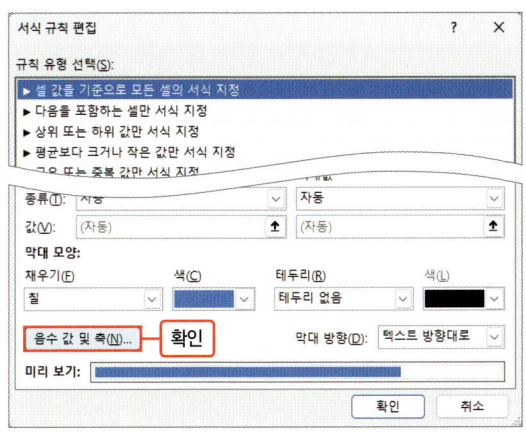

⑤ [음수 값 및 축 설정] 대화상자가 열리면 ❶ '음수 막대 채우기 색'에서 [채우기 색]을 선택하고 ❷ 채우기 단추를 클릭하여 색을 변경합니다. 여기서는 양수 데이터 막대의 색보다 더 연한 파란색을 지정하고 ❸ '축 설정'에서 축의 위치를 [셀 중간점]으로 선택한 후 ❹ [확인]을 클릭하세요.

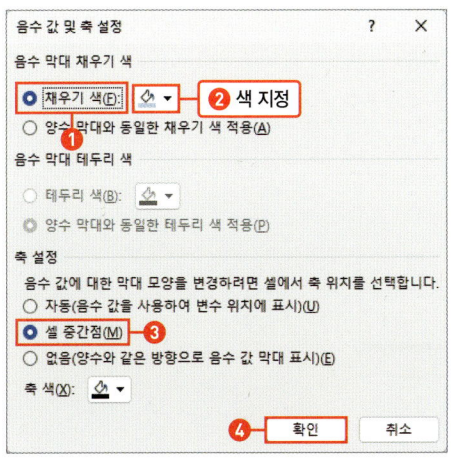

⑥ [서식 규칙 편집] 대화상자로 되돌아오면 **[확인]**을 클릭합니다.

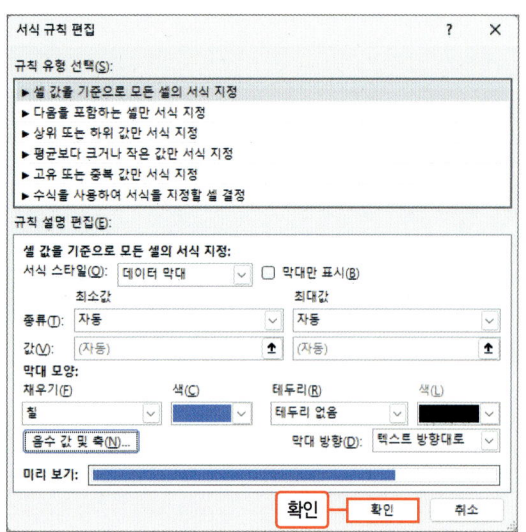

⑦ [조건부 서식 규칙 관리자] 대화상자에서도 **[확인]**을 클릭해 조건부 서식의 규칙 편집을 마치세요.

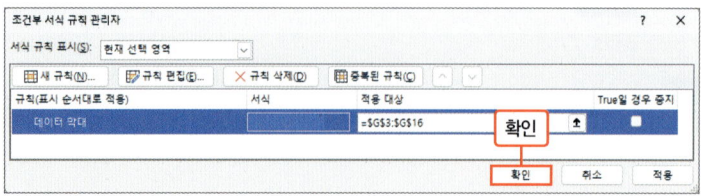

⑧ '전년대비실적 증감비율' 항목([G3:G16])의 데이터 막대 서식이 변경되었는지 확인합니다.

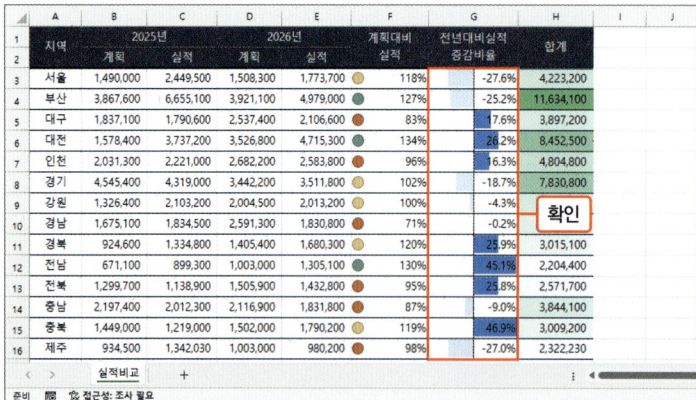

● 실습예제: 소재부품_스파크라인.xlsx
● 완성예제: 소재부품_스파크라인_완성.xlsx

07 스파크라인으로 생산 지수 통계 추이 작성하기

1 [생산] 시트에서 ❶ 스파크라인을 삽입할 셀 범위 [C5:C13]을 선택하고 ❷ [삽입] 탭-[스파크라인] 그룹-[꺾은선형]을 클릭하세요.

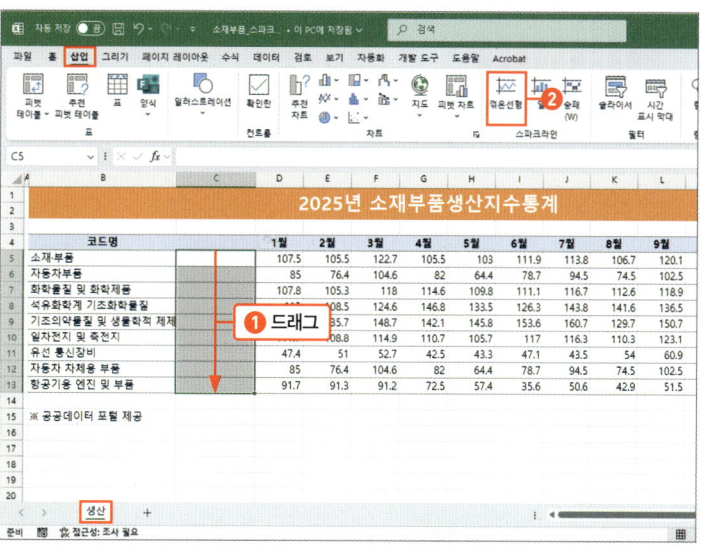

> **Tip**
> 스파크라인은 상품별 매출이나 거래 증가 추이 등을 한눈에 파악할 수 있도록 한 셀에 삽입하는 작은 차트입니다.

2 [스파크라인 만들기] 대화상자가 열리면 ❶ '원하는 데이터 선택'의 '데이터 범위'에 '1월'부터 '12월'까지의 생산 지수 전체 범위인 [D5:O13]을 드래그해 입력하고 ❷ [확인]을 클릭합니다.

③ ❶ 셀 범위 [C5:C13]에 스파크라인을 삽입했으면 ❷ [스파크라인] 탭-[표시] 그룹-[높은 점]과 [표식]에 체크 표시해 스파크라인에 점으로 강조 표시합니다. 표식이 같은 색이면 어느 위치가 높은 점인지 구분할 수 없으므로 ❸ [스파크라인] 탭-[스타일] 그룹-[표식 색]을 클릭하고 ❹ [표식]을 선택한 후 ❺ '테마 색'의 [파랑, 강조 5]를 클릭하세요.

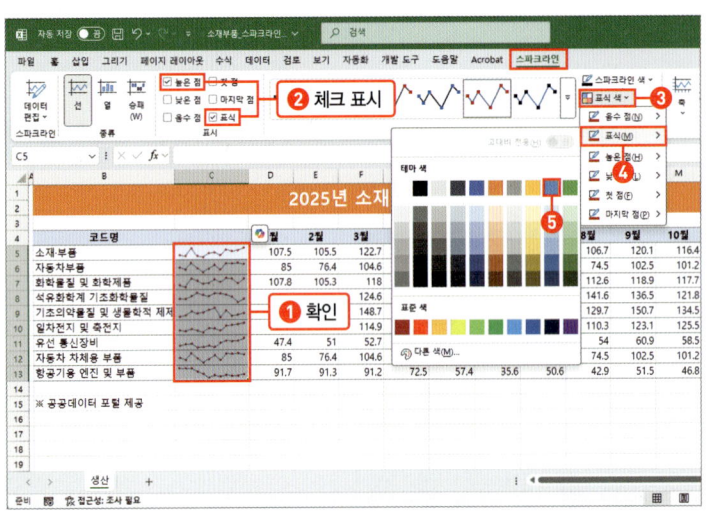

④ 셀 범위 [C5:C13]에 높은 점 표식을 색으로 구별한 스파크라인을 완성했어요. 이러한 스파크라인을 통해 '소재·부품', '일차전지 및 축전지', '유선 통신장비' 등의 생산지수는 증가 추이를 나타내지만, '항공기용 엔진 및 부품'의 생산지수는 계속 낮아지는 추세임을 알 수 있습니다.

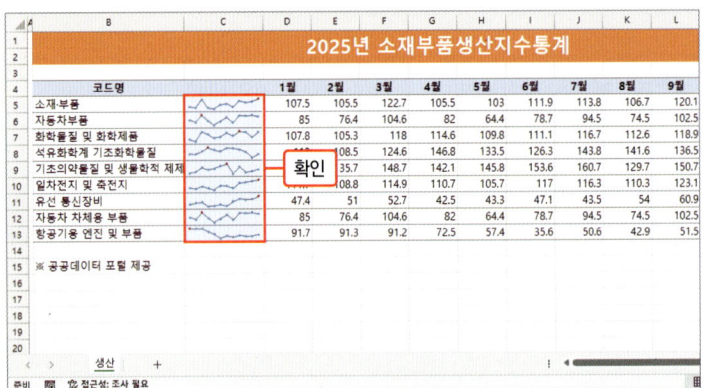

 **잠깐만요!**

스파크라인의 종류 살펴보기

셀에 삽입할 수 있는 작은 차트 스파크라인은 '꺾은선형 스파크라인', '열 스파크라인', '승패 스파크라인'과 같이 세 종류가 있습니다. 상품별 매출이나 거래의 증가 추이 등을 한눈에 파악할 수 있도록 스파크라인은 하나의 셀에 삽입됩니다. 그리고 높은 점과 낮은 점의 옵션을 이용해 최고값과 최저값의 위치를 차트에 포함시킬 수 있습니다.

❶ 꺾은선형 스파크라인

꺾은선형 스파크라인은 기간별 데이터의 변동 추이를 살펴보는 데 적절하고 차트에서 꺾은선형 차트와 비슷합니다.

4월	5월	6월	판매추이
986,000	3,720,000	2,870,000	
493,000	4,800,000	2,296,000	
1,656,000	893,000	1,404,000	
1,375,000	4,560,000	3,128,000	
1,392,204	1,392,204	1,474,098	

❷ 열 스파크라인

열 스파크라인은 차트의 세로 막대형 차트와 비슷하고 값의 크기를 단순히 비교할 때 삽입합니다. 그리고 각종 표식 옵션으로 값을 강조할 수 있습니다.

4월	5월	6월	판매추이
986,000	3,720,000	2,870,000	
493,000	4,800,000	2,296,000	
1,656,000	893,000	1,404,000	
1,375,000	4,560,000	3,128,000	
1,392,204	1,392,204	1,474,098	

❸ 승패 스파크라인

승패 스파크라인은 양수와 음수에 대한 값만 비교하고 높낮이 없이 표시됩니다. 단순한 이익과 손해를 판단할 때 승패 스파크라인을 사용합니다.

4월	5월	6월	판매추이
986,000	3,720,000	2,870,000	
493,000	4,800,000	2,296,000	
1,656,000	893,000	1,404,000	
1,375,000	4,560,000	3,128,000	
1,392,204	1,392,204	1,474,098	
5,902,204	15,365,204	11,172,098	
834,000	- 1,232,100	- 231,100	

SECTION

07

데이터 정렬 및 필터링해 데이터 관리하기

실무에서 데이터는 상황에 따라 기본적인 오름차순/내림차순 정렬뿐만 아니라 원하는 순서를 정해서 정렬할 수 있어야 합니다. 이번 섹션에서는 자료가 많은 경우 보고서에 필요한 자료를 조건에 맞게 추출해 사용할 수 있도록 다양한 필터링 방법을 알아보겠습니다.

● 실습예제 : 주택보급률_정렬.xlsx
● 완성예제 : 주택보급률_정렬_완성.xlsx

활용도 ■■■

실무 01 수도권부터 주택 보급률 현황 정렬하기

✓ **실무 활용 사례**
- 보고서에 수도권 지역이 먼저 나타나도록 정렬해야 할 때

✓ **업무 시간 단축**
- Alt+A, S, S 로 사용자 지정 정렬 실행
- 사용자 지정 목록에 지역(전국, 서울, 경기, 인천) 추가

---

1 주택 보급률에 대한 지역별 현황에서 수도권 지역이 먼저 보이도록 정렬 순서를 변경해 볼게요. [주택] 시트에서 **①** 데이터 영역 안에 있는 하나의 셀을 클릭하고 **②** **[홈] 탭-[편집] 그룹-[정렬 및 필터]** 를 클릭한 후 **③** **[사용자 지정 정렬]**을 선택하세요.

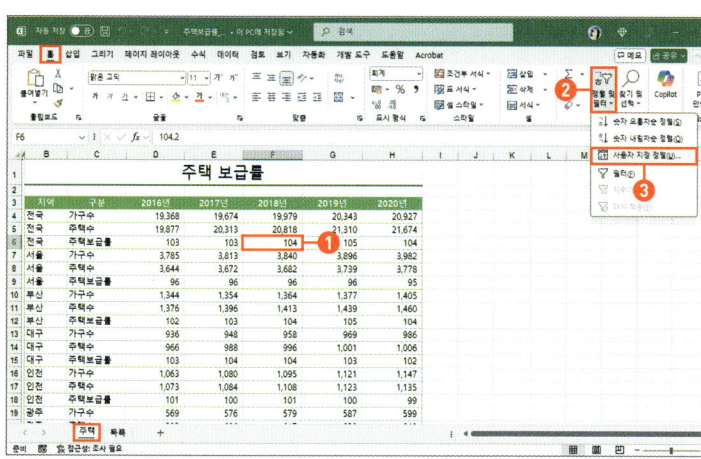

영상 강의

Tip
영상 강의를 재생했을 때 연결 페이지에서 동영상을 재생할 수 없다는 메시지가 나타나면 [YouTube에서 보기]를 클릭해 영상을 시청하세요.

2 [정렬] 대화상자가 열리면 **①** '정렬 기준'에서 **[지역]**을 선택하고 **②~③** '정렬'에서 **[사용자 지정 목록]**을 선택합니다.

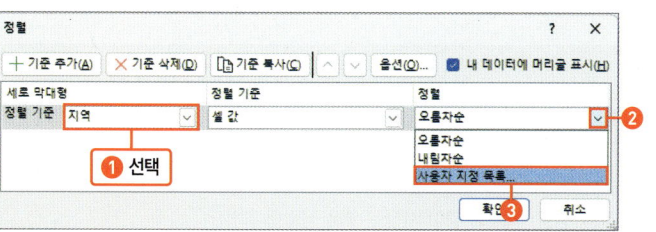

105

③ [사용자 지정 목록] 대화상자가 열리면 ❶ '사용자 지정 목록'에서 [새 목록]을 선택하고 ❷ '목록 항목'에 **전국, 서울, 경기, 인천**을 입력한 후 ❸ [추가]를 클릭합니다. ❹ '사용자 지정 목록'에서 추가된 목록을 확인하고 ❺ [확인]을 클릭하세요.

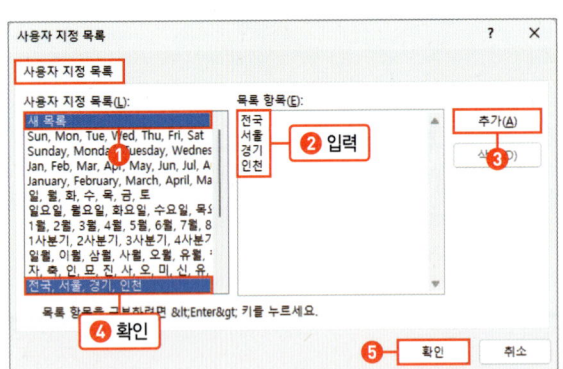

> **Tip**
> 전체 목록을 입력하지 않고 일부만 입력하면 나머지 데이터는 가나다 순서대로 정렬됩니다.

④ [정렬] 대화상자로 되돌아오면 ❶ '정렬'에서 지정한 목록을 확인하고 ❷ [확인]을 클릭합니다.

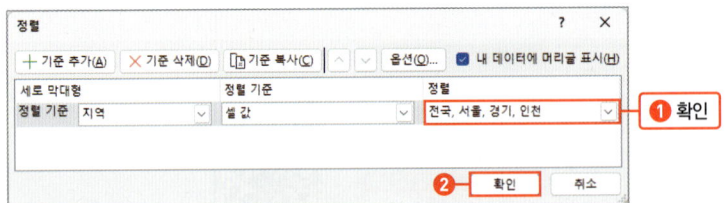

⑤ '지역' 항목이 사용자 지정 목록에서 지정했던 순서대로 정렬되었는지 확인합니다.

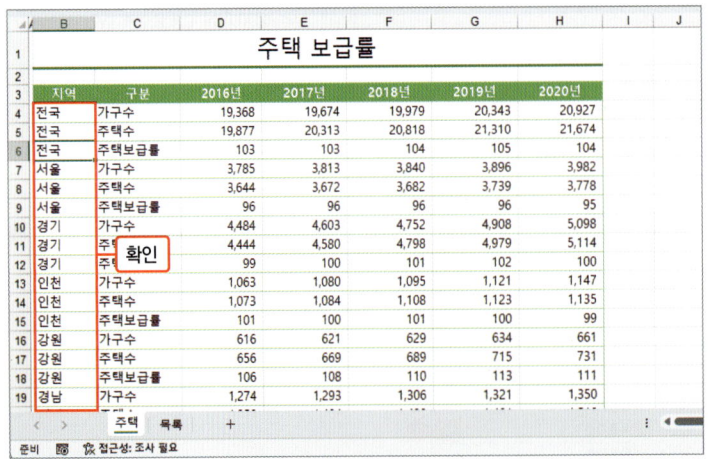

> **Tip**
> 사용자 지정 목록에 적용되지 않는 나머지 지역은 '강원, 경남, ……'과 같이 사전 순으로 정렬됩니다.

활용도 ■■□

● 실습예제 : 종합보고서_필드정렬.xlsx
● 완성예제 : 종합보고서_필드정렬_완성.xlsx

전체 필드를 원하는 순서대로 한 번에 정렬하기

✓ **실무 활용 사례**
- 종합 보고서에서 품목에 대한 열 순서를 원하는 대로 변경해야 할 때

✓ **업무 시간 단축**
- Alt + A , S , S 로 사용자 지정 정렬 실행
- [정렬 옵션] 대화상자에서 [왼쪽에서 오른쪽] 선택
- 4행 기준으로 목록(침구, 의류, 가구, 식품) 추가

---

① 데이터는 기본적으로 열 기준으로 정렬되지만 필드 간에도 정렬할 수 있어요. [보고서] 시트에서 ❶ 필드를 정렬할 셀 범위 **[D4:L28]**을 선택하고 ❷ **[홈] 탭-[편집] 그룹-[정렬 및 필터]**를 클릭한 후 ❸ **[사용자 지정 정렬]**을 선택하세요.

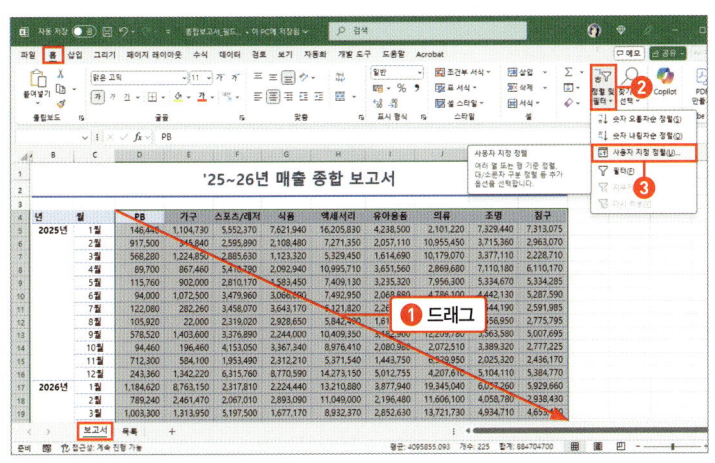

② [정렬] 대화상자가 열리면 ❶ **[옵션]**을 클릭합니다. [정렬 옵션] 대화상자에서 ❷ '방향'의 **[왼쪽에서 오른쪽]**을 선택하고 ❸ **[확인]**을 클릭하세요.

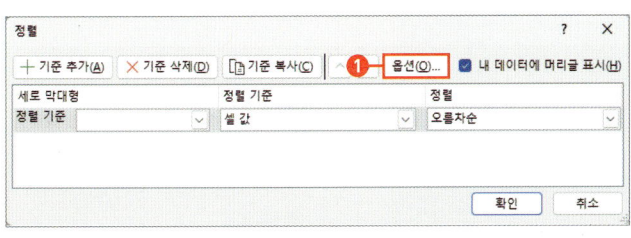
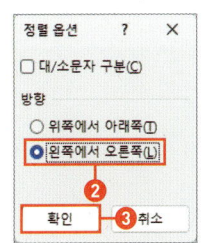

③ [정렬] 대화상자로 되돌아오면 ❶ '행'의 '정렬 기준'에서 [행 4]를 선택하고 ❷~❸ '정렬'에서 [사용자 지정 목록]을 선택합니다.

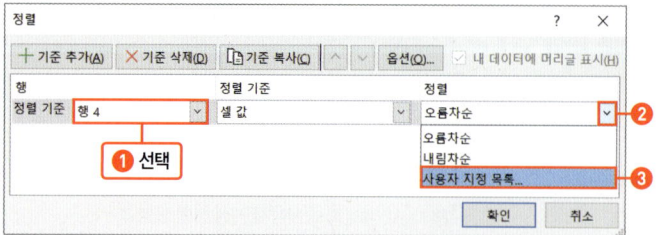

④ [사용자 지정 목록] 대화상자가 열리면 ❶ '사용자 지정 목록'에서 [새 목록]을 선택하고 ❷ '목록 항목'에 **침구, 의류, 가구, 식품**을 입력한 후 ❸ [추가]를 클릭합니다. ❹ '사용자 지정 목록'에서 추가된 목록을 확인하고 ❺ [확인]을 클릭하세요. [정렬] 대화상자로 되돌아오면 ❻ '정렬'에서 지정한 목록을 확인하고 ❼ [확인]을 클릭합니다.

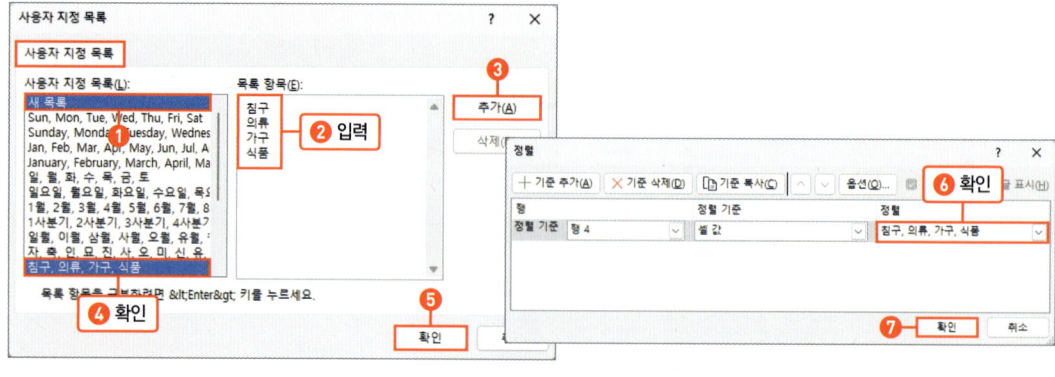

> **Tip**
> 전체 목록을 입력하지 않고 일부만 입력해도 나머지 데이터는 현재 데이터 순서대로 정렬됩니다.

⑤ '년', '월' 필드를 제외한 필드가 목록에서 지정한 순서대로 정렬되었는지 확인합니다.

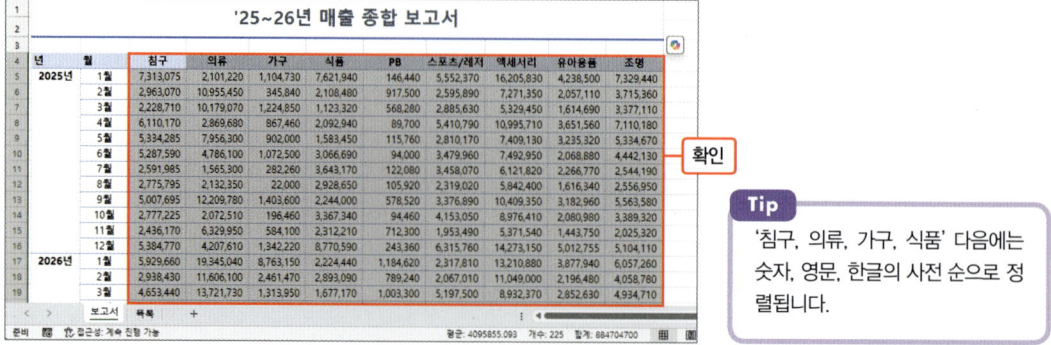

> **Tip**
> '침구, 의류, 가구, 식품' 다음에는 숫자, 영문, 한글의 사전 순으로 정렬됩니다.

● 실습예제 : OK백화점1월주문_다중필터.xlsx
● 완성예제 : OK백화점1월주문_다중필터_완성.xlsx

기본 03 다중 조건에 맞는 데이터 추출하기

① 주문번호가 'B'로 시작하면서 '품목대분류'가 '액세서리'에 해당하는 데이터를 추출해 볼게요. [OK백화점1월자료] 시트에서 ❶ 데이터 영역 안에 있는 하나의 셀을 클릭하고 ❷ **[홈] 탭-[편집] 그룹-[정렬 및 필터]**를 클릭한 후 ❸ **[필터]**를 선택하거나 Ctrl+Shift+L을 누르세요.

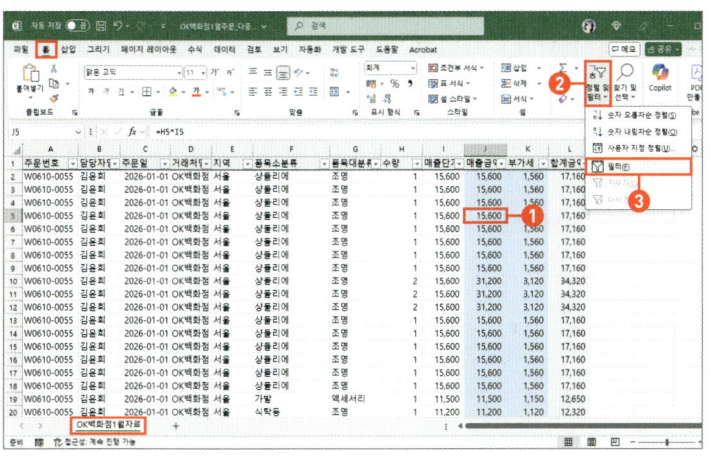

② 데이터 목록에 필터 단추(▼)가 표시되면 ❶ '주문번호' 필드의 필터 단추(▼)를 클릭하고 ❷~❸ **[텍스트 필터]-[시작 문자]**를 선택합니다.

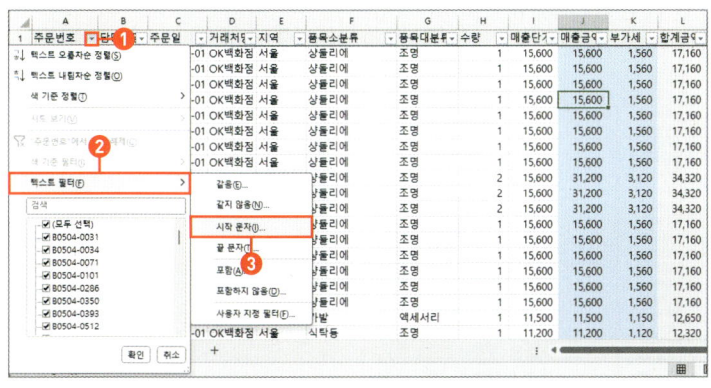

109

3 [사용자 지정 자동 필터] 대화상자가 열리면 ❶ '주문번호'에서 **[시작 문자]**의 값을 **[B]**로 지정하고 ❷ **[확인]**을 클릭합니다.

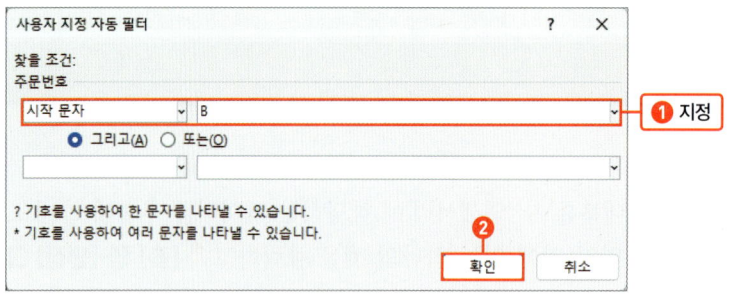

4 ❶ '주문번호' 필드에 추출된 자료를 확인합니다. 새로운 조건을 추가하기 위해 ❷ '품목대분류' 필드의 필터 단추(▼)를 클릭하고 ❸ **[(모두 선택)]**의 체크 표시를 해제한 후 ❹ **[액세서리]**에 체크 표시하고 ❺ **[확인]**을 클릭하세요.

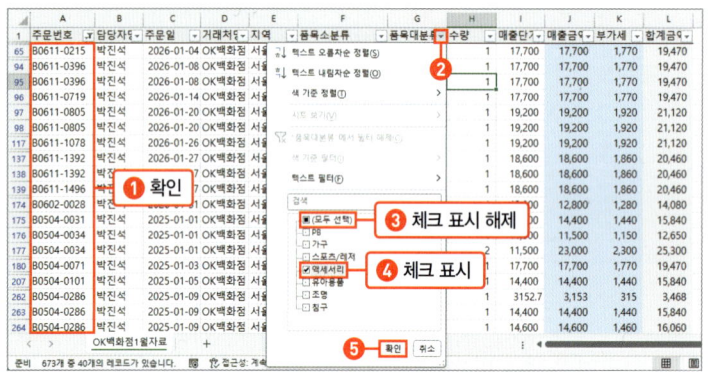

5 주문번호는 'B'로 시작하고 품목 대분류는 '액세서리'인 데이터가 추출되었는지 확인합니다.

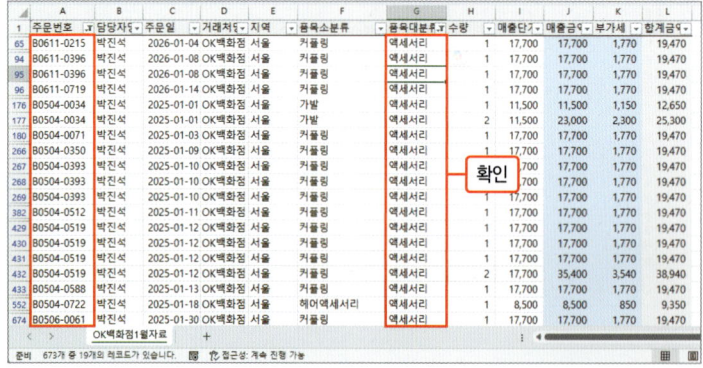

110

● 실습예제 : 매출비교_OR조건필터.xlsx
● 완성예제 : 매출비교_OR조건필터_완성.xlsx

활용도 ■■□

실무 04
여러 항목 중 OR 조건으로 데이터 추출하기

✓ **실무 활용 사례**
- 항목별로 OR 조건으로 데이터를 추출해야 할 때

✓ **업무 시간 단축**
- 조건 '*전자'와 '>1000'을 서로 다른 행에 입력
- Alt + A , Q 로 고급 필터 실행

---

① 필드 간에 OR 조건으로 데이터를 추출하려면 자동 필터가 아닌 고급 필터를 사용해야 하고 조건식을 미리 작성해야 합니다. [방송판매] 시트에서 조건을 입력할 위치인 **[A2] 셀**에는 **업체명**을, **[A3] 셀**에는 ***전자**를 입력합니다. OR 조건이므로 두 번째 조건을 지정하기 위해 **[B2] 셀**에는 **판매수량**을, **[B4] 셀**에는 **>1000**을 입력하세요.

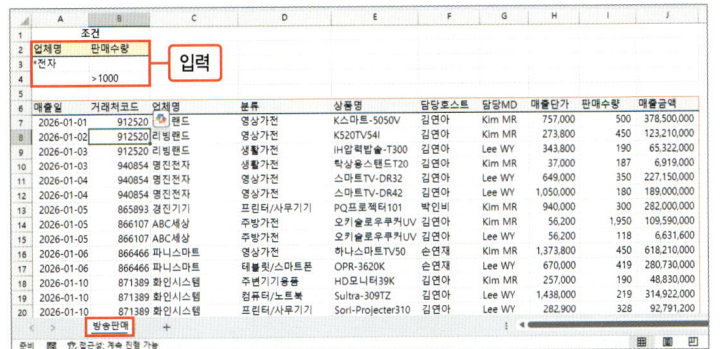

> **Tip**
> 고급 필터에서 OR 조건은 서로 다른 행에 조건을 입력해야 합니다.

② 조건을 모두 입력했으면 ❶ 데이터 영역 안에 있는 하나의 셀을 클릭하고 ❷ **[데이터] 탭-[정렬 및 필터] 그룹-[고급]**을 클릭합니다.

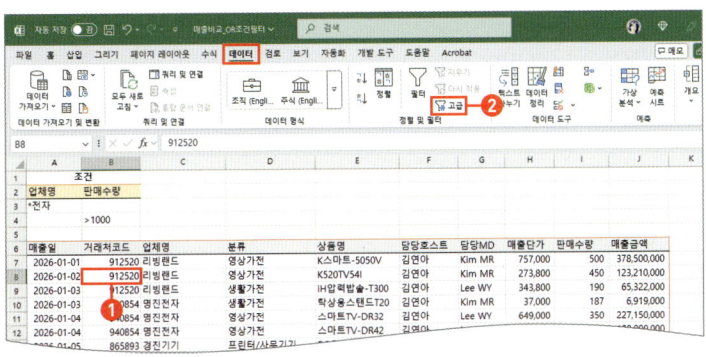

111

③ [고급 필터] 대화상자가 열리면 ❶ '결과'의 [현재 위치에 필터]를 선택하고 ❷ '목록 범위'에 전체 데이터 범위인 [$A$6:$J$337]이 이미 입력되어 있는지 확인합니다. ❸ '조건 범위'에 조건을 입력한 셀 범위 [A2:B4]를 선택해 입력하고 ❹ [확인]을 클릭하세요.

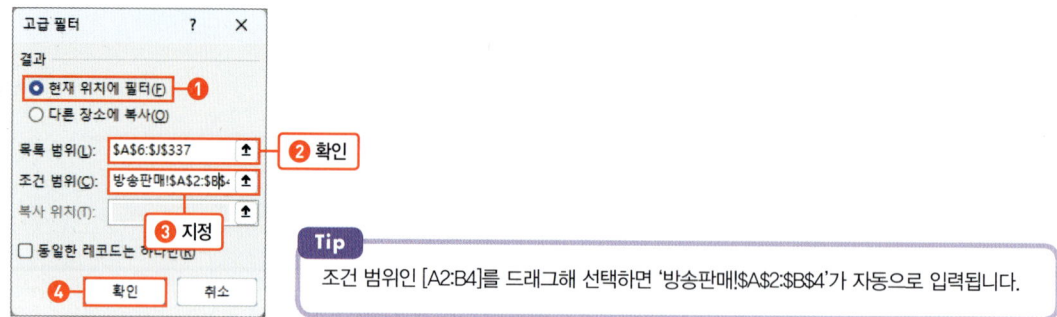

Tip
조건 범위인 [A2:B4]를 드래그해 선택하면 '방송판매!$A$2:$B$4'가 자동으로 입력됩니다.

④ 현재 시트인 [방송판매] 시트에 고급 필터 조건에 맞는 조건인 업체명 중 '전자'가 들어가거나 판매 수량이 1,000 이상인 자료가 추출되었는지 확인합니다.

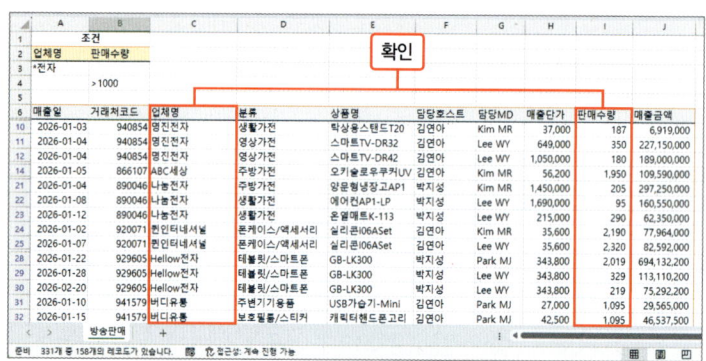

잠깐만요!

고급 필터의 조건식 지정하기

자동 필터는 주어진 연산자를 사용하거나 항목을 직접 선택할 수 있으므로 쉽고 빠르게 데이터를 추출할 수 있어요. 다만 자동 필터와는 달리 고급 필터는 조건식을 워크시트의 어딘가에 입력해 두고 사용해야 합니다.

❶ 고급 필터를 사용해야 하는 경우
- OR 조건으로 필드(항목) 간의 데이터를 추출해야 하는 경우
- 수식을 포함한 조건으로 데이터를 추출해야 하는 경우

❷ AND 조건으로 지정하기

AND 조건으로 필드와 필드 간의 조건을 지정하려면 같은 행에 조건을 입력해야 합니다. 먼저 조건을 지정할 필드명을 입력하고 해당 필드에 조건값을 차례대로 입력합니다.

사용 예 '식품'이면서 '2025년 8월 1일 이후'에 판매된 데이터

분류	매출일
식품	〉=2025-8-1

❸ OR 조건으로 지정하기

OR 조건으로 필드와 필드 간의 조건을 지정하려면 서로 다른 행에 조건을 입력해야 합니다.

사용 예 '식품'이거나 '2025년 8월 1일 이후'에 판매된 데이터

분류	매출일
식품	
	〉=2025-8-1

❹ AND와 OR 조건을 혼합해서 지정하기

필드 간에 AND와 OR 조건이 혼합되어 있으면 조건 간의 관계를 정확히 이해해야 합니다.

사용 예 '식품'이면서 판매 수량이 '500 이상'이거나 '주방가전'이면서 판매 수량이 '500 이상'인 데이터

분류	판매 수량
식품	〉=500
주방가전	〉=500

❺ 수식으로 조건 지정하기

수식으로 조건을 지정할 때는 수식의 결괏값이 TRUE이거나 FALSE여야 하고 필드명은 데이터베이스의 필드명과 다르게 입력하거나 생략해야 합니다.

사용 예 '식품'이면서 평균 판매량 이상인 데이터

분류	평균 판매량 이상
식품	FALSE

활용도 ■■■

● 실습예제 : 매출비교_특정요일판매.xlsx
● 완성예제 : 매출비교_특정요일판매_완성.xlsx

실무 05 특정 요일과 평균 매출 이상 데이터만 추출하기 – 고급 필터, 수식

① 요일 필드가 따로 없는 데이터에서 매출일을 이용해 월요일 판매와 평균 이상 매출 금액에 대한 데이터를 추출해 볼게요. [방송판매] 시트에서 '조건' 입력 상자에 다음과 같이 조건을 입력하세요.

월요일판매	평균매출이상
=WEEKDAY(A7)=2	=J7>=AVERAGE($J$7:$J$337)

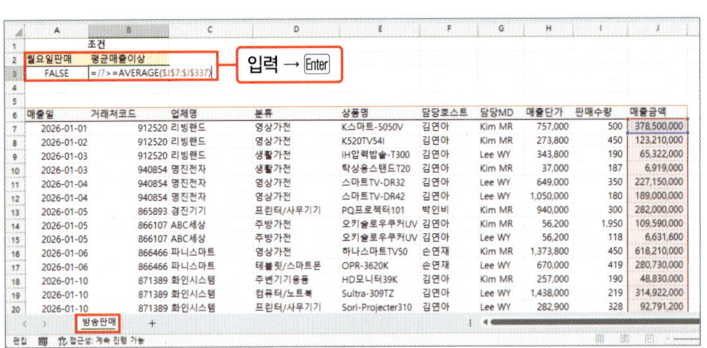

Tip
조건에 수식을 적용할 경우에는 데이터의 필드명을 그대로 사용할 수 없습니다. 따라서 '매출일'은 '월요일판매'로, '매출금액'은 '평균매출이상'으로 바꿔서 입력했습니다.

② ❶ 데이터 영역 안에 있는 하나의 셀을 클릭하고 ❷ [데이터] 탭-[정렬 및 필터] 그룹-[고급]을 클릭합니다.

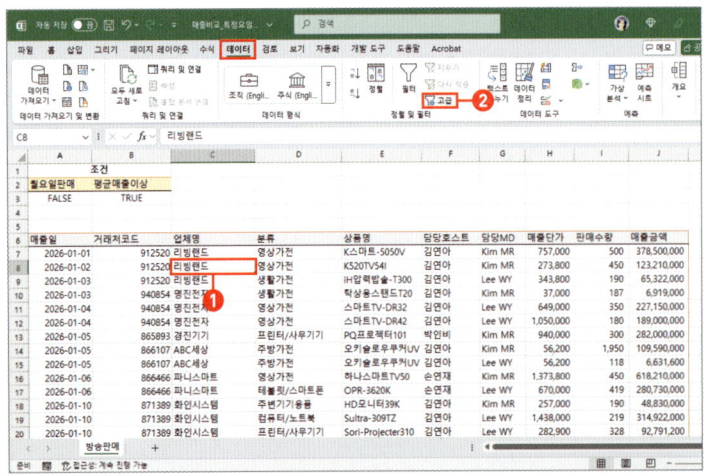

영상 강의

Tip
영상 강의를 재생했을 때 연결 페이지에서 동영상을 재생할 수 없다는 메시지가 나타나면 [YouTube에서 보기]를 클릭해 영상을 시청하세요.

114

3 [고급 필터] 대화상자가 열리면 ❶ '결과'에서 [현재 위치에 필터]를 선택하고 ❷ '목록 범위'에 전체 데이터 범위인 [$A$6:$J$337]이 이미 입력되어 있는지 확인합니다. ❸ '조건 범위'에 조건을 입력한 셀 범위 [A2:B3]을 선택해 입력하고 ❹ [확인]을 클릭하세요.

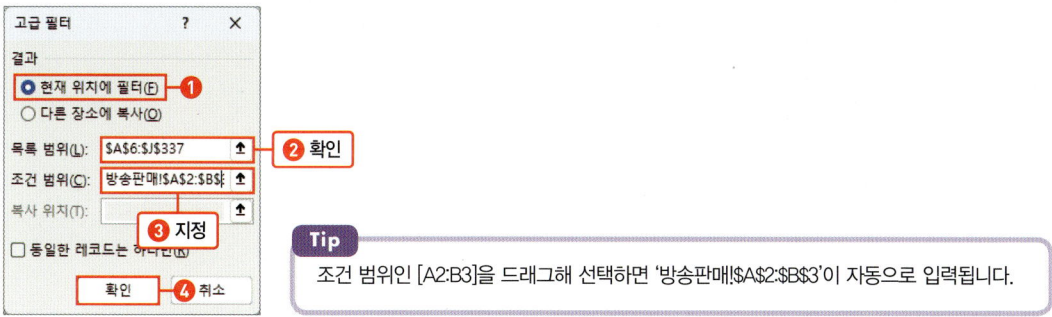

Tip
조건 범위인 [A2:B3]을 드래그해 선택하면 '방송판매!$A$2:$B$3'이 자동으로 입력됩니다.

4 현재 시트인 [방송판매] 시트에 월요일에 판매했고 평균 매출 금액 이상의 데이터가 추출되었는지 확인합니다.

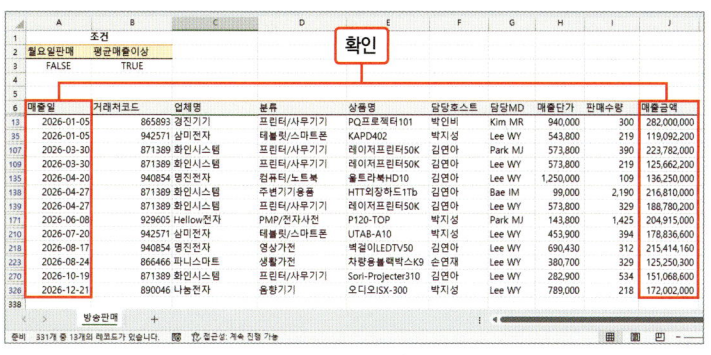

Tip
월요일 데이터인지 알려면 '매출일'의 날짜 서식을 [셀 서식] 대화상자의 [표시 형식] 탭에서 [자세한 날짜]로 지정해 보세요. 그리고 평균값은 전체 매출 금액을 대상으로 계산한 결괏값과 비교해 봅니다.

SECTION

08

계산식 없이 피벗 테이블로
빠르게 데이터 요약하기

실제 업무에서 가장 많이 사용하는 엑셀 기능은 피벗 테이블로, 많은 양의 자료를 계산식 없이 몇 번의 클릭만으로 요약해 주는 분석 도구입니다. 피벗 테이블 보고서는 다양한 측정값으로 데이터를 분석할 수도 있고 여러 관점에서 분석할 수도 있으므로 예상치 못한 상황에 대비할 수 있을 뿐만 아니라 새로운 통찰력을 얻을 수 있습니다.

활용도 ■■■■

○ 실습예제 : 주택보급률_표.xlsx
○ 완성예제 : 주택보급률_표_완성.xlsx

실무 01 표 작성하고 이름 지정하기

✓ **실무 활용 사례**
- 유동적인 범위를 감지하여 수식이나 보고서에 적용하는 자료를 만들어야 할 때

✓ **업무 시간 단축**
- 해당 데이터에서 Ctrl+T로 표 삽입
- 표 이름 변경

---

① [주택] 시트에서 ❶ 데이터 영역 안에 있는 하나의 셀을 클릭하고 ❷ **[삽입] 탭-[표] 그룹-[표]**를 클릭하거나 Ctrl+T를 누르세요.

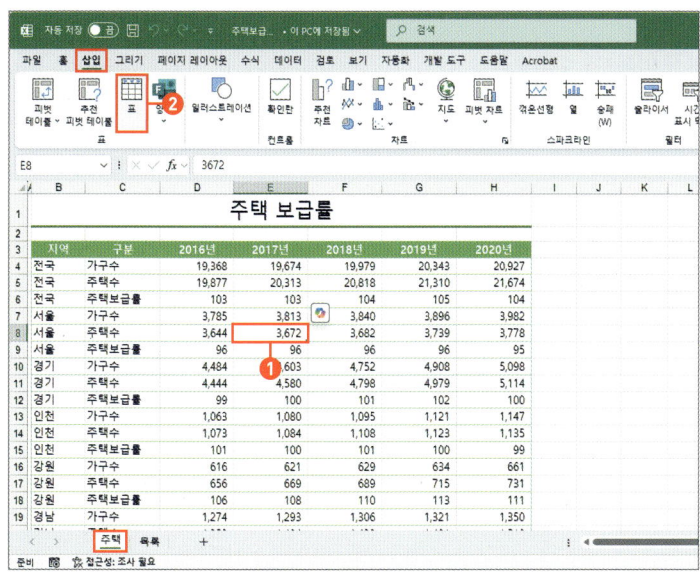

② [표 만들기] 대화상자가 열리면 ❶ 자동으로 입력된 표 범위를 확인하고 ❷ **[머리글 포함]**에 체크 표시되었는지 확인한 후 ❸ **[확인]**을 클릭합니다.

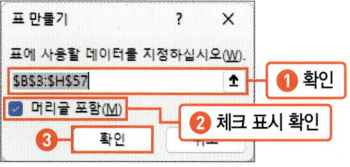

③ ❶ 데이터 영역이 표로 변경되면서 자동으로 표 서식이 적용되었습니다. 현재의 표 스타일을 삭제하기 위해 ❷ **[테이블 디자인] 탭-[표 스타일] 그룹-[자세히] 단추**(▼)를 클릭하고 ❸ **[지우기]**를 선택하세요.

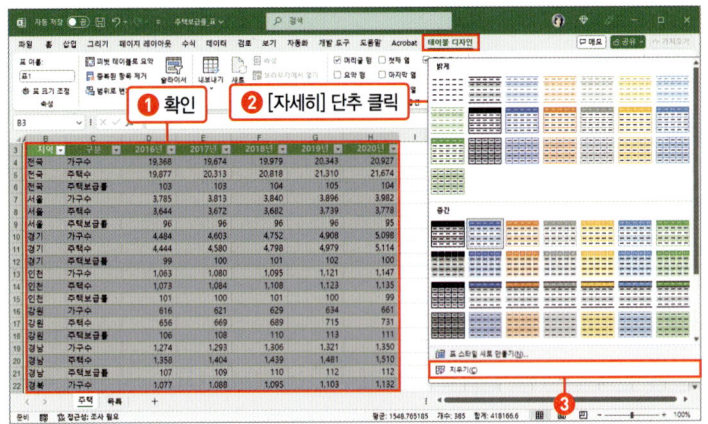

④ **[테이블 디자인] 탭-[속성] 그룹-[표 이름]**에 **주택보급**을 입력하고 Enter를 눌러 표 이름을 지정합니다.

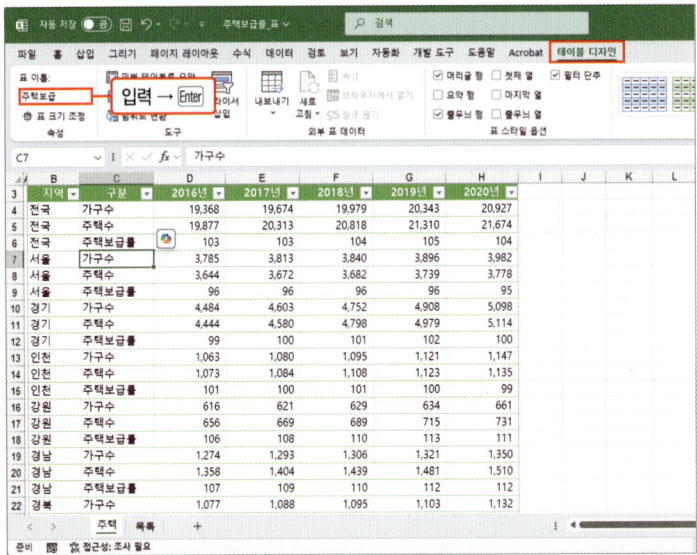

잠깐만요!

엑셀에서 표 기능 살펴보기

표는 워크시트에서 다른 데이터와 별도로 구분해서 관리하는 데이터베이스로, 독립적으로 정렬 및 필터링과 분석까지 할 수 있습니다. 그리고 표는 데이터베이스를 작성하고 관리할 수 있는 최적의 도구입니다.

❶ 틀 고정 없이 쉽게 데이터를 입력할 수 있습니다.

표에서는 틀 고정을 하지 않아도 표를 선택한 상태에서는 화면을 스크롤했을 때 필드명이 열 머리글에 표시됩니다. 이때 필터 단추(▼)도 함께 표시되므로 별도의 기능 없이 쉽게 데이터를 정렬하거나 필터링할 수 있어요.

	매출일 ▼	월 ▼	거래처코드 ▼	업체명 ▼	분류 ▼
43	2026-01-27	1월	865893	경진기기	프린터/사무기기
44	2026-01-27	1월	866107	ABC세상	건강/이미용
45	2026-01-31	1월	866466	파니스마트	테블릿/스마트폰
46	2026-01-31	1월	866466	파니스마트	생활가전
47	2026-02-01	2월	871389	화인시스템	프린터/사무기기
48	2026-02-01	2월	871389	화인시스템	프린터/사무기기
49	2026-02-04	2월	890046	나눔전자	주방가전

▲ 열 머리글에 제목 행 표시하기

❷ 소계를 구하고 데이터를 쉽게 업데이트할 수 있습니다.

표에 있는 자료를 '요약' 행을 이용해 소계를 구하고 구조적인 참조 방식으로 자료를 계산할 수 있습니다. 그리고 표로 작성한 데이터베이스를 바탕으로 피벗 테이블로 요약하면 데이터를 추가했을 때 보고서의 내용을 새롭게 작성하지 않고 '새로 고침' 기능만으로 쉽게 업데이트할 수 있어요.

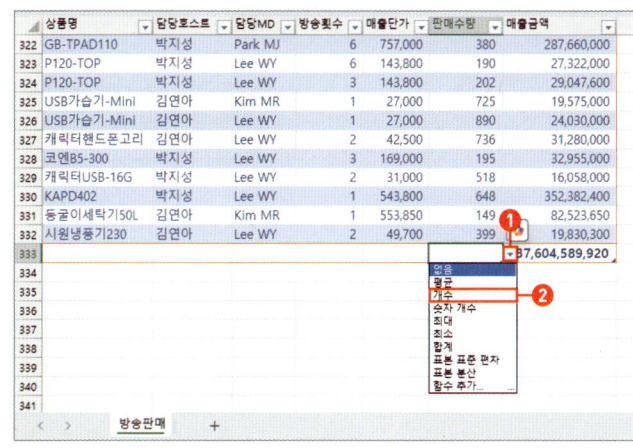

▲ '요약' 행을 추가해 열마다 소계값 표시하기

활용도 ■■■

● 실습예제 : 방송판매_피벗테이블.xlsx
● 완성예제 : 방송판매_피벗테이블_완성.xlsx

실무 02 피벗 테이블로 호스트별 방송 횟수 및 매출 요약하기

✓ **실무 활용 사례**
- 대량의 판매 데이터를 빠르게 요약 보고서로 작성해야 할 때

✓ **업무 시간 단축**
- Alt + N , V , T → [피벗 테이블 필드] 창에서 [담당호스트], [방송횟수], [매출금액]에 체크 표시

---

① [방송판매] 시트에서 ❶ 피벗 테이블로 요약할 '금년매출' 표 안에 있는 하나의 셀을 클릭하고 ❷ **[삽입] 탭-[표] 그룹-[피벗 테이블]**을 클릭합니다.

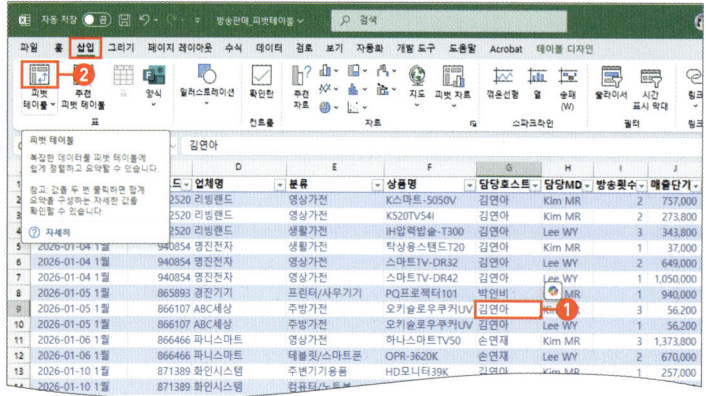

Tip
표를 선택하고 [테이블 디자인] 탭-[도구] 그룹-[피벗 테이블로 요약]을 클릭해도 됩니다.

② [표 또는 범위의 피벗 테이블] 대화상자가 열리면 ❶ '테이블 또는 범위 선택'의 '표/범위'에 표 이름 **금년매출**이 입력되어 있는지 확인합니다. ❷ 피벗 테이블을 배치할 위치에서 **[새 워크시트]**를 선택하고 ❸ **[확인]**을 클릭하세요.

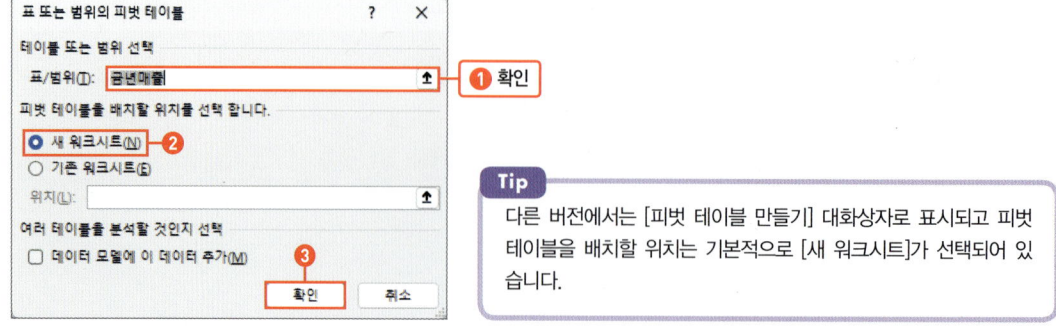

Tip
다른 버전에서는 [피벗 테이블 만들기] 대화상자로 표시되고 피벗 테이블을 배치할 위치는 기본적으로 [새 워크시트]가 선택되어 있습니다.

③ ❶ 새로운 [Sheet1] 시트가 추가되면 시트 이름을 **보고서**로 변경합니다. 피벗 테이블이 자동으로 표시되었으면 화면의 오른쪽에 있는 [피벗 테이블 필드] 창에서 ❷ '보고서에 추가할 필드 선택'의 **[담당호스트], [방송횟수], [매출금액]**에 차례대로 체크 표시합니다. 그러면 텍스트 데이터인 ❸ [담당호스트]는 '행' 영역으로, 숫자 데이터인 [방송횟수]와 [매출금액]은 '값' 영역으로 자동 추가됩니다.

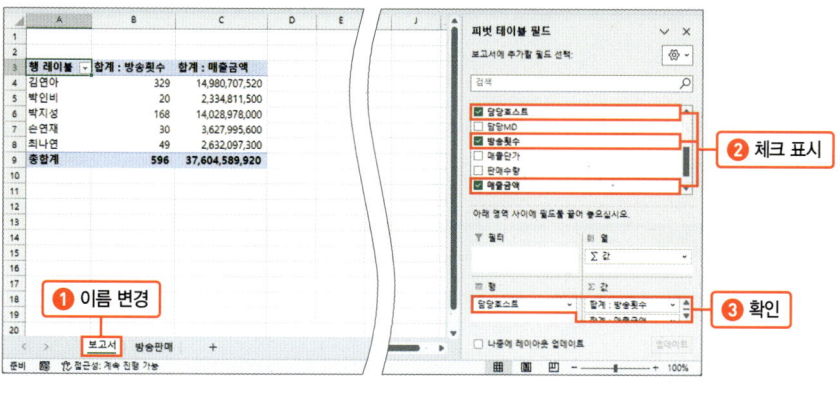

> **Tip**
> 피벗 테이블의 각 영역에 추가된 필드를 확인하세요. 필드를 [피벗 테이블 필드] 창의 원하는 영역으로 드래그해서 추가할 수도 있습니다.

④ ❶ 요약된 보고서에서 숫자 데이터 영역인 [B4:C9]를 선택하고 ❷ [홈] 탭-[표시 형식] 그룹-[쉼표 스타일]을 클릭하여 담당 호스트별 방송 횟수와 매출에 대한 보고서를 완성합니다.

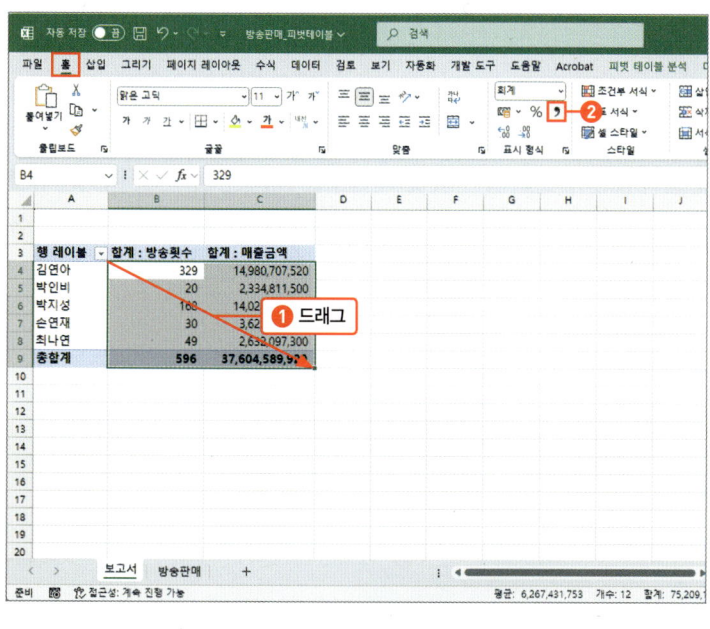

실습
03 분기별로 매출 Top 3 업체 분석하기

● 실습예제 : 방송판매_분기별.xlsx
● 완성예제 : 방송판매_분기별_완성.xlsx

① [방송판매] 시트에서 ❶ '금년매출' 표 안에 있는 하나의 셀을 클릭하고 ❷ [삽입] 탭-[표] 그룹-[피벗 테이블]을 클릭한 후 ❸ [테이블/범위에서]를 선택합니다.

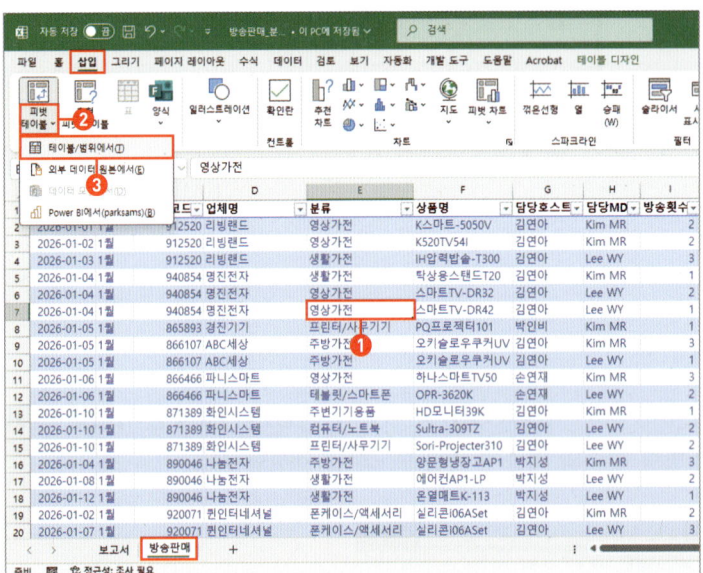

영 상 강 의

Tip
영상 강의를 재생했을 때 연결 페이지에서 동영상을 재생할 수 없다는 메시지가 나타나면 [YouTube에서 보기]를 클릭해 영상을 시청하세요.

② [표 또는 범위의 피벗 테이블] 대화상자가 열리면 ❶ 피벗 테이블을 배치할 위치에서 [기존 워크시트]를 선택합니다. ❷ '위치'에 커서를 올려놓은 상태에서 ❸ [보고서] 시트로 이동한 후 ❹ [E5] 셀을 클릭하고 ❺ [확인]을 클릭하세요.

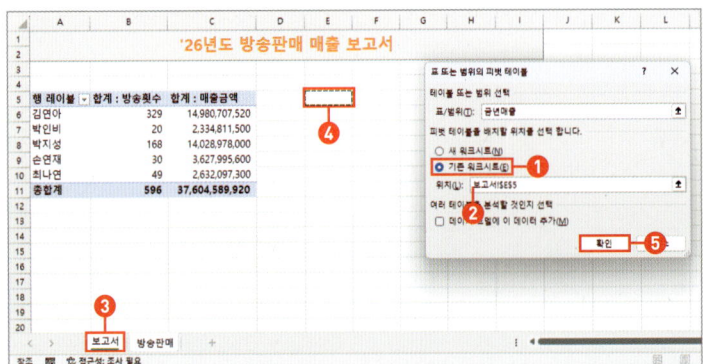

122

③ 피벗 테이블이 삽입되었으면 [피벗 테이블 필드] 창의 ❶ '보고서에 추가할 필드 선택'에서 **[매출일]**에 체크 표시하여 ❷ '행' 영역에 추가합니다. ❸ 워크시트에 '월'과 '일'의 계층 구조로 구성된 필드가 삽입되었으면 피벗 테이블에서 하나의 필드를 선택하고 ❹ **[피벗 테이블 분석] 탭-[그룹] 그룹-[선택 항목 그룹화]**를 클릭하세요.

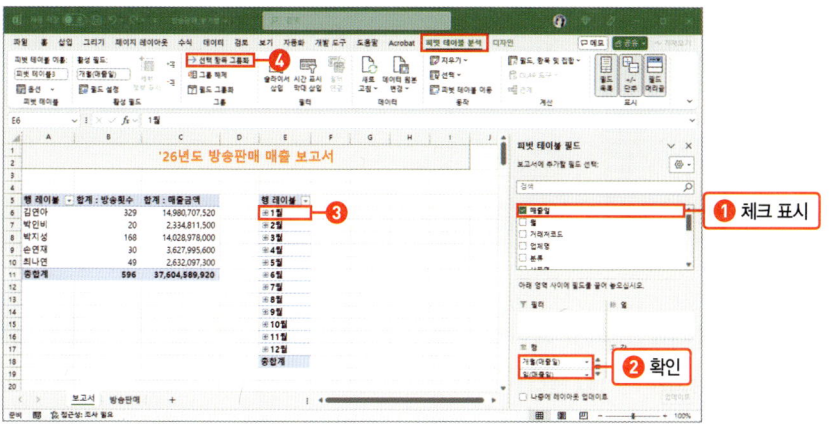

Tip
분기로 그룹화하려면 '월' 필드가 아닌 '매출일' 필드를 '행' 영역에 추가해서 날짜별로 그룹을 지정할 수 있어요. '월' 필드는 텍스트 데이터로, 그룹화 기능을 사용할 수 없습니다.

④ [그룹화] 대화상자가 열리면 ❶ **[월]**과 **[일]**의 선택을 해제하고 ❷ **[분기]**를 선택한 후 ❸ **[확인]**을 클릭합니다.

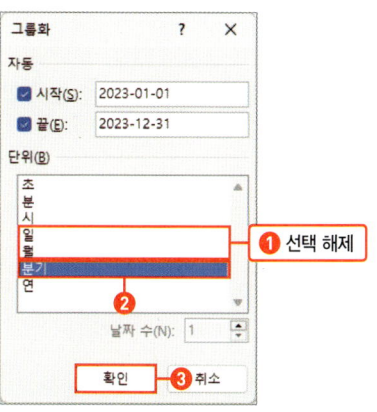

5 피벗 테이블이 분기별로 그룹화되었으면 ❶~❸ [피벗 테이블 필드] 창에서 **[업체명]**과 **[매출금액]**에 체크 표시해 '행' 영역과 '값' 영역에 추가한 후 ❹ 피벗 테이블의 결과를 확인하세요.

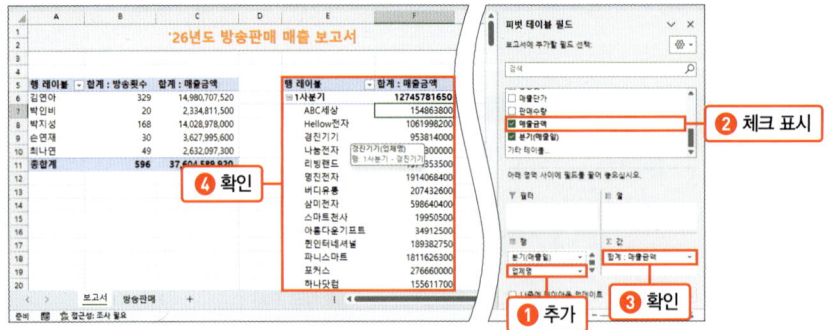

6 매출 Top 3 업체를 추출해 볼게요. ❶ 피벗 테이블의 업체명 중에서 하나의 셀을 클릭하고 ❷ '행 레이블'의 필터 단추(▼)를 클릭한 후 ❸~❹ **[값 필터]**-**[상위 10]**을 선택하세요.

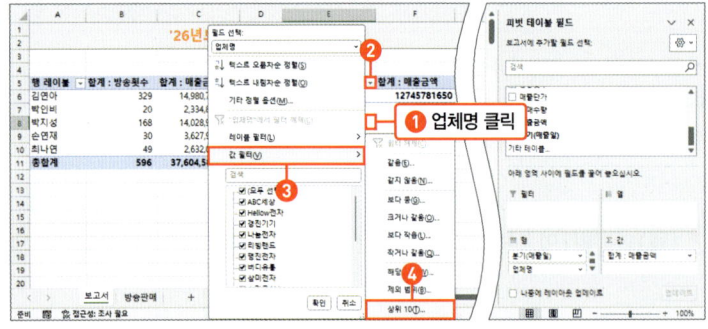

7 [상위 10 필터(업체명)] 대화상자가 열리면 ❶ '표시'의 '10'을 **3**으로 변경하고 ❷ **[확인]**을 클릭합니다.

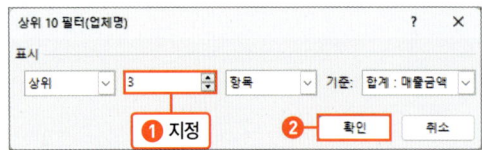

⑧ ❶ 각 분기별로 매출 Top 3 업체를 추출했으면 매출 금액별로 정렬해 볼게요. ❷ '합계 : 매출금액' 값 중 하나의 셀에서 마우스 오른쪽 단추를 클릭하고 ❸~❹ [정렬]-[숫자 내림차순 정렬]을 선택하세요.

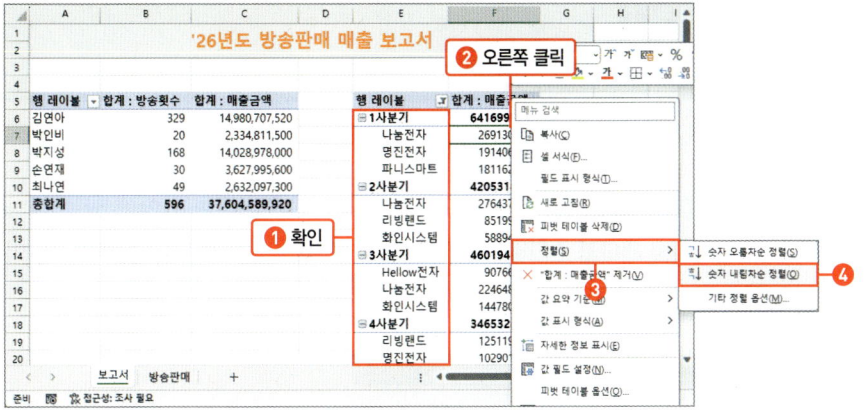

⑨ ❶ 업체명을 매출 금액의 크기 순으로 정렬했으면 ❷ 숫자 데이터 범위 [F6:F22]를 선택하고 ❸ [홈] 탭-[표시 형식] 그룹-[쉼표 스타일]을 클릭하여 보고서를 완성합니다.

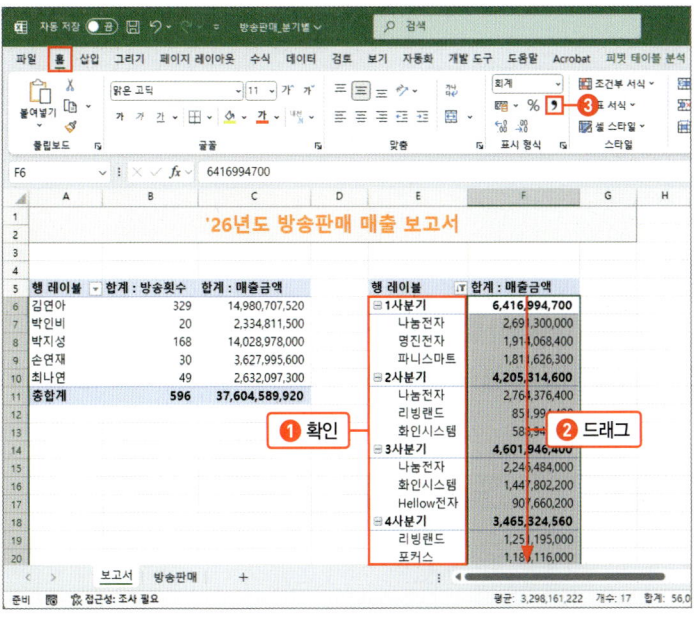

활용도 ■■□□

실습예제 : 방송판매_레이아웃.xlsx
완성예제 : 방송판매_레이아웃_완성.xlsx

실무 04 피벗 테이블의 레이아웃과 디자인 변경하기

1 작성한 피벗 테이블을 보기 좋게 꾸며볼게요. [보고서] 시트에서 ❶ 피벗 테이블 안에 있는 하나의 셀을 클릭하고 ❷ [디자인] 탭-[피벗 테이블 스타일] 그룹-[자세히] 단추()를 클릭한 후 ❸ '중간'의 **[연한 파랑, 피벗 스타일 보통 2]**를 클릭하세요.

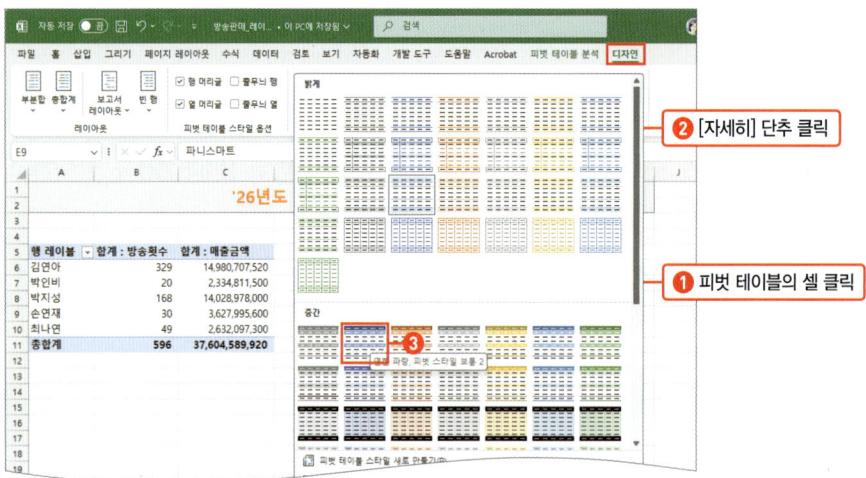

2 피벗 테이블 스타일이 변경되었으면 ❶ [디자인] 탭-[피벗 테이블 스타일 옵션] 그룹-[행 머리글]의 체크 표시를 해제합니다. ❷ [디자인] 탭-[레이아웃] 그룹-[보고서 레이아웃]을 클릭하고 ❸ **[테이블 형식으로 표시]**를 선택하세요.

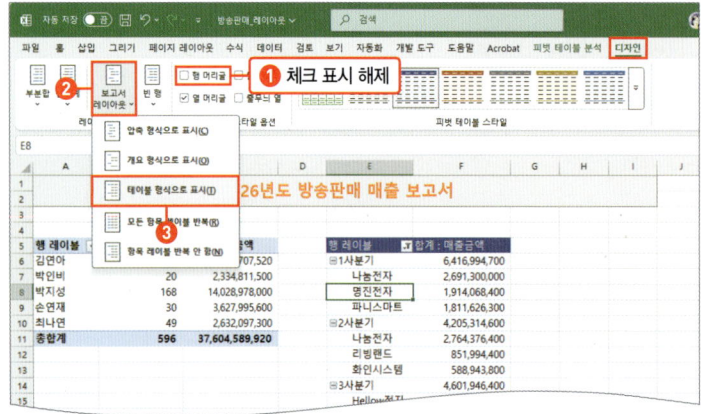

126

③ 다시 ❶ [디자인] 탭-[레이아웃] 그룹-[부분합]을 클릭하고 ❷ [부분합 표시 안 함]을 선택합니다.

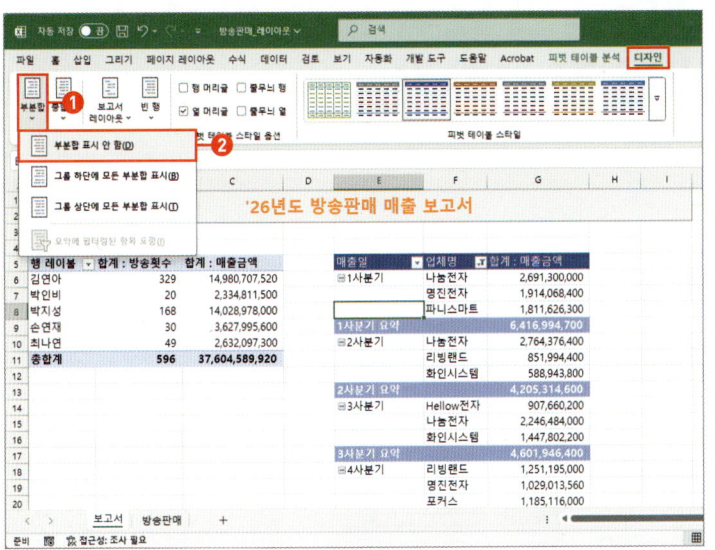

④ 피벗 테이블 보고서의 디자인과 레이아웃이 변경되었는지 확인하세요.

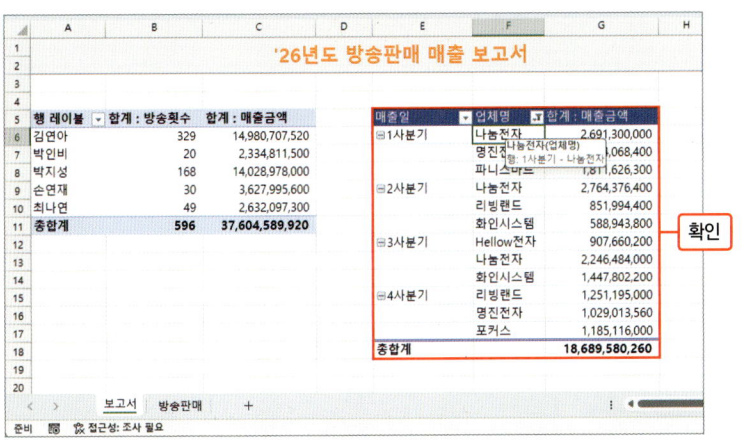

활용도 ■■■■

실습예제 : 방송판매_함수와비율.xlsx
완성예제 : 방송판매_함수와비율_완성.xlsx

05 피벗 테이블의 요약 함수 바꾸고 매출 비율 표시하기

① 합계로 계산된 매출 금액 외에 추가로 평균값을 분석해 볼게요. [보고서] 시트에서 ❶ 피벗 테이블 안에 있는 하나의 셀을 클릭하고 [피벗 테이블 필드] 창에서 ❷ [매출금액]을 한 번 더 '값' 영역으로 드래그해 추가한 후 ❸ [H5] 셀의 필드 이름을 **매출평균**으로 변경하세요.

> **Tip**
> '매출금액' 필드를 한 번 더 [피벗 테이블 필드] 창의 '값' 영역에 추가하면 '합계 : 매출금액2' 필드로 표시됩니다.

② 피벗 테이블에 '매출평균' 항목이 추가되었으면 ❶ '매출평균' 항목에 있는 하나의 셀에서 마우스 오른쪽 단추를 클릭하고 ❷~❸ [값 요약 기준]-[평균]을 선택합니다.

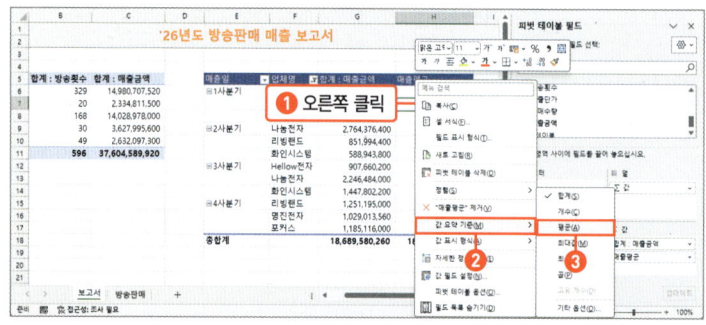

영상 강의

> **Tip**
> 영상 강의를 재생했을 때 연결 페이지에서 동영상을 재생할 수 없다는 메시지가 나타나면 [YouTube에서 보기]를 클릭해 영상을 시청하세요.

③ ❶ 매출금액의 합계가 평균으로 변경되었는지 확인합니다. 또 다른 계산값(측정값)을 작성하기 위해 [피벗 테이블 필드] 창에서 ❷ [매출금액]을 한 번 더 '값' 영역으로 드래그해 추가하고 ❸ [I5] 셀의 필드 이름을 비율로 변경하세요.

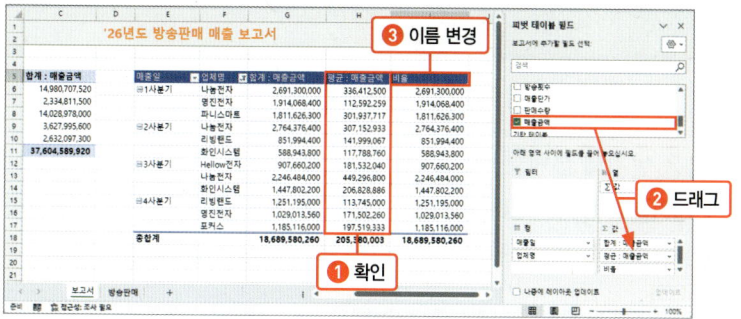

④ ❶ '비율' 항목에 있는 하나의 셀에서 마우스 오른쪽 단추를 클릭하고 ❷~❸ [값 표시 형식]-[열 합계 비율]을 선택합니다.

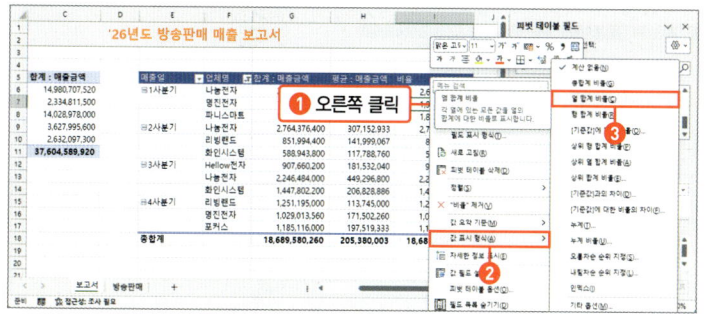

Tip

[열 합계 비율]은 열 방향의 합계 값을 기준으로 각 항목마다의 비율을 계산하는 측정값을 구할 때 선택하세요.

⑤ 각 업체별로 매출 금액에 따라 비율이 변경되었는지 확인합니다.

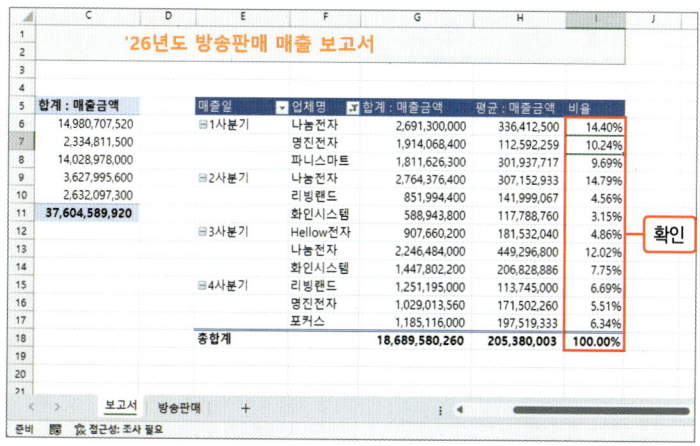

Tip

여기서 비율은 Top 3 업체의 매출 합계에 대한 비율입니다.

활용도 ■■■

● 실습예제 : 방송판매_필터.xlsx
● 완성예제 : 방송판매_필터_완성.xlsx

담당 MD별로 보고서 필터링하기

① 작성한 피벗 테이블마다 이름을 변경해 볼게요. [보고서] 시트에서 ❶ 왼쪽 피벗 테이블 안에 있는 하나의 셀을 클릭하고 ❷ [피벗 테이블 분석] 탭-[피벗 테이블] 그룹-[피벗 테이블 이름]에 **호스트별분석**을 입력합니다. ❸ 이와 같은 방법으로 오른쪽 피벗 테이블의 이름을 **분기별Top3업체**로 변경하세요.

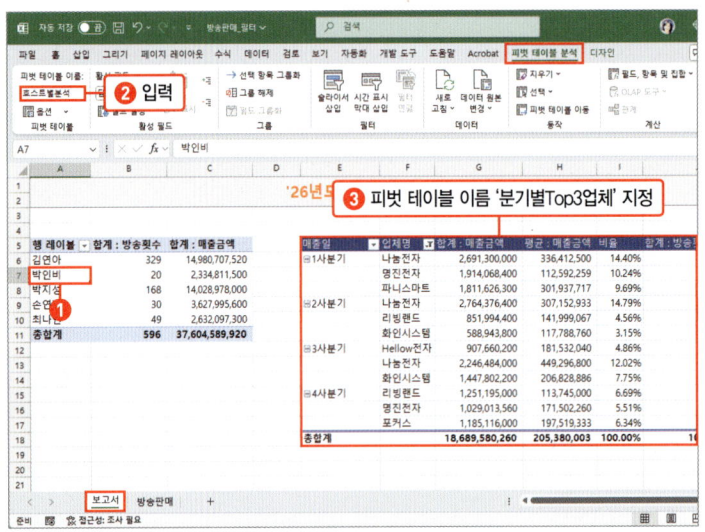

Tip
피벗 테이블의 이름은 공백 없이 작성해야 하고 특수 문자나 숫자로 시작하면 안 됩니다.

② ❶ '호스트별분석' 피벗 테이블 안에 있는 하나의 셀을 클릭하고 ❷ [피벗 테이블 분석] 탭-[필터] 그룹-[슬라이서 삽입]을 클릭합니다.

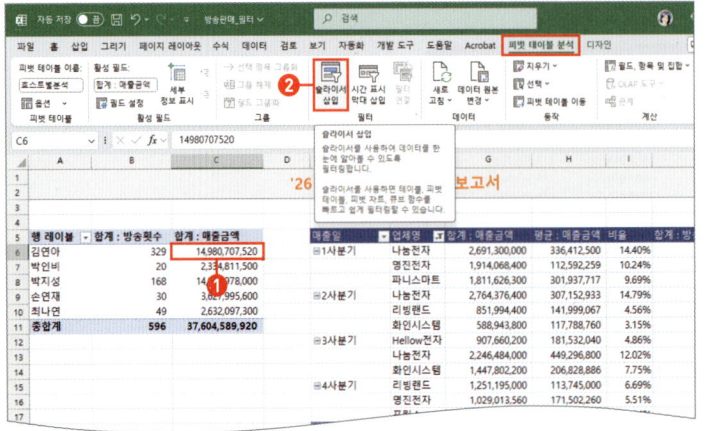

Tip
피벗 테이블에 적용되는 슬라이서와 날짜에 대한 필터에는 시간 표시 막대가 있습니다.

③ [슬라이서 삽입] 대화상자가 열리면 ❶ [담당MD]에 체크 표시하고 ❷ [확인]을 클릭합니다.

> **Tip**
> 영상 강의를 재생했을 때 연결 페이지에서 동영상을 재생할 수 없다는 메시지가 나타나면 [YouTube에서 보기]를 클릭해 영상을 시청하세요.

④ [담당MD] 슬라이서가 추가되었으면 ❶ [슬라이서] 탭-[단추] 그룹-[열]에 [2]를 지정하고 ❷ '호스트별분석' 피벗 테이블의 아래쪽으로 이동한 후 크기를 적절하게 조절합니다.

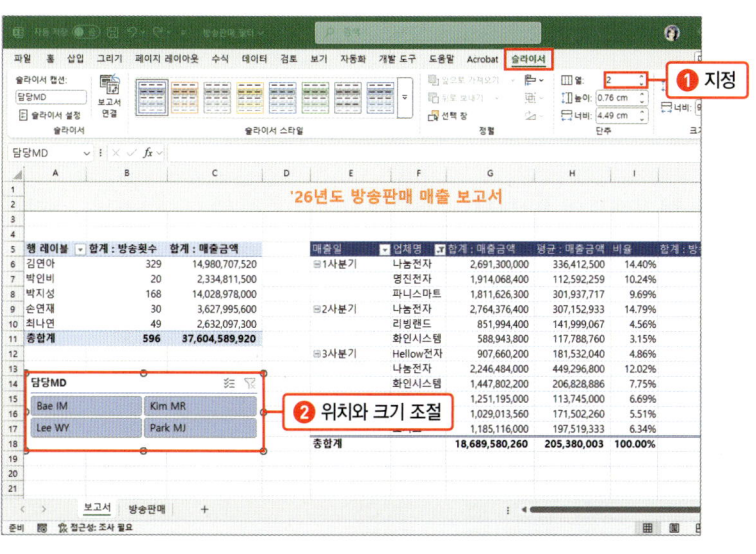

5 [담당MD] 슬라이서에서 ❶ [Bae IM]을 클릭하면 보고서의 내용이 필터링되면서 ❷ '호스트별 분석' 피벗 테이블만 변경됩니다. 추가로 '분기별Top3업체' 피벗 테이블에도 필터를 연결하기 위해 ❸ [담당MD] 슬라이서를 선택하고 ❹ [슬라이서] 탭-[슬라이서] 그룹-[보고서 연결]을 클릭하세요.

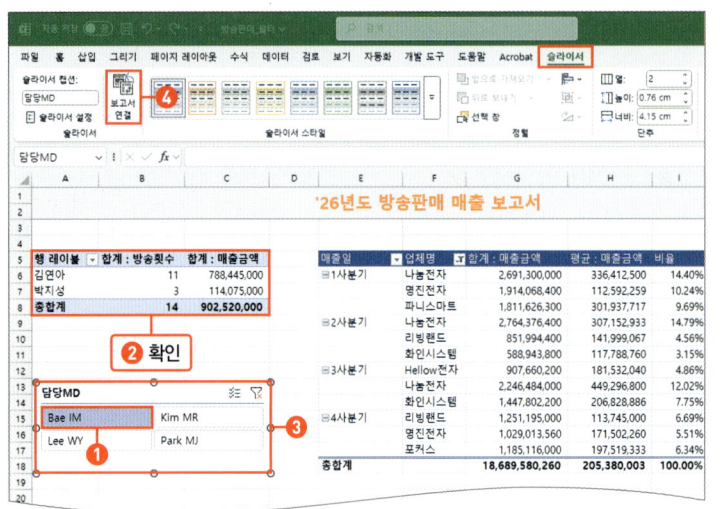

Tip
슬라이서에서 마우스 오른쪽 단추를 클릭하고 [보고서 연결]을 선택해도 됩니다.

6 [보고서 연결(담당MD)] 대화상자가 열리면 ❶ [분기별Top3업체]에 체크 표시하고 ❷ [확인]을 클릭합니다.

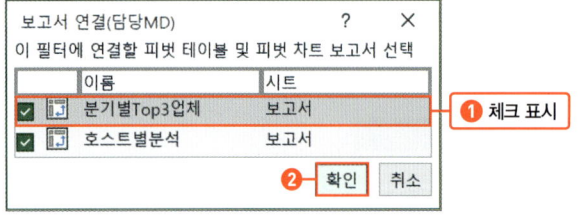

7 두 보고서를 모두 슬라이서에 연결했으면 [담당MD] 슬라이서에서 ❶ 다른 담당 MD를 클릭하고 ❷ 보고서의 내용이 함께 필터링되는지 확인합니다.

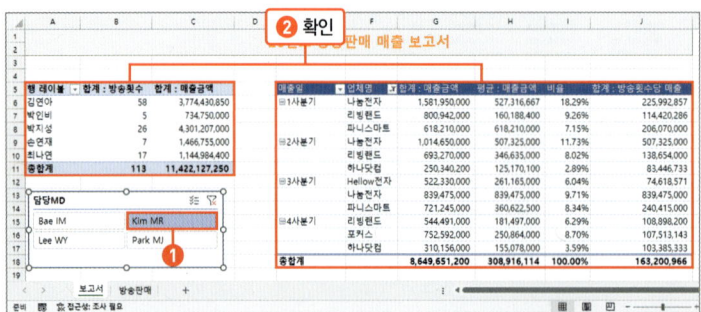

● 실습예제 : 수주및납품_Getpivot.xlsx
● 완성예제 : 수주및납품_Getpivot_완성.xlsx

활용도 ■■■

실무 07 피벗 테이블 값을 양식 폼으로 그대로 옮기기

① 피벗 테이블로 데이터를 요약하면 함수를 사용하지 않아도 빠르고 쉽게 매출을 분석할 수 있지만, 제공된 양식 폼으로 데이터를 옮겨야 할 수도 있어요. [분기별판매] 시트에서 ❶ '납품', '1사분기', '동국 무역'에 해당하는 **[E6] 셀**을 클릭하고 =를 입력한 후 ❷ 피벗 테이블에 같은 조건의 값인 **[B7] 셀**을 클릭하세요.

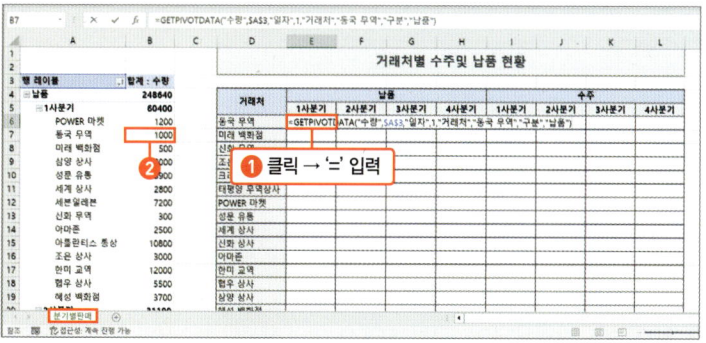

Tip
이렇게 입력하면 자동으로 GetPivotData 함수가 입력됩니다. 만약 GetPivotData 함수가 표시되지 않으면 [피벗 테이블 분석] 탭-[피벗 테이블] 그룹-[옵션]을 클릭하고 [GetPivotData 생성]을 선택하여 체크 표시한 후 다시 작성하세요.

② Shift + F3 을 눌러 GetPivotData 함수의 [함수 인수] 대화상자를 열고 ❶ 'Item1'에는 **E$5**를, 'Item2'에는 **$D6**을, 'Item3'에는 **$E$4**를 입력한 후 ❷ [확인]을 클릭합니다.

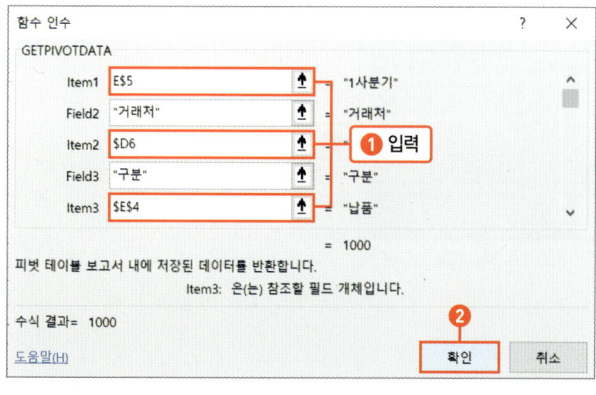

Tip
'납품', '1사분기', '동국무역'의 함수식에서 'Item' 의 값을 참조 주소로 변경해야 나머지 셀에 함수식을 복사해서 보고서 양식을 빠르게 작성할 수 있습니다.

133

③ 이 함수식을 그대로 나머지 셀에 복사하면 값이 없는 경우에는 #Ref 오류가 발생합니다. 이 문제를 해결하기 위해 ❶ [E6] 셀을 클릭하고 ❷ 수식 입력줄에서 '=' 뒤에 다음의 IFERROR 함수를 추가하세요.

=IFERROR(GETPIVOTDATA("수량",$A$3,"일자",E$5,"거래처",$D6,"구분",$E$4),0)

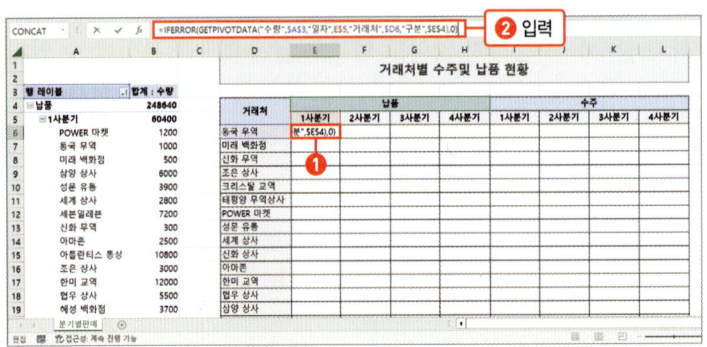

함수식 설명

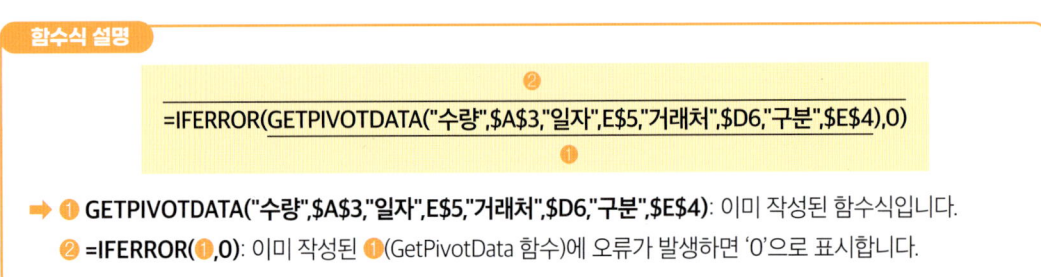

➡ ❶ GETPIVOTDATA("수량",$A$3,"일자",E$5,"거래처",$D6,"구분",$E$4): 이미 작성된 함수식입니다.
　❷ =IFERROR(❶,0): 이미 작성된 ❶(GetPivotData 함수)에 오류가 발생하면 '0'으로 표시합니다.

④ ❶ [E6] 셀에 결괏값을 구했으면 '납품'에 대한 전체 셀에 함수식을 복사합니다. 이와 같은 방법으로 ❷ '수주'의 값도 계산하고 나머지 셀의 결괏값을 구하세요.

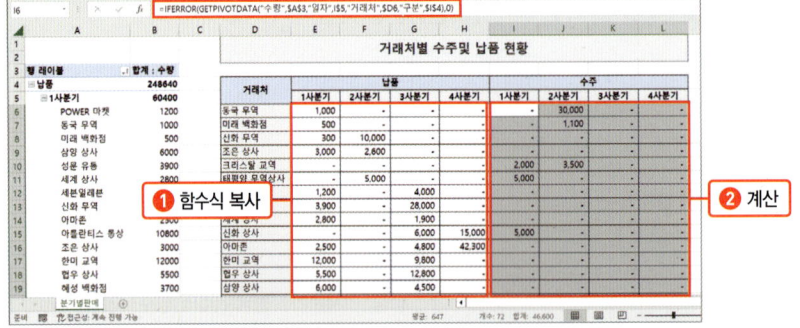

활용도 ●●○

실습예제 : 담당자별주문_관계.xlsx
완성예제 : 담당자별주문_관계_완성.xlsx

실무 08 관계 설정하고 피벗 테이블 작성하기

✓ 실무 활용 사례
- 두 테이블을 하나로 통합하지 않고 관계된 자료를 분석해야 할 때

✓ 업무 시간 단축
- 두 테이블 모두 Ctrl+T를 눌러 표로 변경
- [데이터] 탭-[데이터 도구] 그룹-[관계] 선택
- [관계 만들기] 대화상자의 '테이블'에서 '담당자'와 '사번' 필드로 관계 설정

---

① [담당자] 시트에서 ❶ 데이터 영역 안에 있는 하나의 셀을 클릭하고 Ctrl+T를 누릅니다. [표 만들기] 대화상자가 열리면 ❷ **[머리글 포함]**에 체크 표시되었는지 확인하고 ❸ **[확인]**을 클릭하세요.

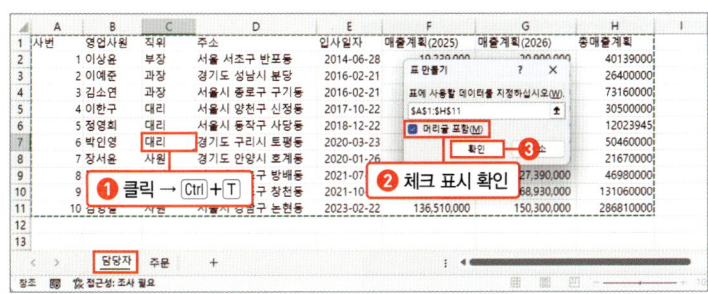

영상 강의

> **Tip**
> 영상 강의를 재생했을 때 연결 페이지에서 동영상을 재생할 수 없다는 메시지가 나타나면 [YouTube에서 보기]를 클릭해 영상을 시청하세요.

② ❶ 데이터베이스가 표로 변경되었으면 ❷ [테이블 디자인] 탭-[속성] 그룹-[표 이름]에 담당자를 입력하고 Enter를 누릅니다.

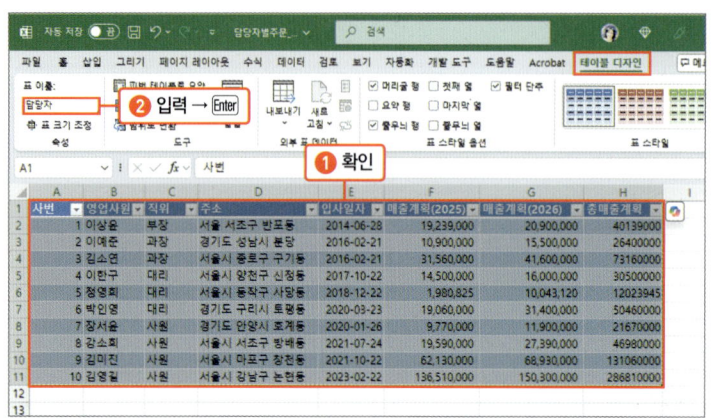

Tip
엑셀 하위 버전에서는 [테이블 디자인] 탭이 아닌 [표 도구]의 [디자인] 탭이 표시됩니다.

③ 이와 같은 방법으로 ❶ [주문] 시트의 ❷ 데이터 영역도 표로 작성하고 ❸ [테이블 디자인] 탭-[속성] 그룹-[표 이름]을 주문으로 변경합니다.

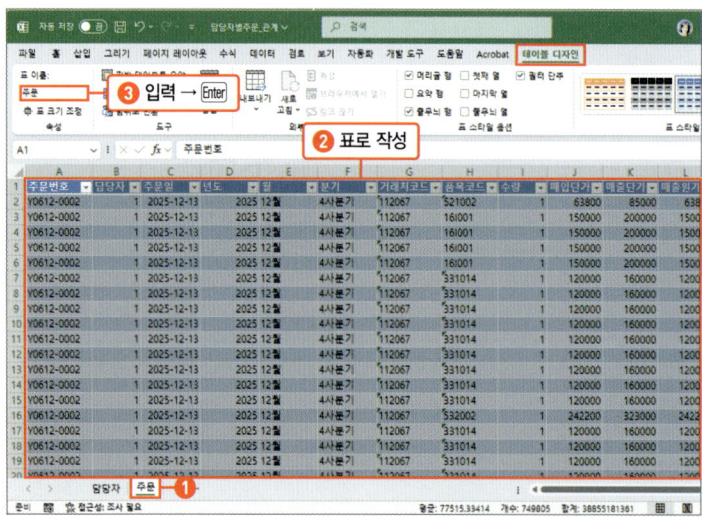

136

④ 표 작성이 끝나면 ❶ **[데이터] 탭-[데이터 도구] 그룹-[데이터 모델]**을 클릭하고 ❷ **[관계]**를 선택합니다.

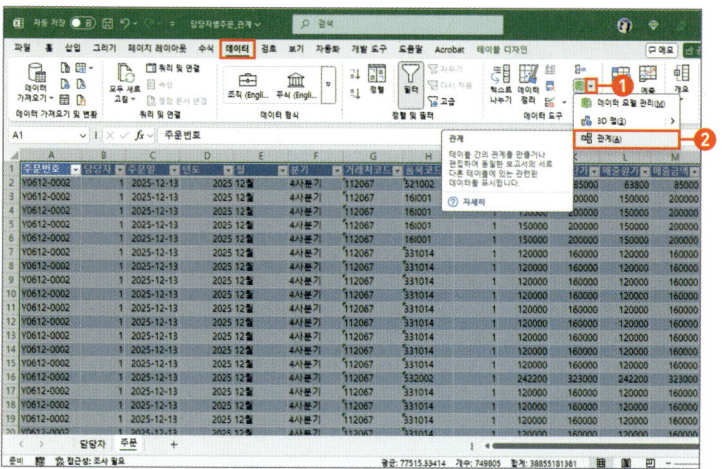

⑤ [관계 관리] 대화상자가 열리면 **[새로 만들기]**를 클릭합니다.

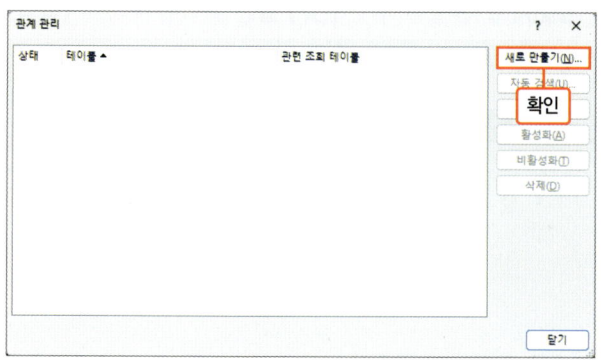

⑥ [관계 만들기] 대화상자가 열리면 ❶ '테이블'에서는 **[워크시트 표: 담당자]**를, '열(외래)'에서는 **[사번]**을, '관련 표'에서는 **[워크시트 표: 주문]**을, '관련 열(기본)'에서는 **[담당자]**를 선택하고 ❷ **[확인]**을 클릭합니다.

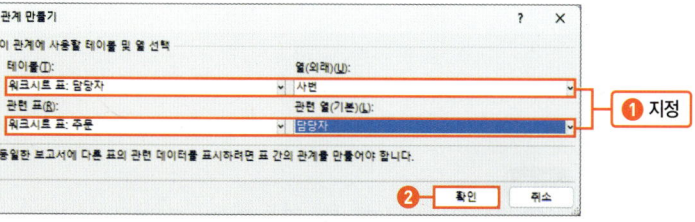

7 [관계 관리] 대화상자로 되돌아오면 **① 새로운 관계가 추가되었는지 확인**하고 **② [닫기]**를 클릭합니다.

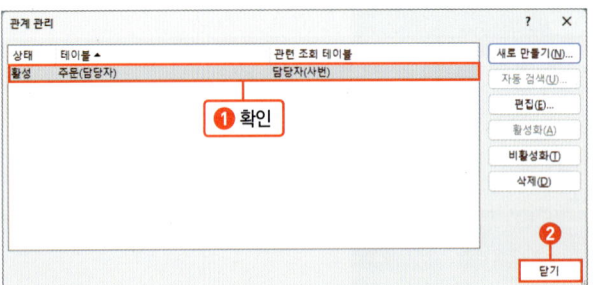

> **Tip**
> 테이블 간에 관계를 설정하는 것을 '데이터 모델링(Data Modelling)'이라고 합니다. 파워 피벗은 엑셀의 추가 기능으로 설치할 수 있으며, [Power Pivot] 탭에서 [관리]를 클릭하면 두 테이블이 이미 모델에 추가된 상태이고 관계가 설정되어 있는 것을 확인할 수 있습니다. 이 창에서 [홈] 탭-[다이어그램 보기]를 클릭하면 테이블 간 관계를 시각적으로 살펴볼 수 있어요.

8 두 테이블의 관계가 설정되었으므로 피벗 테이블로 분석해 볼게요. **① [새 시트] 단추(⊕)**를 클릭해 새로운 시트를 삽입하고 **②** 시트 이름을 **보고서**로 변경한 후 **③ [B7] 셀**을 클릭합니다. **④ [삽입] 탭-[표] 그룹-[피벗 테이블]**을 클릭하고 **⑤ [데이터 모델에서]**를 선택합니다.

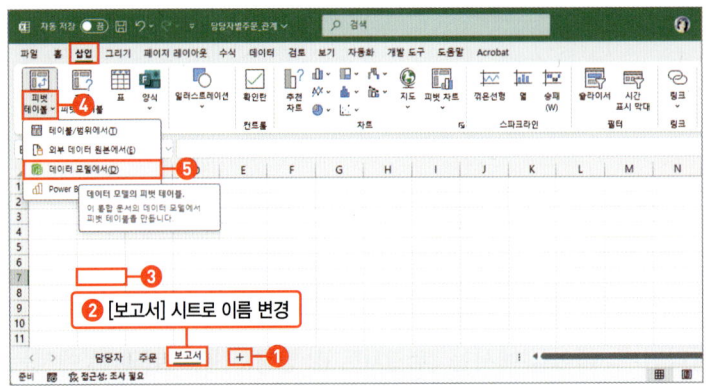

9 [데이터 모델의 피벗 테이블] 대화상자가 열리면 **① [기존 워크시트]**의 '위치'에 **[B7] 셀**이 지정되었는지 확인하고 **② [확인]**을 클릭합니다.

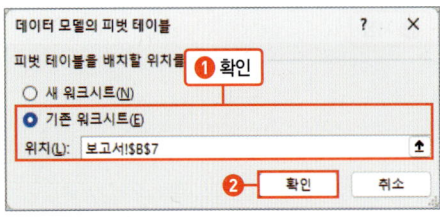

> **Tip**
> **8** 과정에서 미리 [B7] 셀을 클릭하고 피벗 테이블을 작성하므로 셀 위치를 다시 지정할 필요가 없습니다.

⑩ 화면의 오른쪽에 [피벗 테이블 필드] 창이 열리면 ❶ [모두]의 [담당자] 테이블에 있는 ❷ [영업사원]에 체크 표시하여 ❸ '행' 영역에 추가합니다.

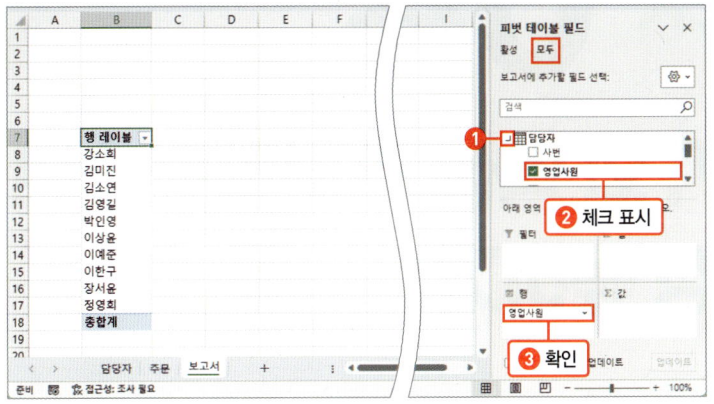

⑪ 이번에는 [피벗 테이블 필드] 창의 [주문] 테이블에서 ❶ [매출금액]에 체크 표시하여 ❷ '값' 영역에 추가합니다. ❸ 피벗 테이블에 매출 금액의 합계가 표시되면 숫자 범위인 [C8:C18]을 선택하고 ❹ [홈] 탭-[표시 형식] 그룹-[쉼표 스타일]을 클릭하세요.

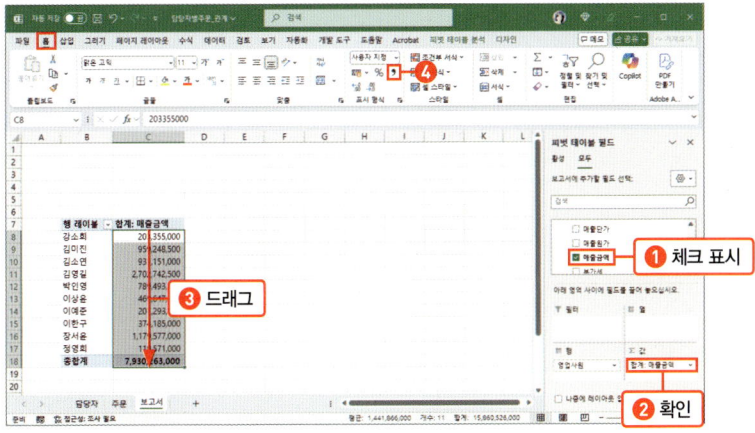

> 잠깐만요!
>
> **M365용 엑셀이 아닌 경우 데이터 모델 사용 방법**
>
> M365용 엑셀이 아닌 다른 버전(엑셀 2013, 2016, 2019, 2021)에서는 테이블 간의 관계가 설정된 후 피벗 테이블을 작성하려면 [삽입] 탭-[표] 그룹-[피벗 테이블]을 클릭하세요. [피벗 테이블 만들기] 대화상자가 열리면 '분석할 데이터를 선택하십시오.'에서 [이 통합 문서의 데이터 모델 사용]을 선택하고 [확인]을 클릭해서 관련된 데이터를 분석할 수 있습니다.

CHAPTER 04

ChatGPT와 엑셀 코파일럿으로 업무 효율성 높이기

* 해당 장에서 다루는 AI 툴(코파일럿, ChatGPT 등)은 유료 버전을 기준으로 설명합니다.

ChatGPT와 엑셀 코파일럿을 활용하면 업무를 좀 더 빠르고 정확하게 수행할 수 있어요. ChatGPT는 자연어 처리 기술을 바탕으로 엑셀에서 자주 활용하는 수식을 자동으로 제안하거나, 방대한 데이터를 효율적으로 정리하고 분석하는 데 도움을 줍니다. 반복적으로 사용하는 함수나 복잡한 계산도 간단한 프롬프트만으로 처리할 수 있어서 시간을 절약하고 실수를 줄일 수 있어요. 엑셀 코파일럿은 함수 추천뿐만 아니라 데이터 해석과 분석 요약, 시각화까지 한 번에 수행해 줍니다. 그리고 엑셀 인터페이스에 통합되어 있어 데이터 입력부터 분석 및 정리, 출력까지 유기적으로 연결되는 점이 큰 장점이에요.

이번 장에서는 실무에 꼭 필요한 프롬프트 작성법과 주의할 점을 함께 익히고 ChatGPT와 엑셀 코파일럿을 활용한 실전 예제를 통해 AI 업무 자동화 방법을 직접 배워보겠습니다.

SECTION 09 ChatGPT와 코파일럿으로 고급 수식 및 함수 작성하기
SECTION 10 데이터 분석 및 인사이트 도출하기
SECTION 11 생성한 AI로 데이터 시각화 및 차트 작성하기
SECTION 12 VBA 및 매크로 작업 지원받기

SECTION

09

ChatGPT와 코파일럿으로 고급 수식 및 함수 작성하기

엑셀에서 복잡한 수식과 함수를 직접 작성하는 일은 시간이 많이 걸리고 오류가 발생하기 쉽습니다. 하지만 ChatGPT와 코파일럿을 활용하면 필요한 수식을 자동으로 생성하고 효율적인 함수 사용 방법을 쉽게 익힐 수 있습니다. 이번 섹션에서는 AI를 활용해 고급 수식과 함수를 보다 정확하고 빠르게 작성하는 방법을 알아보겠습니다.

활용도 ■■■■

● 실습예제 : 센서_이상치.xlsx
● 완성예제 : 센서_이상치_완성.xlsx

복잡한 수식을 자연어로 설명하고 생성하기

① 엑셀 자료에 코파일럿을 사용해 이상치를 찾아내는 수식을 작성하기 위해 [이상치찾기] 시트에서 ❶ **[홈] 탭-[Copilot]**을 클릭합니다. ❷ 화면의 오른쪽에 [Copilot] 채팅 창이 열리면 현재 자료를 OneDrive에 저장하기 위해 **[자동 저장 켜기]**를 클릭합니다.

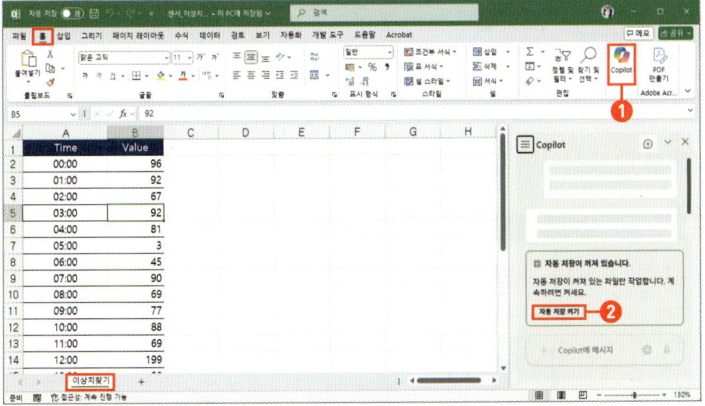

② 자동으로 저장할 OneDrive의 위치를 선택합니다.

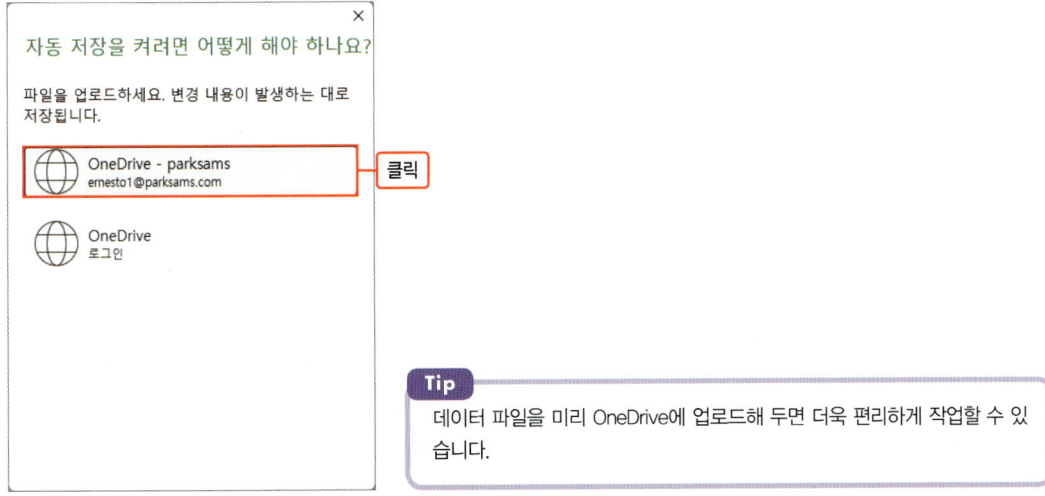

> **Tip**
> 데이터 파일을 미리 OneDrive에 업로드해 두면 더욱 편리하게 작업할 수 있습니다.

③ ❶ [Copilot] 채팅 창에 **B열의 값들 중 이상치를 찾아 새열로 추가해줘**라고 입력한 후 ❷ [보내기](▶)
를 클릭하거나 Enter를 누르세요.

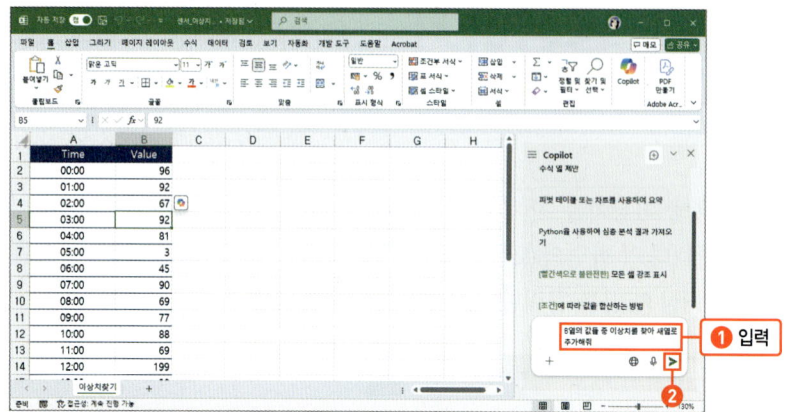

④ ❶ 수식을 이용한 열이 생성되면 현재 데이터에 값을 추가하기 위해 ❷ [+ 열 삽입]을 클릭합니다.

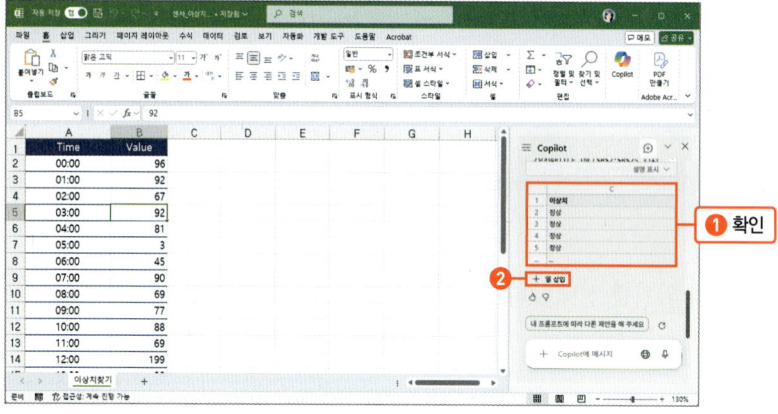

> **Tip**
> 엑셀 코파일럿에서 생성된 열을 엑셀에 바로 삽입할 수 있습니다.

5 생성된 열이 추가되면서 정상적인 데이터 범위를 벗어난 값을 다음과 같이 생성해 줍니다.

> **함수식**
>
> =IF(OR($B2>PERCENTILE.INC($B$2:$B$25,0.95),$B2<PERCENTILE.INC($B$2:$B$25,0.05)), "이상치","정상")

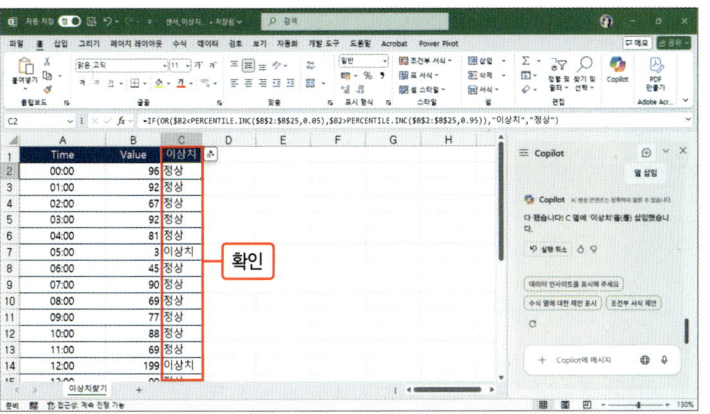

> **Tip**
> Percentile 함수가 아닌 IQR을 사용해 이상치를 찾는 함수식을 요청하면 새로운 방식으로 함수식이 다시 작성됩니다.

활용도 ●●●

● 실습예제 : 매출_요약.xlsx
● 완성예제 : 매출_요약_분기별합계_수식.xlsx

02 다중 조건의 매출 보고서 작성하기

① ❶ **ChatGPT 사이트**(www.chatgpt.com)에 접속한 후 로그인하세요. ❷ [ChatGPT] 채팅 창에서 ⊕를 클릭한 후 ❸ **[사진 및 파일 추가]**를 선택합니다.

> **Tip**
> 파일 첨부 기능은 유료 버전에서만 제공되며 무료 버전에서는 첨부할 수 있는 파일 수와 채팅 횟수에 제한이 있습니다. 그리고 사용 중인 모델이 ChatGPT-4인지, ChatGPT-4o인지 확인하고 해당 모델이 아닐 경우에는 변경해야 합니다.

② ❶ 엑셀 파일을 추가한 후 [ChatGPT] 채팅 창에 해당 자료를 분석하기 위해 **첨부된 데이터를 설명해줘**를 입력하고 ❷ ⬆를 클릭하거나 Enter를 누릅니다.

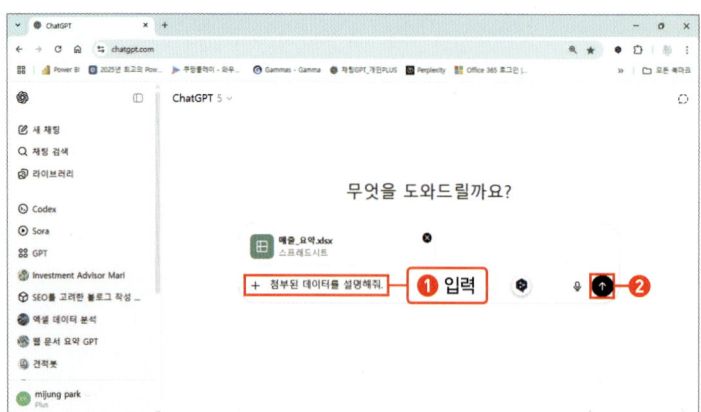

> **Tip**
> 바로 프롬프트로 분석을 요청하기보다는 자료를 먼저 이해하는 단계를 거치는 것이 더 좋아요.

❸ 엑셀 데이터에 대한 설명이 생성되면서 추가 질문에 대한 정보도 함께 제공됩니다. [ChatGPT] 채팅 창에 **업체명과 분기별 조건에 대한 매출금액의 합계를 구하는 수식을 작성해줘**를 입력한 후 Enter를 누릅니다.

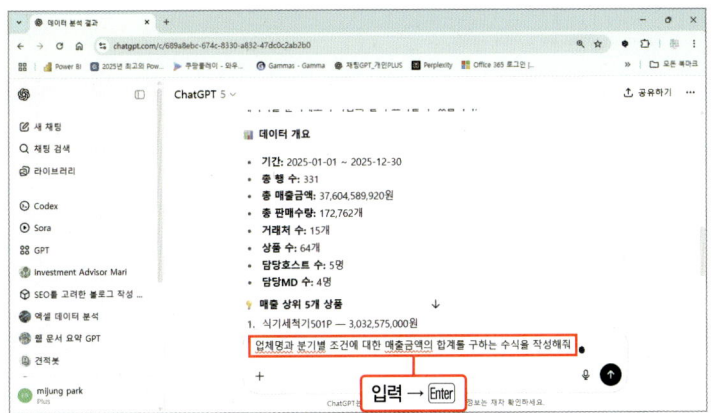

❹ ❶ 수식이 올바르게 작성되었다면 이 수식을 첨부된 파일에 적용하기 위해 ❷ [ChatGPT] 채팅 창에 **수식을 사용해서 요약 테이블을 새 시트에 적용해줘.**를 입력한 후 Enter를 누릅니다.

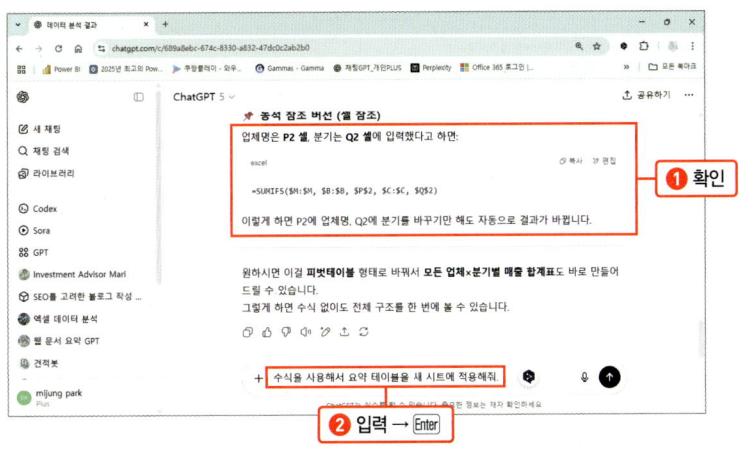

⑤ 요약 테이블이 추가된 파일을 다운로드합니다.

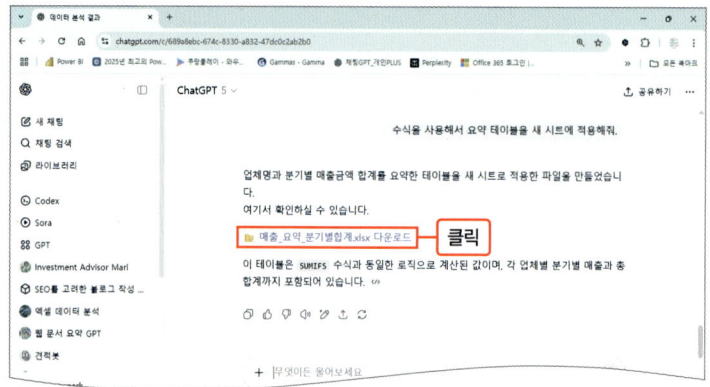

⑥ 자료를 확인한 후 오류가 있으면 추가 질문을 입력해 수정하거나 요구할 수 있습니다. 여기서는 수식을 추가해 달라고 요청합니다.

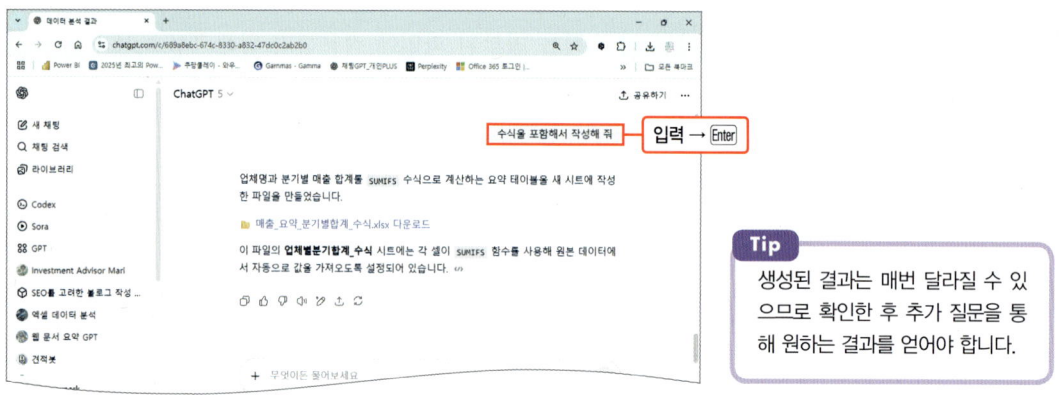

> **Tip**
> 생성된 결과는 매번 달라질 수 있으므로 확인한 후 추가 질문을 통해 원하는 결과를 얻어야 합니다.

⑦ 추가 질문으로 완성된 파일을 확인하고 엑셀의 서식을 활용하여 문서를 깔끔하게 꾸밉니다.

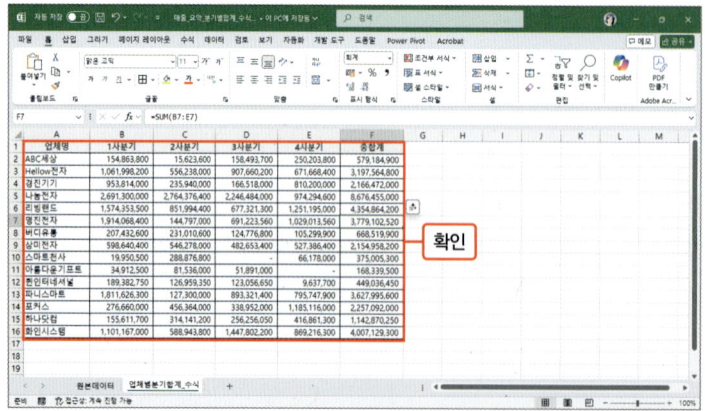

활용도 ■■■

● 실습예제 : 교육이수현황.xlsx
● 완성예제 : 교육이수현황_완성.xlsx

03 조건부 함수와 중첩 함수 쉽게 작성하기

① 서로 다른 시트에 있는 자료를 비교한 후 2025년 교육 참석자만 표시하는 자료를 만들기 위해 [2025년교육이수현황] 시트에서 ❶ **[홈] 탭-[Copilot]**을 클릭합니다. 화면의 오른쪽에 [Copilot] 채팅 창이 열리면 현재 자료를 OneDrive에 저장하기 위해 ❷ **[자동 저장 켜기]**를 클릭합니다.

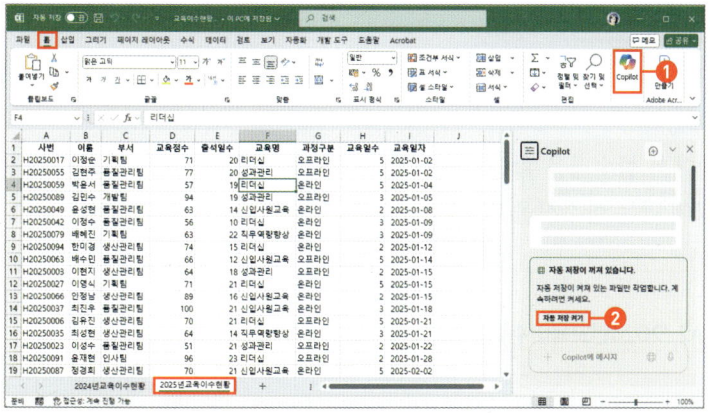

② ❶ [Copilot] 채팅 창이 열리면 다음과 같이 입력한 후 Enter 를 누릅니다.

> **프롬프트**
>
> 2025년 데이터 기준으로 2024년에는 교육 이력이 없는 사원을 '최초교육자'로 표시하는 식을 작성해줘. 사번 기준으로 비교해줘.

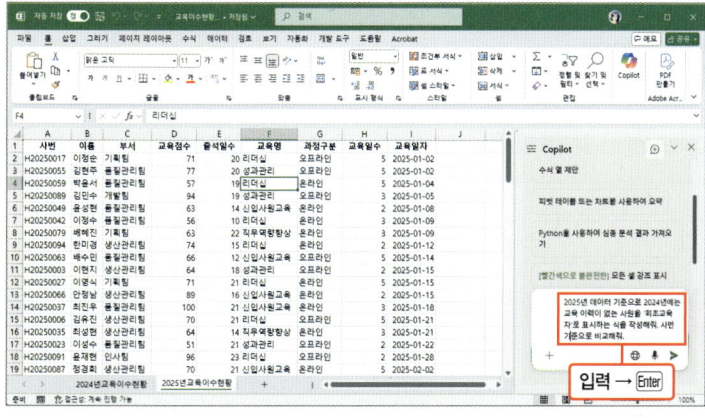

Tip
자료를 표 형식으로 만들면 프롬프트를 훨씬 쉽게 작성할 수 있습니다. 예를 들어 표 이름이 '교육2024'와 '교육2025'라면 '교육2025' 표 기준으로 '교육2024' 표에 교육 이력이 없는 사원을 '최초교육자'로 표시하는 식을 사번 기준으로 비교해줘.'라고 입력해 보세요.

149

③ ❶ 코파일럿이 생성한 함수식으로 새 열이 만들어지면 ❷ [+ 열 삽입]을 클릭해서 ❸ 현재 데이터에 열을 추가합니다.

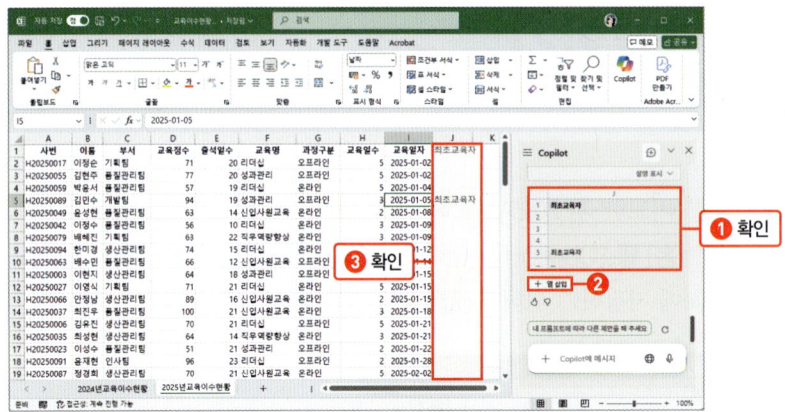

④ 열이 추가되면서 수식 입력줄에서 함수식을 확인할 수 있어요. 표 형식이 아니어도 코파일럿은 데이터를 정확히 판단해 참조 유형에 맞는 함수식을 작성해 줍니다.

> **함수식**
> =IF(ISNA(MATCH($A2, '2024년교육이수현황'!$A$2:$A$81,0)), "최초교육자", "")

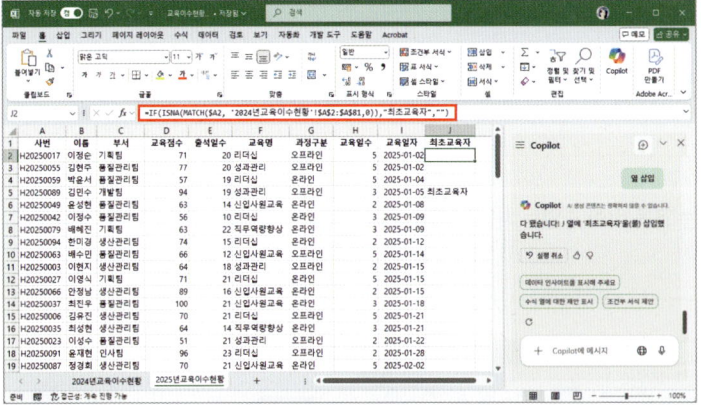

> **Tip**
> 코파일럿은 데이터에 대한 자세한 설명이 없어도 원하는 결과를 파악해 자동으로 함수식을 생성하고 데이터에 적용할 수 있어요.

활용도 ■■■

● 실습예제 : 상담_제품명추출.xlsx
● 완성예제 : 상담_제품명추출_완성.xlsx

04 함수 최적화하기

① 기존에 작성한 수식을 좀 더 가독성 좋은 형태로 최적화할 수 있어요. [상담] 시트에서 해당 수식이 있는 자료 범위인 **[A3:C15]**를 드래그해 선택한 후 **Ctrl**+**C**를 눌러 복사합니다.

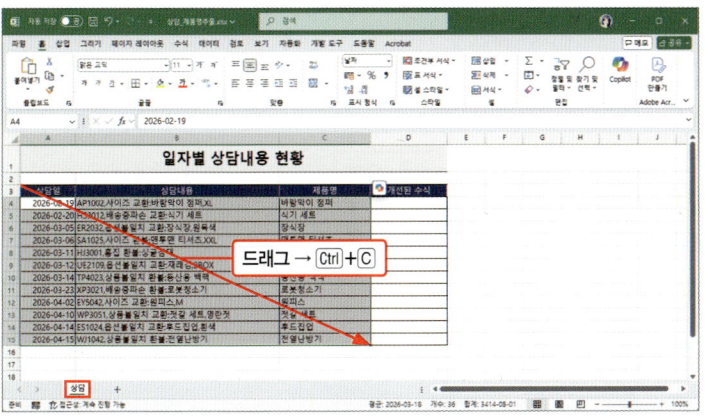

> **Tip**
> 복사한 자료는 ChatGPT에 이미지 형태로 첨부됩니다.

② [ChatGPT] 채팅 창에 **Ctrl**+**V**를 눌러 복사한 자료를 이미지 형태로 첨부한 후 **Enter**를 누릅니다.

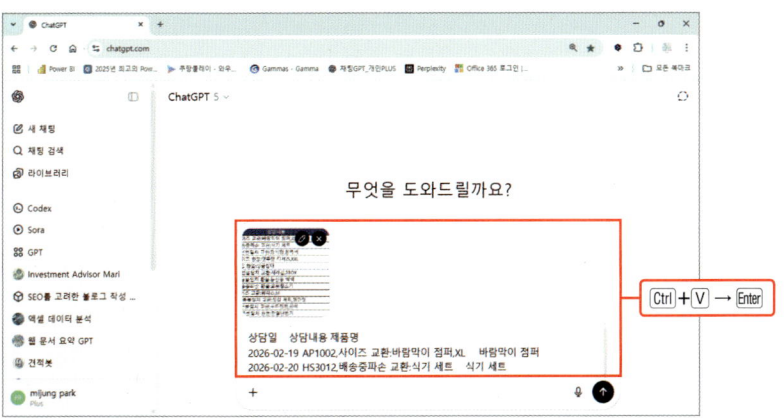

3 [ChatGPT] 채팅 창에 다음과 같이 입력하고 Enter를 누릅니다.

> **프롬프트**
>
> 지금 아래 수식을 사용하고 있어. 간결하게 최적화할 수 있을까?
> =LEFT(MID(B4, FIND(":", B4) + 1, LEN(B4)), FIND(",", MID(B4, FIND(":", B4) + 1, LEN(B4)) & ",") - 1)

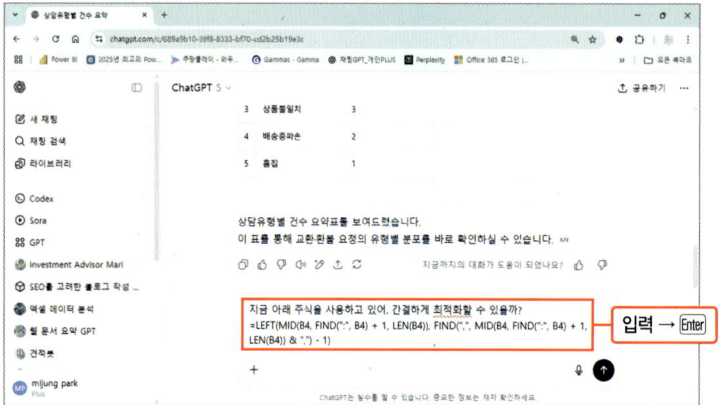

4 ❶ LET 함수를 사용해 최적화한 함수식을 제안하면 ❷ [복사]를 클릭해 해당 수식을 복사합니다.

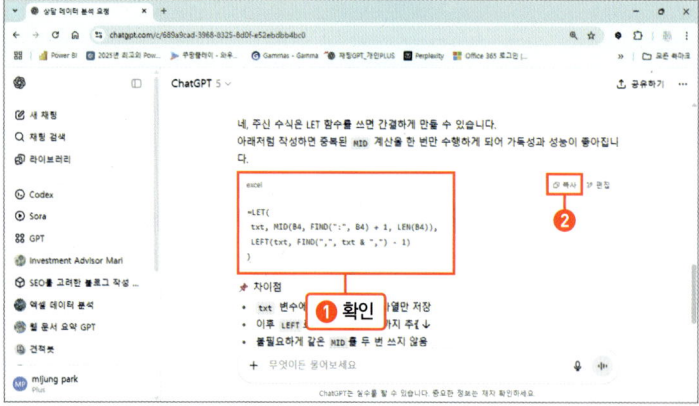

> **Tip**
>
> 수식의 결과가 항상 LET 함수로 작성되는 것은 아니에요. 제시된 수식을 복사한 후 결과가 올바르게 나온다면 해당 수식은 제대로 작성된 것으로 볼 수 있습니다. LET 함수는 엑셀 2021 버전 이상에서만 사용할 수 있습니다.

5 복사한 함수식을 엑셀의 **[D4] 셀**에 붙여넣은(Ctrl+V) 후 Enter를 누릅니다.

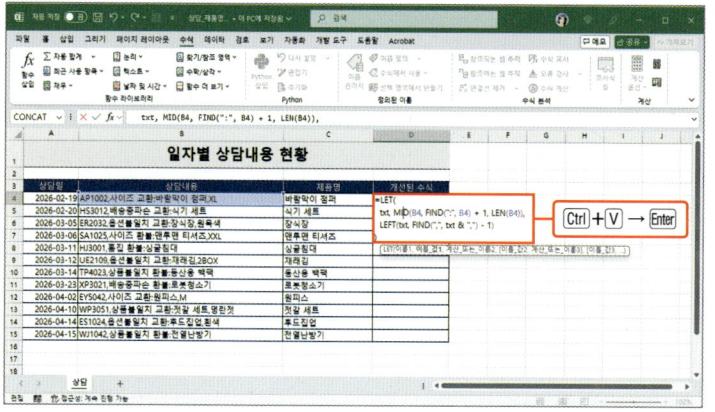

> **Tip**
> 셀 참조가 올바르지 않다면 함수식에서 일부 참조를 직접 수정해야 합니다.

6 ❶ [D4] 셀의 함수식을 확인했으면 ❷ [D4] 셀의 자동 채우기 핸들(✚)를 더블클릭해 나머지 셀을 결괏값을 구합니다. 이 함수식은 반복적으로 사용된 MID 함수를 줄이고 이름 정의 방식을 활용해 더 간결하고 가독성 높은 함수식으로 바뀌었습니다.

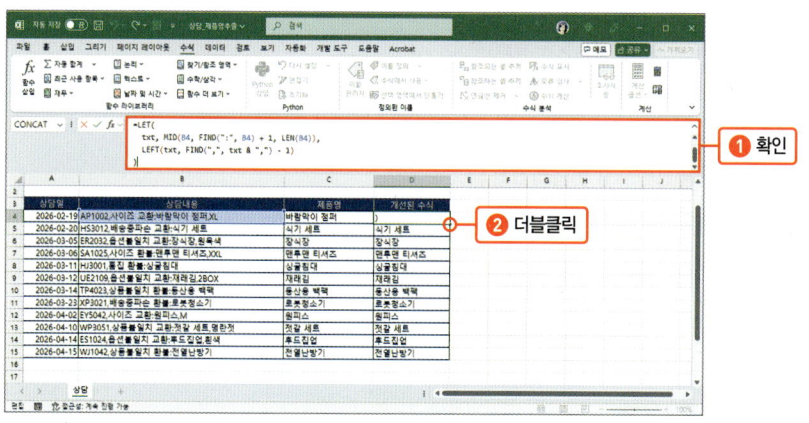

> **Tip**
> ChatGPT가 함수식을 제안할 때는 설명도 함께 제공해 주므로 함수식을 이해하면 내 자료에 더 적절하게 적용할 수 있어요.

SECTION

10

데이터 분석 및
인사이트 도출하기

데이터 분석과 인사이트 도출은 더 이상 전문가만의 영역이 아닙니다. AI를 활용하면 피벗 테이블 생성, 통계 지표 요약, 데이터 패턴 탐색 등 복잡한 작업도 쉽고 빠르게 수행할 수 있어서 데이터 분석의 진입 장벽을 낮추고 업무 효율성을 더욱 높일 수 있습니다. 또한 파이썬(Python)과 같은 도구를 활용한 심층 분석도 AI와 결합하면 자동화가 가능해져서 반복적인 작업을 줄이고 전략 수립에 더욱 집중할 수 있는 환경을 만들 수 있습니다.

활용도 ■■■

> 실습예제 : 방송판매_피벗테이블.xlsx
> 완성예제 : 방송판매_피벗테이블_완성.xlsx

01 자동으로 피벗 테이블 생성하고 수정하기
Copilot

① 방송 판매 매출을 분석하기 위해 [방송판매] 시트에서 ❶ **[홈] 탭-[Copilot]**을 클릭합니다. ❷ 화면의 오른쪽에 [Copilot] 채팅 창이 열리면 **[자동 저장 켜기]**를 클릭한 후 ❸ 다음과 같이 입력하고 Enter 를 누릅니다.

> **프롬프트**
>
> '금년매출'표를 기준으로 행에는 '분류'와 '담당호스트', 열에는 '월', 값에는 '매출금액 평균'을 사용하는 피벗 테이블을 만들어줘. 보고서 필터로 '담당MD'를 추가해줘.

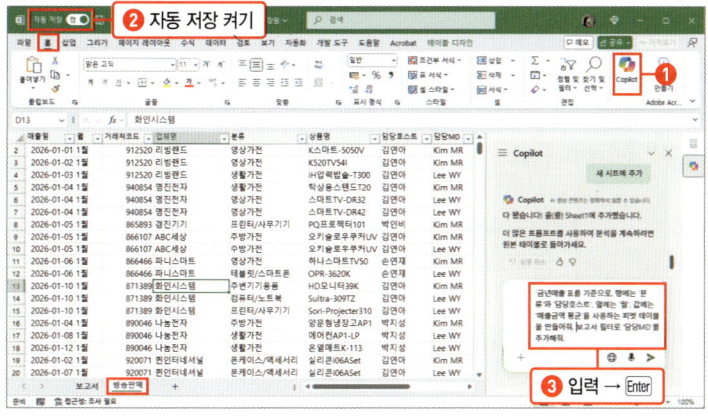

Tip
코파일럿은 엑셀 파일이 반드시 OneDrive나 SharePoint에 저장되어 있어야 작동하므로 [Copilot] 채팅 창이나 제목 표시줄에 있는 '자동 저장'을 [켜기]로 변경해야 합니다.

② ❶ [Copilot] 채팅 창에 피벗 테이블이 작성되면 ❷ **[+ 새 시트에 추가]**를 클릭합니다.

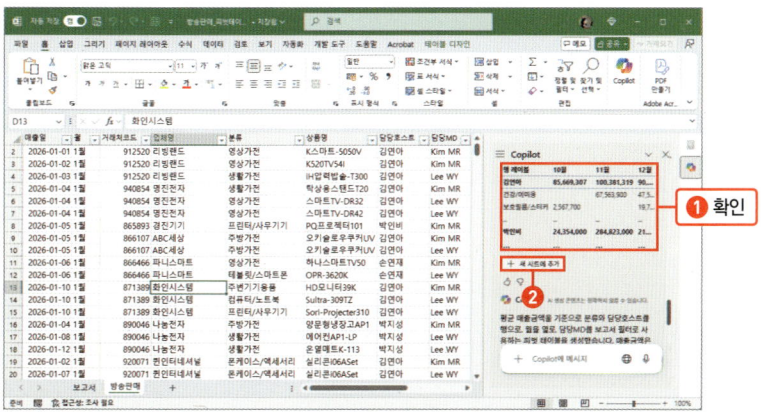

155

③ ❶ 새 워크시트에 작성된 피벗 테이블이 삽입되면 ❷ '매출금액'의 '1월' 값 중 하나의 셀에서 마우스 오른쪽 단추를 클릭하고 ❸~❹ **[값 요약 기준]-[평균]**인 것을 확인합니다.

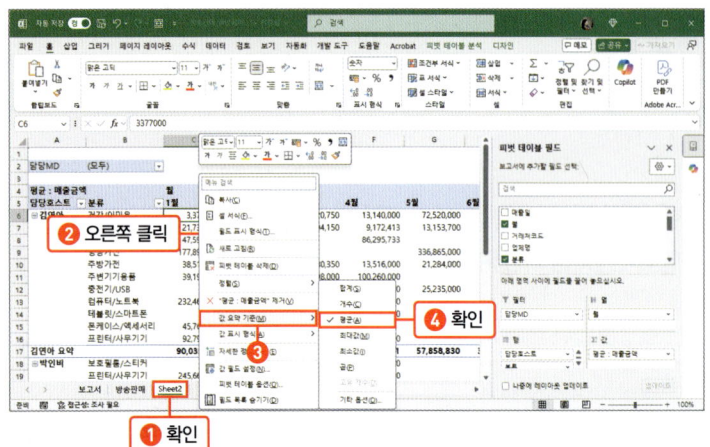

④ 작성된 피벗 테이블을 [보고서] 시트로 이동하기 위해 **[피벗 테이블 분석] 탭-[동작] 그룹-[피벗 테이블 이동]**을 클릭합니다.

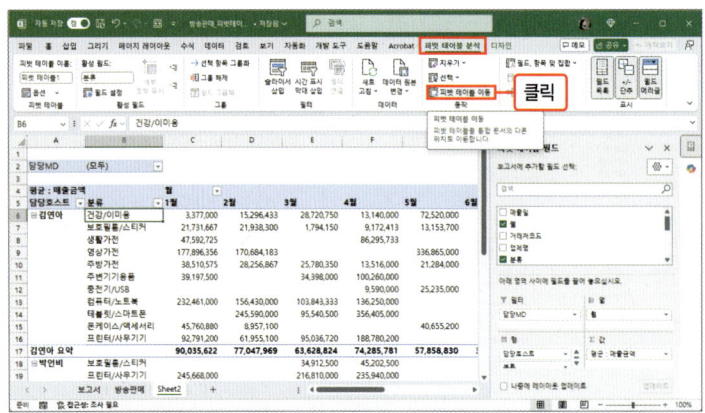

⑤ [피벗 테이블 이동] 대화상자가 열리면 ❶ [기존 워크시트]를 선택하고 ❷~❸ [보고서] 시트에서 [A5] 셀을 클릭하여 ❹ '위치'에 보고서!$A$5를 지정한 후 ❺ [확인]을 클릭합니다.

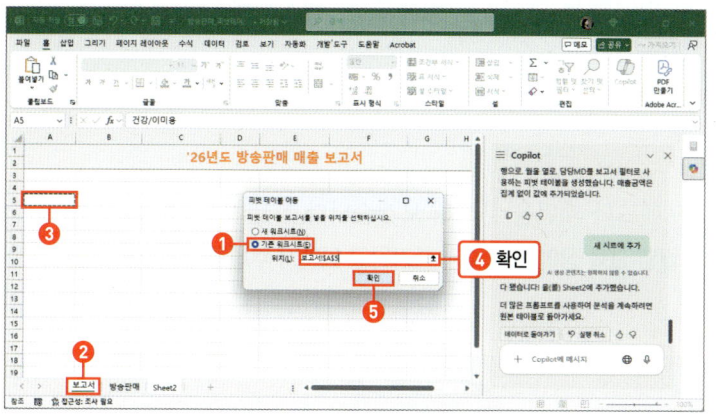

⑥ [보고서] 시트로 피벗 테이블 보고서가 이동하면 디자인 서식이나 레이아웃을 조정해 피벗 테이블을 완성하세요. 이때 원하는 스타일이나 레이아웃이 있다면 코파일럿에 질문해 적용 방법을 확인하고 활용할 수 있습니다.

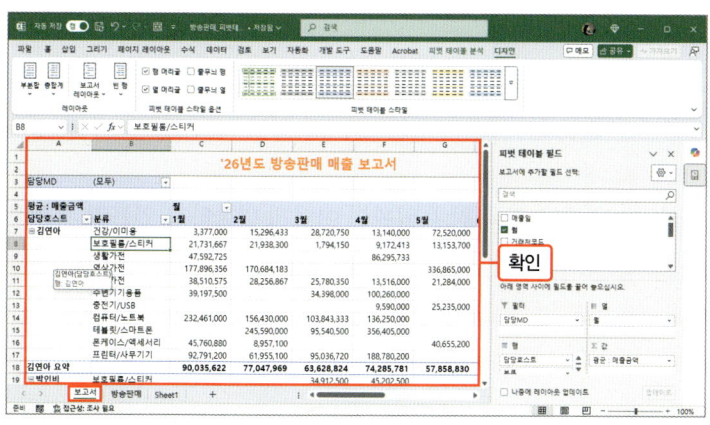

잠깐만요!

피벗 테이블을 생성할 때 프롬프트 주의 사항

피벗 테이블 생성을 요청할 때 스타일 변경, 소계 설정, 레이아웃 조정은 프롬프트에서 아직 지원하지 않아요. 그러므로 그룹화, 필드별 항목 지정, 기본값 설정에서 사용할 함수 지정 정도만 프롬프트로 요청하는 것이 좋습니다.

프롬프트 예

다음과 같이 피벗 테이블을 생성하세요.
월 기준 그룹화
행(분류)
열(담당 호스트)
필터(담당 MD)
값: 매출금액

활용도

● 실습예제 : 교육참여_트렌드패턴분석.xlsx, NanumSquareR.ttf
● 완성예제 : 2025_교육데이터_트렌드_패턴_분석.docx

02 데이터 트렌드와 패턴 파악하기
ChatGPT

① ChatGPT를 활용해 데이터의 트렌드나 패턴을 분석해 보겠습니다. ❶ 먼저 [ChatGPT] 채팅 창에 파일을 첨부하고 ❷ **이 데이터에서 월별 교육 참여 인원 수가 증가하고 있는지 추세를 분석해줘.**를 입력한 후 Enter 를 누릅니다.

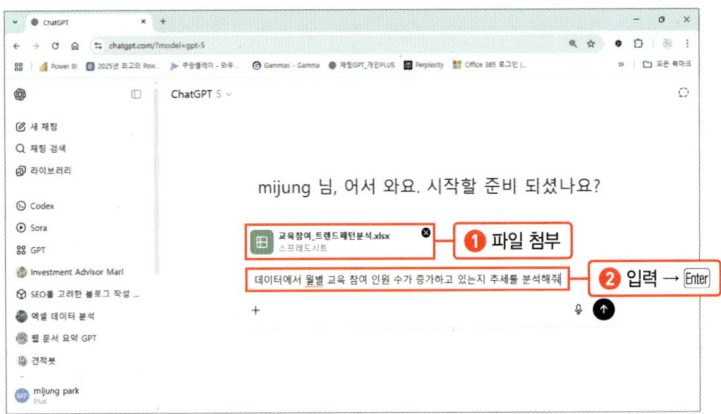

② 분석 결과는 차트와 함께 출력되는데, 월별로 교육 참여 인원이 어떻게 변화하고 있는지 시각적으로 확인할 수 있어요.

> **분석 결과**
>
> - **기울기(slope): 0.55**
>   → 월이 지날수록 교육 참여자가 소폭 증가하는 경향
> - **상관계수(R): 0.16**
>   → 증가 경향은 있지만 상관성이 약함
> - **결정계수(R^2): 0.026**
>   → 월 변화가 참여자 수 변화를 설명하는 비율이 약 2.6%
> - **P-값: 0.618**
>   → 통계적으로 유의하지 않음 (일반적 기준인 0.05보다 큼)
>
> **결론**: 교육 참여 인원은 미세하게 증가하는 경향이 있으나, 통계적으로 유의미한 증가 추세는 아닙니다.

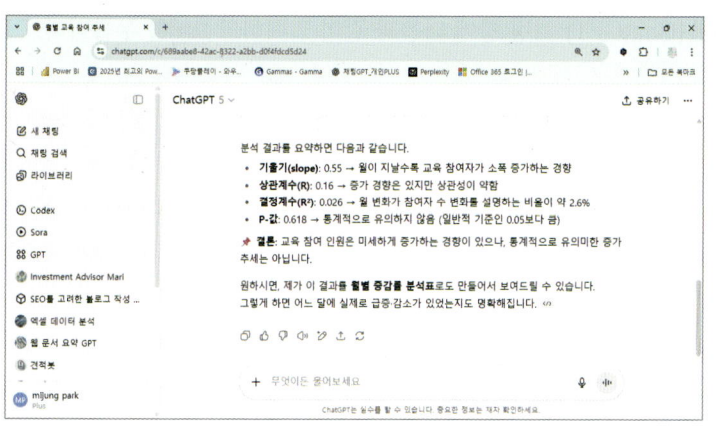

Tip 분석 결과는 항상 같은 방식으로 출력되지 않을 수 있으니 참고용 예시로만 활용해 주세요.

③ 차트에서 한글이 깨져 보일 경우 ❶~❷ 한글 글꼴 파일을 첨부한 후 다시 작성해 달라고 요청하세요.

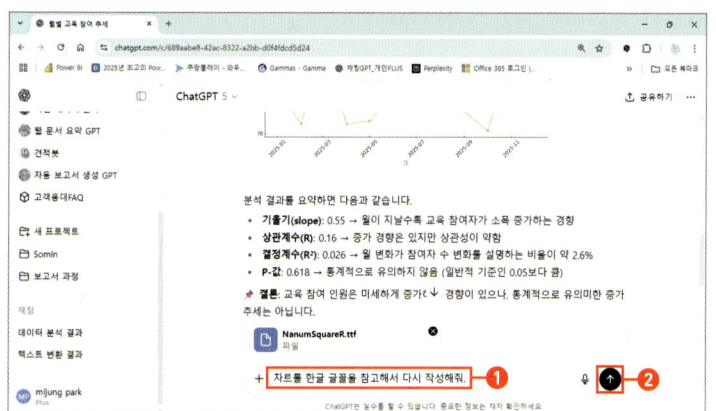

Tip 여기서는 한글 글꼴 파일로 Nanum SquareR.ttf를 첨부했습니다. 해당 파일은 부록 실습파일에서도 제공합니다.

④ 첨부한 한글 글꼴을 적용한 차트가 정상적으로 출력되는지 확인하세요. 텍스트가 깨지지 않고 읽기 쉽게 표시되어야 합니다.

⑤ 더 많은 인사이트를 얻기 위해 [ChatGPT] 채팅 창에 다음과 같이 입력하고 Enter를 누릅니다.

> **프롬프트**
>
> 다음은 업로드된 엑셀 파일에 대한 데이터 분석 요청이야.
> 목표: 2025년 교육 데이터의 트렌드와 패턴을 파악하는 것
> 분석 항목:
> - 월별 참여자 수 추세
> - 부서별 변화 패턴
> - 평균 점수 급변 시점
> - 점수 편차가 컸던 시기
> 이 기준에 따라 주요 인사이트를 도출해줘.

⑥ 입력한 추가 질문에 따라 분석 결과가 도출되었는지 확인합니다.

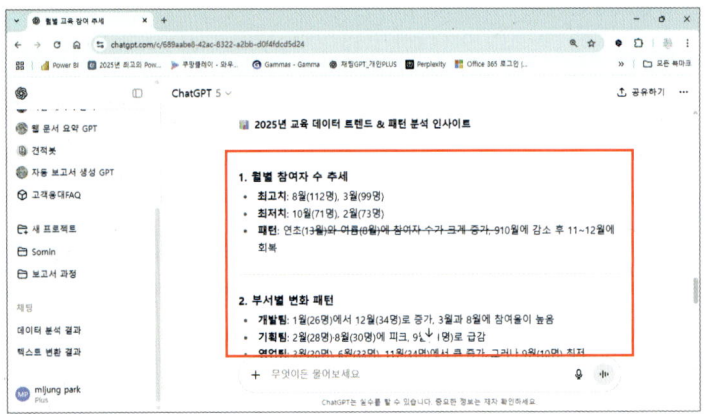

> **Tip**
>
> 이 보고서에 포함된 차트는 ChatGPT가 생성한 파이썬(Python) 코드 기반 이미지입니다. 따라서 엑셀의 데이터와 직접 연동되지 않으며 데이터가 바뀌어도 자동으로 업데이트되지 않습니다. 실시간 데이터 기반의 차트가 필요하다면 엑셀의 코파일럿(Copilot) 기능 또는 엑셀의 차트 도구를 사용해 직접 생성하세요.

⑦ [ChatGPT] 채팅 창에 **추가 제안된 내용으로 상세 차트를 추가해 DOCX문서로 저장해줘**라고 입력한 후 Enter를 누릅니다.

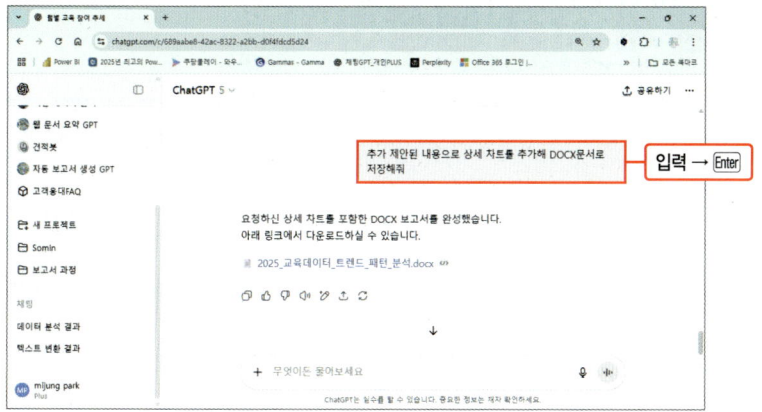

⑧ 작성된 결과 파일을 다운로드하여 확인하는데, 내용이 부족하거나 원하는 형태가 아니면 [ChatGPT] 채팅 창에 추가 질문을 입력해 보완할 수 있어요. 예를 들어 **보고서에 분석된 텍스트 내용도 포함해서 보고서를 작성해줘.**와 같이 요청하면 **2025_교육데이터_트렌드_패턴_분석.docx**처럼 보고서 파일을 완성해 줍니다.

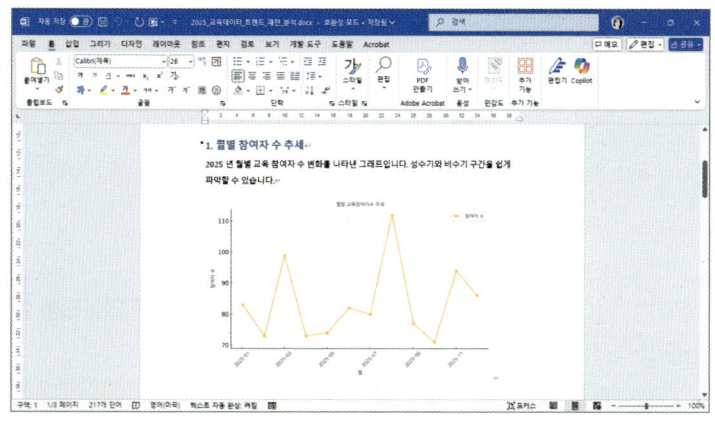

> **Tip**
> ChatGPT가 생성해 주는 파일 이름은 매번 달라질 수 있습니다. 추가 질문을 통해 문서가 재작성될 경우 새로운 이름으로 저장되는 점도 참고하세요.

161

활용도 ■■■□□

● 실습예제 : 외식소비패턴_통계.xlsx
● 완성예제 : 외식소비패턴_통계_분석포함.xlsx

03 자동으로 데이터 요약하고 주요 통계 지표 생성하기

① ❶ [ChatGPT] 채팅 창에 **외식소비패턴_통계.xlsx**를 첨부한 후 ❷ 다음과 같이 입력하고 Enter 를 누르세요.

> **프롬프트**
>
> 이 데이터에서 소비건수합계에 대한 요약 통계표를 작성해줘. 거주지_광역시도별로 평균, 최댓값, 최솟값, 중앙값, 표준편차를 포함해서 정리해줘.

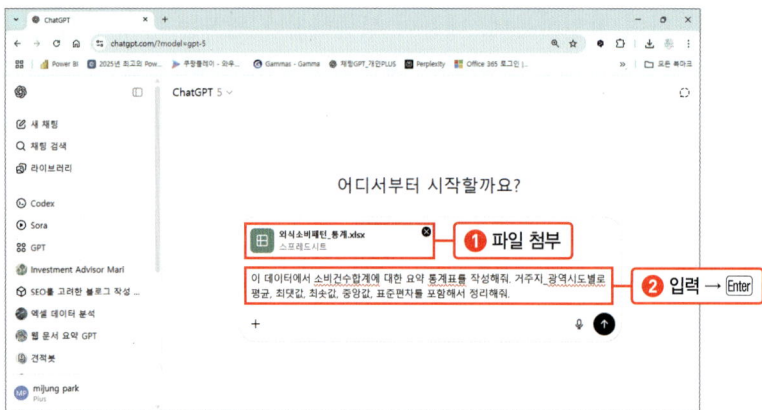

② ❶ 데이터에 대한 통계표가 작성되면 ❷ [ChatGPT] 채팅 창에 **이 요약 통계값을 이용해 데이터를 설명해줘**라고 추가 질문을 입력한 후 Enter 를 누릅니다.

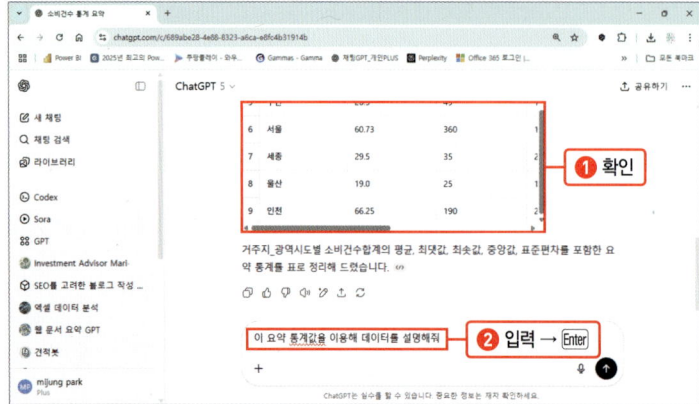

③ 입력한 질문에 따라 요약 통계값에 대한 해설이 추가되었는지 확인합니다.

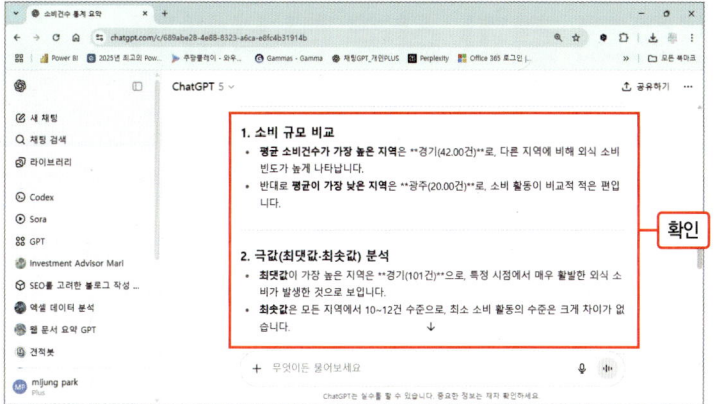

④ 생성된 내용을 현재 첨부된 파일에 새 시트를 추가하여 정리합니다.

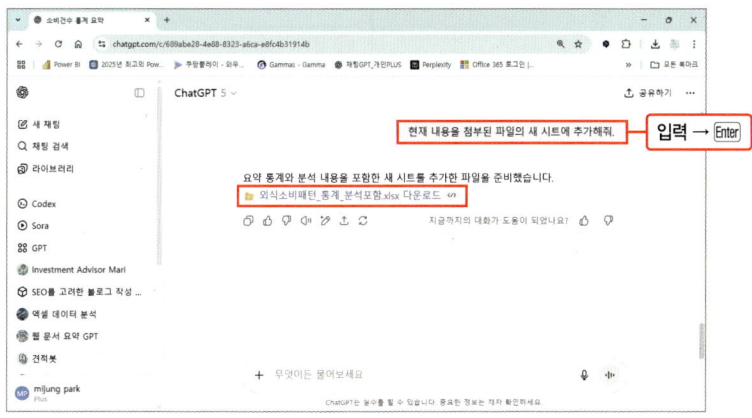

⑤ 생성된 파일을 다운로드하여 내용을 확인합니다.

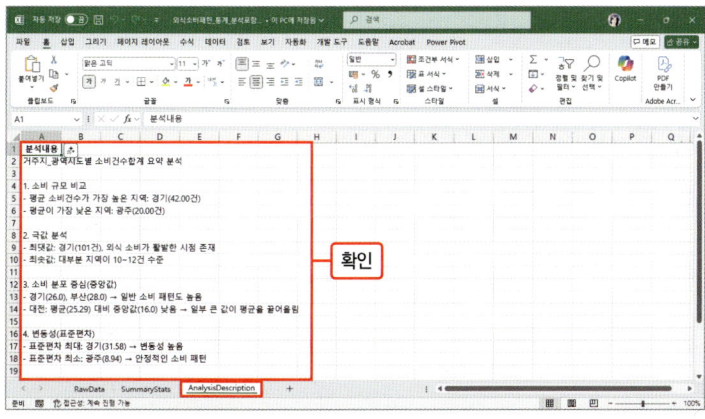

● 실습예제 : 외식소비패턴_분석.xlsx
● 완성예제 : 외식소비패턴_분석_완성.xlsx

활용도 ■■■□□

04 파이썬으로 결과 심층 분석하기

① ❶ [홈] 탭-[Copilot]을 클릭합니다. ❷ 화면의 오른쪽에 [Copilot] 채팅 창이 열리면 **[자동 저장 켜기]**를 클릭한 후 ❸ **[Python을 사용하여 심층 분석 결과 가져오기]**를 선택하고 Enter 를 누르세요.

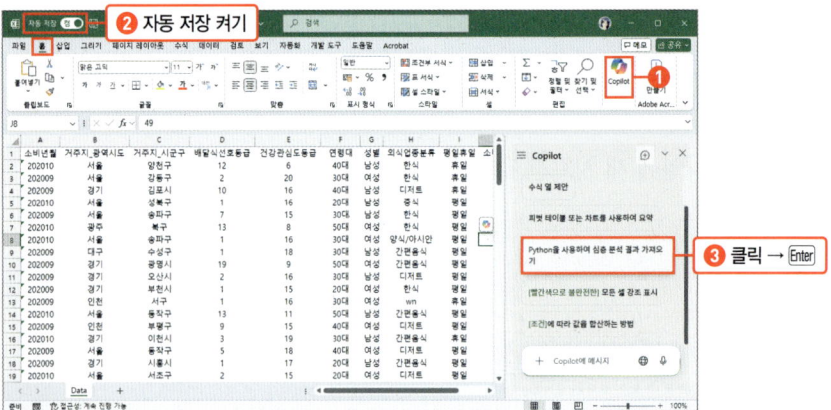

> **Tip**
> '외식소비패턴_분석.xlsx'를 OneDrive에 업로드한 후 [Copilot] 채팅 창을 열어도 됩니다. 원하는 예제가 없는 경우 미리 제공된 더 많은 프롬프트 예제를 반복 실행하여 선택해 보세요.

② [Copilot] 채팅 창에서 시작할 준비가 되었는지 물으면 **[시작]**을 클릭합니다.

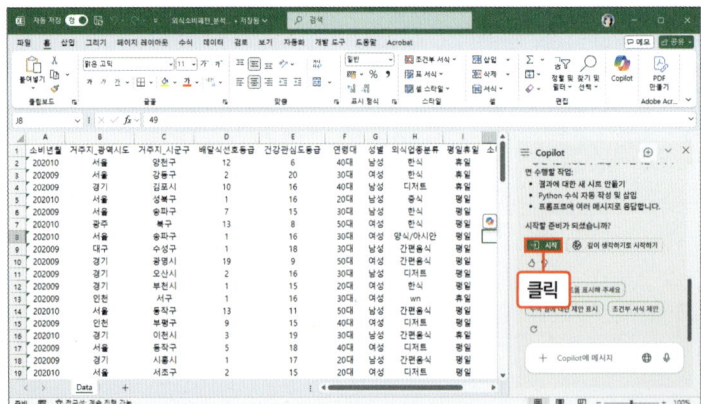

164

③ ❶ [분석1] 시트에서 ❷ 삽입된 결과를 확인하세요.

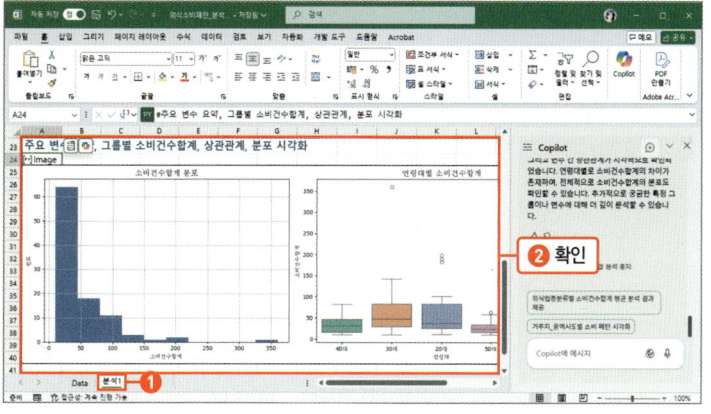

> **잠깐만요!**
>
> ### 데이터를 분석해 빠르게 인사이트 대시보드 작성하기
>
> [Copilot] 채팅 창에서 [그리드에 모든 인사이트를 추가하세요]를 선택하면 데이터를 기반으로 코파일럿이 자동으로 분석한 후 주요 통계와 패턴을 시각화한 차트들을 새 시트에 배치합니다. 이 기능을 활용하면 BI 형식의 인사이트 대시보드를 손쉽게 생성할 수 있어요. 혹시 질문이 보이지 않는다면 [데이터 인사이트를 추가해 주세요]라고 질문하고 생성된 결과를 확인한 후 다시 작성해 보세요.
>
>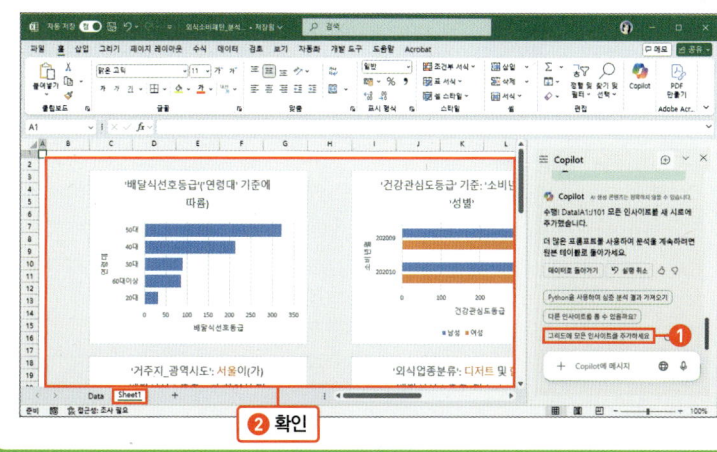

SECTION

11

생성형 AI로 데이터 시각화 및 차트 작성하기

이번 섹션에서는 생성형 AI를 활용하여 데이터를 직관적이고 이해하기 쉽게 시각화하는 방법을 학습하면서 차트 자동 생성, 시각적 요소 조정, 시트별 요약 등 복잡한 데이터를 빠르게 차트로 변환하고 해석하는 실습을 진행해 보겠습니다. ChatGPT와 코파일럿을 활용해 효율적이고 깔끔한 시각화 자료를 직접 생성해 보면서 보고서와 발표 자료의 완성도를 더욱 높일 수 있습니다.

활용도 ■■□

● 실습예제 : 마케팅_캠페인성과_차트.xlsx, NanumSquareR.ttf
● 완성예제 : 마케팅_캠페인성과_차트_완성.xlsx

01 데이터에 적합한 차트 유형 추천받기
ChatGPT

① 데이터의 정확한 의미를 전달하기 위해 ChatGPT에게 시각화 제안을 요청할 수 있습니다. [Sheet1] 시트에서 복사할 데이터 범위 **[A3:F8]**을 선택하고 Ctrl+C를 눌러 복사합니다.

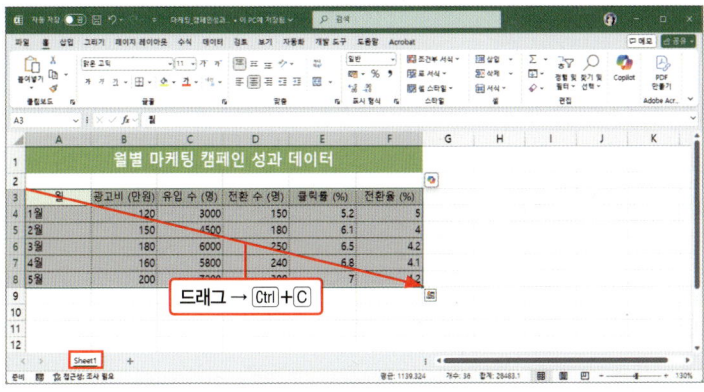

② ❶ **ChatGPT 사이트**(www.chatgpt.com)에 접속한 후 ❷ 복사한 데이터를 [ChatGPT] 채팅 창에 Ctrl+V를 눌러 붙여넣으세요. 그러면 데이터가 이미지 형태로 첨부되면서 내용도 함께 복사됩니다. ❸ 시각화를 통해 무엇을 분석할지 모르면 [ChatGPT] 채팅 창에 다음과 같이 입력하고 Enter를 누릅니다.

> **프롬프트**
>
> 이 표 데이터를 기반으로 분석할 수 있는 목적 3가지를 제안해줘.
> 그리고 각각에 대해 적합한 차트 유형도 알려줘.

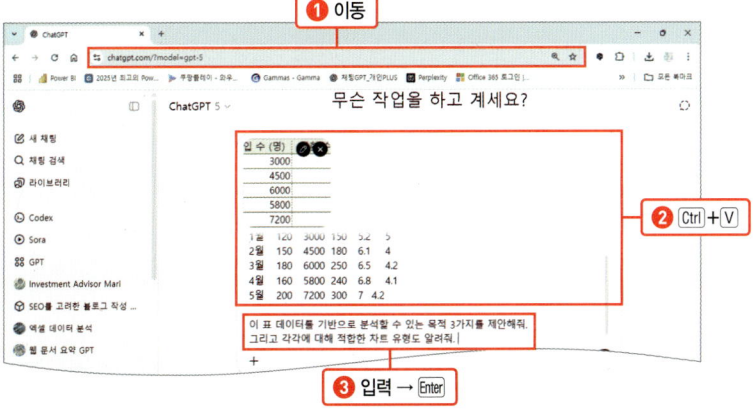

3 표에 대한 분석과 제안 결과가 표시됩니다.

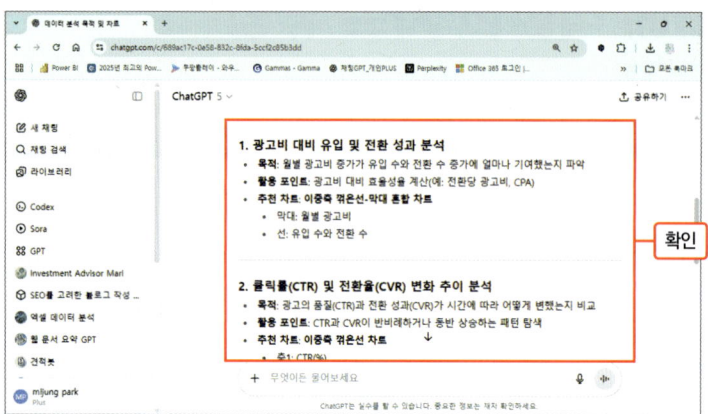

4 답변받은 추천 차트 중 '1. 광고 투자 대비 전환 성과 분석'을 이중 축 꺾은선형 그래프로 작성해 볼게요. ❶ [ChatGPT] 채팅 창에 다음과 같이 입력하고 Enter를 눌러 ❷ 차트를 작성합니다.

> **프롬프트**
>
> 제안해 준 '1. 광고 투자 대비 전환 성과 분석'에 대한 차트 이미지를 작성해줘

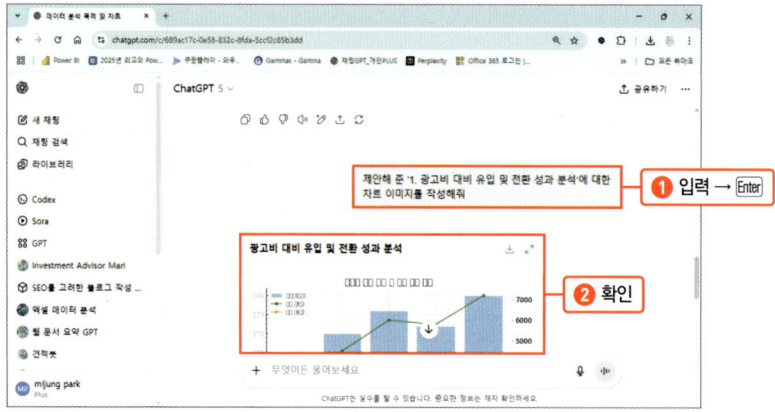

> **Tip**
>
> 제안 결과가 다르게 생성될 수 있다는 것을 기억하고 원하는 자료 분석에 대한 차트 이미지를 작성해 보세요.

⑤ ❶ 차트에서 한글이 깨져 보이면 ❷ 한글 글꼴 파일을 첨부한 후 Enter를 누릅니다.

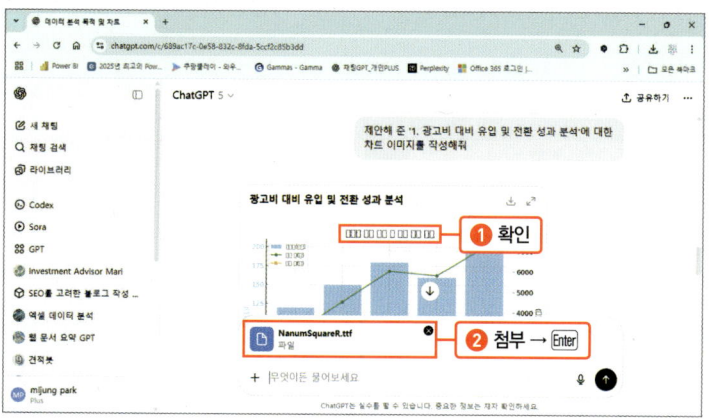

> **Tip**
> 여기서는 한글 글꼴 파일로 NanumSquareR.ttf를 첨부했는데, 이 파일은 부록 실습파일에서도 제공합니다. 한글 글꼴을 첨부하는 방법은 159쪽을 참고하세요.

⑥ 원하는 이미지가 출력될 때까지 [ChatGPT] 채팅 창에 추가 질문을 계속 입력하여 완성해 보세요. 제목 크기, 꺾은선형 그래프의 선 종류 및 색상 등을 추가로 반영해 달라고 요청할 수 있습니다.

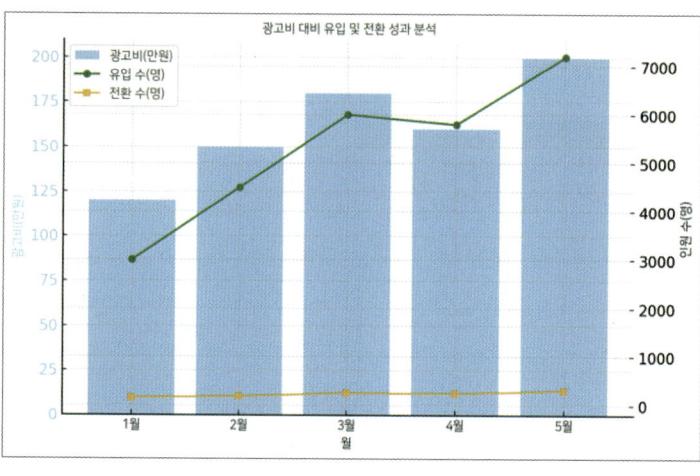

7 제안된 이미지를 바탕으로 엑셀에서 차트를 생성해 볼게요. **❶~❷** [Ctrl]을 이용해 '월', '광고비 (만 원)', '전환 수 (명)' 항목의 데이터 범위 **[A3:B8], [D3:D8]**을 선택한 후 **❸ [삽입] 탭-[차트] 그룹-[콤보 차트 삽입]**을 클릭합니다.

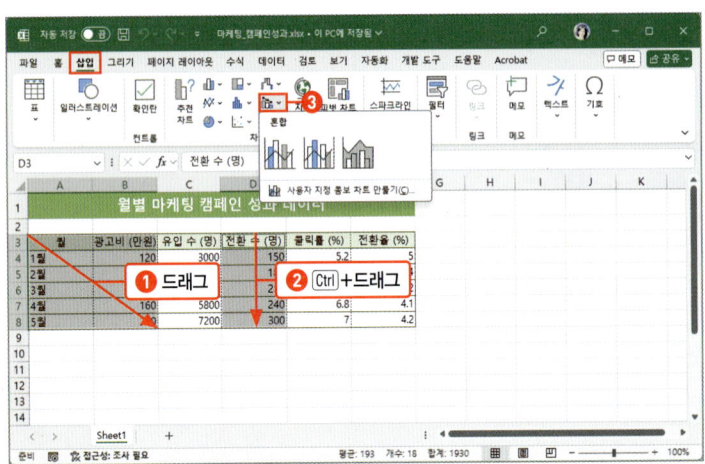

> **Tip**
> [Ctrl]을 누른 상태에서 차례대로 데이터를 선택하면 여러 데이터 범위를 한꺼번에 선택할 수 있습니다.

8 **❶** 콤보 차트가 삽입되면 보조 축을 추가하기 위해 **❷ [차트 디자인] 탭-[종류] 그룹-[차트 종류 변경]**을 클릭하세요.

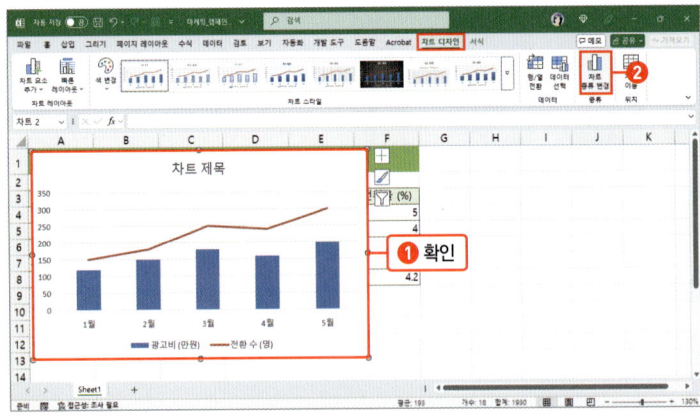

⑨ ❶ [차트 종류 변경] 대화상자가 열리면 '전환 수 (명)' 계열의 '보조 축'에 체크 표시한 후 ❷ [확인]을 클릭하세요.

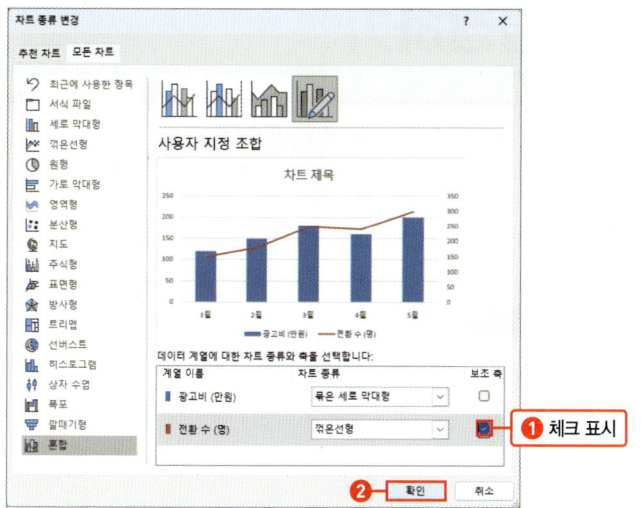

⑩ ❶ 차트 제목에 **광고비 대비 전환 수 추이 분석**을 입력하고 ❷ 차트 디자인과 축 서식에서 최솟값을 '140'으로 변경해 보세요. ❸ '[전환 수 (명)]' 계열의 선 스타일과 표식도 설정하여 차트를 완성합니다.

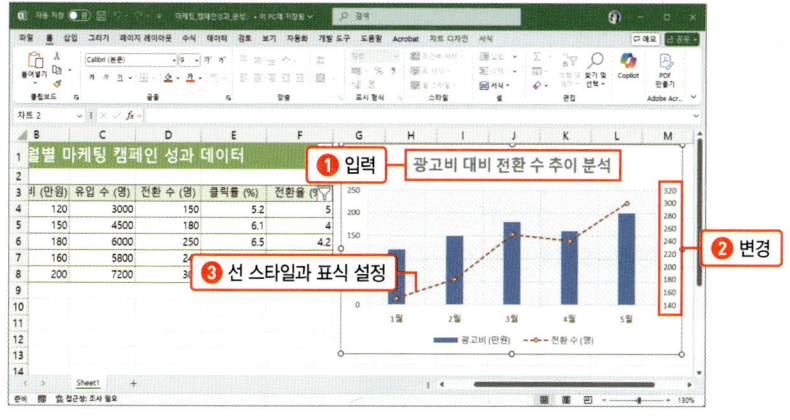

● 실습예제 : 광고성과분석_차트.xlsx
● 완성예제 : 광고성과분석_차트_완성.xlsx

활용도 ■■■□

02 자연어로 차트 만들고 사용자 맞춤 설정하기

① [Sheet1] 시트에서 ❶ **[홈] 탭-[Copilot]**을 클릭합니다. ❷ [Copilot] 채팅 창이 열리면 **[자동 저장 켜기]**를 클릭합니다.

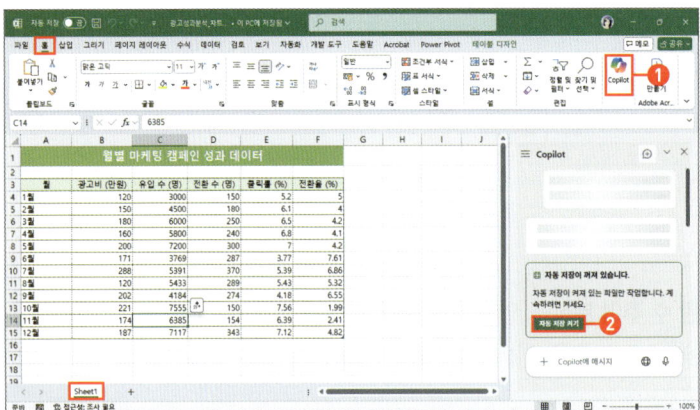

> **Tip**
> 일반적인 데이터 범위에서도 차트를 작성하거나 분석할 수 있지만, 표 형식으로 변환한 후 코파일럿에 질문하는 것이 훨씬 유리합니다.

② ❶ [Copilot] 채팅 창에 **클릭률과 전환율에 대한 관계를 분석하는 차트를 작성해줘.**라고 입력한 후 ❷ **[보내기]**(▶)를 클릭하거나 Enter 를 누르세요.

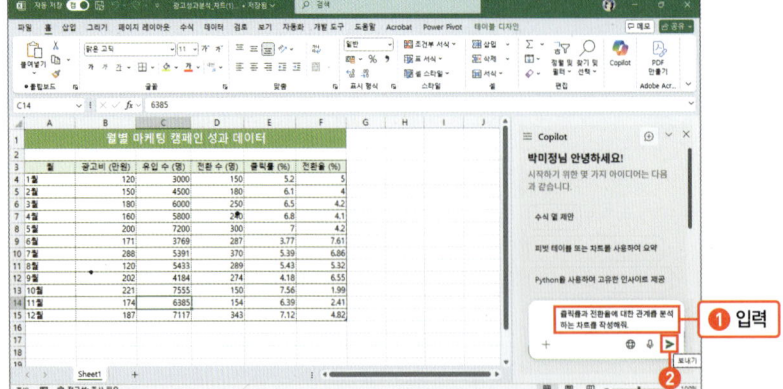

③ ❶ [Copilot] 채팅 창에 차트가 생성되면 ❷ [+ 시트에 추가]를 클릭하세요.

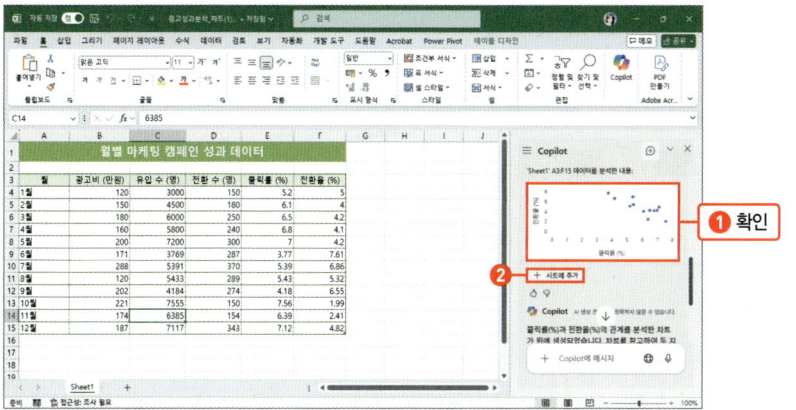

④ 차트가 삽입되면 ❶ 차트 제목 **클릭률과 전환율의 상관관계**를 입력하고 ❷ [차트 디자인] 탭-[차트 스타일] 그룹-[스타일 7]을 선택해 차트를 꾸며보세요.

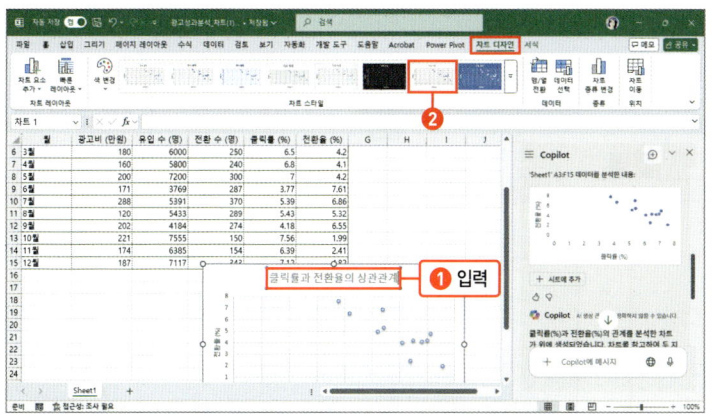

> **Tip**
> 코파일럿에 자연어로 차트를 생성해 달라고 요청할 수는 있지만, 생성된 차트에 서식 변경이나 차트 종류, 추가 요소 적용은 아직 직접 지원되지 않습니다. 따라서 코파일럿에 차트 요소 편집 방법을 질문하여 적용해야 합니다.

5 ❶ 차트의 크기와 위치를 조절합니다. ❷ 이번에는 새 차트를 작성하기 위해 [Copilot] 채팅 창에 **월별 광고비에 대한 인사이트를 얻을 수 있는 차트 작성**을 입력하고 ❸ [**보내기**](▶)를 클릭하거나 Enter 를 누르세요.

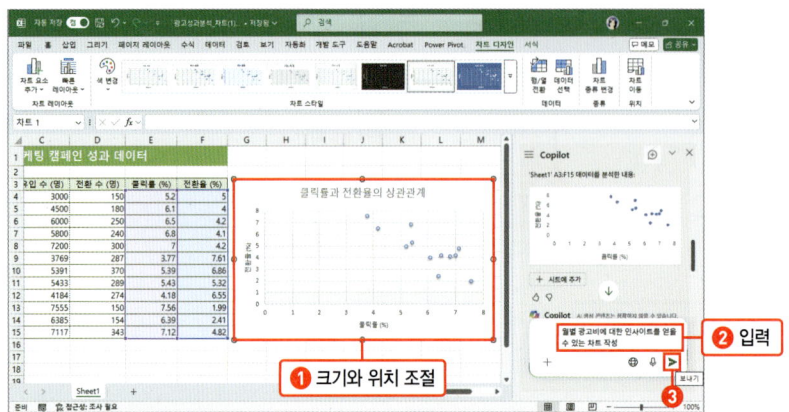

6 ❶ [Copilot] 채팅 창에 차트가 생성되면 ❷ [**+ 새 시트에 추가**]를 클릭해 워크시트에 삽입한 후 ❸~❺ 제목과 차트 스타일을 적용해 완성합니다.

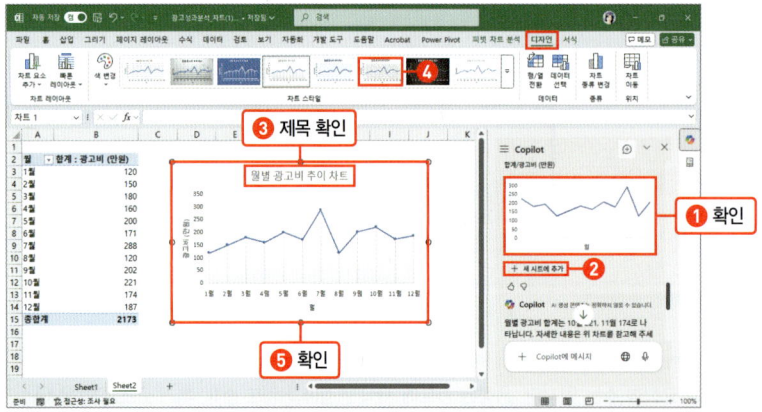

> **Tip**
> [Copilot] 채팅 창에 분석을 요구하면 피벗 테이블로 요약한 결과를 기반으로 피벗 차트를 생성해 줍니다.

● 실습예제 : 광고성과분석_조건부서식.xlsx
● 완성예제 : 광고성과분석_조건부서식_완성.xlsx

활용도 ■■■

03 조건부 서식 규칙 만들고 적용하기

① [Sheet1] 시트에서 ❶ [홈] 탭-[Copilot]을 클릭합니다. ❷ 화면의 오른쪽에 [Copilot] 채팅 창이 열리면 [자동 저장 켜기]를 클릭하여 OneDrive에 추가하고 ❸ [Copilot] 채팅 창에 다음과 같이 입력한 후 Enter를 누릅니다.

> 프롬프트
> '전환율 (%)'가 6이상인 셀에 배경색을 노랑색으로 지정해줘

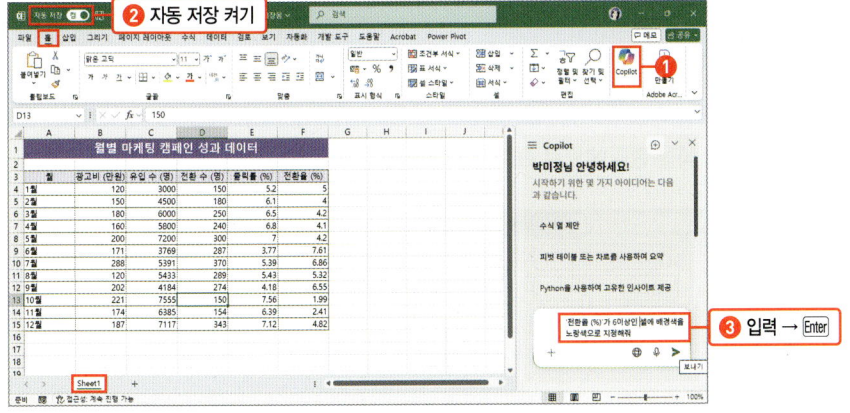

② ❶ [Copilot] 채팅 창에 조건부 서식 규칙이 만들어지면 데이터에 적용하기 위해 ❷ [적용]을 클릭하세요.

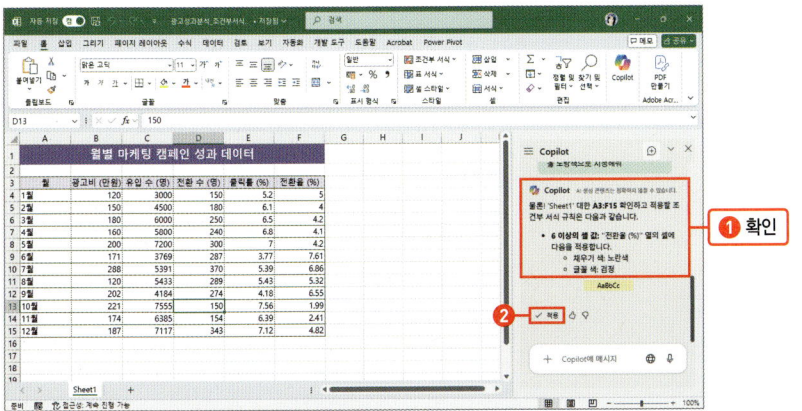

175

③ '전환율 (%)' 필드에 조건부 서식이 적용되었는지 확인합니다.

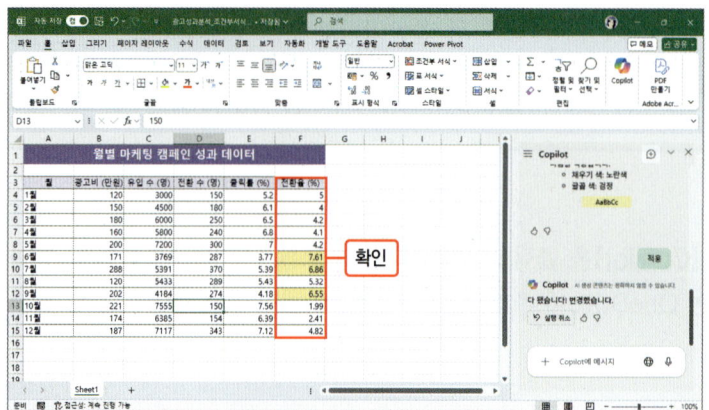

> **Tip**
> 이 책에서 알려주는 프롬프트를 똑같이 사용해도 항상 원하는 결과가 나오지 않을 수 있습니다. 이 경우에는 [새 대화 만들기]를 클릭해 새 채팅으로 다시 시도해 보세요.

④ 이번에는 '광고비 (만원)' 열에 조건부 서식을 지정해 볼게요. [Copilot] 채팅 창에 **'광고비 (만원)'열에서 평균을 초과하는 셀의 글꼴 색을 빨강색으로 표시해줘.**를 입력한 후 Enter를 클릭합니다.

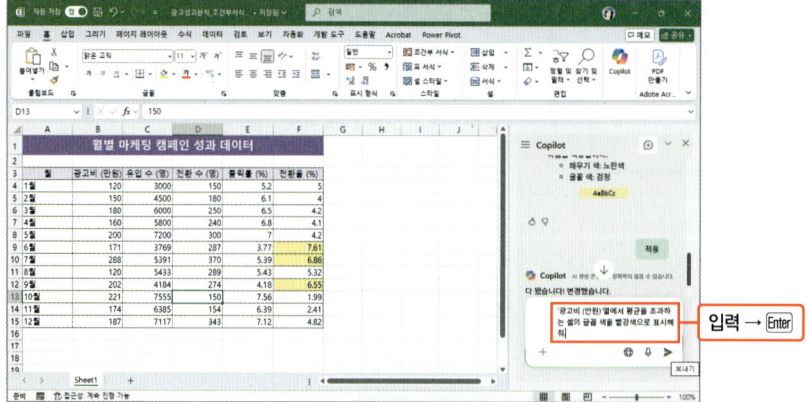

5 ❶ 조건부 서식에 대한 새 규칙이 만들어지면 데이터를 적용하기 위해 ❷ [Copilot] 채팅 창에서 [적용]을 클릭하세요.

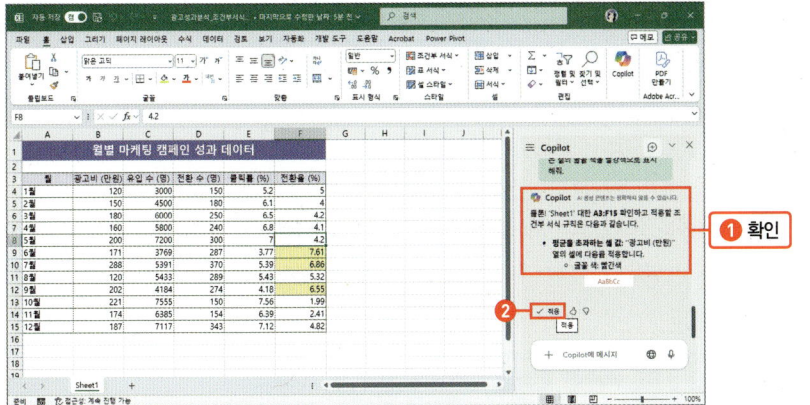

6 '광고비(만원)' 열에 조건부 서식이 적용되었는지 확인합니다.

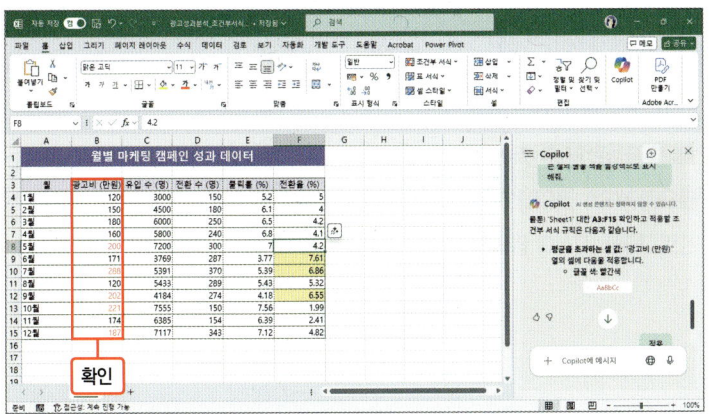

> Tip
> 코파일럿은 아직 여러 열을 기준으로 하거나 수식을 사용해야 하는 조건부 서식은 지원하지 않습니다. 이런 경우에는 조건부 서식의 사용 방법을 먼저 질문한 후 직접 적용하거나 코파일럿에서 VBA 코드를 받아 문서에 적용할 수 있습니다.

SECTION

12

VBA 및 매크로 작업 지원받기

반복적이고 정형화된 엑셀 작업을 이제는 ChatGPT나 코파일럿 같은 AI 도구를 활용해 손쉽게 자동화할 수 있어요. 작업의 목적만 간단히 설명하면 필요한 VBA 코드나 매크로를 바로 생성해 주므로 복잡한 프로그래밍 지식이 없어도 업무 효율을 크게 높일 수 있습니다.

활용도 ■■□

01 ChatGPT로 VBA 코드 작성하고 설명하기

● 실습예제 : 사원근무.xlsx
● 완성예제 : 사원근무_완성.xlsm

① ChatGPT에 VBA 코드를 정확하게 요청하려면 데이터 구조와 원하는 결과를 구체적으로 설명하는 프롬프트를 작성하는 것이 좋아요. ❶ **ChatGPT 사이트**(www.chatgpt.com)에 접속한 후 ❷ [ChatGPT] 채팅 창에 다음과 같이 입력하고 Enter를 누릅니다.

> **프롬프트**
>
> 다음과 같은 구조의 사원 정보가 엑셀 데이터로 작성되어 있어.
> 필드는 사원ID, 부서, 이름, 근속연수, 기본급, 상여금, 실적점수, 입사일 순으로 입력되어 있고 데이터는 A2부터 시작해. 헤더는 A1~H1에 있어.
>
> 이 데이터를 바탕으로 다음 작업을 수행하는 VBA 코드를 작성해줘.
> - 각 사원의 상여금이 기본급의 25% 이상이면 해당 행의 배경색을 노란색으로 설정
> - 데이터는 추가될 수 있어.

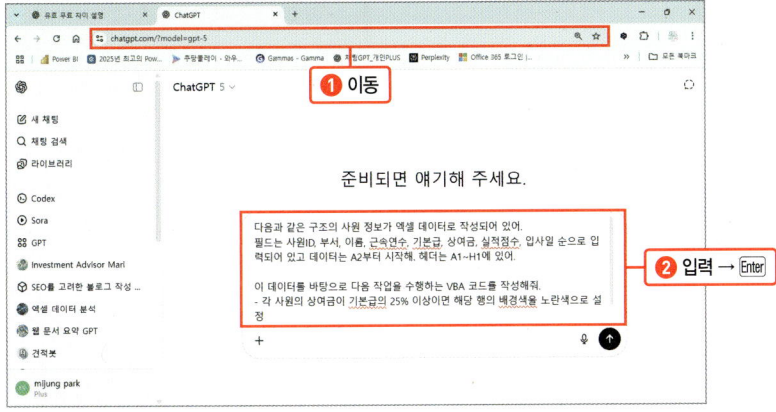

> **Tip**
>
> 정확한 VBA 코드를 받으려면 데이터를 첨부하는 것이 가장 좋습니다. 하지만 중요한 정보가 포함된 경우에는 데이터 구조와 조건, 결과 시트명 등을 자세히 설명해야 원하는 코드를 받을 수 있습니다.

2 ❶ 요청한 엑셀 VBA 코드가 생성되면 ❷ 코드 창의 **[복사]**를 클릭해 복사합니다.

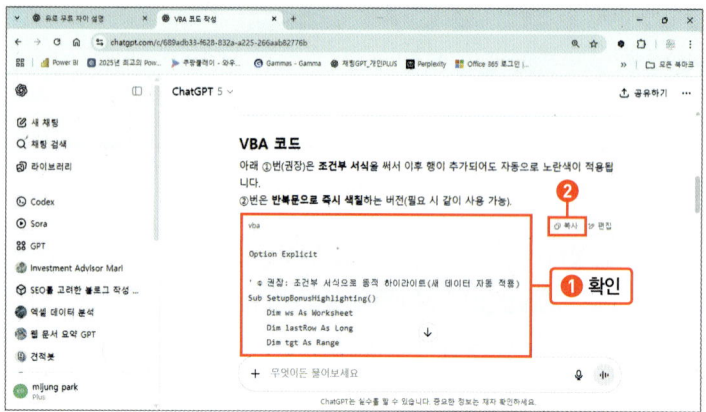

3 ❶ '사원근무.xlsx'를 열고 ❷ **[개발 도구] 탭-[코드] 그룹-[Visual Basic]**을 클릭하거나 Alt + F11 을 누릅니다.

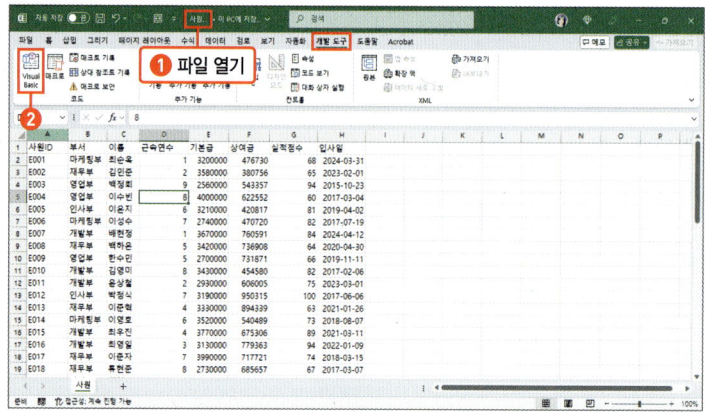

잠깐만요!

리본 메뉴에 [개발 도구] 탭 추가하기

엑셀을 설치하면 리본 메뉴에 기본적으로 [개발 도구] 탭은 표시되지 않습니다. 매크로나 VBA를 사용하려면 반드시 [개발 도구] 탭이 필요하므로 다음의 방법으로 빠르게 추가하세요.

❶ 제목 표시줄의 빠른 실행 도구 모음에서 마우스 오른쪽 단추를 클릭한 후 [리본 메뉴 사용자 지정]을 선택합니다.

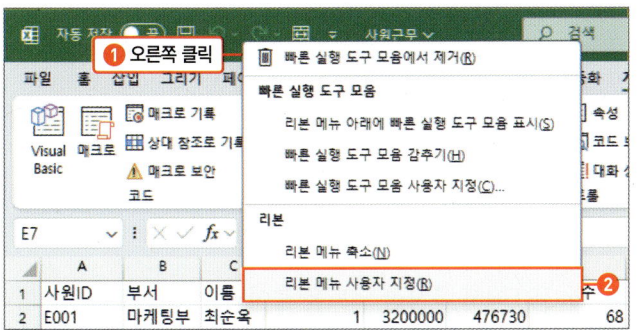

❷ [Excel 옵션] 창의 [리본 사용자 지정] 범주가 열리면 '리본 메뉴 사용자 지정'의 [개발 도구]에 체크 표시하고 [확인]을 클릭합니다.

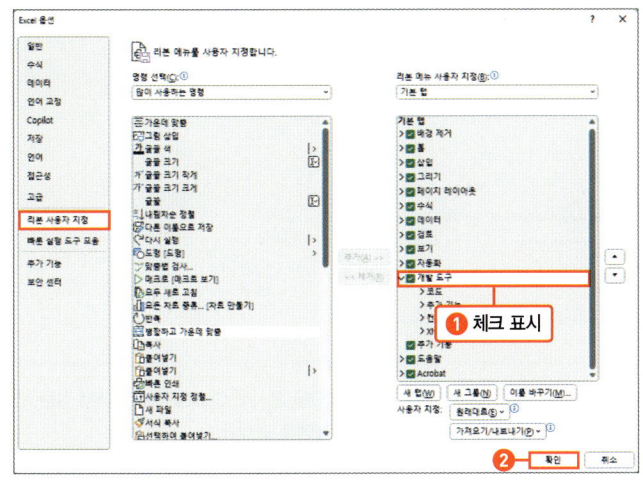

④ 매크로를 삽입하려면 모듈이 필요합니다. VBE(Visual Basic Editor) 창이 열리면 **[삽입] 탭-[모듈]**을 선택하세요.

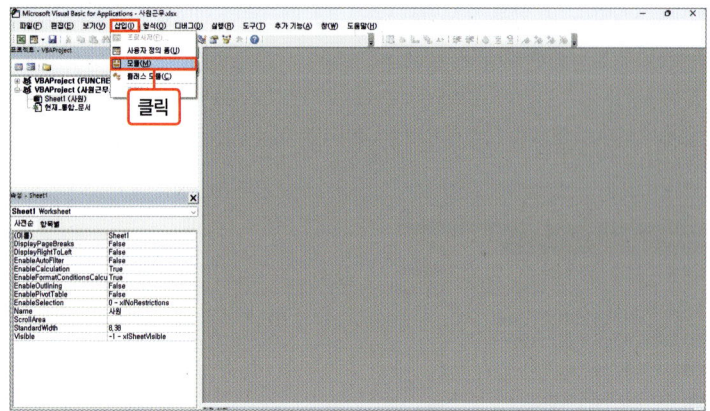

⑤ 모듈이 삽입되면 Ctrl+V를 눌러 ChatGPT에서 복사한 코드를 붙여넣습니다. 코드를 실행하려면 F5를 누르거나 [표준] 도구 모음에서 [Sub/사용자 정의 폼 실행] 도구(▶)를 클릭하세요.

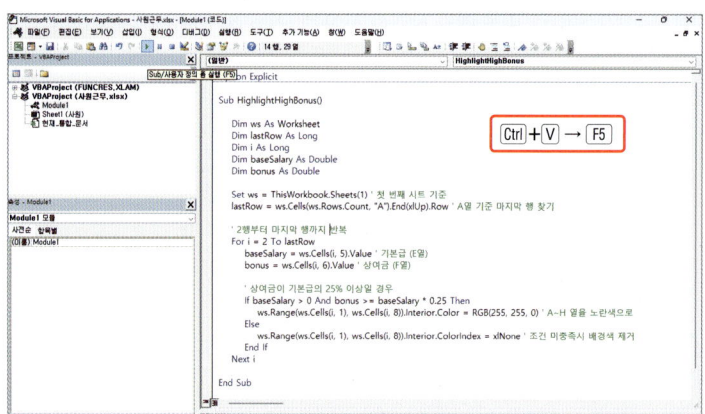

> **Tip**
> 실행 중 오류가 발생하면 문제가 있는 코드줄이 노란색으로 표시됩니다. 이때 해당 코드를 복사해 ChatGPT에게 다시 질문하면 새 VBA 코드를 받을 수 있어요. 오류가 없을 때까지 코드를 수정하고 다시 붙여넣어 실행해 보세요.

잠깐만요!

매크로가 포함된 문서로 저장하기

매크로를 사용하려면 파일을 .xlsx가 아닌 .xlsm 형식으로 저장해야 합니다. 저장한 파일을 열면 수식 입력줄 위에 [보안 경고] 표시줄이 나타나는데, [콘텐츠 사용]을 클릭해야 매크로가 제대로 실행됩니다.

6 작성된 코드는 초보자가 이해하기 어려울 수 있으므로 오류를 수정하거나 추가 질문을 하기 위해 코드 설명을 요청하는 것이 좋습니다. ❶ [ChatGPT] 채팅 창으로 이동해 ❷ **VBA코드에 대해 쉽게 설명을 추가해줘**라고 입력한 후 Enter를 누릅니다.

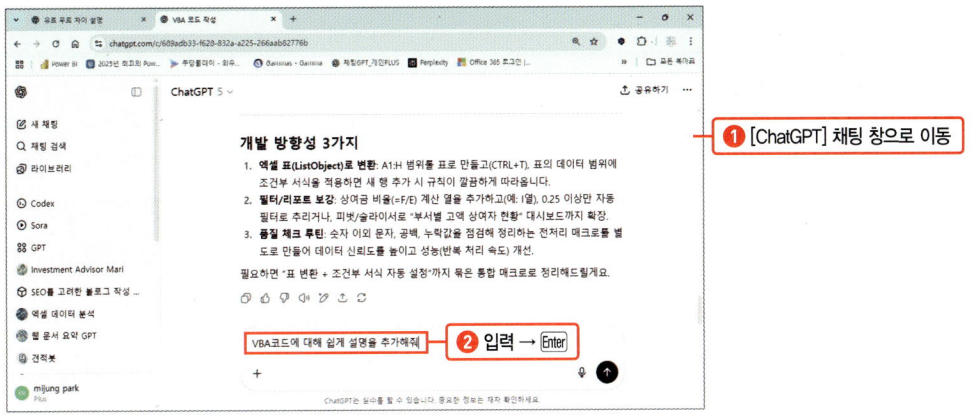

> **Tip**
> 처음 프롬프트를 입력할 때부터 코드에 설명을 함께 넣어달라고 요청할 수 있습니다.

7 코드에 추가된 설명을 통해 전체 코드 내용과 실행 과정을 이해해 보세요.

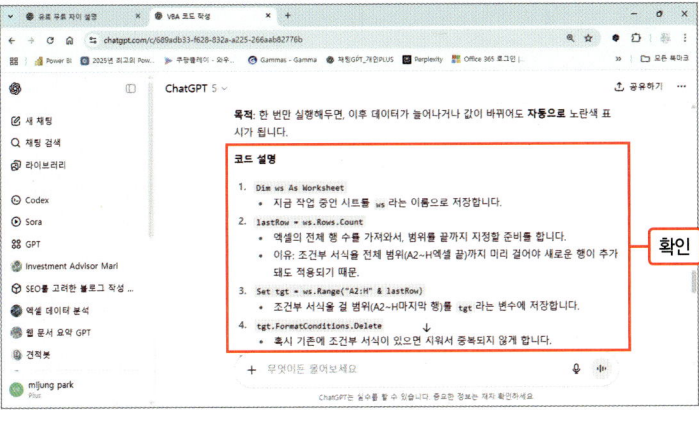

활용도 ■■■ ■■■

● 실습예제 : 매출현황.xlsm
● 완성예제 : 매출현황_완성.xlsm

02 반복 작업 위해 매크로 생성하고 적용하기

① 코파일럿에서 반복되는 월별 합계 보고서를 VBA 코드로 만들기 위해 [전체실적] 시트에서 ❶ **[홈] 탭-[Copilot]**을 클릭합니다. ❷ 화면의 오른쪽에 [Copilot] 채팅 창이 열리면 **[자동 저장 켜기]**를 클릭하여 OneDrive에 추가합니다. ❸ [Copilot] 채팅 창에 다음과 같이 입력한 후 Enter를 누르세요.

> **프롬프트**
>
> 매월 말에 전체실적시트의 데이터를 기준으로, 월별 매출 합계를 계산해서 Report 시트에 자동으로 정리하고, PDF로 저장해줘

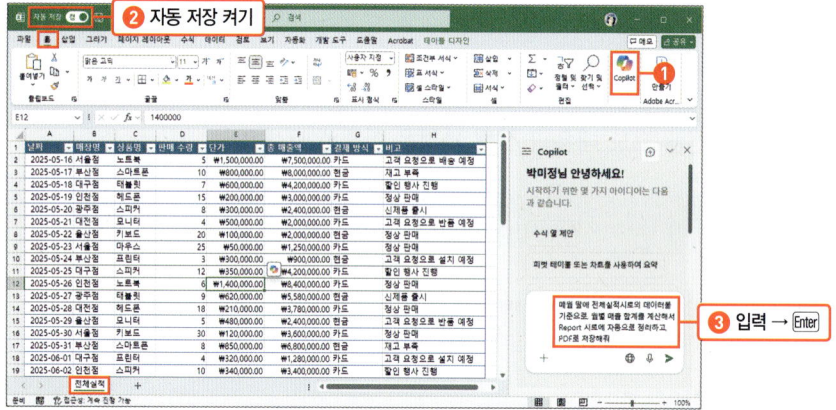

> **Tip**
>
> 매크로가 없는 문서라도 매크로를 작성해 테스트하려면 .xlsm 형식으로 저장해야 합니다. 문서를 OneDrive에 저장한 후 코파일럿에게 VBA 코드를 요청하세요.

② 코파일럿이 자동으로 VBA 코드를 생성해 줍니다. 만약 VBA 코드가 표시되지 않으면 ❶ [Copilot] 채팅 창에 **VBA코드로 작성해줘**라고 다시 입력하세요. ❷ 다시 생성된 코드를 드래그하여 선택한 후 Ctrl+C를 눌러 복사합니다.

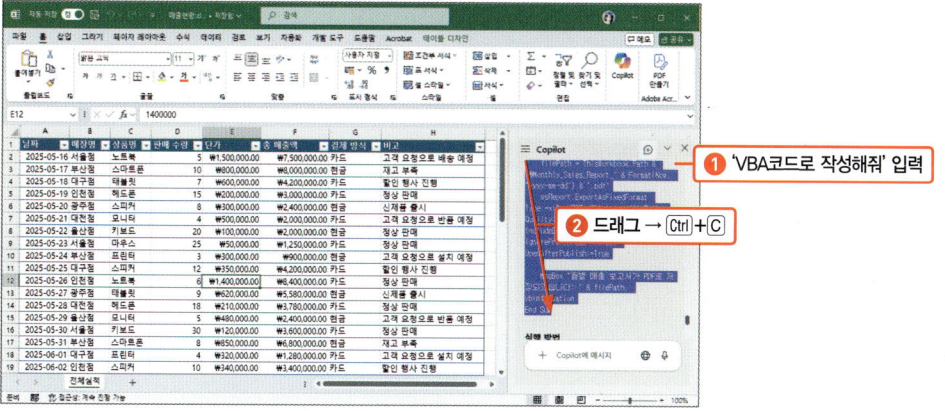

❶ 'VBA코드로 작성해줘' 입력
❷ 드래그 → Ctrl+C

Tip
하나의 매크로는 Sub~End Sub로 구성되어 있으므로 VBA 코드는 반드시 Sub부터 End Sub까지 전체를 복사해야 합니다.

③ ❶ Alt+F11을 눌러 VBE(Visual Basic Editor) 창을 열고 ❷ **[삽입]-[모듈]**을 선택합니다. ❸ 새 모듈 창이 열리면 모듈 창에서 Ctrl+V를 눌러 매크로 코드를 붙여넣습니다.

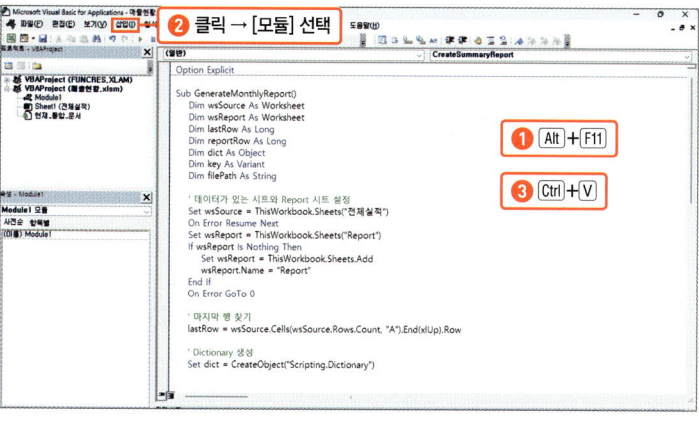

❷ 클릭 → [모듈] 선택
❶ Alt+F11
❸ Ctrl+V

④ ❶ 도형에 매크로를 연결하기 위해 [삽입] 탭-[일러스트레이션] 그룹-[도형]에서 ❷ '사각형'의 **사각형: 둥근 모서리**를 선택합니다. ❸ 사각형 도형이 삽입되면 도형 안에 **보고서 작성**을 입력해 매크로 실행용 단추를 만듭니다.

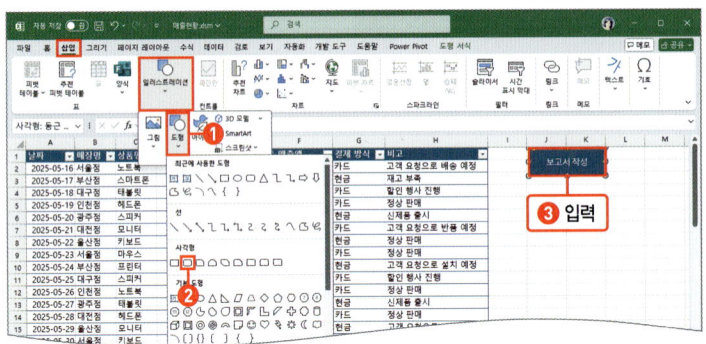

⑤ 도형을 마우스 오른쪽 단추로 클릭하고 [매크로 지정]을 선택합니다.

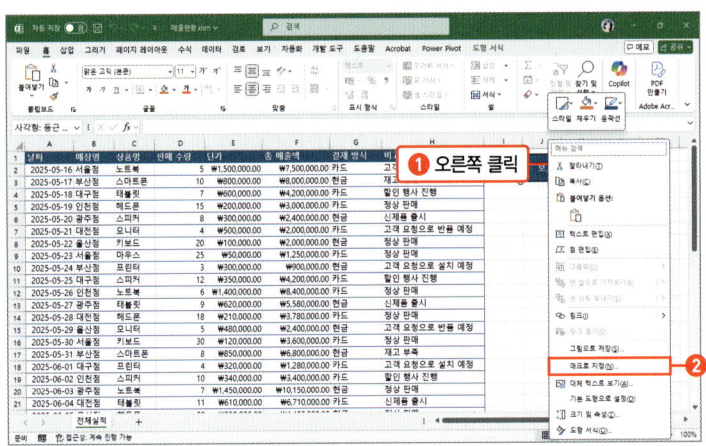

⑥ [매크로 지정] 창이 열리면 ❶ 실행할 매크로 이름을 선택한 후 ❷ [확인]을 클릭합니다.

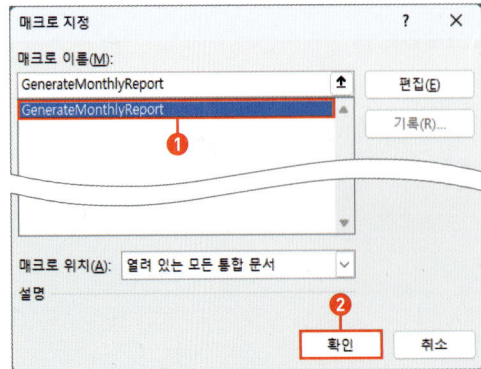

⑦ 매크로가 연결된 **[보고서 작성]** 단추를 클릭해 매크로를 실행합니다.

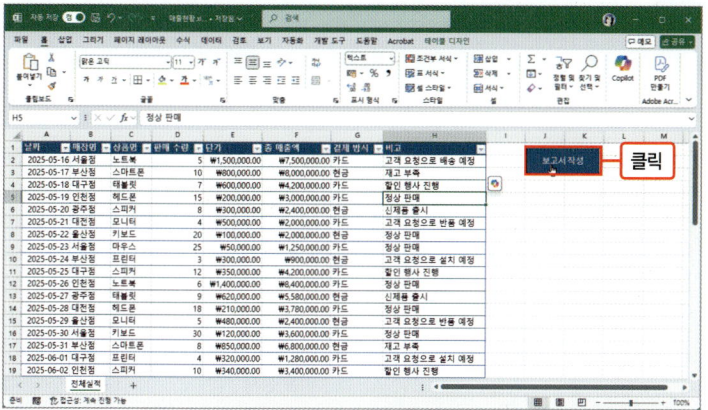

⑧ ❶ [Report] 시트가 추가되면서 ❷ 월별 요약 결과가 표시되고 공유 폴더(share-point)에 PDF 파일로 저장되었다는 메시지 창이 열리면 ❸ **[확인]**을 클릭하세요.

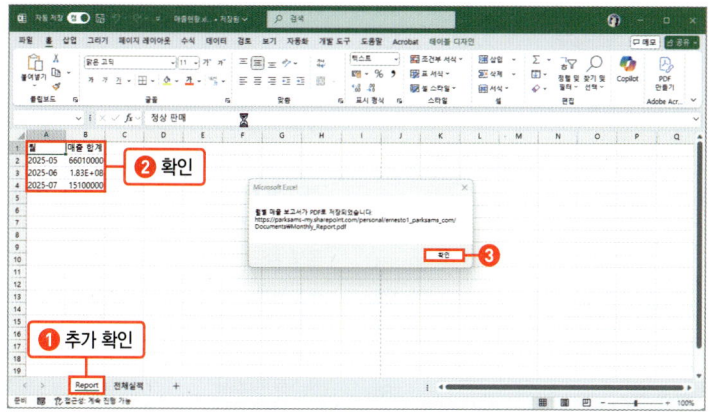

찾아보기

단축키

Alt + ;	29
Alt + F1	85
Alt + F11	185
Ctrl + A	15, 29, 75
Ctrl + H	26, 29
Ctrl + Shift + ↓	15
Ctrl + Shift + →	15
Ctrl + Shift + ;	29
Ctrl + Shift + _	30
Ctrl + Shift + Home	15
Ctrl + Shift + L	29
Ctrl + Shift + Spacebar	15
Ctrl + Spacebar	15
Ctrl + T	117, 135
Ctrl + Y	29
Shift + →/←/↓/↑	15
Shift + F3	53, 60, 75
Shift + Spacebar	15

영어

AND 조건	113
AVERAGE 함수	114
[ChatGPT] 채팅 창	158
[Copilot] 채팅 창	144
COUNT 함수	89
COUNTA 함수	55
COUNTIF 함수	55, 63
GetPivotData 함수	133
IF 함수	53, 145
IFERROR 함수	134
IFS 함수	58
INDEX 함수	75
LARGE 함수	75
LET 함수	152
MATCH 함수	75
OR 조건	111, 113
Python	164
RANK.EQ 함수	91
SQRT 함수	89
SUMIF 함수	55
SUMPRODUCT 함수	63
VBA 코드	179
VBE 창	182, 185
VLOOKUP 함수	60, 65, 69
XLOOKUP 함수	72

한글

ㄱ~ㅂ

[개발 도구] 탭	181
고급 필터	111, 114
[관계 관리] 대화상자	137
[관계 만들기] 대화상자	137
[그룹화] 대화상자	123
기타 표시 형식	41, 43, 45, 47
데이터 레이블	87
데이터 막대	98
[데이터 모델의 피벗 테이블] 대화상자	138
[데이터 원본 선택] 대화상자	82
리본 메뉴 사용자 지정	181
매크로	182, 184
머리글 포함	117, 135
바꾸기	22, 26
범례	82
보조 축	86
부분합	127

ㅅ~ㅈ

[사용자 지정 목록] 대화상자	106, 108
[사용자 지정] 범주	42
[사용자 지정 자동 필터] 대화상자	110
[상위 10 필터(업체명)] 대화상자	124
[새 서식 규칙] 대화상자	91, 95
[새 시트] 단추	138
색 기준 정렬	92
[서식 규칙 편집] 대화상자	99
서식 복사	49
선택 영역의 가운데로	33
[선택하여 붙여넣기] 대화상자	25
[셀 서식] 대화상자	32, 42
숫자 내림차순 정렬	125
쉼표 스타일	121, 125, 139
스파크라인	101, 103
[슬라이서 삽입] 대화상자	131
시작 문자	109
[오차 막대 사용자 지정] 대화상자	90
[음수 값 및 축 설정] 대화상자	99
[이동 옵션] 대화상자	18, 24
이름 상자	15
자동 저장 켜기	149
자동 채우기 핸들	54, 61, 73
[자세히] 단추	118, 126
[정렬] 대화상자	105, 107
[정렬 옵션] 대화상자	107
조건부 서식	91, 94, 175
[조건부 서식 규칙 관리자] 대화상자	99

ㅊ~ㅎ

[차트 요소] 단추	82, 87, 89
[차트 종류 변경] 대화상자	86, 171
[찾기 및 바꾸기] 대화상자	27, 29
찾기 및 선택	18, 26
[축 서식] 창	83, 87
콤보 차트	170
코파일럿	173
[테두리] 탭	36
텍스트 나누기	20
텍스트 마법사	21
파이썬	164
[표 만들기] 대화상자	117, 135
표식	102
표식이 있는 꺾은선형 차트	81
표 이름	66, 118, 136
피벗 테이블	120, 128
[피벗 테이블 이동] 대화상자	157
피벗 테이블 스타일	126
피벗 테이블 이름	130
[피벗 테이블 필드] 창	121, 128, 139
필터	109
[함수 인수] 대화상자	53, 63, 133
[혼합] 범주	86

'AI로 실무 완전 정복!'

직장인을 위한
AI 실무
엑셀
파워포인트
워드

파워포인트

박미정, 박은진 지음

길벗

직장인을 위한 핵심 포인트!

실제 업무에 100% 활용할 수 있는 핵심 기능을 엄선했습니다. 쉽게 찾아 빠르게 배울 수 있도록 정리했으니 이 책의 내용을 모두 읽은 후에도 필요할 때마다 이 페이지를 펼쳐 적극 활용해 보세요.

	업무에 꼭 필요한 핵심 기능	빠른 쪽 찾기
1	스포이트로 원하는 색만 빠르게 지정하기	15쪽
2	서식 복사해 빠르게 도형 서식 변경하기	22쪽
3	텍스트를 스마트아트 그래픽으로 변환하기	29쪽
4	배경이 투명한 PNG 이미지 만들기	39쪽
5	잘린 그림 영역 삭제해 파일 용량 줄이기	44쪽
6	도형 병합 기능으로 자유롭게 그림 자르기	53쪽
7	테두리 최소화해 데이터 강조하는 표 만들기	57쪽
8	아이콘 복제해 비율 표시하는 아이콘 차트 만들기	64쪽
9	그림 잘라서 인포그래픽 차트 만들기	66쪽
10	모든 슬라이드에 같은 배경 그림 적용하기	73쪽
11	슬라이드에 원본 문서의 서식 그대로 복사하기	80쪽
12	현재 파일에 마음에 드는 테마 디자인 적용하기	82쪽
13	유튜브 섬네일 만들기	103쪽
14	아이디어를 바로 슬라이드로! AI 활용해 초안 작성하기	115쪽
15	ChatGPT로 차트와 데이터 쉽게 시각화하기	129쪽

목차

핵심 직장인을 위한 핵심 기능만 모았습니다.
★ 표시가 된 예제는 QR 영상 강의가 제공됩니다.

CHAPTER 01 디자인 향상을 위한 실무 비법 익히기

그래픽

SECTION 01 | 도형 그래픽으로 디자인 업그레이드하기

- 01 효과적으로 테마 색 사용하기 — 9
- 02 회색 사용해 자연스럽게 도형 강조하기 — 12
- **핵심** 03 스포이트로 원하는 색만 빠르게 지정하기 — 15
- 04 그라데이션으로 빛 효과 표현하기★ — 18
- **핵심** 05 서식 복사해 빠르게 도형 서식 변경하기 — 22
- 06 여러 도형에 하나의 그림 채워서 연출하기★ — 25

SECTION 02 | 스마트아트 그래픽 활용해 시각 자료 만들기

- **핵심** 01 텍스트를 스마트아트 그래픽으로 변환하기 — 29
- 02 스마트아트 그래픽으로 7조각 파이 디자인하기 — 31
- 03 깔때기 디자인의 입출력 개수 변경하기★ — 34

CHAPTER 02 이미지와 그래프로 정보 시각화하기

SECTION 03 | 디자인의 품격을 높이는 이미지 활용하기

- **핵심** 01 배경이 투명한 PNG 이미지 만들기 — 39
- 02 유틸리티 사이트에서 이미지 배경 제거하기 — 42
- **핵심** 03 잘린 그림 영역 삭제해 파일 용량 줄이기 — 44
- 04 '그림 바꾸기'로 쉽고 빠르게 그림 교체하기 — 47
- 05 SVG 이미지로 지도의 일부 지역만 색 변경하기★ — 49
- **핵심** 06 도형 병합 기능으로 자유롭게 그림 자르기★ — 53

표 & 차트	SECTION 04	데이터를 강조하는 표와 차트 디자인하기	
핵심	01	테두리 최소화해 데이터 강조하는 표 만들기	57
	02	원형 차트와 도형으로 진행률 차트 만들기	60
핵심	03	아이콘 복제해 비율 표시하는 아이콘 차트 만들기★	64
핵심	04	그림 잘라서 인포그래픽 차트 만들기★	66

CHAPTER 03 테마로 디자인 관리하고 SNS 활용하기

테마 & 마스터	SECTION 05	테마와 마스터로 디자인 관리하기	
핵심	01	모든 슬라이드에 같은 배경 그림 적용하기	73
	02	마스터에서 배경 디자인 변경하기★	76
핵심	03	슬라이드에 원본 문서의 서식 그대로 복사하기	80
핵심	04	현재 파일에 마음에 드는 테마 디자인 적용하기★	82
	05	사용자 지정 파일을 기본 테마로 설정하기	85
	06	디자인 아이디어 적용해 전문가처럼 디자인하기	88

SNS	SECTION 06	SNS용 프레젠테이션 문서 작성하기	
	01	페이스북 커버 디자인 만들기★	93
	02	SNS용 카드뉴스 만들기	98
핵심	03	유튜브 섬네일 만들기	103
	04	네이버 블로그 섬네일 만들기★	108

예제파일 및 완성파일은 홈페이지에서 다운로드하세요!

이 책에 사용된 예제파일 및 완성파일은 길벗출판사 홈페이지(www.gilbut.co.kr)에서 다운로드할 수 있어요. 홈페이지 검색 창에 『직장인을 위한 실무 엑셀 파워포인트 워드』를 검색하고 [자료실]을 클릭해 실습파일을 다운로드하세요. 회원 가입을 하지 않아도 누구나 부록 실습파일을 다운로드할 수 있습니다.

CHAPTER 04 생성형 AI로 스마트하게 프레젠테이션 만들기

인공지능 ········ **SECTION 07 | AI 활용해 발표 자료 초안 쉽게 만들기**

- 핵심 01 아이디어를 바로 슬라이드로! AI 활용해 초안 작성하기 115
- 02 AI가 제안한 슬라이드 개요 검토하고 수정하기 118
- 03 워드 파일로 자동으로 프레젠테이션 문서 생성하기 122
- 04 자동으로 슬라이드 요약 및 발표자 노트 작성하기 125

SECTION 08 | AI로 쉽고 효과적으로 데이터 및 콘텐츠 시각화하기

- 핵심 01 ChatGPT로 차트와 데이터 쉽게 시각화하기 129
- 02 텍스트 분석해 자동으로 시각화하기 133
- 03 AI로 빠르게 영상 자료 요약하기 137

찾아보기 140

QR 코드로 동영상 강의를 시청해 보세요!

책에 실린 QR 코드를 통해 저자의 동영상 강의를 바로 시청할 수 있습니다. 유튜브에서 『오피스랩』을 검색해도 강의를 무료로 볼 수 있어요.

① 책 속 QR 코드를 찾으세요. ② 스마트폰 카메라를 실행하고 QR 코드를 비춰보세요. ③ 동영상 강의 링크가 나타나면 화면을 터치해 강의를 시청하세요.

CHAPTER 01

디자인 향상을 위한 실무 비법 익히기

파워포인트는 전달할 메시지에서 중요한 키워드를 도형에 담아 표현하거나 도해로 내용을 쉽게 풀어 설명하는 경우가 많아서 도형을 자주 사용합니다. 파워포인트에서는 다양한 서식 지정 방법을 이용해서 도형의 활용도를 높일 수 있습니다. 그리고 스마트아트 그래픽을 활용하면 좀 더 쉽고 빠르게 텍스트를 도해로 표현할 수 있어서 메시지를 시각 자료로 만드는 시간을 단축할 수 있습니다.

SECTION 01 도형 그래픽으로 디자인 업그레이드하기
SECTION 02 스마트아트 그래픽 활용해 시각 자료 만들기

SECTION

01

도형 그래픽으로
디자인 업그레이드하기

테마 색과 회색을 사용하면 슬라이드 내용을 자연스럽게 표현하고 강조할 수 있고 그라데이션 기능을 이용하면 빛 효과를 표현할 수 있어요. 이번 섹션에서는 서식을 복사하여 다른 도형에도 빠르게 적용해 보고 하나의 그림을 여러 도형에 걸쳐 채워서 표현하는 방법을 배워보겠습니다.

● 실습예제 : 테마색.pptx
● 완성예제 : 테마색_완성.pptx

01 효과적으로 테마 색 사용하기

① 서로 다른 컬러로 항목을 구분할 때는 '테마 색'에서 가로 방향의 같은 행에 있는 컬러로 변경하는 것이 좋아요. 이렇게 하면 명도와 채도는 비슷하면서 색상이 다른 컬러를 쉽게 적용할 수 있어요. 1번 슬라이드에서 ❶ 두 번째 제목 도형을 선택하고 ❷ [홈] 탭-[그리기] 그룹-[도형 채우기]를 클릭한 후 ❸ '테마 색'의 [주황, 강조 2, 25% 더 어둡게]를 클릭하세요. 이 색은 첫 번째 도형의 색인 [파랑, 강조 1, 25% 더 어둡게]와 같은 행에 있어요.

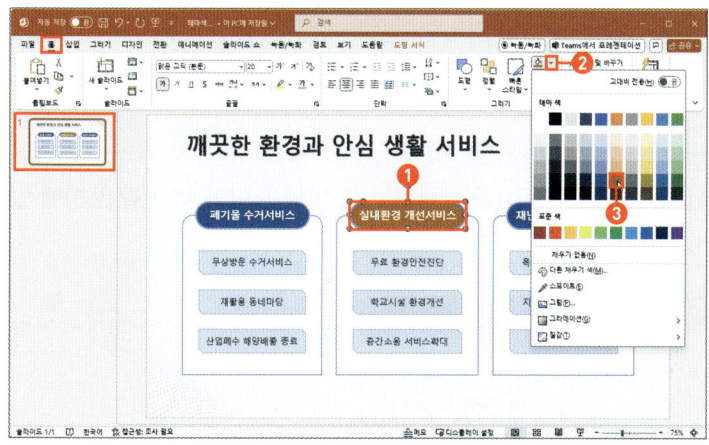

Tip
하나의 문서 안에서는 가급적 세 가지 이내의 컬러를 사용하되 우선순위 규칙을 정해두고 모든 페이지에서 같은 규칙을 적용하면 전체적으로 통일감 있는 컬러를 사용할 수 있어요. 이 예제에서는 우선순위를 '파랑 → 주황 → 녹색' 순으로 정했습니다.

② ❶ 세 번째 제목 도형을 선택하고 ❷ [홈] 탭-[그리기] 그룹-[도형 채우기]를 클릭한 후 ① 과정에서 선택한 색과 같은 행에 있는 ❸ '테마 색'의 [녹색, 강조 6, 25% 더 어둡게]를 클릭하세요.

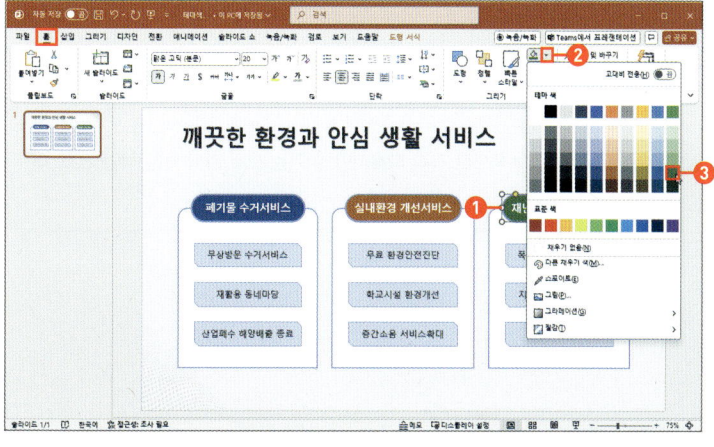

Tip
'테마 색'의 강조 색은 파랑, 주황, 녹색으로 각각 다르지만 밝기는 모두 네 번째에 있는 '25% 더 어둡게' 색으로 지정했어요.

③ ❶~❷ Shift 를 이용해 두 번째 항목에서 안쪽에 있는 3개의 콘텐츠 도형들을 함께 선택합니다.
❸ [홈] 탭-[그리기] 그룹-[도형 채우기]를 클릭하고 첫 번째 도형의 색과 같은 행에 있는 ❹ '테마 색'의
[주황, 강조 2, 80% 더 밝게]를 클릭하세요.

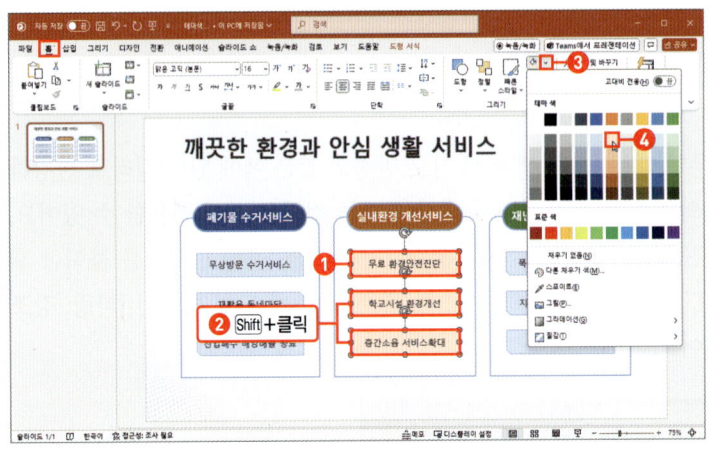

④ 이와 같은 방법으로 ❶~❷ Shift 를 이용해 세 번째 항목에서 안쪽에 있는 3개의 콘텐츠 도형들을 함께 선택합니다. ❸ [홈] 탭-[그리기] 그룹-[도형 채우기]를 클릭하고 첫 번째 도형의 색과 같은 행에 있는 ❹ '테마 색'의 **[녹색, 강조 6, 80% 더 밝게]**를 클릭하세요.

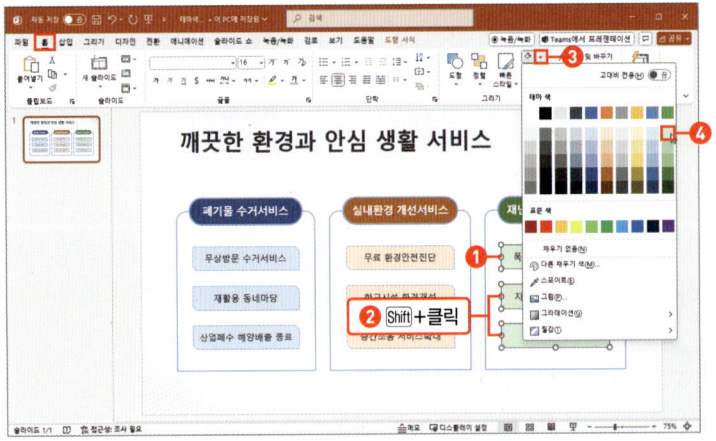

> **Tip**
> 내용을 표현하는 콘텐츠여서 '테마 색'의 강조 색은 파랑, 주황, 녹색으로 각각 다르지만, 밝기는 모두 가장 밝은 색인 '80% 더 밝게'로 지정했어요.

⑤ ❶~❸ Shift를 이용해 두 번째 항목의 모든 도형을 함께 선택합니다. ❹ [홈] 탭-[그리기] 그룹-[도형 윤곽선]을 클릭하고 첫 번째 도형의 색과 같은 행에 있는 ❺ '테마 색'의 [주황, 강조 2, 40% 더 밝게]를 클릭하세요.

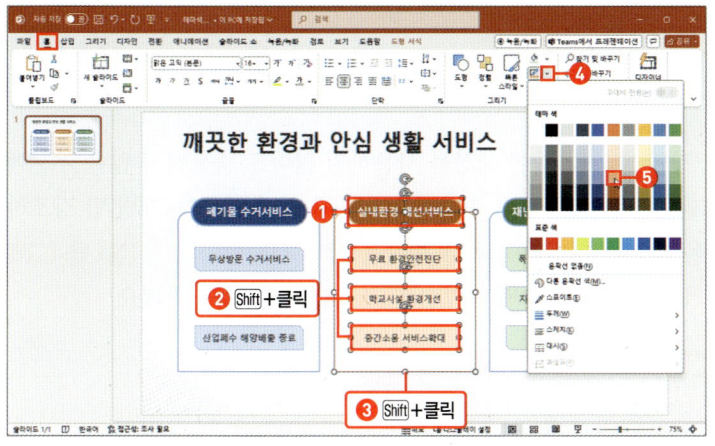

Tip
Shift를 이용하는 대신 선택할 개체들이 모두 포함되도록 크게 드래그해도 함께 선택할 수 있어요.

⑥ ❶~❸ Shift를 이용해 세 번째 항목의 모든 도형을 함께 선택합니다. ❹ [홈] 탭-[그리기] 그룹-[도형 윤곽선]을 클릭하고 첫 번째 도형의 색과 같은 행에 있는 ❺ '테마 색'의 [녹색, 강조 6, 40% 더 밝게]를 클릭하세요.

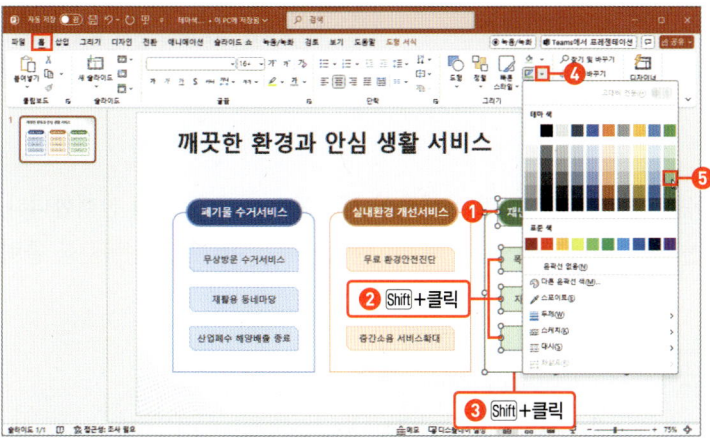

Tip
우선순위 규칙인 '파랑 → 주황 → 녹색'을 이용해 항목을 구분하되, 같은 수준에 해당하는 내용은 '테마 색'의 색상표에서 같은 행에 있는 색으로 구분하는 것이 좋습니다. 이렇게 하면 명도와 채도를 비슷하게 유지하면서 색상을 쉽게 구분할 수 있어요.

활용도 ■■■

02 회색 사용해 자연스럽게 도형 강조하기

● 실습예제 : 회색.pptx
● 완성예제 : 회색_완성.pptx

① 특정 부분을 강조할 때 좀 더 강한 효과나 진한 색상을 사용하지 않아도 중요하지 않은 부분에 회색을 사용해서 자연스럽게 강조할 수 있습니다. 1번 슬라이드에서 세 번째 항목인 '개발'만 강조하기 위해 ❶~❷ Shift 를 이용해 '개발'을 제외한 나머지 제목 도형들을 함께 선택합니다. ❸ [홈] 탭-[그리기] 그룹-[도형 채우기]를 클릭하고 ❹ '테마 색'의 [흰색, 배경 1, 5% 더 어둡게]를 클릭하세요.

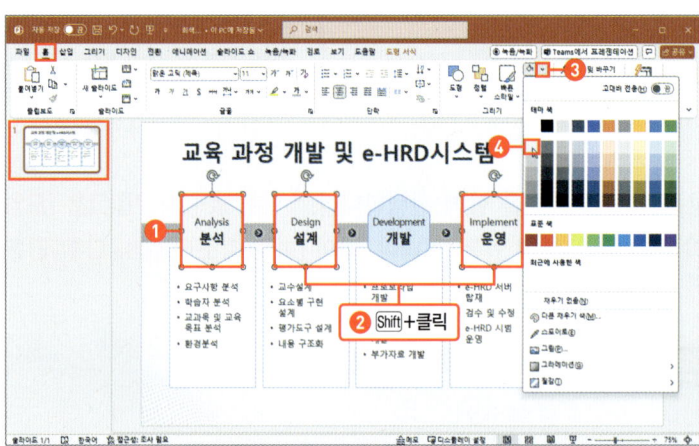

Tip
유채색을 무채색인 회색과 함께 사용하면 진한 색이 아니어도 눈에 띄는 강조색이 됩니다. 중요하지 않은 항목은 배경색과 가까운 회색을 적용해서 색의 힘을 빼주세요.

② ❶~❷ Shift 를 이용해 '개발' 항목을 제외한 육각형과 아래쪽의 사각형 도형들을 함께 선택합니다. ❸ [홈] 탭-[그리기] 그룹-[도형 윤곽선]을 클릭하고 ❹ '테마 색'의 [흰색, 배경 1, 15% 더 어둡게]를 클릭하세요.

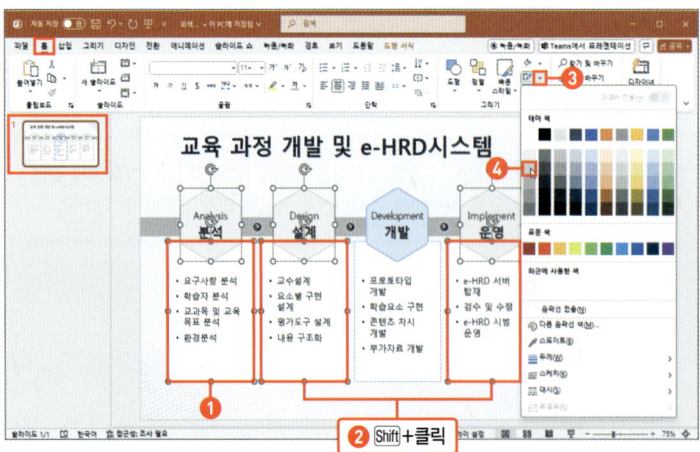

Tip
중요하지 않은 항목들의 도형 윤곽선도 무채색을 사용해 색의 힘을 빼주세요. 그리고 ① 과정에서 '개발'을 제외한 나머지 제목 도형들을 함께 선택한 상태이므로 Shift 를 누른 상태에서 아래쪽의 사각형 도형들을 차례대로 선택하세요.

3 ① Esc 를 눌러 기존의 사각형 도형들의 선택을 모두 취소하고 ②~⑤ Shift 를 이용해 '개발' 항목을 제외한 텍스트 상자들을 함께 선택합니다. ⑥ **[홈] 탭-[글꼴] 그룹-[글꼴 색]**을 클릭하고 ⑦ '테마 색'의 **[흰색, 배경 1, 25% 더 어둡게]**를 클릭하세요.

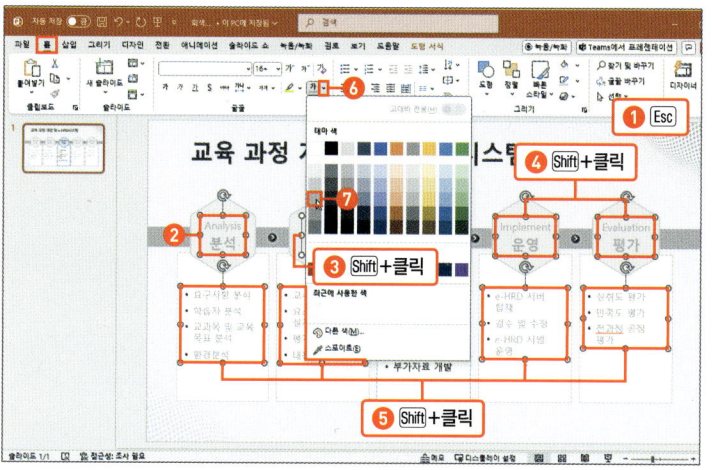

> **Tip**
> 텍스트도 흐린 회색을 이용하면 색의 힘이 빠지면서 덜 강조되어 보이는 효과를 연출할 수 있어요.

4 아래쪽에 있는 텍스트의 글머리 기호는 여전히 진한 색으로 강조되어 있으므로 글머리 기호의 색도 흐린 색으로 바꿔볼게요. ① Esc 를 눌러 기존의 텍스트 상자들의 선택을 모두 취소하고 ②~③ Shift 를 이용해 글머리 기호가 있는 텍스트 상자들을 함께 선택한 후 ④ **[홈] 탭-[단락] 그룹-[글머리 기호]**를 클릭하고 ⑤ **[글머리 기호 및 번호 매기기]**를 선택하세요.

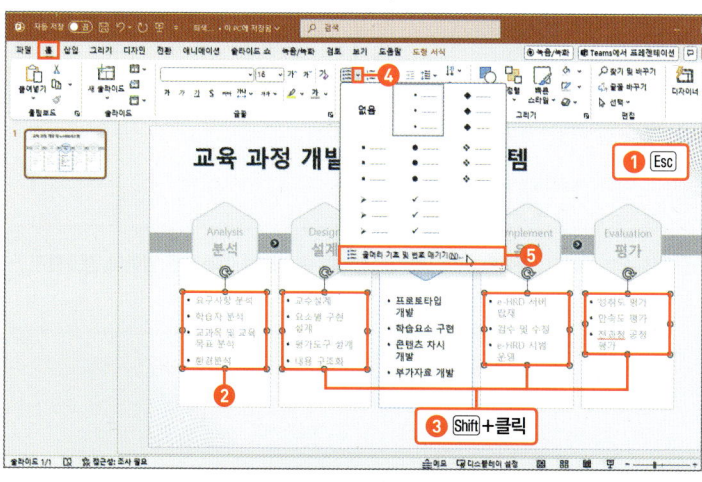

❺ [글머리 기호 및 번호 매기기] 대화상자의 [글머리 기호] 탭이 열리면 ❶ '색'에서 '테마 색'의 [흰색, 배경 1, 25% 더 어둡게]를 클릭하고 ❷ [확인]을 클릭합니다.

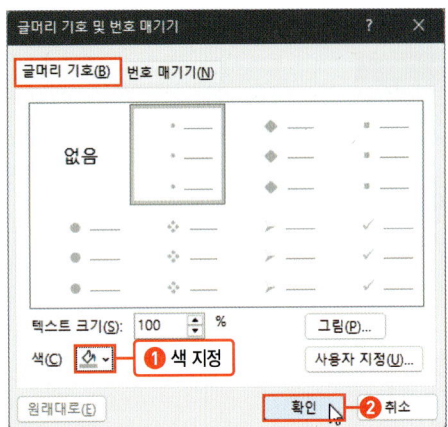

❻ 중요하지 않은 텍스트와 글머리 기호 및 도형에 회색을 지정하여 색의 힘을 뺐더니 '개발' 항목만 자연스럽게 강조되는 디자인이 완성되었습니다.

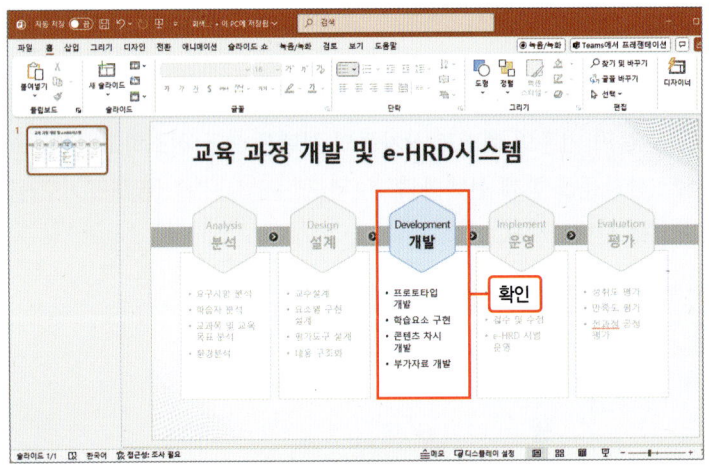

> **Tip**
> 회색은 흰색이나 검은색 아래에서 자유롭게 선택하면 됩니다. 회색의 밝고 어두운 정도를 변경하여 이미지를 얼마나 강조할지 조절할 수 있어요.

활용도 ▰▰▰ ▰▰▰

● 실습예제 : 스포이트.pptx
● 완성예제 : 스포이트_완성.pptx

기본 03 스포이트로 원하는 색만 빠르게 지정하기

핵심 ⚡

그래픽

① 1번 슬라이드에서 ❶ 첫 번째 파란색 도형 그룹을 선택하고 ❷ [홈] 탭-[그리기] 그룹-[도형 채우기]를 클릭한 후 ❸ [스포이트]를 선택하세요.

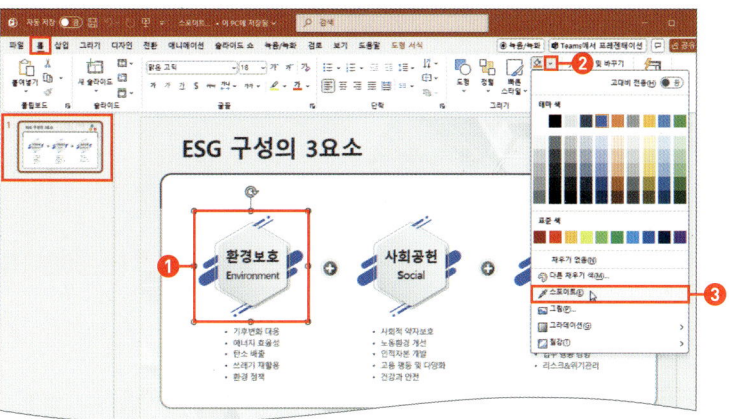

> **Tip**
> 파워포인트 2013 버전 이상에서는 기존 개체나 이미지의 색과 같은 색을 지정할 때 스포이트를 이용하면 편리합니다. 스포이트는 클릭한 위치의 색상값을 새로운 개체에 빠르게 적용하는 기능이에요.

② 마우스 포인터가 🖉 모양으로 바뀌면 화면의 오른쪽 위에 있는 녹색 원 안쪽의 밝은 녹색을 클릭하세요.

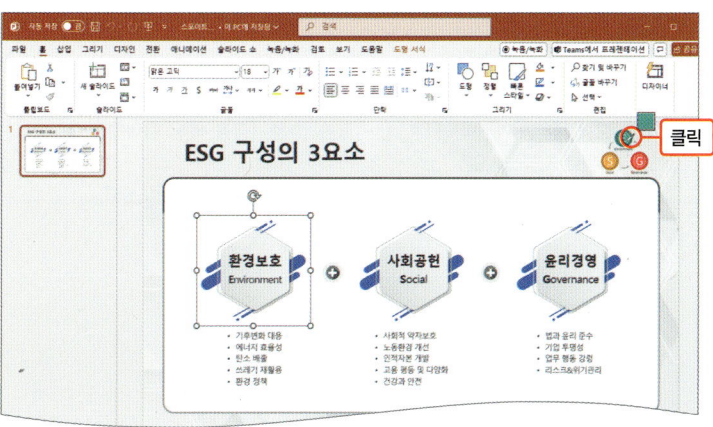

표 & 차트

테마 & 마스터

SNS

인공지능

15

3 ❶ 선택한 도형 그룹에 밝은 녹색이 적용되었는지 확인합니다. 이와 같은 방법으로 스포이트를 이용해 ❷ 두 번째 도형 그룹에는 주황을, ❸~❺ 세 번째 도형 그룹에는 빨강을 각각 지정하세요.

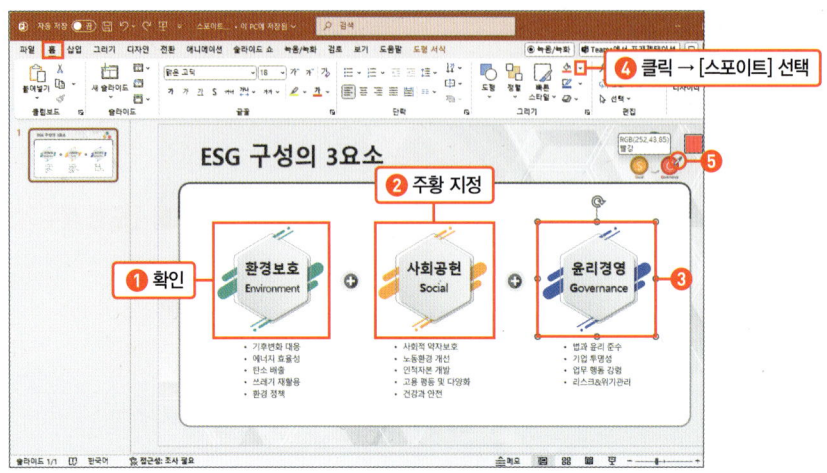

4 ❶ '환경보호' 텍스트 상자를 선택하고 ❷ [홈] 탭-[글꼴] 그룹-[글꼴 색]을 클릭한 후 ❸ [스포이트]를 선택하세요.

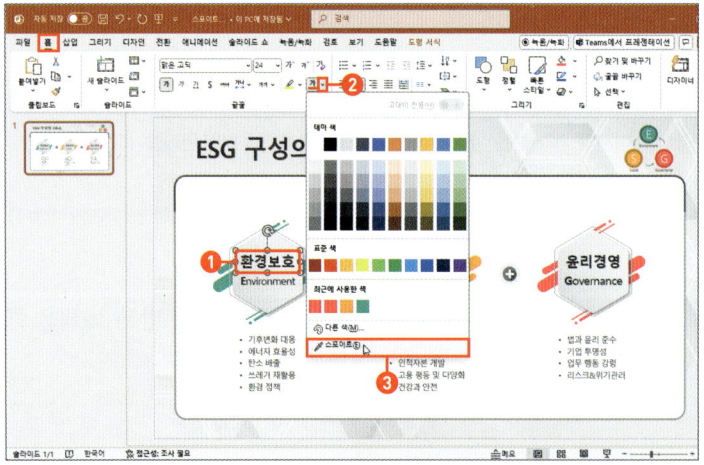

> **Tip**
> 텍스트의 색을 변경하려면 [홈] 탭-[그리기] 그룹-[도형 채우기]가 아니라 [홈] 탭-[글꼴] 그룹-[글꼴 색]을 클릭해야 합니다. 그러므로 텍스트 상자를 선택하거나 텍스트를 모두 범위로 지정하세요.

⑤ 마우스 포인터가 ✎ 모양으로 바뀌면 화면의 오른쪽 위에 있는 녹색 원 바깥쪽의 진한 녹색을 클릭하세요.

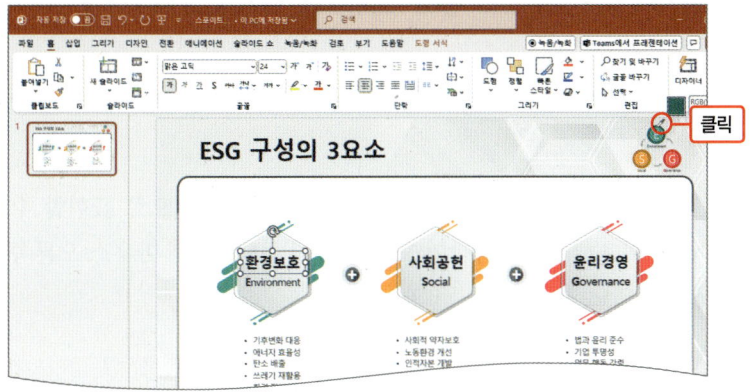

⑥ ❶ 선택한 텍스트에 진한 녹색이 적용되었는지 확인합니다. ❷ 'Environment'의 'E'만 범위로 지정하고 F4 를 눌러 '환경보호'에 적용한 텍스트 색을 한 번 더 적용하세요.

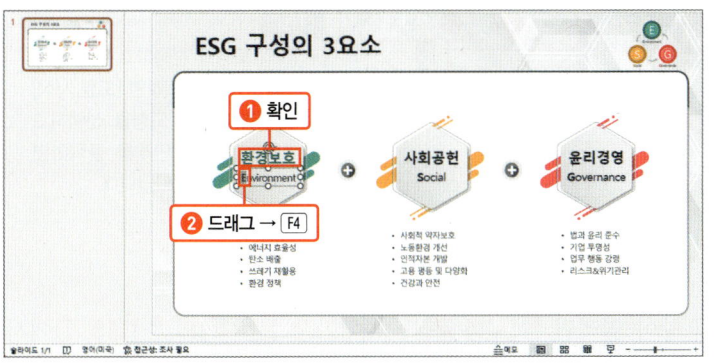

Tip
F4 를 누르면 방금 전에 실행한 작업을 반복해서 적용할 수 있어요. 여기서는 한 글자만 선택하고 색을 변경하세요.

⑦ 이와 같은 방법으로 ❶ '사회공헌'과 'S'에는 주황을, ❷ '윤리경영'과 'G'에는 빨강을 지정하세요.

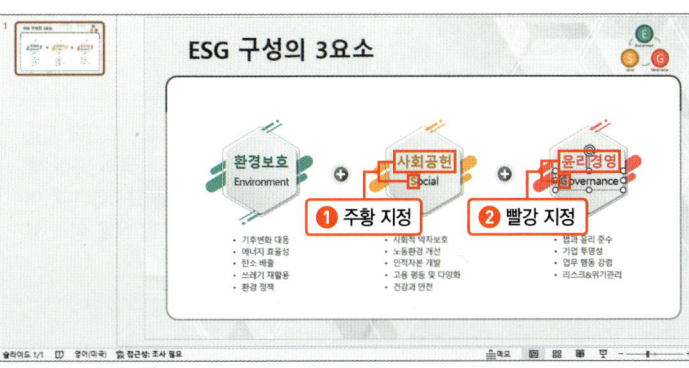

17

활용도 ■■■

● 실습예제 : 그라데이션.pptx
● 완성예제 : 그라데이션_완성.pptx

실무 04 그라데이션으로 빛 효과 표현하기

① 그라데이션 기능을 이용하면 하나의 도형에 두 가지 이상의 색 변화를 효과적으로 표현할 수 있습니다. 1번 슬라이드에서 ❶~❷ Shift 를 이용해 3개의 육각형 도형을 함께 선택하고 ❸ 마우스 오른쪽 단추를 클릭한 후 ❹ [개체 서식]을 선택하세요.

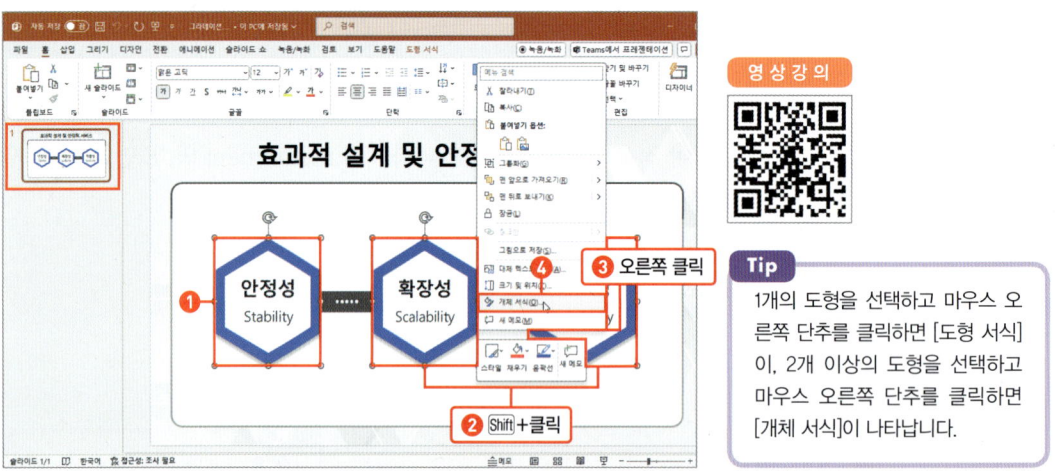

Tip
1개의 도형을 선택하고 마우스 오른쪽 단추를 클릭하면 [도형 서식]이, 2개 이상의 도형을 선택하고 마우스 오른쪽 단추를 클릭하면 [개체 서식]이 나타납니다.

② 화면의 오른쪽에 [도형 서식] 창이 열리면 ❶ [도형 옵션]-[채우기 및 선]( )의 ❷ [채우기]에서 ❸ [그라데이션 채우기]를 선택합니다. ❹ '그라데이션 중지점'의 '중지점 1/4'을 선택한 상태에서 ❺ '색'에서 '최근에 사용한 색'의 [빨강]을 클릭하세요.

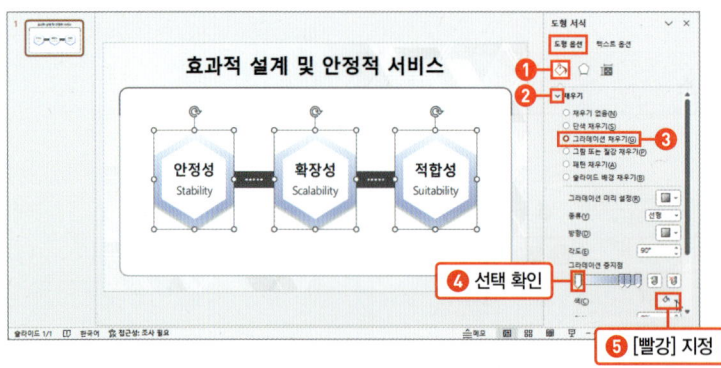

Tip
'최근에 사용한 색'은 최근에 사용한 색 중에서 '테마 색'과 '표준 색' 외의 10개의 색을 표시합니다. 이 예제에서는 사용할 색을 미리 설정해 두었어요.

③ ❶ '그라데이션 중지점'에서 '중지점 2/4'를 선택하고 ❷ [그라데이션 중지점 제거] 단추(🗑)를 클릭해 제거합니다. 이와 같은 방법으로 ❸~❹ '중지점 3/4'도 제거하세요.

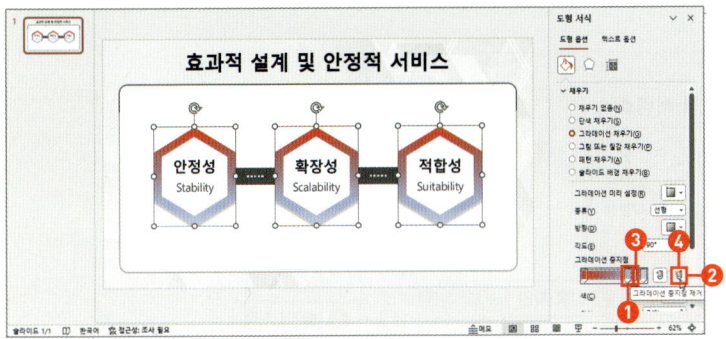

④ ❶ '그라데이션 중지점'에서 '중지점 2/2'를 선택하고 ❷ '색'은 '최근에 사용한 색'의 [주황]을 클릭하세요.

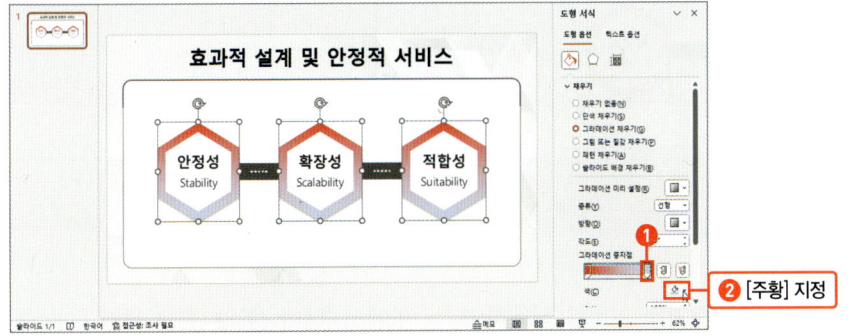

⑤ ❶ '방향'에서 ❷ [선형 대각선 - 왼쪽 위에서 오른쪽 아래로]를 선택하세요.

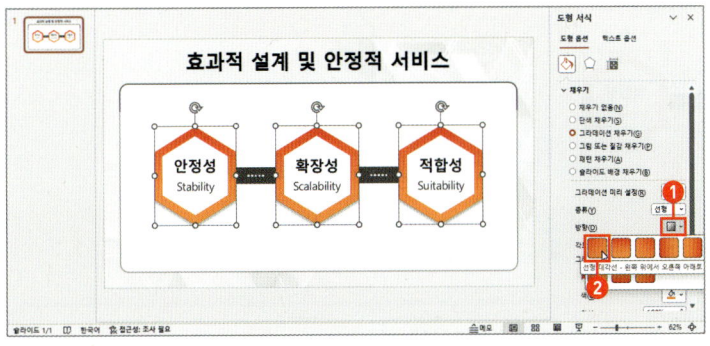

> **Tip**
> 그라데이션의 '방향'을 변경하면 '각도'도 함께 변경됩니다.

⑥ 이번에는 ❶ [선]에서 ❷ [그라데이션 선]을 선택하고 ❸ '그라데이션 중지점'의 '중지점 1/4'을 선택한 상태인지 확인합니다. ❹ '색'에서 '최근에 사용한 색'의 [빨강]을 클릭한 후 ❺ '위치'에 [43%]를 지정하세요.

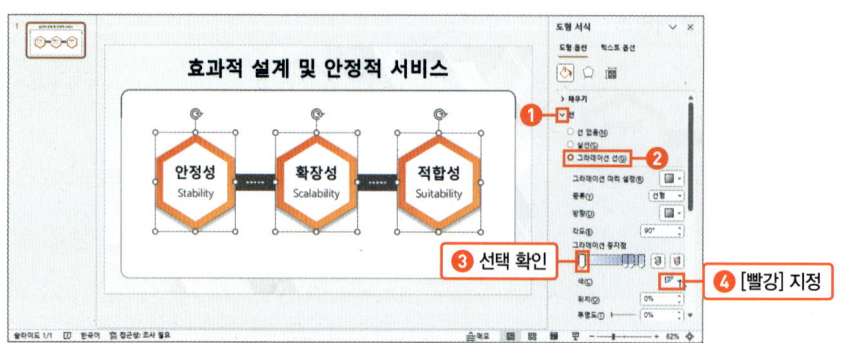

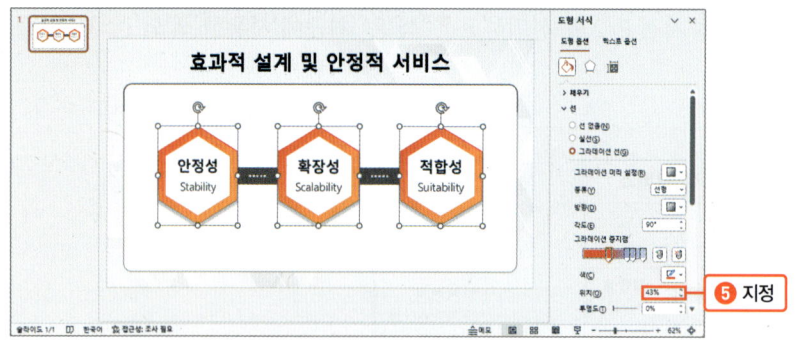

⑦ ❶ '그라데이션 중지점'에서 '중지점 2/4'를 선택하고 ❷ '색'에서 '테마 색'의 [흰색, 배경 1]을 클릭한 후 ❸ '위치'에 [50%]를 지정하세요.

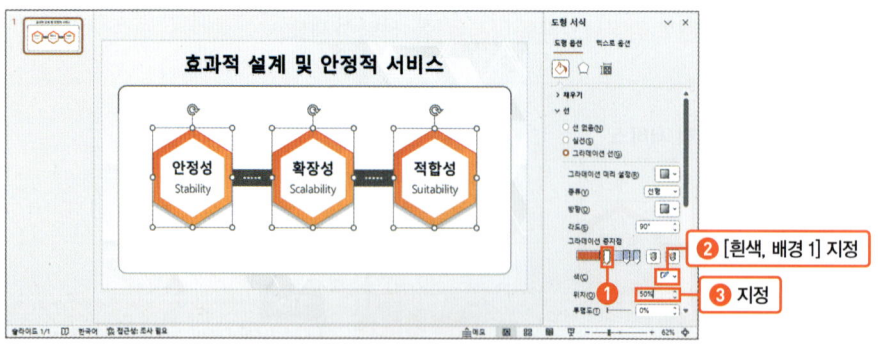

> **Tip**
> 그라데이션 색이 급격하게 바뀌는 과정에서 흰색은 빛이 발하는 효과를 표현합니다.

⑧ ❶ '그라데이션 중지점'에서 '중지점 3/4'을 선택하고 ❷ '색'에서 '최근에 사용한 색'의 **[다홍]**을 클릭한 후 ❸ '위치'에 **[57%]**를 지정합니다. 마지막 ❹ '중지점 4/4'는 ❺ **[그라데이션 중지점 제거] 단추**(🗑)를 클릭해 제거하세요.

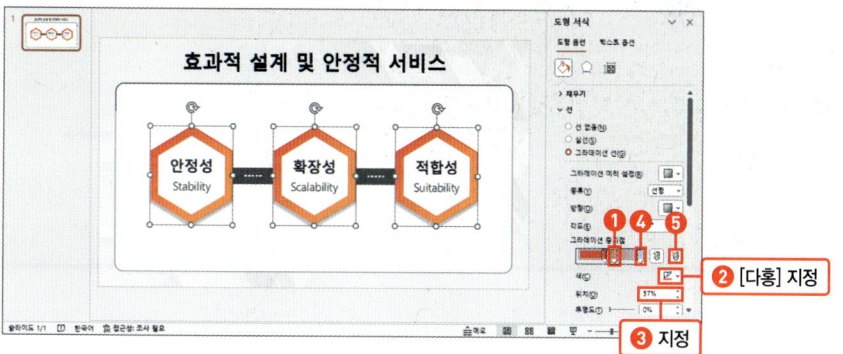

> **Tip**
> 가운데 흰색이 빛 효과를 주므로 좌우 중지점 사이의 간격을 비슷하게 설정하는 것이 좋습니다. 이 예제에서는 중지점 위치가 각각 7%씩 차이나도록 '43%', '50%', '57%'로 설정했는데, 이 값을 조금씩 변경하면서 차이를 확인해 보세요.

⑨ ❶~❷ '방향'에서 **[선형 대각선 - 오른쪽 아래에서 왼쪽 위로]**를 클릭하세요.

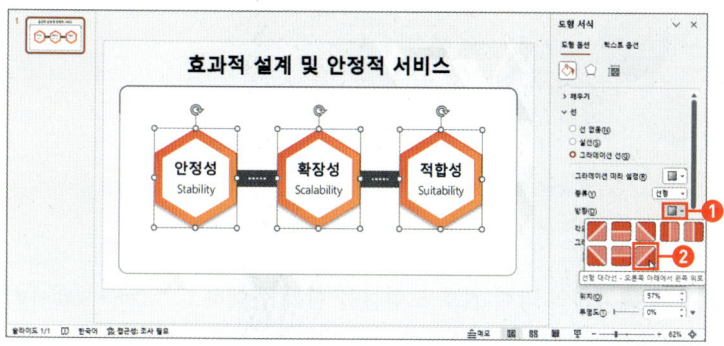

⑩ 도형의 윤곽선 두께인 '너비'를 **[4 pt]**로 조정하면 빛 효과를 좀 더 강하게 표현할 수 있어요.

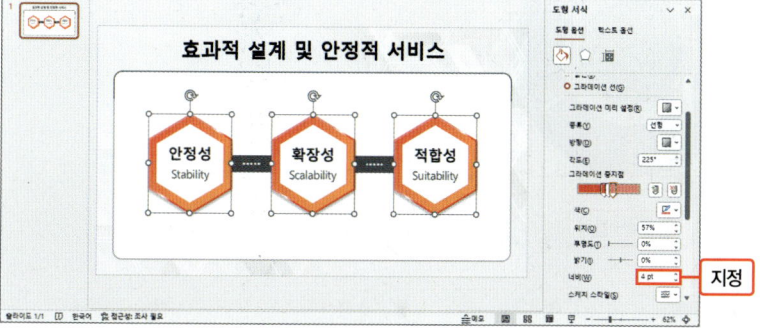

활용도 ■■■ ■■

실습예제 : 서식복사.pptx
완성예제 : 서식복사_완성.pptx

기본 05 서식 복사해 빠르게 도형 서식 변경하기

✓ **실무 활용 사례**
• 텍스트, 도형, 표, 그림 등의 서식을 다른 개체에 빠르게 적용해야 할 때

✓ **업무 시간 단축**
• 서식 복사: Ctrl + Shift + C
• 서식 붙여넣기: Ctrl + Shift + V

① 1번 슬라이드의 도형과 텍스트에 적용된 서식을 복사하여 2번 슬라이드에 빠르게 적용해 볼게요. ❶ **1번 슬라이드**에서 ❷ 흰색 도형 중 하나를 선택하고 Ctrl + Shift + C를 눌러 서식을 복사하세요.

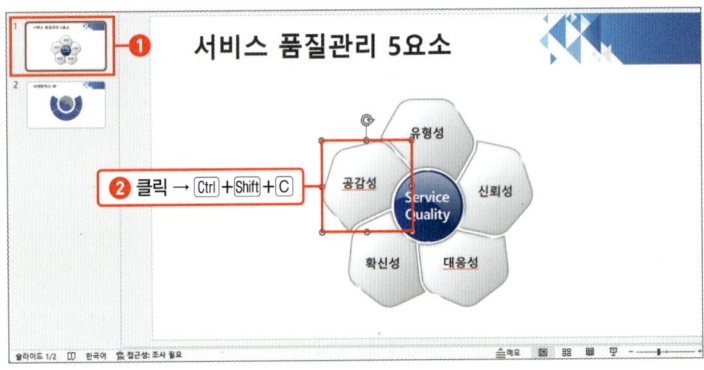

② ❶ **2번 슬라이드**에서 ❷~❹ Shift를 이용해 4개의 막힌 원호 도형들을 함께 선택하고 ❺ Ctrl + Shift + V를 눌러 앞에서 복사한 서식을 빠르게 적용하세요.

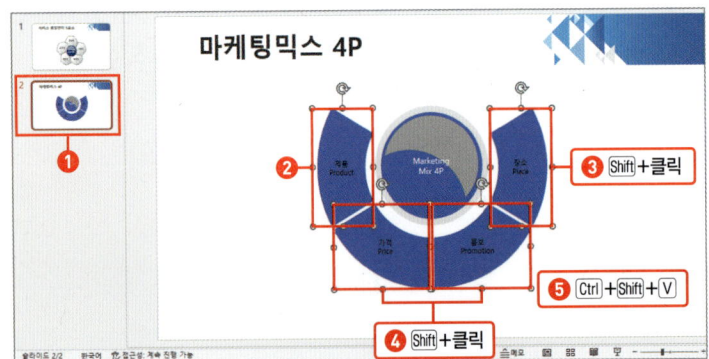

③ ❶ 다시 **1번 슬라이드**로 되돌아와서 파란색 원을 선택하고 Ctrl+Shift+C를 눌러 서식을 복사합니다. ❷ **2번 슬라이드**를 선택하고 ❸ 파란색 원에서 Ctrl+Shift+V를 눌러 복사한 서식을 빠르게 적용하세요.

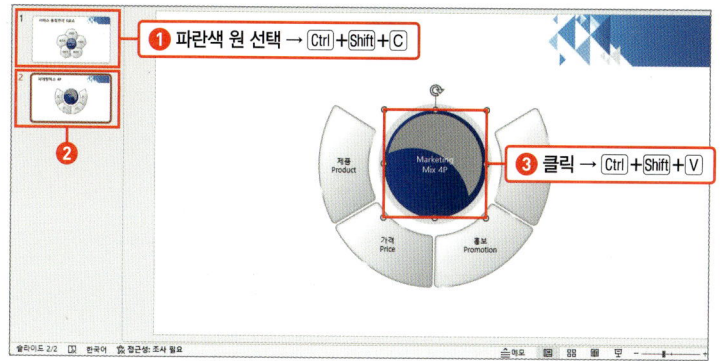

④ 이와 같은 방법으로 ❶ **1번 슬라이드**의 원 안쪽에 있는 반달 모양의 도형도 서식을 복사한 후 ❷ **2번 슬라이드**에서 ❸ 반달 도형에 빠르게 적용하세요.

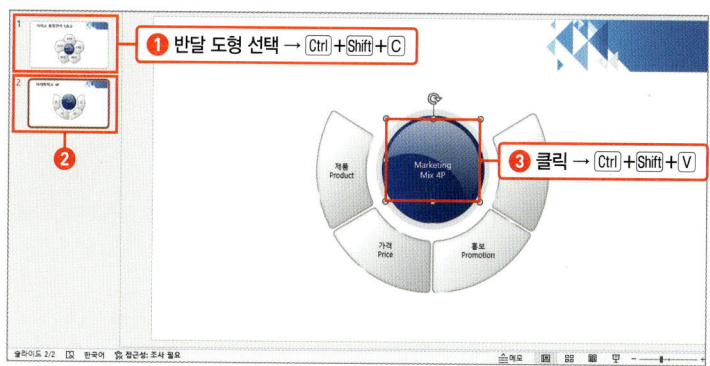

⑤ ❶ **1번 슬라이드**에서 ❷ '**공감성**' 텍스트 상자를 선택하고 Ctrl+Shift+C를 눌러 텍스트 상자의 서식을 복사하세요.

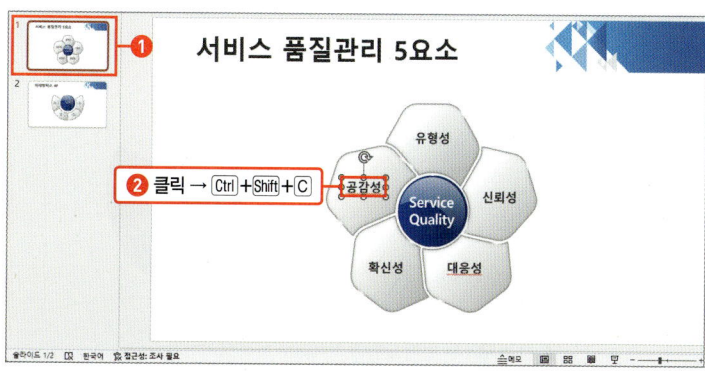

Tip
검은색 텍스트 상자 중 하나를 선택하고 서식을 복사하면 됩니다.

⑥ ❶ **2번 슬라이드**에서 ❷~❹ Shift 를 이용해 흰색 도형 위의 텍스트 상자들을 함께 선택하고 ❺ Ctrl + Shift + V 를 눌러 텍스트 상자의 서식을 빠르게 지정하세요.

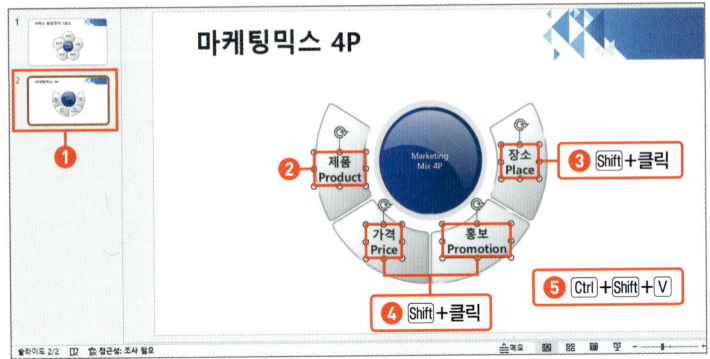

⑦ 이와 같은 방법으로 ❶ **1번 슬라이드**에서 흰색 텍스트 상자인 'Service Quality'의 서식을 복사하고 ❷ **2번 슬라이드**의 ❸ 텍스트 상자에 빠르게 적용하세요.

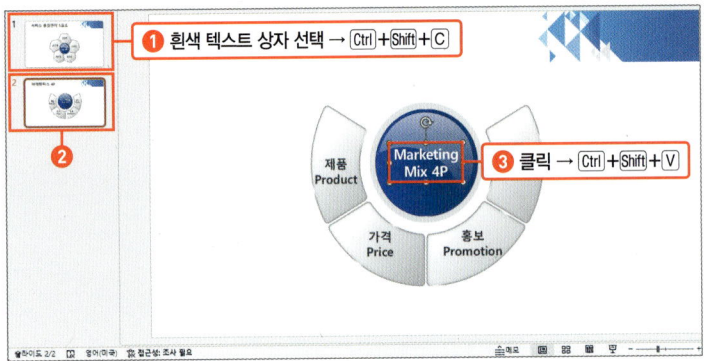

잠깐만요!

유용한 서식 복사 기능 활용하기

[홈] 탭-[클립보드] 그룹-[서식 복사]를 클릭해도 서식을 복사할 수 있어요. [서식 복사]를 한 번 클릭하면 한 번만 서식을 적용할 수 있고, 두 번 클릭하면 Esc 를 누를 때까지 계속 서식을 적용할 수 있습니다. 마우스 포인터가 모양으로 바뀌면 서식을 적용할 위치에서 클릭하여 복사한 서식을 적용하세요.

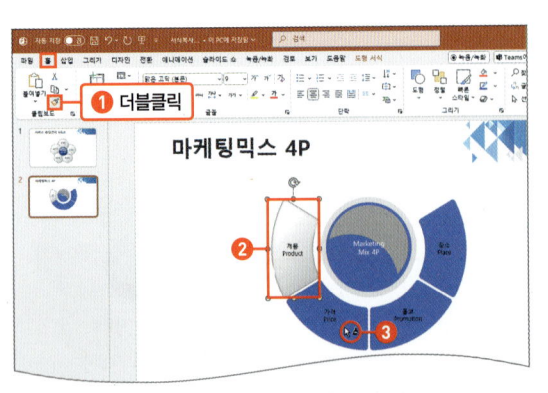

▲ 첫 번째와 두 번째 도형에 차례대로 서식 복사하기

활용도 ■ ■ ■

● 실습예제 : 그림도형.pptx
● 완성예제 : 그림도형_완성.pptx

실무 06 여러 도형에 하나의 그림 채워서 연출하기

✓ 실무 활용 사례
- 표지, 목차, 콘셉트 슬라이드에서 그림을 특별한 모양으로 표현해야 할 때
- 하나의 그림을 여러 도형에 걸쳐 채워야 할 때

✓ 업무 시간 단축
- 그룹화: Ctrl + G
- 그룹 해제: Ctrl + Shift + G
- 마우스 오른쪽 단추 → [도형 서식]-[채우기] 선택

① ❶ **1번 슬라이드**에서 ❷ 그림을 선택하고 복사(Ctrl + C)하세요.

② ❶ **2번 슬라이드**에서 ❷ Shift를 이용해 육각형 도형들을 함께 선택하고 ❸ **[홈] 탭-[그리기] 그룹-[정렬]**을 클릭한 후 ❹ '개체 그룹'의 **[그룹]**을 선택해 도형들을 하나의 그룹으로 묶으세요.

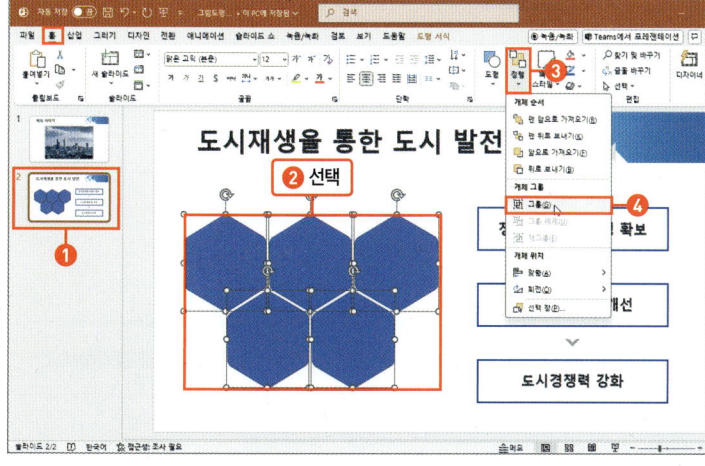

> **Tip**
> 반드시 여러 개의 도형들을 하나로 그룹화해야 도형 그룹 안에 하나의 그림으로 채울 수 있어요.
> - 그룹화: Ctrl + G
> - 그룹 해제: Ctrl + Shift + G

25

③ ❶ 도형 그룹에서 마우스 오른쪽 단추를 클릭하고 ❷ [도형 서식]을 선택하세요.

④ 화면의 오른쪽에 [도형 서식] 창이 열리면 ❶ [도형 옵션]-[채우기 및 선](◆)의 ❷ [채우기]에서 ❸ [그림 또는 질감 채우기]를 선택합니다.

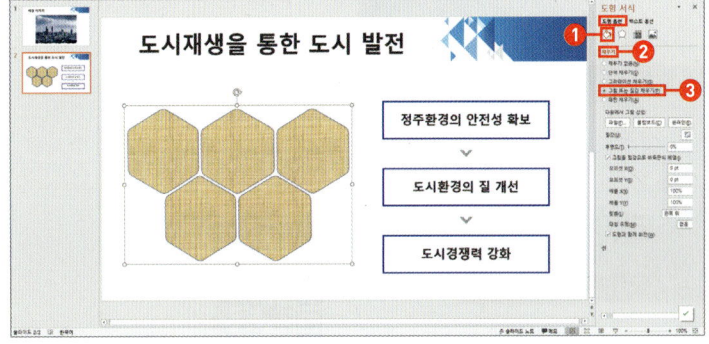

⑤ [도형 서식] 창에서 ❶ [클립보드]를 클릭해 ❷ 도형 그룹에 복사한 그림을 채우세요.

Tip
1번 슬라이드의 그림을 복사해 두었으므로 [클립보드]를 클릭합니다. 만약 그림이 파일로 저장되어 있으면 [파일]을 클릭하세요.

6 ❶ **[그림을 질감으로 바둑판식 배열]**에 체크 표시하고 ❷ '배율 X'와 '배율 Y'에는 **[80%]**를, '맞춤'에는 **[아래쪽]**을 지정한 후 ❸ **[선]**에서 ❹ **[선 없음]**을 선택하세요.

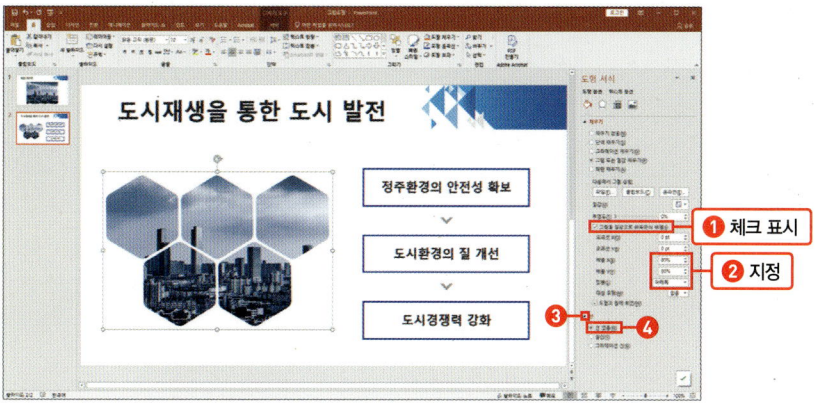

> **Tip**
> [그림을 질감으로 바둑판식 배열]에 체크 표시하면 그림의 채우기 배율과 도형 안에서 채우는 위치를 지정할 수 있어요.

SECTION

02

스마트아트 그래픽 활용해 시각 자료 만들기

텍스트보다 도해로 슬라이드를 표현하면 시각적 정보가 포함되므로 메시지의 전달력이 더욱 높아집니다. 이때 스마트아트(SmartArt) 그래픽을 이용하면 텍스트를 더욱 쉽게 도해로 표현할 수 있어요.

● 실습예제 : 스마트아트로변환.pptx
● 완성예제 : 스마트아트로변환_완성.pptx

활용도

01 텍스트를 스마트아트 그래픽으로 변환하기

기본

핵심 그래픽

✓ **실무 활용 사례**
- 텍스트를 빠르게 도해로 표현해야 할 때

✓ **업무 시간 단축**
- [홈] 탭-[단락] 그룹-[SmartArt 그래픽으로 변환] 선택

① 1번 슬라이드에서 ❶ 왼쪽 텍스트 상자를 선택하고 ❷ [홈] 탭-[단락] 그룹-[SmartArt 그래픽으로 변환]을 클릭한 후 ❸ [기타 SmartArt 그래픽]을 선택하세요.

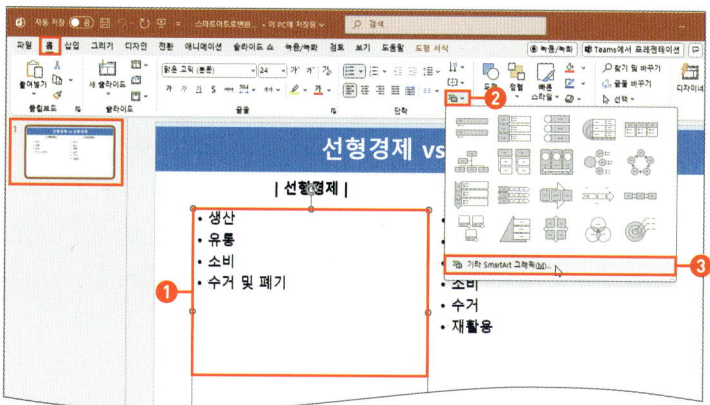

Tip
[SmartArt 그래픽으로 변환]을 클릭하면 입력한 텍스트 내용을 스마트아트 그래픽으로 변환할 수 있어요.

② [SmartArt 그래픽 선택] 대화상자가 열리면 ❶ [프로세스형] 범주에서 ❷~❸ [세로 프로세스형]을 선택하고 ❹ [확인]을 클릭하세요.

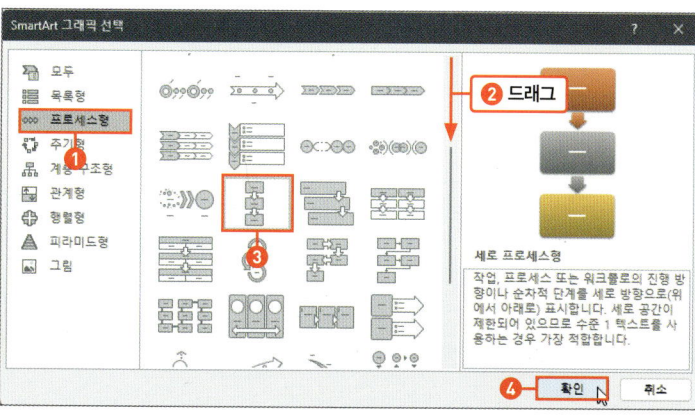

표 & 차트

테마 & 마스터

SNS

인공지능

29

③ ❶ 왼쪽 텍스트가 세로 프로세스형 스마트아트 그래픽으로 변환되었으면 ❷ 오른쪽 텍스트 상자를 선택하고 ❸ [홈] 탭-[단락] 그룹-[SmartArt 그래픽으로 변환]을 클릭한 후 ❹ [기본 주기형]을 선택하세요.

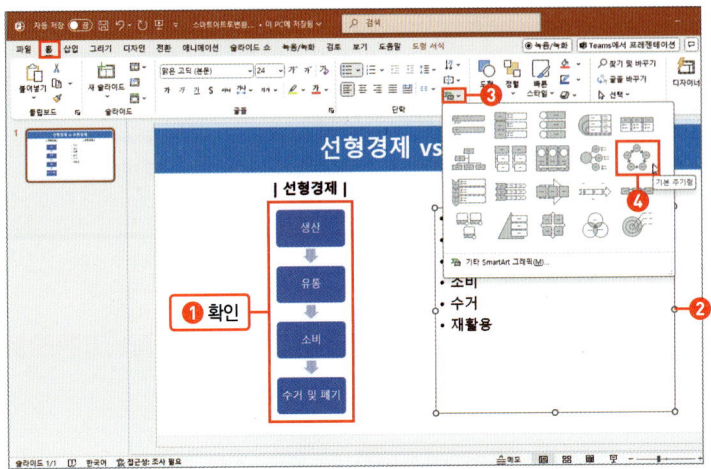

④ 오른쪽의 텍스트가 기본 주기형으로 변환되었어요. 텍스트로만 표현된 슬라이드를 스마트아트 그래픽을 사용해 시각적 전달 효과가 높은 슬라이드로 완성했습니다.

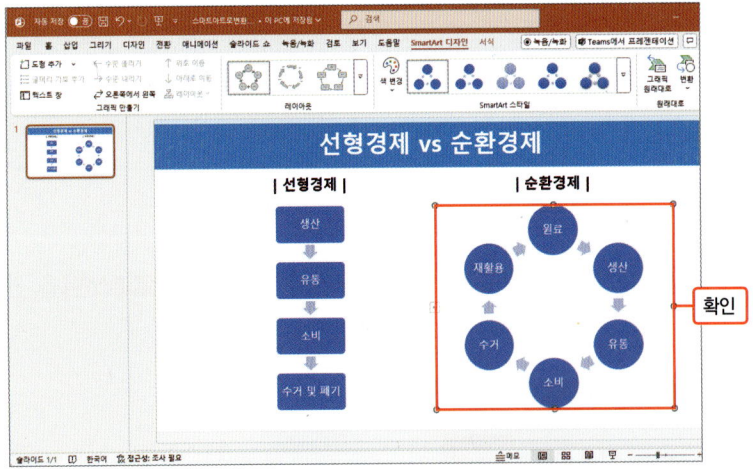

활용도 ■■■

● 실습예제 : 파이.pptx
● 완성예제 : 파이_완성.pptx

기본 02 스마트아트 그래픽으로 7조각 파이 디자인하기

① 1번 슬라이드에서 **[삽입] 탭-[일러스트레이션] 그룹-[SmartArt 그래픽 삽입]**을 클릭하세요.

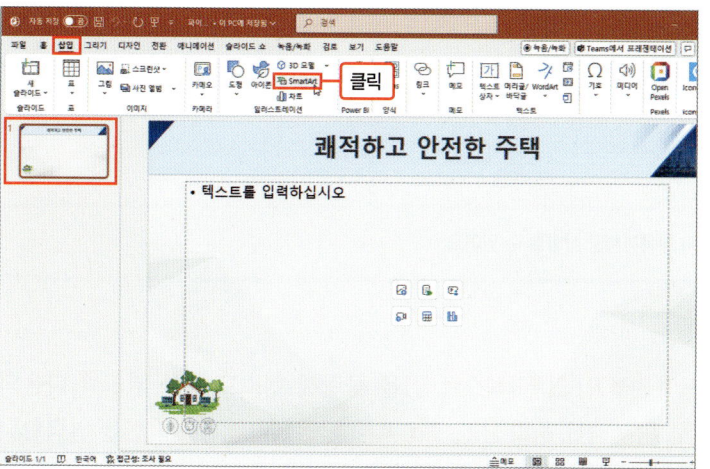

> **Tip**
> 본문의 개체 틀에 [SmartArt 그래픽 삽입] 단추()가 보이면 곧바로 클릭해도 됩니다.

② [SmartArt 그래픽 선택] 대화상자가 열리면 ❶ **[주기형] 범주**를 선택하고 ❷ **[기본 원형]**을 선택한 후 ❸ **[확인]**을 클릭하세요.

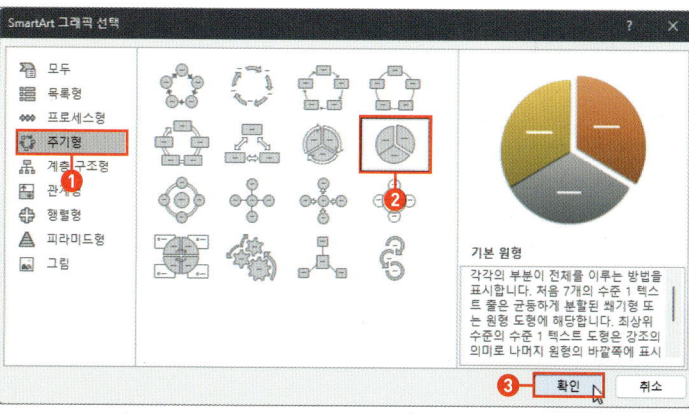

③ **[SmartArt 디자인] 탭-[그래픽 만들기] 그룹-[도형 추가]**를 4번 클릭해 4개의 도형을 추가하세요.

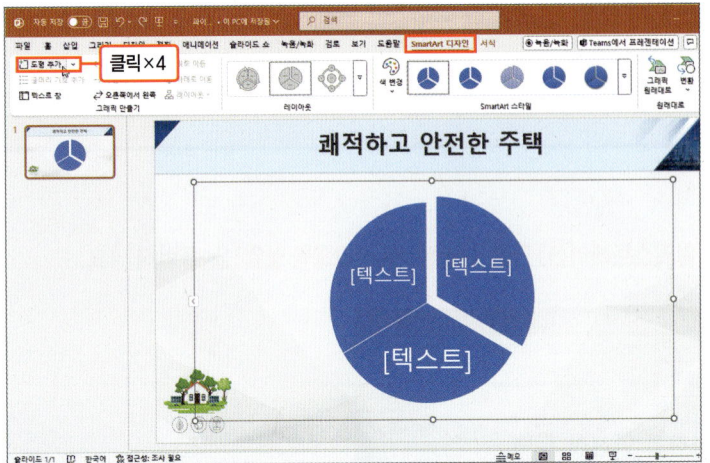

> **Tip**
> 기본 원형 스마트아트 그래픽은 최대 7개의 항목까지만 삽입할 수 있어요.

④ ❶ **[SmartArt 디자인] 탭-[그래픽 만들기] 그룹-[텍스트 창]**을 클릭해 텍스트 창을 열고 ❷ 다음의 그림과 같이 **내진 설계**, **태양열 에너지**, **단열 강화**, **동파 방지**, **소음 저감**, **난연 마감재**, **수질 개선**을 입력합니다. 하나의 항목을 2줄 이상 입력하려면 Shift + Enter 를 누르세요.

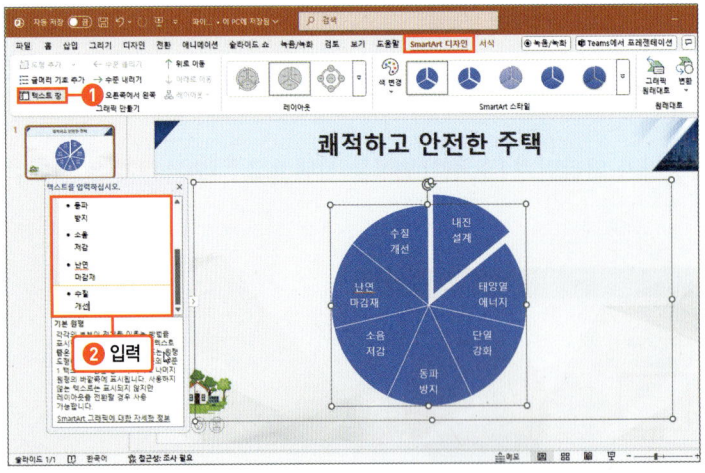

> **Tip**
> 텍스트 창을 이용하지 않고 도형을 하나씩 선택한 후 텍스트를 입력할 수도 있어요. 스마트아트 그래픽의 왼쪽에 있는 < 를 클릭하면 텍스트 창을 열 수 있고 [닫기] 단추(×)를 클릭하면 텍스트 창을 닫을 수 있어요.

⑤ 강조할 필요가 없는데 원 밖으로 튀어나온 파이 도형을 선택하고 원점을 향해 안쪽으로 드래그합니다. Alt 를 누르고 드래그하면 원하는 위치로 세밀하게 이동할 수 있어요.

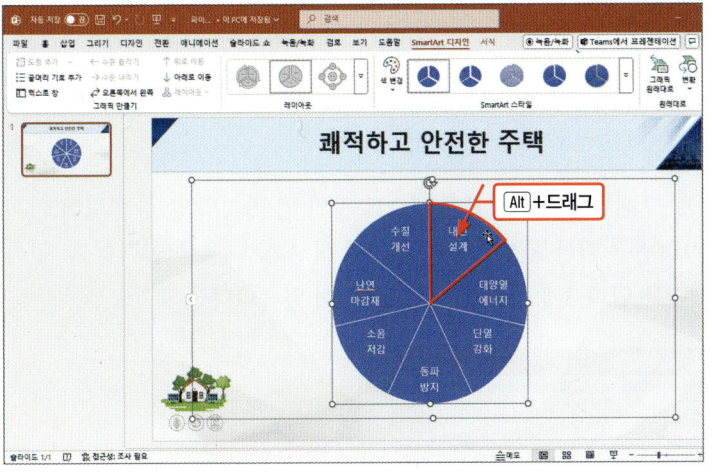

활용도 ■■■ ■■■ ■■■

● 실습예제 : 깔때기.pptx
● 완성예제 : 깔때기_완성.pptx

기본 03 깔때기 디자인의 입출력 개수 변경하기

① 1번 슬라이드에서 ❶ 스마트아트 그래픽을 선택하고 ❷ 텍스트 창의 맨 마지막 줄을 클릭해 커서를 올려놓은 후 Enter를 누르세요. 그러면 ❸ 빨간색 로 표시되면서 더 이상 내용을 입력할 수 없어요. 깔때기 모양의 스마트아트 그래픽은 입력 3개, 출력 1개로 고정되어 있습니다.

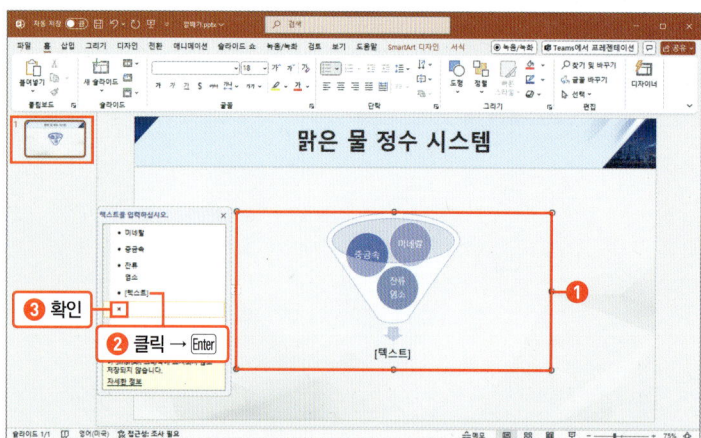

Tip
만약 텍스트 창이 보이지 않으면 스마트아트 그래픽의 왼쪽에 있는 〈 를 클릭하세요.

② ❶ 스마트아트 그래픽을 선택하고 ❷ [SmartArt 디자인] 탭-[원래대로] 그룹-[변환]을 클릭한 후 ❸ [도형으로 변환]을 선택하세요.

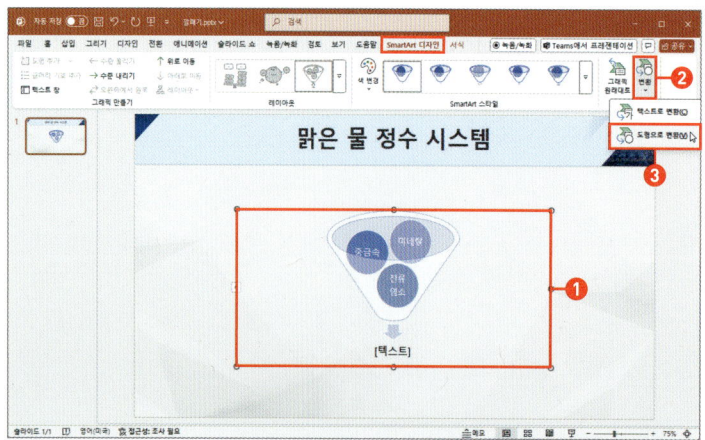

Tip
도형으로 변환되면 깔때기 개체를 선택했을 때 리본 메뉴에 [SmartArt 디자인] 탭이 아니라 [도형 서식] 탭이 나타납니다. 도형으로 변환되면 자유롭게 구성할 수 있어요.

③ ❶ '중금속' 원을 선택하고 Ctrl을 누른 상태에서 드래그하면 원을 복사할 수 있어요. 이와 같은 방법으로 깔때기의 위쪽에 1개, ❷~❸ 아래쪽에 2개의 '중금속' 원을 복사하세요.

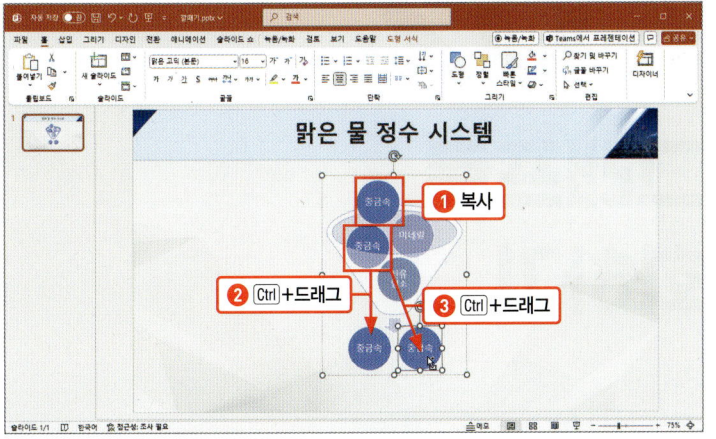

Tip
도형으로 변환되었으므로 원하는 위치에 필요한 개수만큼 자유롭게 도형을 복사할 수 있어요. Alt를 함께 누른 상태에서 드래그하면 좀 더 세밀한 위치로 복사할 수 있습니다.

④ ❶ 복사한 원의 텍스트를 다음의 그림과 같이 **침전물, 건강한 물, 깨끗한 얼음**으로 수정하세요. ❷ Shift를 이용해 아래쪽에 있는 2개의 원을 함께 선택하고 ❸ **[홈] 탭-[그리기] 그룹-[도형 채우기]**를 클릭한 후 ❹ '테마 색'의 **[파랑, 강조 1, 25% 더 어둡게]**를 클릭해 입력 도형과 차별화합니다.

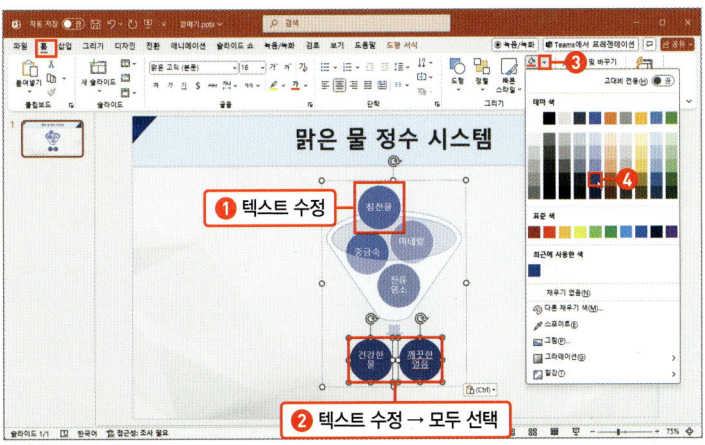

CHAPTER 02

이미지와 그래프로 정보 시각화하기

내용과 관련된 이미지를 사용하면 메시지를 전달하는 데 크게 도움이 됩니다. 특히 프레젠테이션에서 활용도가 높은 배경이 투명한 이미지와 그림 자르기 기능을 다양하게 익혀 실무에 바로 적용해 보세요. 이번 장에서는 표의 서식을 최소화하여 데이터를 강조하는 방법을 익히고 그림과 차트 기능을 결합하여 인포그래픽 효과를 표현해 보겠습니다.

SECTION 03 디자인의 품격을 높이는 이미지 활용하기
SECTION 04 데이터를 강조하는 표와 차트 디자인하기

SECTION

03

디자인의 품격을 높이는 이미지 활용하기

이미지에 따라 프레젠테이션 디자인의 품질이 달라집니다. 배경이 투명한 PNG 이미지는 활용도가 높아 자주 사용하고 EMF와 SVG 이미지는 도형처럼 그룹 해제하거나 색을 변경할 수 있어서 편리합니다. 그러므로 이들 이미지의 특성과 사용법을 제대로 익혀두는 것이 좋습니다.

활용도 ■ ■■■■ ■■■■■

● 실습예제 : 배경제거.pptx
● 완성예제 : 배경제거_완성.pptx

01 배경이 투명한 PNG 이미지 만들기

기본

핵심

그래픽

① 1번 슬라이드에서 ❶ 로고 이미지를 선택하고 ❷ **[그림 서식] 탭-[조정] 그룹-[색]**을 클릭한 후
❸ **[투명한 색 설정]**을 선택합니다.

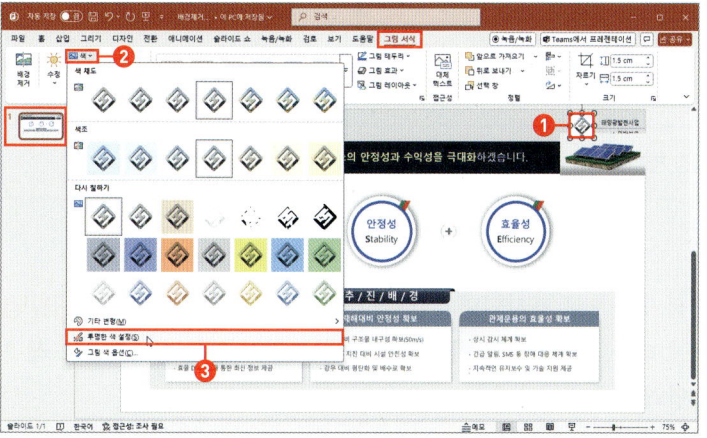

Tip
오피스 버전에 따라 [그림 서식] 탭 대신 [그림 도구]의 [서식] 탭으로 나타날 수 있습니다. [투명한 색 설정]을 선택하면 마우스로 클릭한 부분의 색이 투명하게 바뀝니다.

② 마우스 포인터가 모양으로 바뀌면 로고 이미지의 흰색 부분을 클릭합니다.

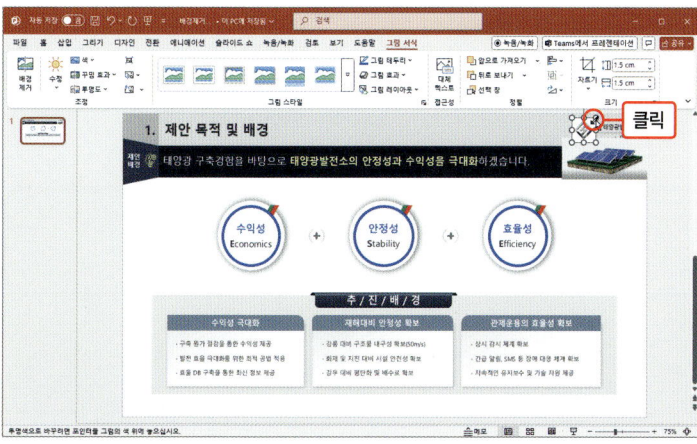

39

③ ❶ 로고 아래의 이미지를 선택하고 ❷ [그림 서식] 탭-[조정] 그룹-[배경 제거]를 클릭하세요.

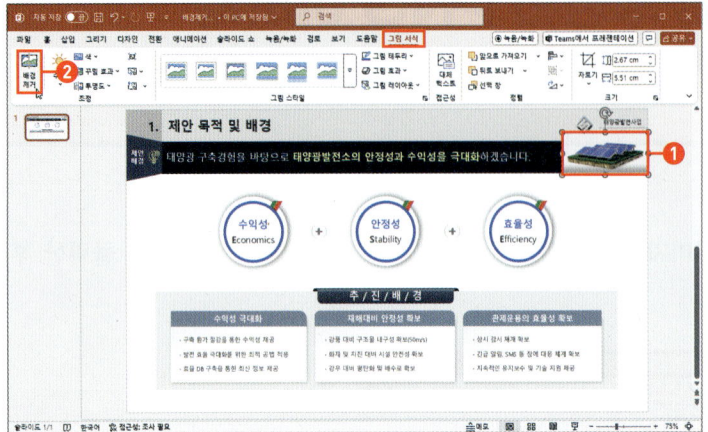

> **Tip**
> 색이 다양한 부분을 투명하게 만들려면 '배경 제거' 기능을 이용하세요. 화면을 크게 확대해서 작업하면 편리합니다.

④ 투명하게 처리할 부분이 분홍색 영역으로 표시되면 ❶ [배경 제거] 탭-[미세 조정] 그룹-[보관할 영역 표시]를 클릭합니다. ❷ 마우스 포인터가 ✏ 모양으로 바뀌면 태양광 그림의 왼쪽 끝부분을 드래그하거나 클릭하여 투명하게 처리할 영역에서 제외하세요.

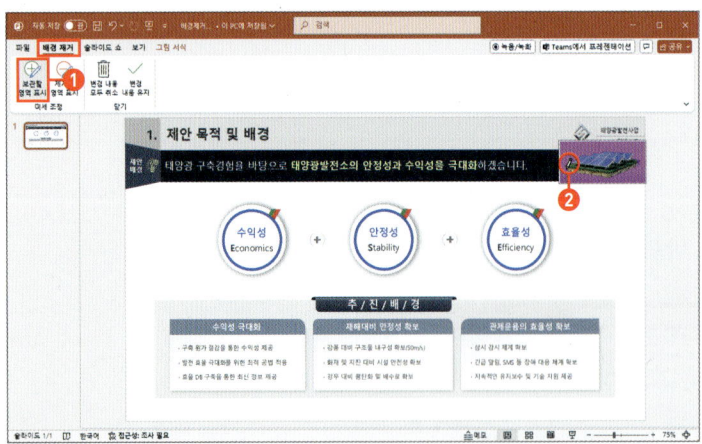

> **Tip**
> • 보관할 영역 표시: 그림으로 나타낼 부분
> • 제거할 영역 표시: 투명하게 처리할 부분

⑤ 이와 같은 방법으로 ❶ 태양광 그림의 오른쪽 끝부분을 드래그해 그림이 나타나도록 설정하고
❷ [배경 제거] 탭-[닫기] 그룹-[변경 내용 유지]를 클릭하세요.

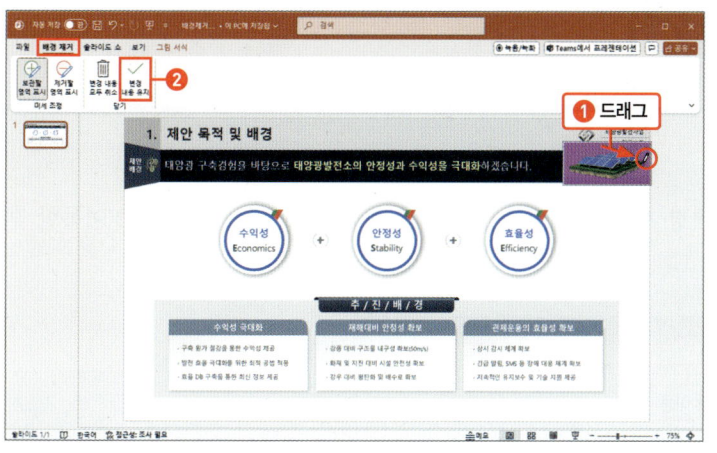

> **Tip**
> 배경 제거 기능을 종료하려면 Esc 를 누르거나 이미지의 바깥쪽을 클릭해도 됩니다.

⑥ 로고와 태양광 패널 이미지의 배경이 투명하게 설정되었는지 확인합니다. 배경이 투명한 PNG 이미지는 다른 개체 위에 배치해도 자연스럽게 어울리므로 활용도가 높습니다.

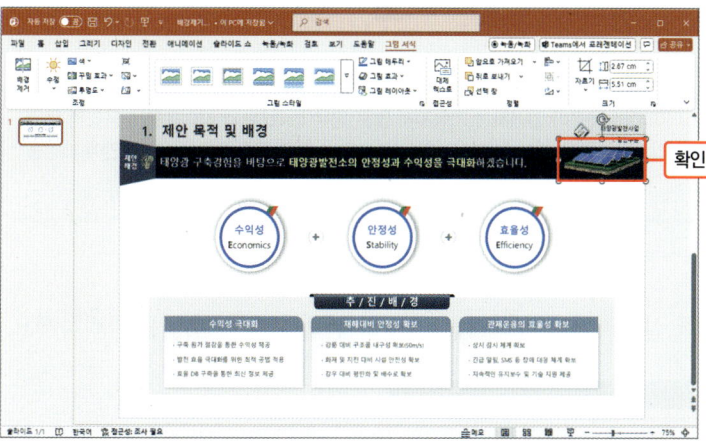

활용도 ■■■□□　　　　　　　　　　　　◉ 실습예제 : 그림1.jpg

02 유틸리티 사이트에서 이미지 배경 제거하기
기본

① 웹 브라우저를 실행하고 ❶ 배경 제거 사이트인 removebg(www.remove.bg/ko)로 이동한 후 ❷ [이미지 업로드]를 클릭하세요.

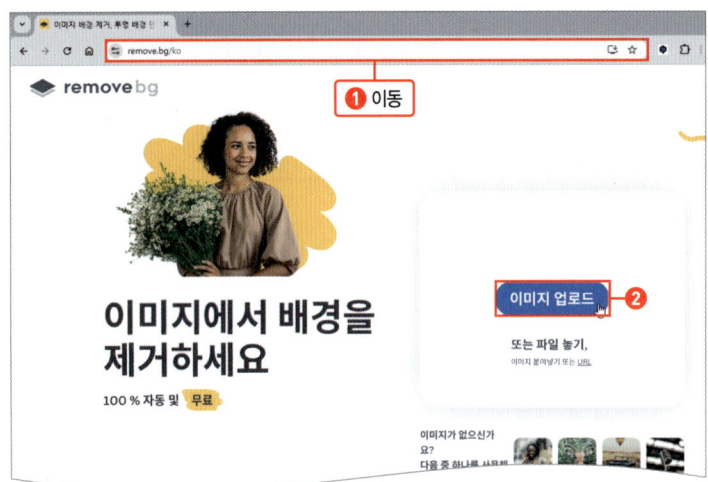

> **Tip**
> '투명한 색 설정'이나 '배경 제거' 기능으로 이미지의 배경이 깔끔하게 지워지지 않은 경우 removebg 사이트를 이용하면 투명한 배경 이미지를 쉽게 얻을 수 있습니다. 머리카락처럼 경계가 명확하지 않은 부분도 스마트 AI를 이용해 몇 초 안에 배경을 깔끔하게 제거할 수 있어요.

② [열기] 대화상자가 열리면 부록 실습파일에서 ❶ '그림1.jpg'를 선택하고 ❷ [열기]를 클릭하세요.

> **Tip**
> 윈도우 탐색기 창에서 이미지 파일을 직접 [이미지 업로드] 위로 드래그 앤 드롭하거나 이미지가 있는 사이트의 URL을 복사하여 붙여넣기해도 됩니다.

❸ 몇 초 만에 배경이 제거된 이미지가 만들어졌는지 확인하세요.

> **Tip**
> 저해상도 이미지는 무료로 변환할 수 있지만, 12MB 이상의 고해상도 이미지는 장당 200~300원 정도의 비용을 지불해야 합니다.

❶ **[편집] 툴**: [지우기/복원] 등을 이용해 이미지를 수정할 수 있습니다.
❷ **[다운로드]**: 배경이 깔끔하게 삭제된 이미지를 다운로드해서 프레젠테이션 문서에 자유롭게 사용할 수 있습니다.

잠깐만요!

무료로 제공하는 배경 제거 사이트

무료로 배경을 제거할 수 있는(누끼 따기) 사이트는 다음과 같습니다.

사이트	URL	사이트	URL
Adobe Express	adobe.com/kr/express	Clipping Magic	ko.clippingmagic.com
Photoroom	photoroom.com/kr	PhotoScissors	photoscissors.com

▲ Adobe Express   ▲ Photoroom

활용도 ■■■

● 실습예제 : 그림압축.pptx
● 완성예제 : 그림압축_완성.pptx

기본 03 잘린 그림 영역 삭제해 파일 용량 줄이기

✓ **실무 활용 사례**
- 불필요한 이미지를 삭제해 저장 용량을 줄여야 할 때

✓ **업무 시간 단축**
- [그림 서식] 탭-[조정] 그룹-[그림 압축] 선택 → 잘려진 그림 영역 삭제

① 그림의 잘린 영역을 삭제한 후 더 이상 복원되지 않도록 설정하면 불필요한 저장을 막아 파일 용량을 줄일 수 있습니다. 1번 슬라이드에서 ❶ 그림을 선택하고 ❷ **[그림 서식] 탭-[조정] 그룹-[그림 원래대로]**를 클릭한 후 ❸ **[그림 및 크기 다시 설정]**을 선택하세요.

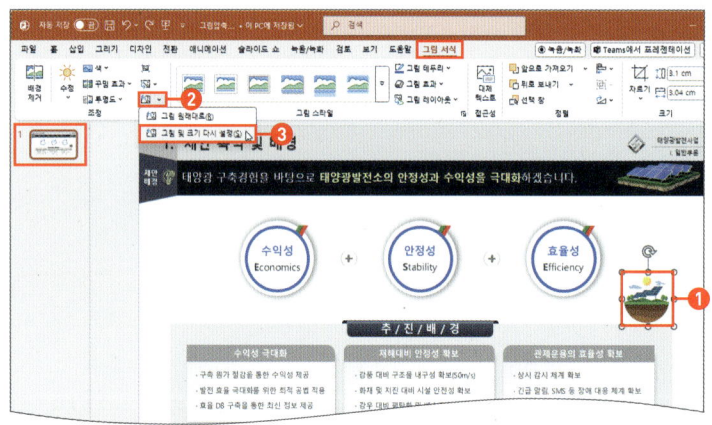

Tip
[그림 원래대로]는 그림에 적용된 서식만 취소하고 원래대로 되돌립니다. 자른 부분까지 복원하려면 [그림 및 크기 다시 설정]을 선택하세요.

② 그림이 원본 상태로 복원되었으면 Ctrl+Z를 눌러 그림 복원 실행을 취소하세요.

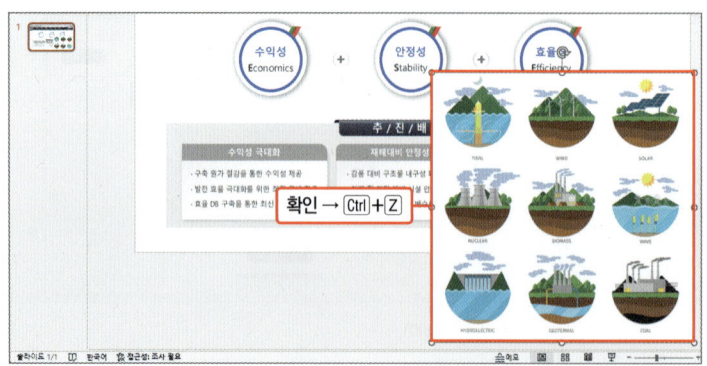

Tip
그림 복원은 보안 문제까지 고려해야 할 부분입니다. 민감한 내용이 포함된 그림을 자른 경우에는 복원 가능성에 대비해야 합니다.

③ ❶ 그림이 이전 상태로 되돌아갔으면 그림을 선택한 상태에서 ❷ [그림 서식] 탭-[조정] 그룹-[그림 압축]을 클릭하세요.

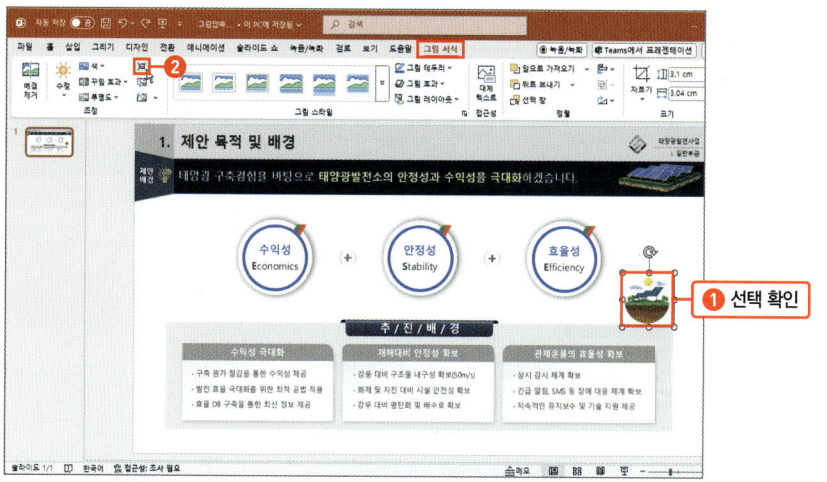

④ [그림 압축] 대화상자가 열리면 ❶ '압축 옵션'의 [이 그림에만 적용]과 [잘려진 그림 영역 삭제]에 체크 표시되었는지 확인하고 ❷ '해상도'에서는 [인쇄(220ppi)]를 선택한 후 ❸ [확인]을 클릭하세요.

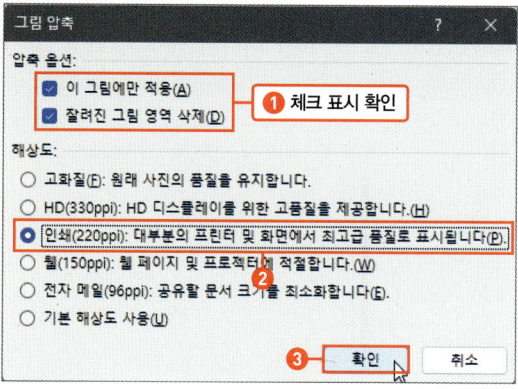

> **Tip**
> [이 그림에만 적용]의 체크 표시를 해제하면 문서에 있는 모든 그림에 그림 압축이 설정됩니다.

⑤ 선택한 그림에만 그림 압축이 설정되었어요. 다시 ❶ [그림 서식] 탭-[조정] 그룹-[그림 원래대로]를 클릭하고 ❷ [그림 및 크기 다시 설정]을 선택해 ❸ 더 이상 원본 상태로 복원되지 않는지 확인합니다.

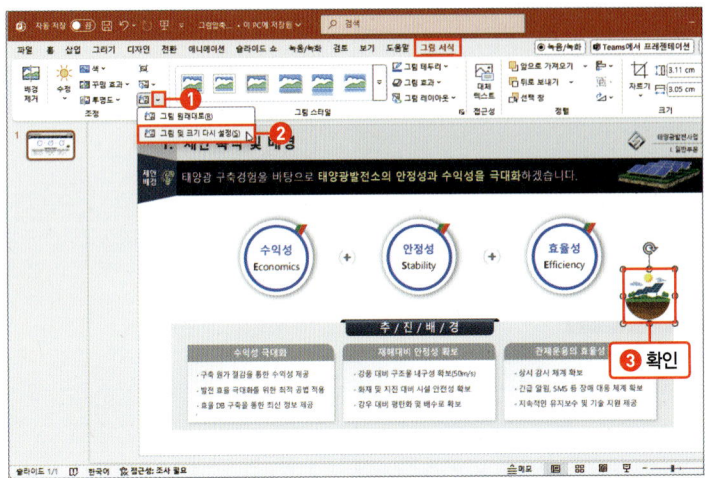

⑥ 슬라이드에 해상도가 아주 높은 그림을 삽입하면 압축하지 않아도 기본값으로 자동 압축됩니다. 만약 원본의 높은 해상도를 유지하려면 그림이 압축되지 않도록 설정해야 합니다. [파일] 탭-[옵션]을 선택해 [PowerPoint 옵션] 창을 열고 ❶ [고급] 범주에서 ❷ '이미지 크기 및 품질'의 [파일의 이미지 압축 안 함]에 체크 표시하고 ❸ [확인]을 클릭하세요. 이 경우에는 파일의 크기가 매우 커질 수 있다는 것을 기억하세요.

> **Tip**
> [파일의 이미지 압축 안 함]의 체크 표시를 해제하면 '기본 해상도'에서 선택한 품질로 이미지를 압축합니다.

● 실습예제 : 그림바꾸기.pptx, 그림2.png, 그림3.png, 그림4.png
● 완성예제 : 그림바꾸기_완성.pptx

기본 04 '그림 바꾸기'로 쉽고 빠르게 그림 교체하기

✔ **실무 활용 사례**
- 같은 구조로 반복되는 디자인에서 그림만 바꾸어야 할 때

✔ **업무 시간 단축**
- 한 세트 작성 후 일정한 간격으로 복사(또는 복제)해 배치
- 그림 선택 → [그림 서식] 탭-[조정] 그룹-[그림 바꾸기] 선택
- 파일로 저장된 그림은 [파일에서], 복사한 그림은 [클립보드] 선택

① 서식과 크기가 모두 같고 그림만 서로 다르면 하나의 그림 세트를 만들어두었다가 복사한 후 그림만 바꾸어서 빠르게 작업할 수 있어요. 1번 슬라이드에서 ❶ 두 번째 그림을 선택하고 ❷ **[그림 서식] 탭-[조정] 그룹-[그림 바꾸기]**를 클릭한 후 ❸ **[이 디바이스]**를 선택하세요.

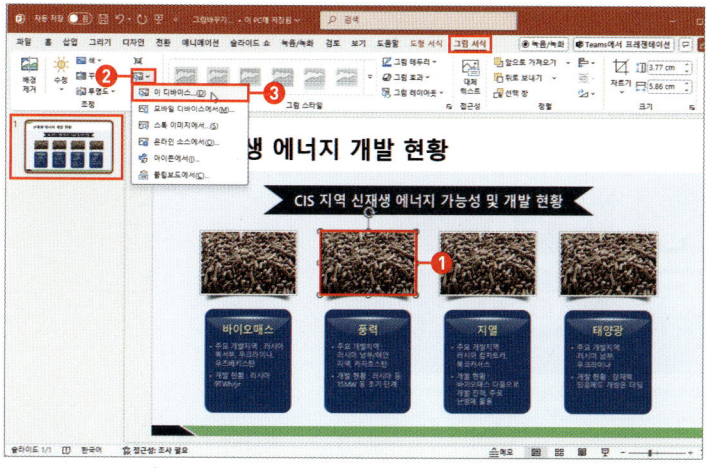

> **Tip**
> [그림 바꾸기]를 클릭했을 때 나타나는 메뉴는 오피스 버전에 따라 조금씩 다를 수 있어서 [이 디바이스] 대신 [파일에서]를 선택할 수도 있습니다.

❷ [그림 삽입] 대화상자가 열리면 부록 실습파일에서 ❶ '그림2.png'를 선택하고 ❷ [삽입]을 클릭하세요.

❸ ❶ 두 번째 그림의 크기와 서식이 모두 유지되면서 그림만 변경되었습니다. 이와 같은 방법으로 ❷ 세 번째 그림과 네 번째 그림도 '그림3.png'와 '그림4.png'로 바꾸세요.

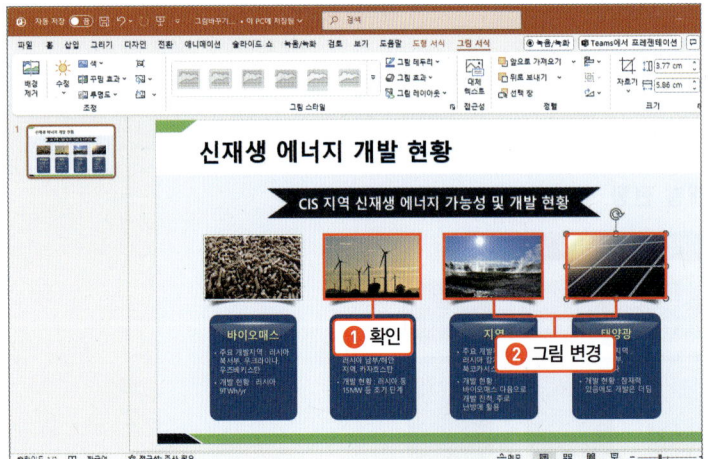

●**실습예제**: SVG.pptx, kr.svg
●**완성예제**: SVG_완성.pptx

활용도 ■■■

SVG 이미지로 지도의 일부 지역만 색 변경하기

① ❶ 웹 브라우저를 실행하고 구글(google.com) 사이트에서 ❷ 검색 키워드에 **south korea svg**를 입력한 후 Enter를 누릅니다. 검색 결과가 표시되면 ❸ 행정 구역이 구분된 지도 그림이 보이는 링크를 클릭하세요.

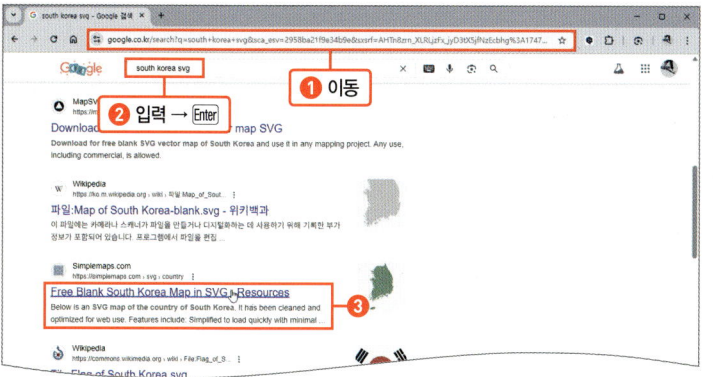

영상 강의

> **Tip**
> 키워드에 'SVG'를 포함해서 검색하세요. SVG(Scalable Vector Graphics)는 2차원 그래픽을 표현하기 위해 만든 XML 파일 형식으로, 파워포인트 2019 버전 이후부터는 그림으로 삽입할 수 있습니다. 그리고 그림의 그룹을 해제하면 도형처럼 사용할 수 있어요.

② 지도 그림에 대한 화면이 열리면 **[Download SVG]**를 클릭해 지도 이미지를 다운로드합니다.

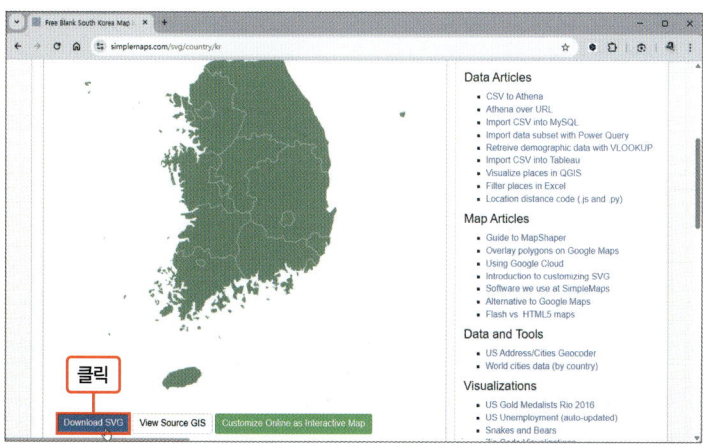

> **Tip**
> 이미지에서 마우스 오른쪽 단추를 클릭하고 [이미지를 다른 이름으로 저장]을 선택해도 됩니다. 이때 확장자가 SVG인지 확인하세요.

49

③ ❶ 'SVG.pptx'를 실행하고 1번 슬라이드에서 ❷ [삽입] 탭-[이미지] 그룹-[그림]을 클릭한 후 ❸ [이 디바이스]를 선택합니다.

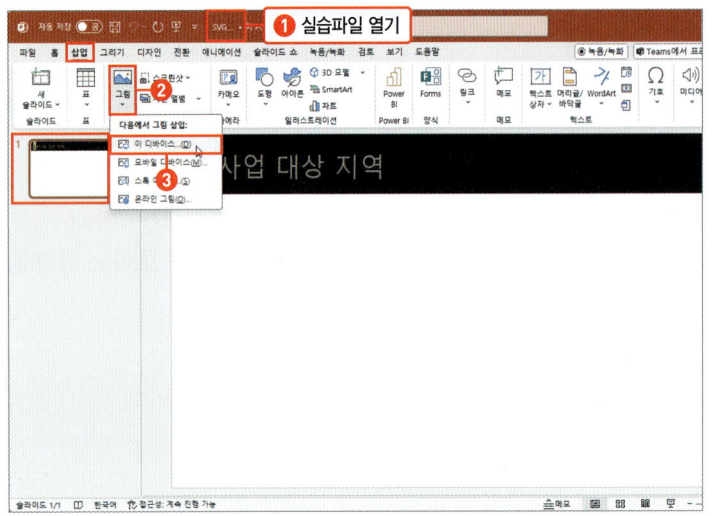

④ [그림 삽입] 대화상자가 열리면 ❶ '다운로드' 폴더로 이동해서 ❷ 다운로드한 그림을 선택한 후 ❸ [삽입]을 클릭하세요.

> **Tip**
> SVG 형식의 이미지는 오피스 2019 버전 이후 또는 M365(마이크로소프트 365) 버전에서만 삽입할 수 있어요. 이전 버전 사용자는 부록 실습파일의 '완성예제' 폴더에서 'kr.emf'를 선택하여 삽입하세요.

5 삽입한 SVG 이미지를 선택한 상태에서 ❶ **[그래픽 형식] 탭-[크기] 그룹-[도형 높이]**를 **[13cm]**로 수정하고 ❷ 슬라이드의 가운데로 이동하세요. 그룹을 해제하기 위해 ❸ **[그래픽 형식] 탭-[정렬] 그룹-[그룹화]**를 클릭하고 ❹ **[그룹 해제]**를 선택하세요.

> **Tip**
> [홈] 탭-[그리기] 그룹-[정렬]을 클릭하고 [그룹 해제]를 선택하거나 단축키((Ctrl)+(Shift)+(G))를 눌러도 됩니다.

6 그룹이 아닌 가져온 그림이고 그리기 개체로 변환하겠는지 묻는 메시지 창이 열리면 **[예]**를 클릭하세요.

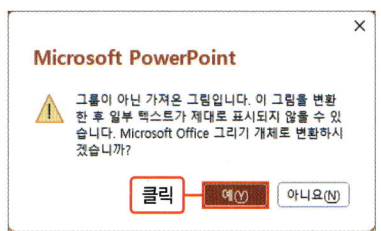

잠깐만요!

cloudconvert에서 SVG 이미지를 EMF 이미지로 변환하기

cloudconvert 사이트(cloudconvert.com)에서 SVG 이미지를 모든 버전의 파워포인트에서 사용할 수 있는 EMF 이미지로 변환할 수 있습니다.

▲ 'convert'는 'SVG', 'to'는 'EMF' 선택하기

7 SVG 이미지가 그룹 해제되면서 도형처럼 지도의 각 부분이 분리되었는지 확인합니다.

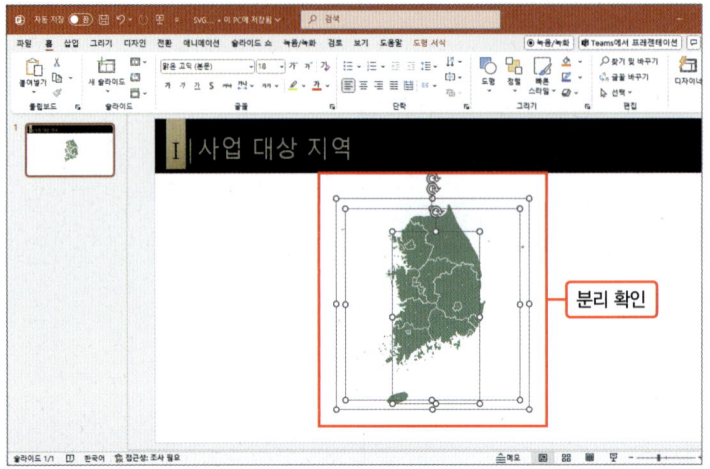

분리 확인

> **Tip**
> 그룹 해제되어 도형으로 변경된 후에는 [그래픽 형식] 탭 대신 [도형 서식] 탭이 표시됩니다. 오피스 버전에 따라 그룹 해제 전에는 [그림 도구]의 [서식] 탭으로, 그룹 해제 후에는 [그리기 도구]의 [서식] 탭으로 표시될 수 있어요.

8 ❶ 강원도 지역만 한 번 더 클릭하여 선택하고 ❷ **[홈] 탭-[그리기] 그룹-[도형 채우기]**를 클릭한 후 ❸ '테마 색'의 **[파랑, 강조 1]**을 선택하여 다른 지역과 구별되는 색으로 변경합니다. 이와 같이 파워포인트에서 만든 도형처럼 자유롭게 도형 서식을 지정할 수 있어요.

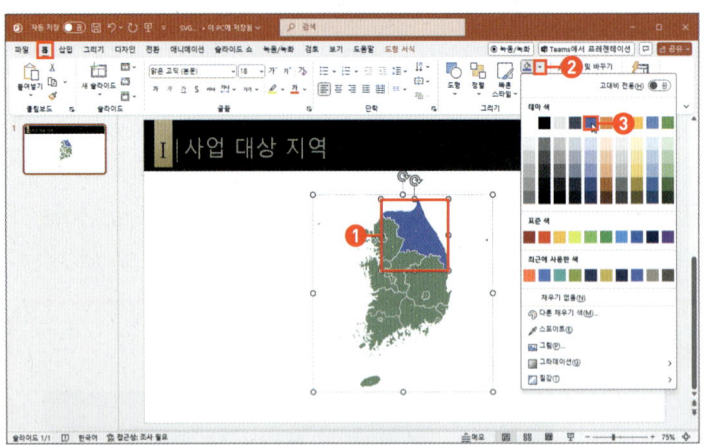

> **Tip**
> 이미지의 일부분만 색을 변경하거나 도형에서만 할 수 있는 작업이 필요한 경우에는 SVG 형식으로 다운로드하면 편리합니다. 도형으로 변경된 후에는 그룹화(Ctrl+G)해도 다시 SVG 형식으로 되돌아가지 않습니다.

활용도 ■■■ ■■

기본 06 도형 병합 기능으로 자유롭게 그림 자르기

● 실습예제 : 그림자르기.pptx
● 완성예제 : 그림자르기_완성.pptx

핵심 / 그래픽

① ❶ **2번 슬라이드**에서 ❷ 도형을 원하는 그림의 위치로 드래그해 각각 배치하고 첫 번째 그림을 선택한 후 ❸ Shift 를 누른 상태에서 첫 번째 도형을 함께 선택합니다. ❹ **[도형 서식] 탭-[도형 삽입] 그룹-[도형 병합]**을 클릭하고 ❺ **[교차]**를 선택하세요. 이때 반드시 그림을 먼저 선택해야 도형과 교차된 부분의 그림이 남겨집니다.

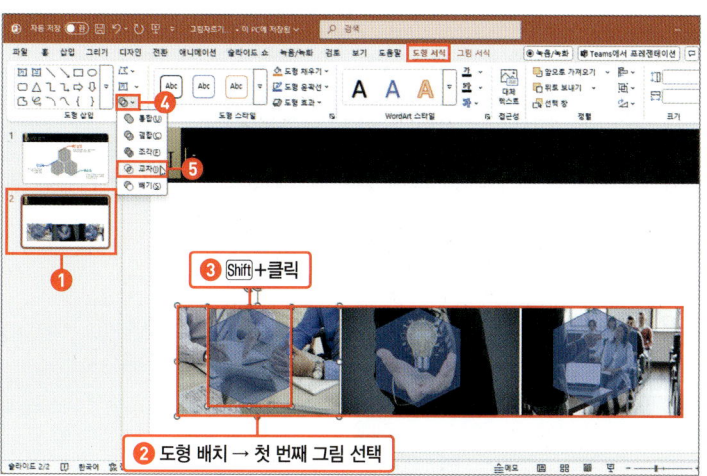

영상 강의

Tip
'교차'는 파워포인트 2016 이상의 버전에서만 가능한 기능으로, 그림과 겹쳐지는 텍스트에도 실행할 수 있어요.

② ❶ 두 번째 그림을 먼저 선택하고 ❷ Shift 를 누른 상태에서 두 번째 도형을 함께 선택한 후 F4 를 눌러 앞의 작업을 반복합니다.

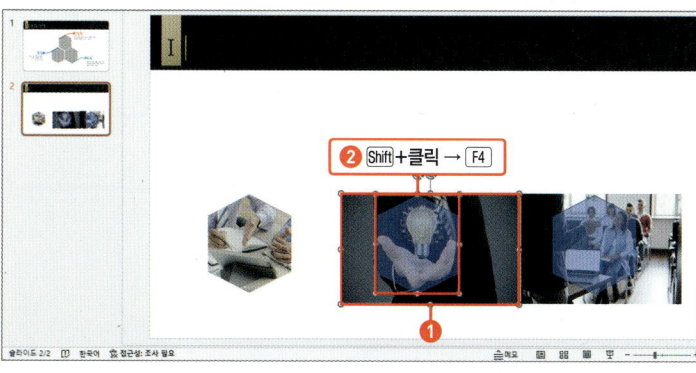

3 이와 같은 방법으로 세 번째 그림과 도형도 병합하여 그림을 자르고 자른 그림을 모두 복사(Ctrl+C)합니다.

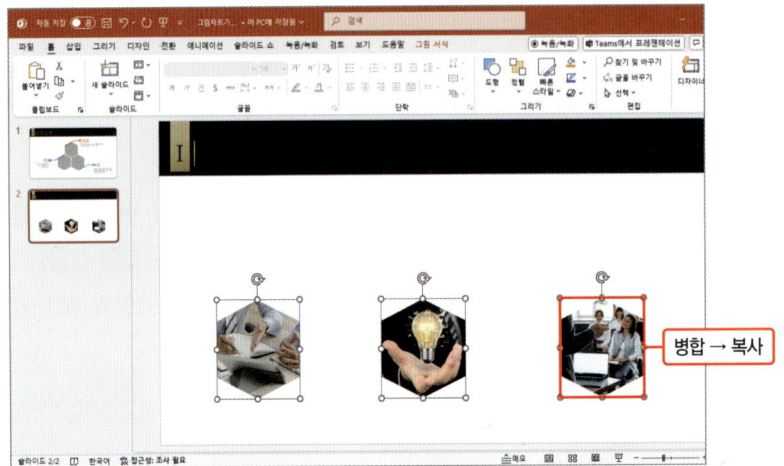

4 ① **1번 슬라이드**를 선택하고 ② 앞에서 복사한 그림들을 붙여넣은 후 다음의 그림과 같이 도형 위에 배치하세요.

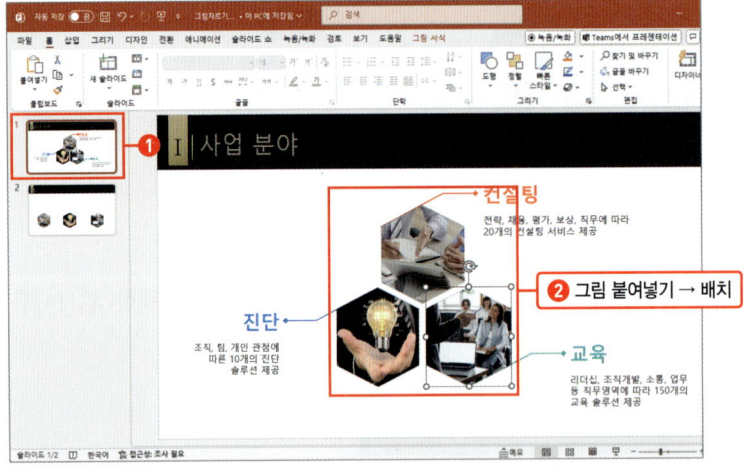

> **Tip**
> 복사한 그림을 붙여넣은 후 도형과 겹쳐 배치할 때 스마트 가이드의 빨간색 점선을 이용하면 편리합니다.

⑤ ❶~❷ Shift를 이용해 3개의 그림을 함께 선택하고 ❸ [홈] 탭-[그리기] 그룹-[정렬]을 클릭한 후 ❹ [맨 뒤로 보내기]를 선택하세요.

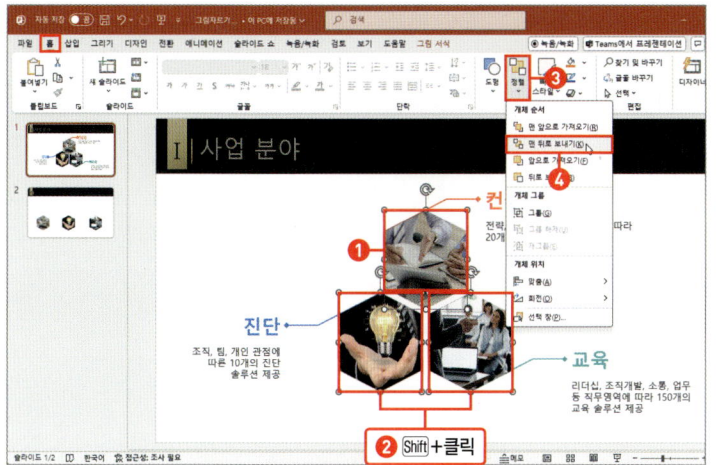

⑥ 투명하게 처리한 검은색 도형을 겹쳐서 그림 톤을 어둡게 조절했습니다.

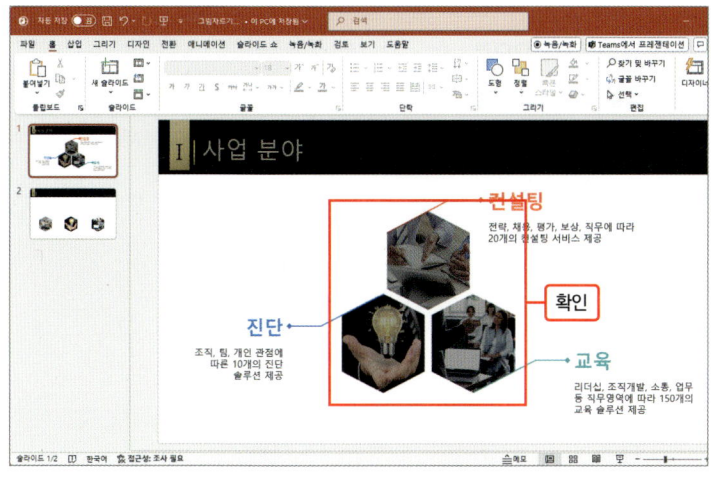

SECTION

04

데이터를 강조하는
표와 차트 디자인하기

표에 서식을 너무 많이 지정하면 내용이 잘 보이지 않으므로 꼭 필요한 부분에만 테두리와 채우기 서식을 적용하여 내용을 강조해야 합니다. 기본 차트 기능 외에도 그래픽 요소들을 이용해 다양한 방법으로 숫자 데이터를 효과적으로 표현할 수 있습니다.

활용도 ■■ ■■■

실습예제 : 표_테두리.pptx
완성예제 : 표_테두리_완성.pptx

기본 01 테두리 최소화해 데이터 강조하는 표 만들기

✓ 실무 활용 사례
- 표의 테두리를 최소화해서 표 데이터를 돋보이게 해야 할 때

✓ 업무 시간 단축
- [테이블 디자인] 탭-[테두리 그리기] 그룹-[펜 스타일], [펜 두께], [펜 색] 선택
- [테이블 디자인] 탭-[표 스타일] 그룹-[테두리 위치] 선택

① 1번 슬라이드에서 ❶ 표를 선택하고 ❷ [테이블 디자인] 탭-[표 스타일] 그룹-[테두리]를 클릭한 후 ❸ [테두리 없음]을 선택하여 표에 설정된 테두리를 모두 지웁니다.

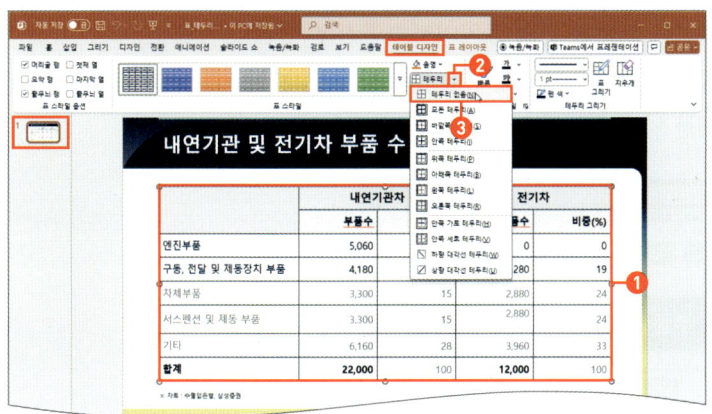

Tip
오피스 버전에 따라 [테이블 디자인] 탭 대신 [표 도구]의 [디자인] 탭으로 표시될 수 있어요.

② ❶ [테이블 디자인] 탭-[테두리 그리기] 그룹-[펜 두께]에서 [1.5pt]를 지정하고 ❷ [펜 색]에서 ❸ '테마 색'의 [흰색, 배경 1, 35% 더 어둡게]를 클릭하세요.

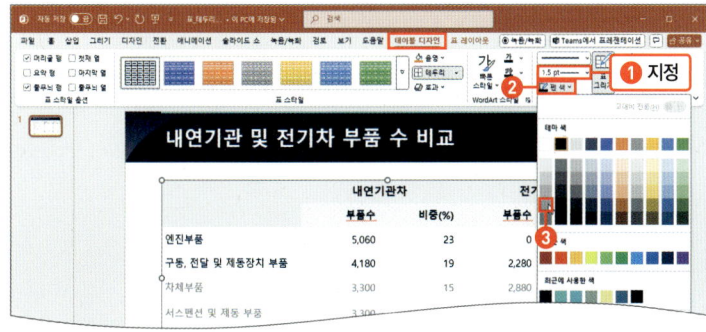

Tip
[테이블 디자인] 탭-[테두리 그리기] 그룹에서 설정한 테두리 속성은 [테이블 디자인] 탭-[표 스타일] 그룹-[테두리]에서 적용할 테두리 위치를 지정할 때 반영됩니다.

③ 표를 선택한 상태에서 ❶ [테이블 디자인] 탭-[표 스타일] 그룹-[테두리]를 클릭하고 ❷ [위쪽 테두리]와 ❸ [아래쪽 테두리]를 차례대로 선택하세요.

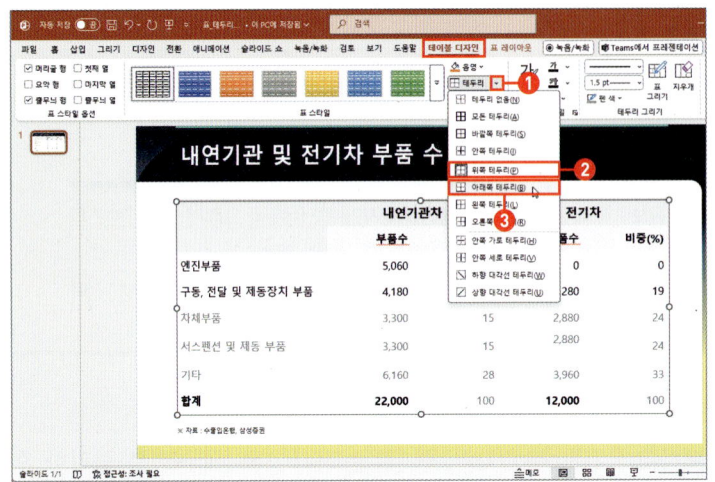

> **Tip**
> 펜 두께와 펜 색을 설정한 후에 마우스 포인터가 🖉 모양으로 변해도 무시하고 다음 작업을 진행하세요.

④ ❶ 표의 제목과 '합계' 행을 제외한 부분을 범위로 지정하고 ❷ [테이블 디자인] 탭-[테두리 그리기] 그룹-[펜 두께]에서 [1pt]를 선택하세요. ❸ [테이블 디자인] 탭-[표 스타일] 그룹-[테두리]를 클릭하고 ❹ [위쪽 테두리]와 ❺ [아래쪽 테두리]를 차례대로 선택하세요.

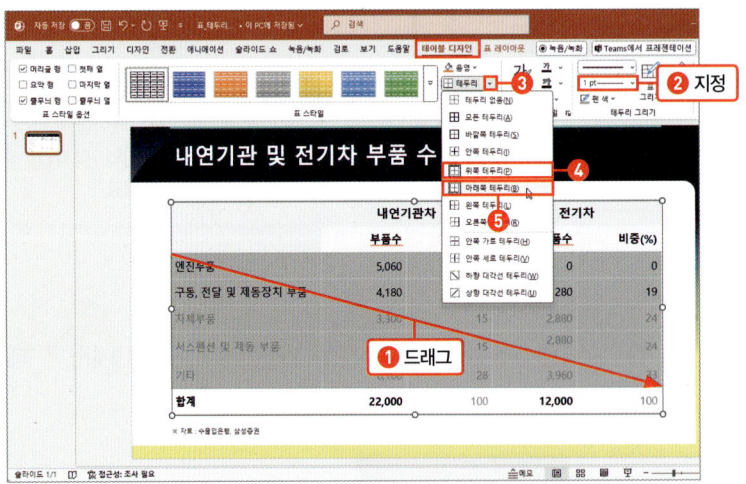

⑤ ❶ 2행의 텍스트 부분을 범위로 지정하고 ❷ [테이블 디자인] 탭-[테두리 그리기] 그룹-[펜 두께]에서 [0.5pt]를 선택하세요. ❸ [테이블 디자인] 탭-[표 스타일] 그룹-[테두리]를 클릭하고 ❹ [위쪽 테두리]를 선택하세요.

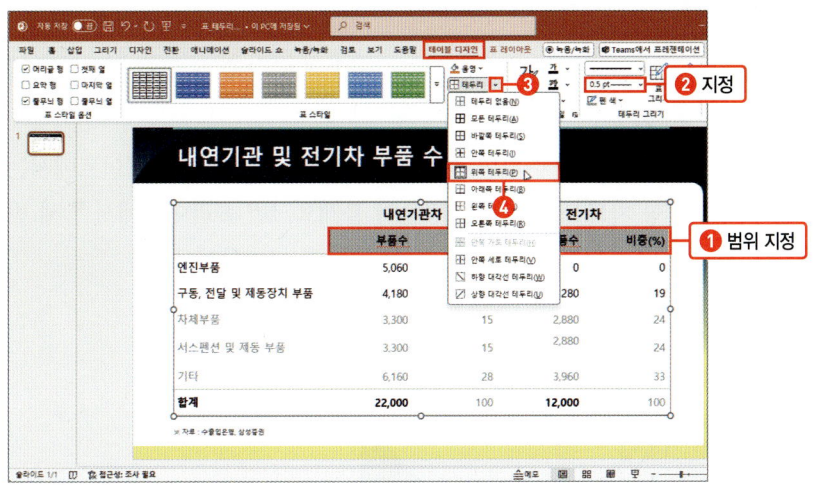

⑥ ❶ 표 전체를 선택하고 ❷ [테이블 디자인] 탭-[테두리 그리기] 그룹-[펜 스타일]에서는 ············ 을, [펜 두께]에서는 [0.5pt]를 선택하세요. ❸ [테이블 디자인] 탭-[표 스타일] 그룹-[테두리]를 클릭하고 ❹ [안쪽 세로 테두리]를 선택하세요.

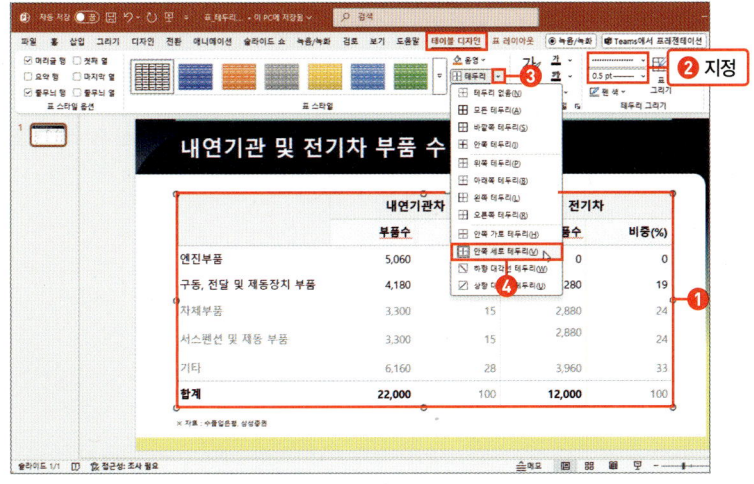

> **Tip**
> 표에서 셀의 채우기 색이 너무 화려하거나 테두리가 진하면 표의 내용이 잘 보이지 않습니다. 그러므로 선이나 내부의 채우기 색을 최대한 자제하면서 꼭 필요한 부분에만 적용하여 내용을 강조하는 것이 중요합니다.

활용도 ■■■□□

● 실습예제 : 진행률차트.pptx
● 완성예제 : 진행률차트_완성.pptx

실무 02 원형 차트와 도형으로 진행률 차트 만들기

① 진행률을 게이지(gauge) 차트 모양으로 표현하면 시각적인 효과가 크지만 파워포인트에서는 게이지 차트가 제공되지 않으므로 원형 차트를 변형해서 만들어 볼게요. 1번 슬라이드에서 ❶ 세 번째 원형 차트를 선택하고 ❷ **[차트 디자인] 탭-[데이터] 그룹-[데이터 편집]**을 클릭하세요.

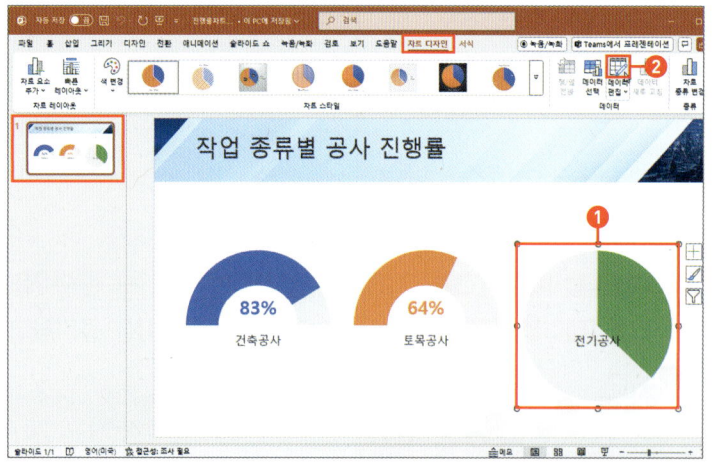

Tip
오피스 버전에 따라 [차트 디자인] 탭 대신 [차트 도구]의 [디자인] 탭으로 표시될 수 있습니다.

② [차트 데이터 시트] 창이 열리면 ❶ **[B4] 셀**에 **100**을 입력하고 ❷ 오른쪽 아래의 표식을 아래쪽으로 드래그해 차트 데이터 영역을 **[B4] 셀**까지 확장한 후 ❸ 창을 닫으세요.

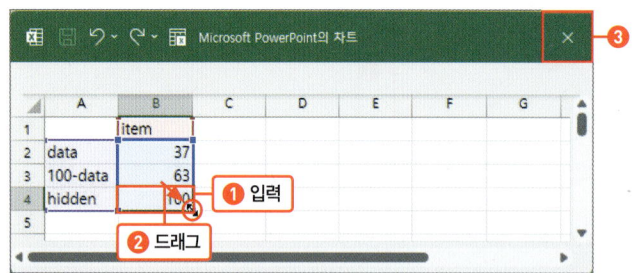

Tip
[B3] 셀에는 수식 '=100-B2'가 입력되어 있어서 [B2] 셀 값을 변경하면 자동으로 [B3] 셀 값도 변경됩니다. [B4] 셀 값인 '100'은 나머지 반원을 차지하면서 투명하게 처리해 감출 부분이에요.

③ ⬥ 세 번째 원형 차트에서 마우스 오른쪽 단추를 클릭하고 ⬥ **[데이터 계열 서식]**을 선택하세요.

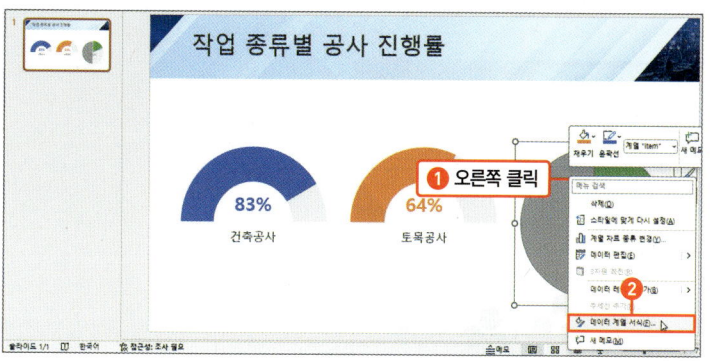

④ 화면의 오른쪽에 [데이터 계열 서식] 창이 열리면 ⬥ **[계열 옵션]**(📊)의 ⬥ **[계열 옵션]**에서 ⬥ '첫째 조각의 각'을 **[270°]**로 지정하세요.

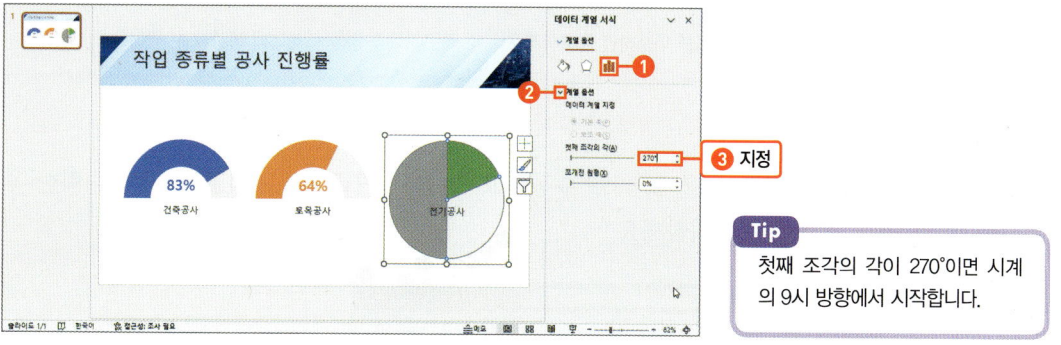

> **Tip**
> 첫째 조각의 각이 270°이면 시계의 9시 방향에서 시작합니다.

⑤ 아래쪽 반원은 사용하지 않을 부분이므로 투명하게 처리해 볼게요. ⬥ 아래쪽 회색 반원 조각을 한 번 더 클릭해 선택하고 ⬥ **[계열 옵션]-[채우기 및 선]**(🎨)의 ⬥ **[채우기]**에서는 ⬥ **[채우기 없음]**을, ⬥ **[테두리]**에서는 ⬥ **[선 없음]**을 선택한 후 ⬥ [데이터 요소 서식] 창을 닫으세요.

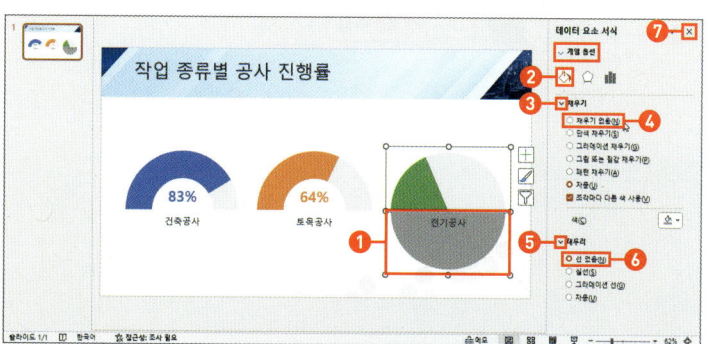

> **Tip**
> 데이터 계열은 '같은 종류의 데이터 묶음'을, 데이터 요소는 '계열 내 하나의 개별 값'을 뜻합니다. 원형 차트 전체를 선택하면 [데이터 계열 서식] 창이, 원형 차트에서 파이 조각 하나를 선택하면 [데이터 요소 서식] 창으로 표시됩니다.

61

6 **①~②** Shift를 이용해 '토목공사' 차트의 흰색 반원과 텍스트 상자를 함께 선택하고 **③** Ctrl+Shift를 누른 상태에서 오른쪽으로 드래그해 수평으로 복사하세요.

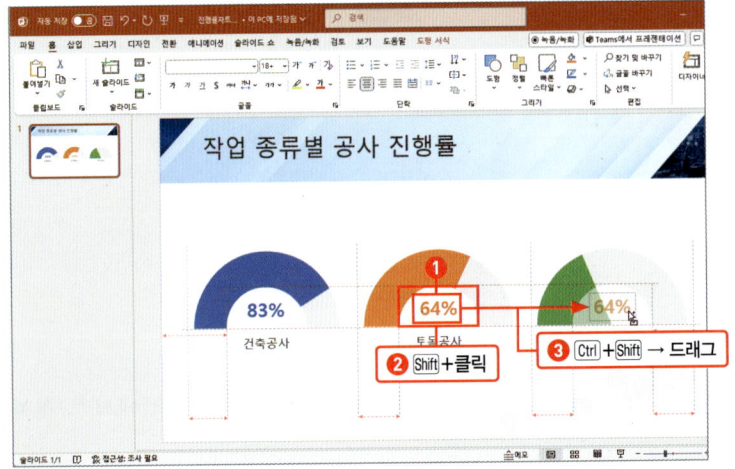

> **Tip**
> 빨간색 점선 화살표 모양의 스마트 그리드를 이용하면 정확하게 차트의 가운데로 도형을 드래그해 복사할 수 있어요.

7 **①** 복사한 텍스트 상자의 값을 **37%**로 수정하고 **②** **[홈] 탭-[글꼴] 그룹-[글꼴 색]**을 클릭한 후 **③** '테마 색'의 **[녹색, 강조 6]**을 클릭하세요.

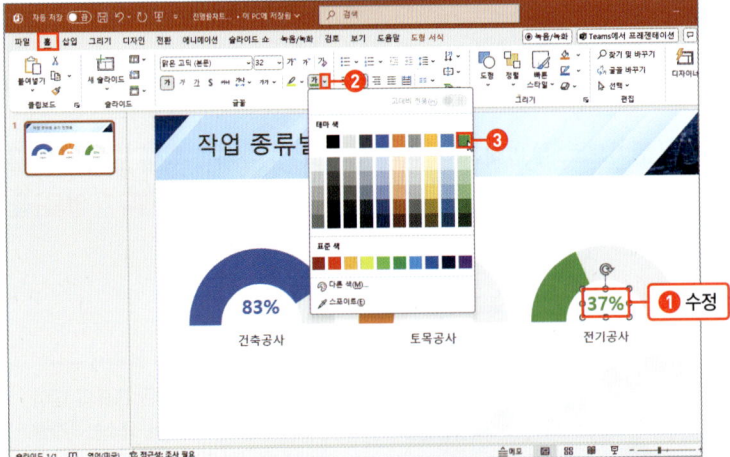

8 **①~②** Shift를 이용해 차트 위에 배치된 3개의 흰색 반원들을 함께 선택합니다. **③ [홈] 탭-[그리기] 그룹-[도형 효과]**를 클릭하고 **④ [그림자]**를 선택한 후 **⑤** '안쪽'의 **[왼쪽 위]**를 선택해 그림자를 적용하세요.

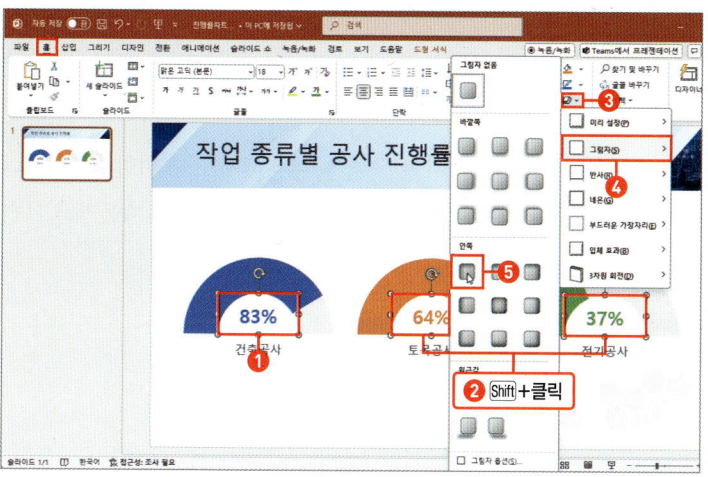

9 원형 차트와 반원 도형을 이용해 게이지 모양의 진행률 차트를 완성했습니다.

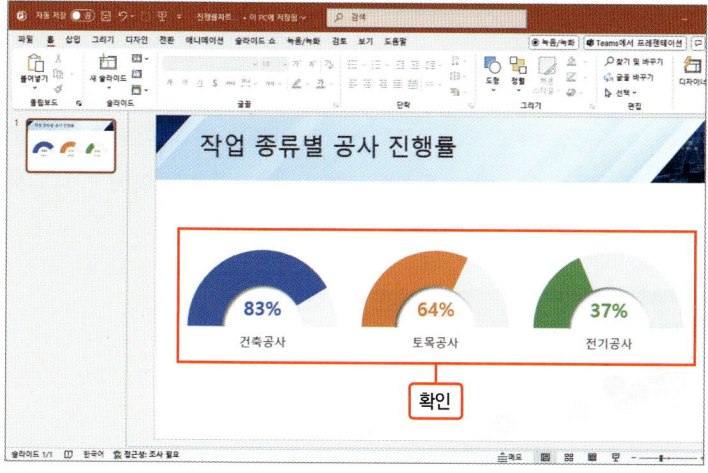

> **Tip**
> 차트 데이터를 수정하면 진행률을 쉽게 변경할 수 있어요.

활용도 ■■■

03 아이콘 복제해 비율 표시하는 아이콘 차트 만들기

기본

● 실습예제 : 아이콘차트.pptx
● 완성예제 : 아이콘차트_완성.pptx

① 비율은 원형 차트뿐만 아니라 아이콘이나 로고 이미지의 색깔을 이용해서도 표현할 수 있습니다. 이번에는 아이콘을 복제하여 100개를 나열하고 회색을 이용해 해당 비율을 나타내볼게요. 1번 슬라이드에서 트위터 이미지를 모두 선택하고 Ctrl + D 를 눌러 복제하세요.

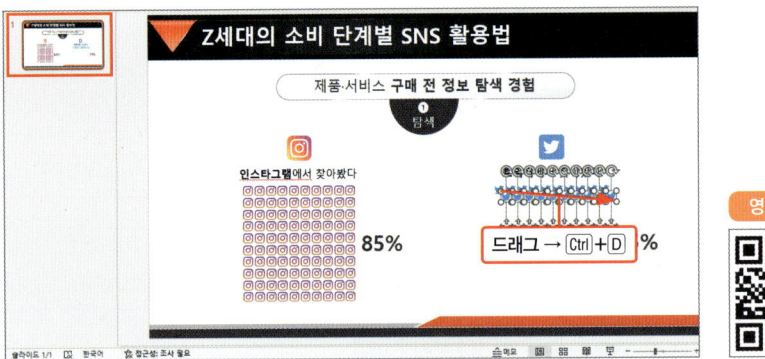

② 복제한 개체들의 가로 줄과 세로 줄을 맞추어 위치를 이동합니다. 스마트 가이드의 점선과 화살표를 보면서 위쪽 줄과 세로 줄을 맞추고 왼쪽 인스타그램 아이콘의 높이에 맞추어 위치를 이동하세요.

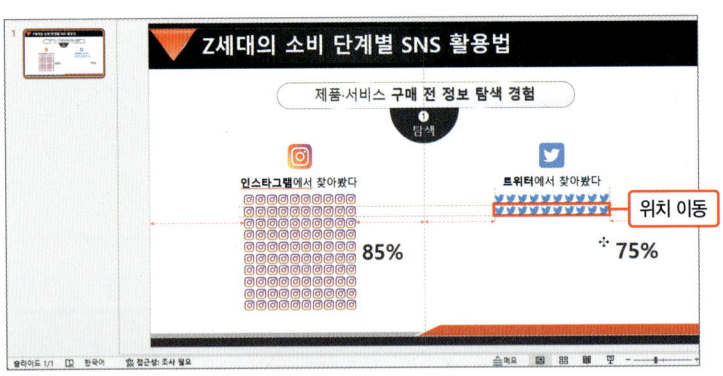

> **Tip**
> 복제하는 동안에는 다른 곳을 클릭해 개체의 선택을 취소하면 안 됩니다.

③ Ctrl + D를 8번 더 눌러서 같은 간격으로 아이콘을 10줄 복제합니다.

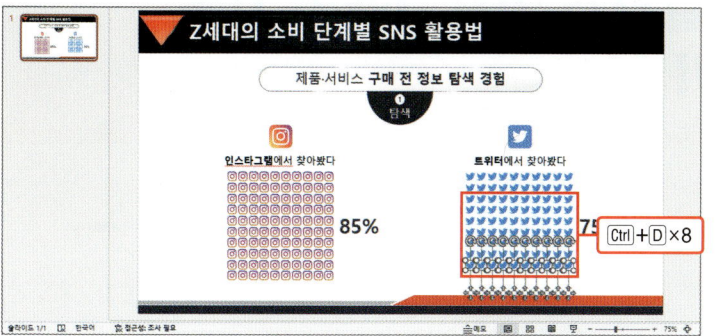

④ ❶ Shift를 이용해 왼쪽 아이콘 중에서 마지막 15개 아이콘을 함께 선택하고 ❷ [그림 서식] 탭-[조정] 그룹-[색]을 클릭한 후 ❸ '다시 칠하기'의 [밝은 회색, 배경색 2 밝게]를 클릭하세요.

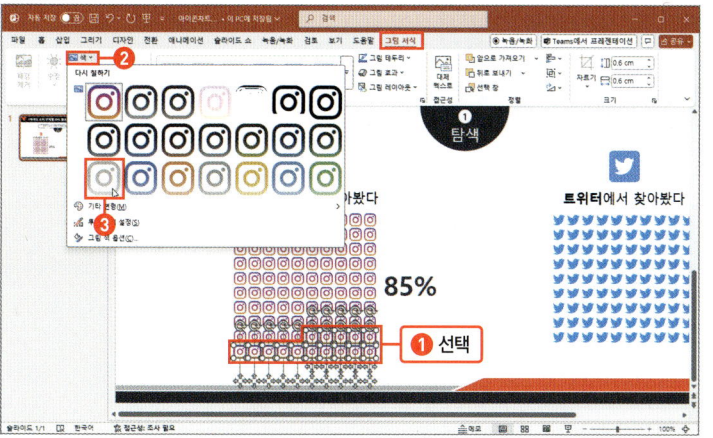

> **Tip**
> 그림 크기가 작아서 선택하기 어려우면 화면을 충분히 크게 확대한 상태에서 작업하는 것이 좋습니다. Shift를 누른 상태에서 아이콘들을 차례대로 클릭해 함께 선택하세요.

⑤ 오른쪽 아이콘 중에서 마지막 25개 아이콘을 함께 선택하고 F4를 눌러 같은 작업을 반복하세요.

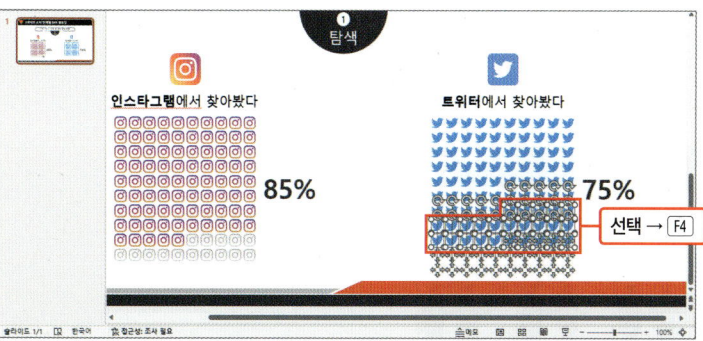

활용도 ■ ■ ■

● 실습예제 : 그림자르기차트.pptx
● 완성예제 : 그림자르기차트_완성.pptx

실무 04 그림 잘라서 인포그래픽 차트 만들기

✓ **실무 활용 사례**
- 그림으로 비율을 표현해야 할 때

✓ **업무 시간 단축**
- 뒤쪽 그림: '희미하게'로 조정한 전체 그림
- 앞쪽 그림: '자르기'로 비율을 나타내는 그림

1 그림을 복사한 후 자른 그림과 원본 크기의 그림을 포개는 방법으로 비율을 표시하는 차트를 만들어볼게요. 1번 슬라이드에서 ❶~❷ Shift 를 이용해 두 번째 그림부터 네 번째 그림을 함께 선택하고 ❸ Ctrl + Shift 를 누른 상태에서 오른쪽으로 드래그해 수평 복사하세요.

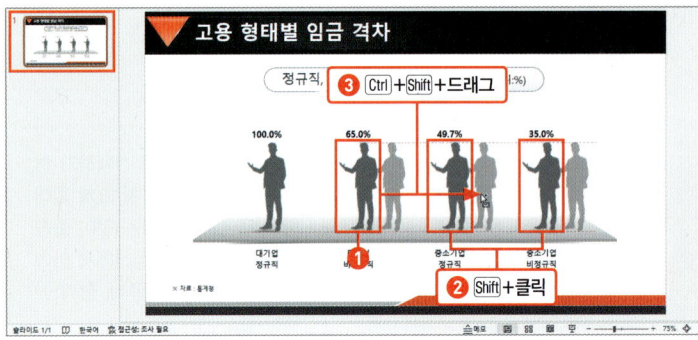

2 ❶ 복사한 3개의 그림을 선택한 상태에서 ❷ Shift 를 누른 채 1번 그림을 클릭해 함께 선택합니다. ❸ [그림 서식] 탭-[조정] 그룹-[색]을 클릭하고 ❹ '다시 칠하기'의 [파랑, 밝은 강조색 1]을 클릭하세요.

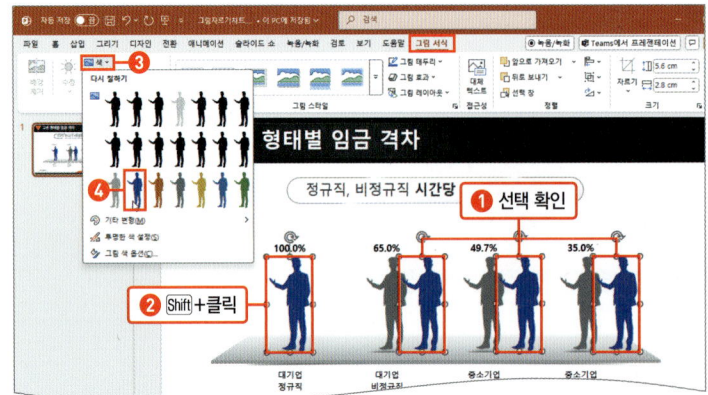

③ ❶ Esc 를 눌러 그림의 선택을 취소하고 ❷~❸ Shift 를 이용해 2번, 3번, 4번 그림에서 원본 그림을 함께 선택합니다. ❹ **[그림 서식] 탭-[조정] 그룹-[색]**을 클릭하고 ❺ '다시 칠하기'의 **[희미하게]**를 클릭하세요.

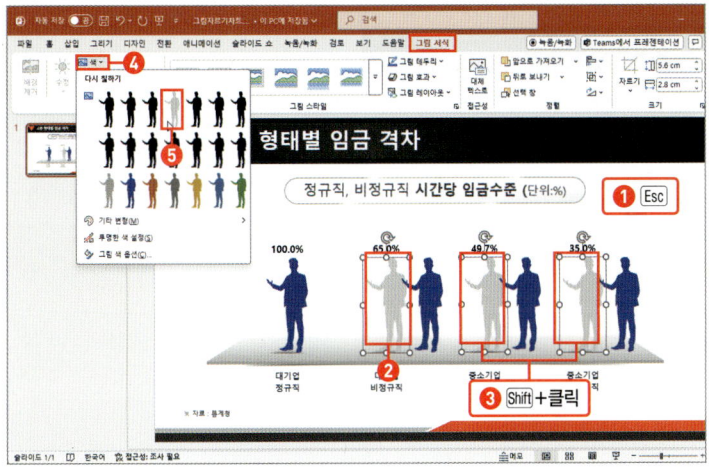

④ ❶ 2번 그림에서 복사한 그림을 선택하고 ❷ **[그림 서식] 탭-[크기] 그룹-[자르기]**를 클릭합니다. 자르기 선이 표시되면 ❸ 그림의 65% 정도가 남도록 그림을 위에서 아래로 드래그해 자르세요.

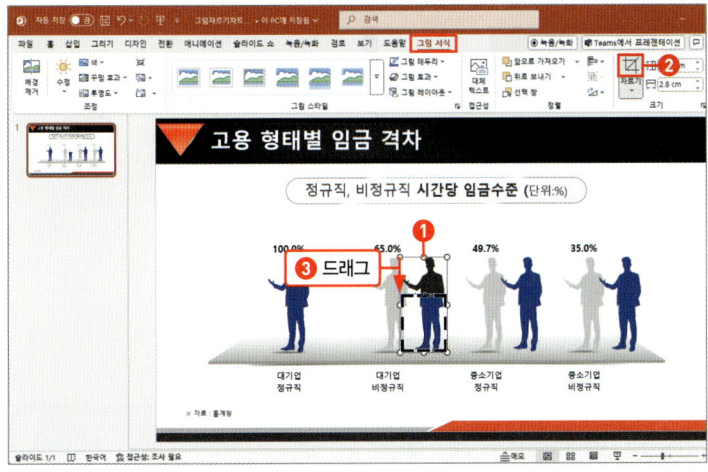

> **Tip**
> 그림 자르기는 정확한 숫자값이 있는 것이 아니므로 대략적인 느낌으로 잘라야 합니다. 2개 이상 값을 표시해야 할 경우 상대적인 크기를 고려하여 자르세요. 이때 Alt 를 누른 상태에서 드래그하면 좀 더 세밀하게 그림을 자를 수 있습니다.

⑤ 나머지 2개의 그림도 각각 '50%', '35%' 정도의 값이 되도록 그림을 자르세요.

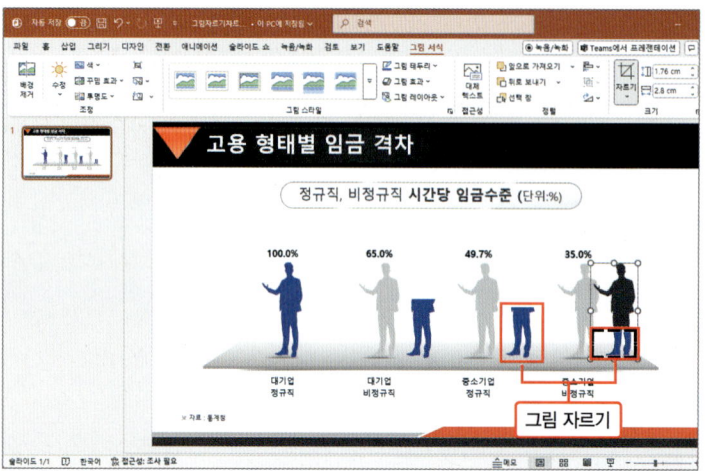

⑥ ❶~❷ Shift를 이용해 2번 그림에서 원본 그림과 복사본 그림을 함께 선택하고 ❸ [그림 서식] 탭-[정렬] 그룹-[개체 맞춤]을 클릭한 후 ❹ [왼쪽 맞춤]을 선택해 2개의 그림을 정확하게 포개세요.

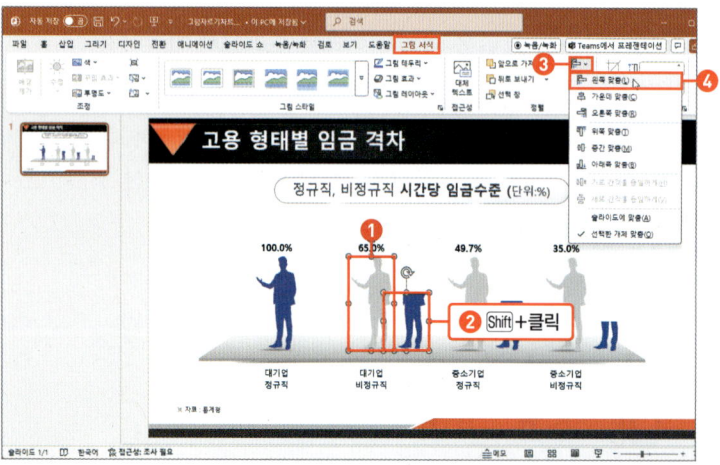

Tip
2개의 그림을 포개었을 때 복사한 그림, 즉 자르기한 그림이 앞쪽에 위치해야 합니다.

7 **①~②** Shift를 이용해 3번 그림을 함께 선택하고 F4를 눌러 앞에서 실행한 [왼쪽 맞춤]을 한 번 더 실행합니다.

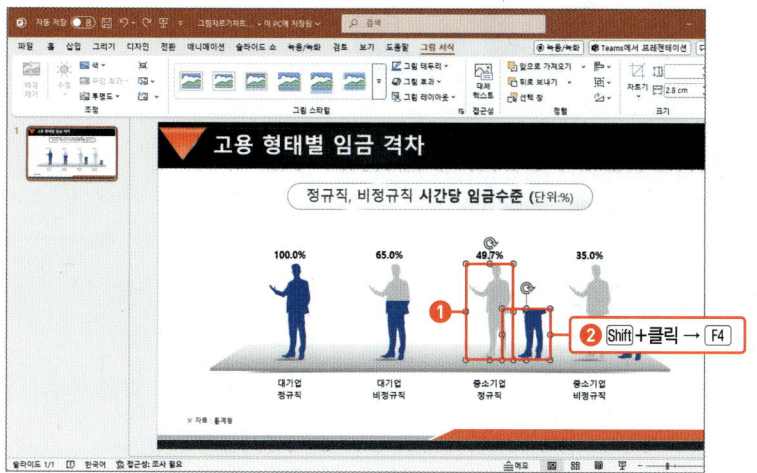

8 이와 같은 방법으로 **①~②** 4번 그림도 함께 선택하고 F4를 눌러 그림을 정확하게 겹치게 합니다. 이제 값 크기를 고려하여 일부분만 자른 그림과 희미하게 색을 변경한 그림을 포개어 차트를 완성했어요.

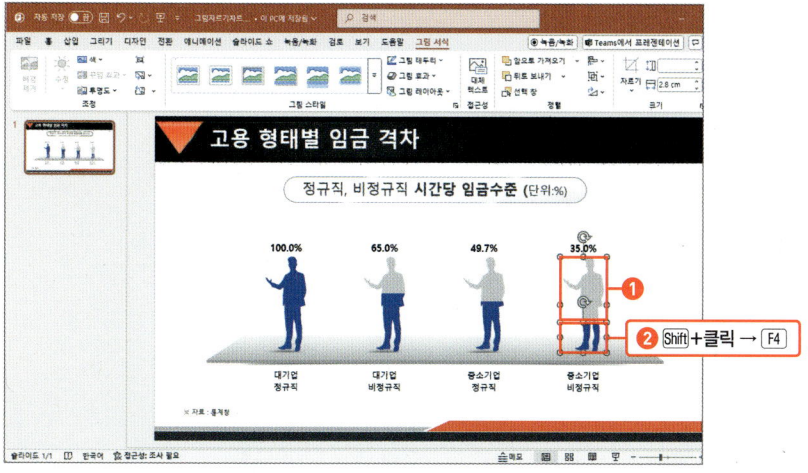

CHAPTER 03

테마로 디자인 관리하고
SNS 활용하기

슬라이드 마스터에서 프레젠테이션에 공통으로 적용할 배경 그림, 글꼴, 효과 등의 디자인 요소들을 레이아웃별로 정의하여 쉽고 빠르게 프레젠테이션 디자인을 관리할 수 있습니다. 그리고 원하는 크기로 슬라이드를 설정한 후 작성한 결과물을 그림으로 저장하면 여러 가지 용도로 사용할 수 있는 SNS에서 크기와 품질이 다양한 이미지를 만들 수 있습니다.

SECTION 05 테마와 마스터로 디자인 관리하기
SECTION 06 SNS용 프레젠테이션 문서 작성하기

SECTION

05

테마와 마스터로 디자인 관리하기

테마와 마스터를 사용하면 문서의 디자인을 좀 더 쉽게 일관된 모양으로 관리할 수 있습니다. 그리고 마스터에서 디자인 요소들을 변경하고 서식을 포함하여 슬라이드를 복사하거나 마음에 드는 다른 문서의 디자인을 빠르게 적용할 수 있어요. 이번 섹션에서는 활용도가 높은 테마와 마스터 사용법을 익혀보겠습니다.

> 실습예제 : 리더십_배경.pptx, image1.png
> 완성예제 : 리더십_배경_완성.pptx

01 모든 슬라이드에 같은 배경 그림 적용하기

✓ **실무 활용 사례**
- 모든 슬라이드의 배경 그림을 같게 지정해야 할 때

✓ **업무 시간 단축**
- 마우스 오른쪽 단추 클릭 → [배경 서식] 선택
- [배경 서식] 창의 [그림 또는 질감 채우기]에서 배경 그림 선택 → [모두 적용]

① ❶ **1번 슬라이드**를 선택하고 ❷ 슬라이드의 빈 공간에서 마우스 오른쪽 단추를 클릭한 후 ❸ **[배경 서식]**을 선택하세요.

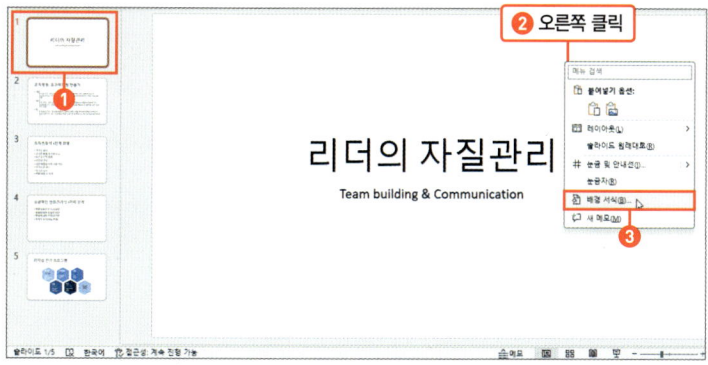

Tip
[디자인] 탭-[사용자 지정] 그룹-[배경 서식]을 클릭해도 됩니다.

② 화면의 오른쪽에 [배경 서식] 창이 열리면 ❶ **[채우기 및 선]**(◇)의 ❷ **[채우기]**에서 ❸ **[그림 또는 질감 채우기]**를 선택하고 ❹ **[삽입]**을 클릭하세요.

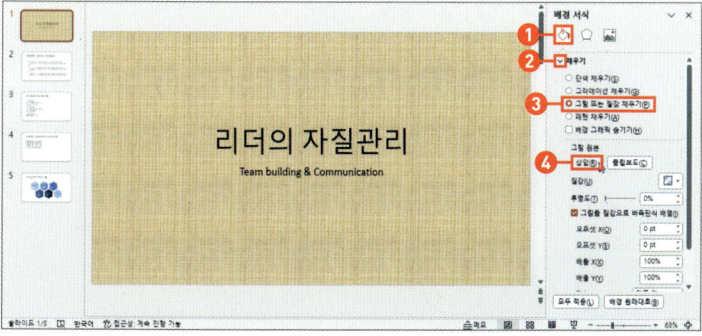

❸ [그림 삽입] 창이 열리면 **[파일에서]**를 선택합니다.

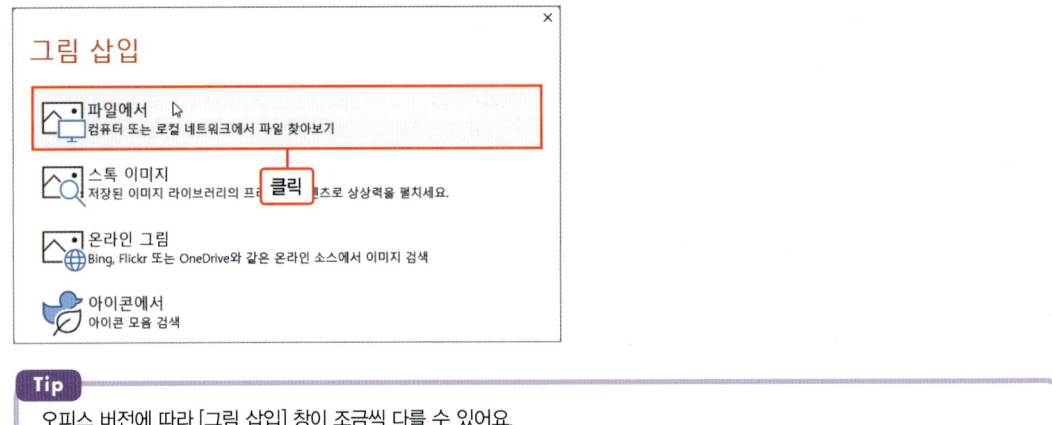

> **Tip**
> 오피스 버전에 따라 [그림 삽입] 창이 조금씩 다를 수 있어요.

❹ [그림 삽입] 대화상자가 열리면 부록 실습파일에서 ❶ '**image1.png**'를 선택하고 ❷ **[삽입]**을 클릭하세요.

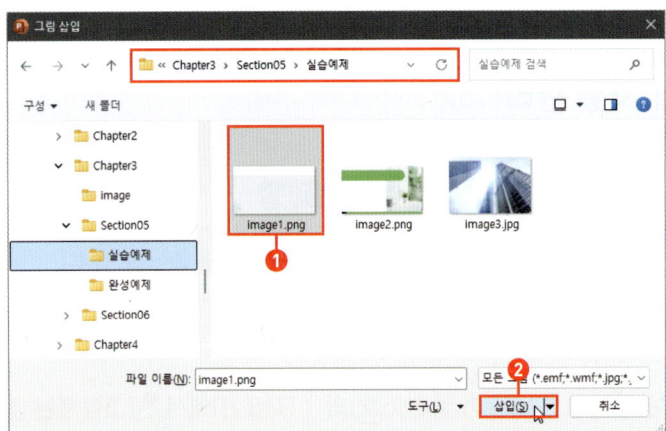

⑤ ❶ 슬라이드에 'image1.png' 이미지가 삽입되었으면 [배경 서식] 창에서 ❷ [모두 적용]을 클릭하고 ❸ [닫기] 단추(✕)를 클릭하세요.

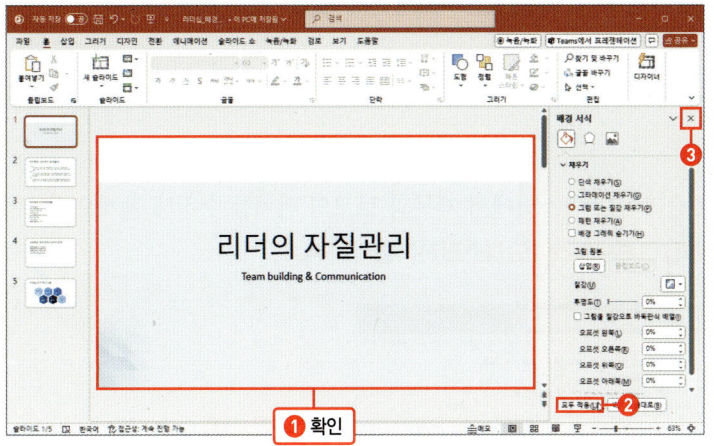

⑥ ❶~❸ 모든 슬라이드에 같은 배경 그림이 적용되었는지 확인하세요.

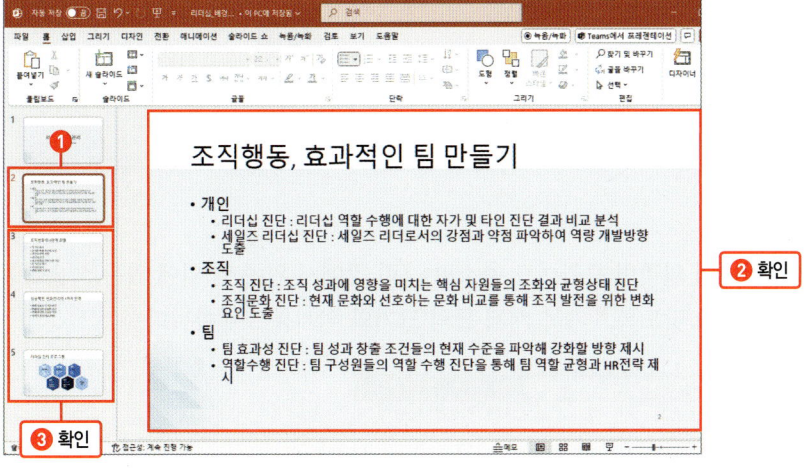

활용도 ■■■□□

마스터에서 배경 디자인 변경하기

● 실습예제 : 리더십_마스터.pptx, image2.png
● 완성예제 : 리더십_마스터_완성.pptx

① 표지의 배경 그림을 변경하고 슬라이드 마스터에서 제목과 로고의 위치를 수정해 볼게요. ❶ 1번 슬라이드에서 ❷ [보기] 탭-[마스터 보기] 그룹-[슬라이드 마스터]를 클릭하세요.

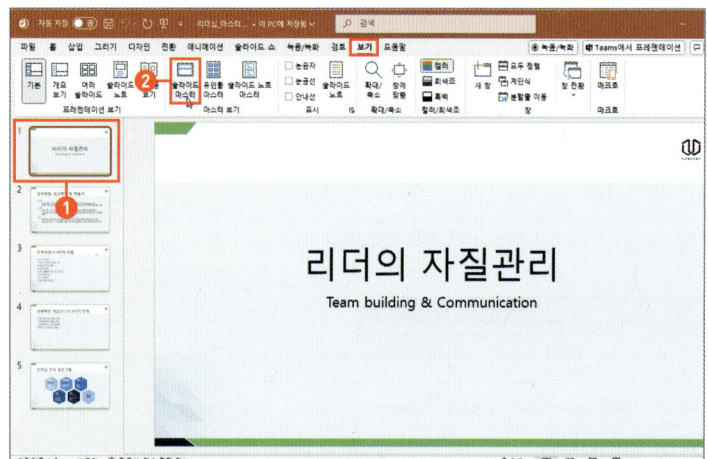

> **Tip**
> Shift +[기본] 단추(□)를 클릭하면 슬라이드 마스터 보기 화면을 빠르게 열 수 있어요.

② 슬라이드 마스터 보기 화면이 열리면 슬라이드 축소판 그림 창에서 왼쪽 맨 위에 있는 ❶ '슬라이드 마스터'를 선택하고 배경 그림에 맞도록 ❷ 제목 개체 틀의 크기와 위치를 조절합니다.

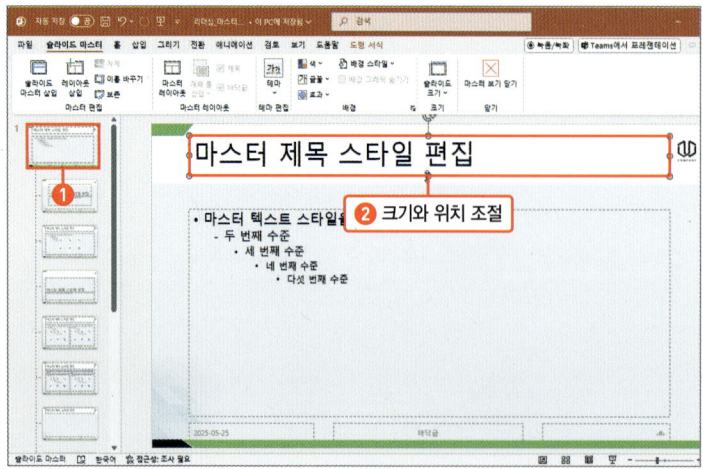

> **Tip**
> '슬라이드 마스터' 아래에 점선으로 연결된 것은 모두 '레이아웃'입니다. 여러 페이지에 반복적으로 디자인을 표현하려면 '슬라이드 마스터'에서 작업하세요.

③ 본문 공간을 좀 더 확보하기 위해 아래쪽 내용 개체 틀의 크기를 위쪽으로 늘려주세요.

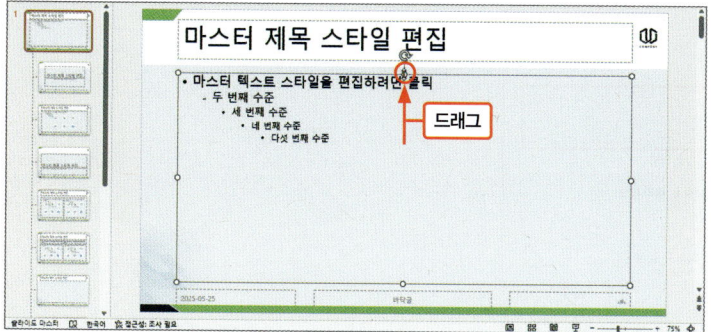

Tip
'슬라이드 마스터'에서 변경한 내용은 아래쪽의 모든 '레이아웃'에 자동으로 반영됩니다.

④ 슬라이드 마스터 보기 창에서 ❶ '**제목 슬라이드 레이아웃**'을 선택하고 ❷ **[슬라이드 마스터] 탭-[배경] 그룹-[배경 그래픽 숨기기]**에 체크 표시한 후 ❸ **[배경 서식]**(🔲)을 클릭하세요.

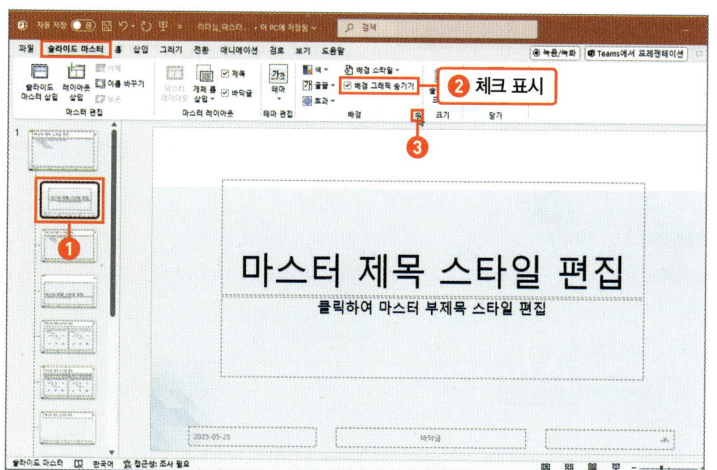

Tip
[배경 그래픽 숨기기]에 체크 표시하면 슬라이드 마스터에서 삽입한 개체들이 현재 선택한 제목 슬라이드 레이아웃에서는 나타나지 않도록 설정합니다.

⑤ 화면의 오른쪽에 [배경 서식] 창이 열리면 ❶ **[채우기 및 선]**(🎨)의 ❷ **[채우기]**에서 ❸ **[그림 또는 질감 채우기]**를 선택하고 ❹ **[삽입]**을 클릭하세요.

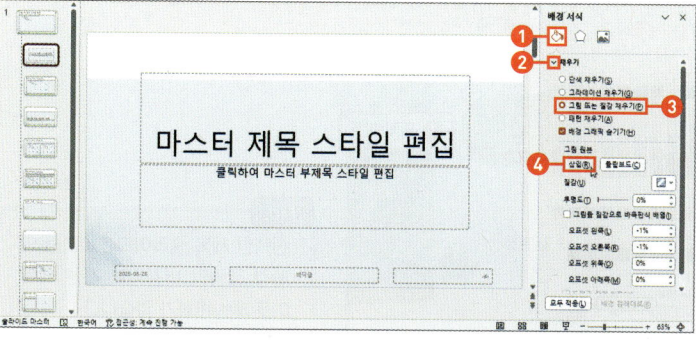

6 [그림 삽입] 창이 열리면 **[파일에서]**를 선택합니다.

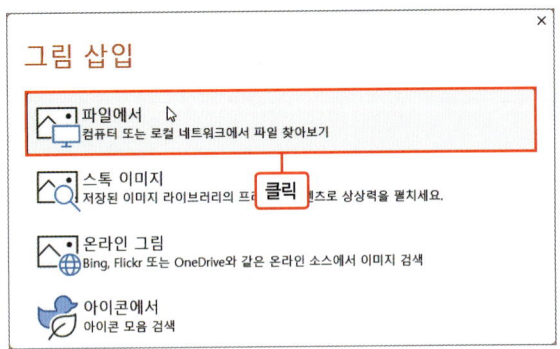

7 [그림 삽입] 대화상자가 열리면 부록 실습파일에서 ❶ 'image2.png'를 선택하고 ❷ **[삽입]**을 클릭하세요.

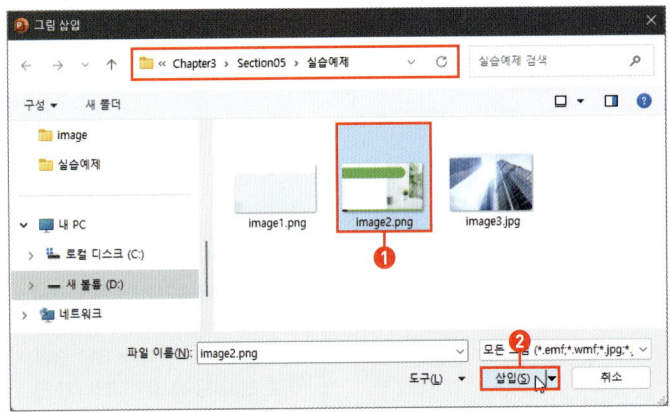

8 ❶ 제목 개체 틀을 선택하고 배경 그림에 맞추어 위치를 이동한 후 ❷ **[홈] 탭-[단락] 그룹-[왼쪽 맞춤]**을 클릭합니다. ❸ **[홈] 탭-[글꼴] 그룹-[글꼴 색]**을 클릭하고 ❹ '테마 색'의 **[흰색, 배경 1]**을 클릭하세요.

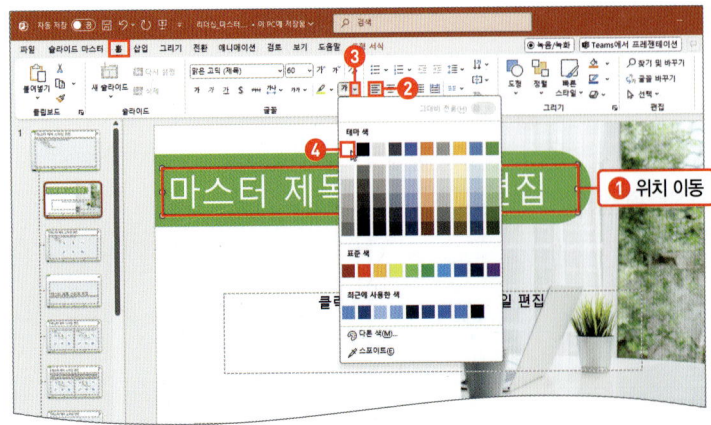

> **Tip**
> 선택한 제목 슬라이드 레이아웃의 배경 그림만 변경되고 다른 레이아웃에는 변화가 없습니다.

⑨ ❶ 부제목 개체 틀을 선택하고 제목 개체 틀과 시작 위치에 맞추어 위치를 이동한 후 ❷ **[홈] 탭-[단락] 그룹-[왼쪽 맞춤]**을 클릭하세요.

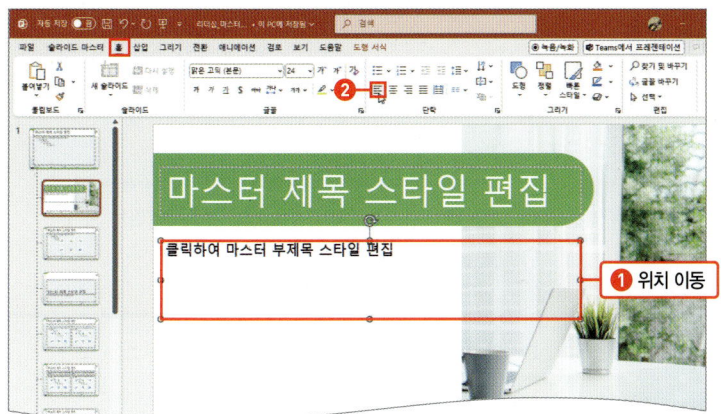

⑩ ❶ 슬라이드 마스터에서 로고 이미지를 복사(Ctrl+C)하고 ❷~❸ **'제목 슬라이드'**에 붙여넣기(Ctrl+V)한 후 슬라이드의 가운데 아래쪽으로 위치를 이동하세요.

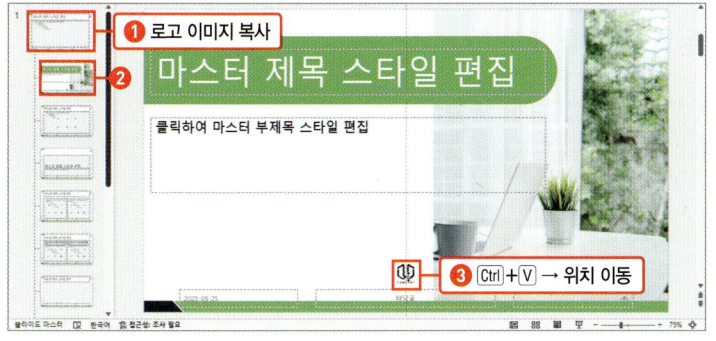

Tip
제목 슬라이드 레이아웃만 다른 레이아웃과 구분되게 디자인했습니다.

⑪ ❶ 상태 표시줄에서 **[기본] 단추**(🖵)를 클릭해 기본 슬라이드 화면으로 되돌아온 후 ❷ 변경된 디자인을 확인하세요.

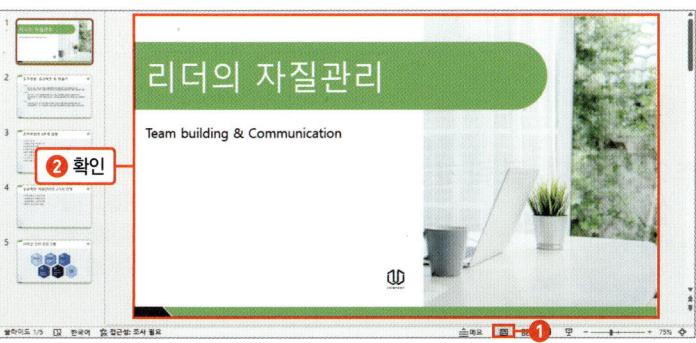

Tip
제목 슬라이드를 제외한 나머지 슬라이드들의 제목과 본문 위치는 슬라이드 마스터에서 수정한 대로 변경되었습니다.

활용도 ■■■ 실습예제 : 리더십_복사.pptx

03 슬라이드에 원본 문서의 서식 그대로 복사하기

기본

✓ **실무 활용 사례**
- 원본 슬라이드의 배경과 글꼴 서식을 그대로 유지하면서 슬라이드를 복사해야 할 때

✓ **업무 시간 단축**
- [홈] 탭-[클립보드] 그룹-[붙여넣기]-[원본 서식 유지] 선택

① ❶ **2번 슬라이드**를 선택하고 ❷ **[홈] 탭-[클립보드] 그룹-[복사]**(Ctrl+C)를 클릭하여 슬라이드를 복사하세요.

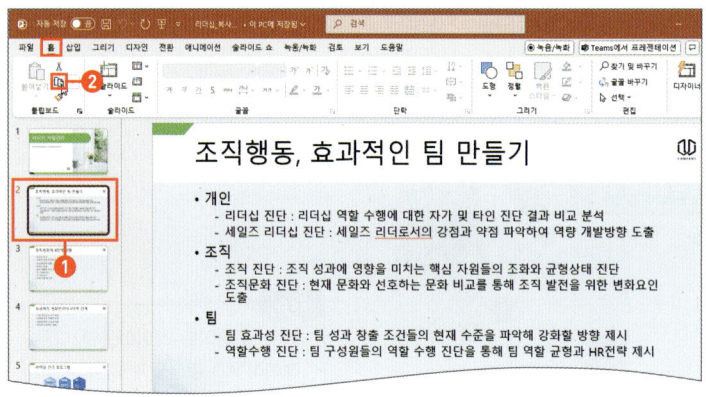

② ❶ Ctrl+N을 눌러 새 프레젠테이션 문서를 열고 ❷ **[홈] 탭-[클립보드] 그룹-[붙여넣기]**를 클릭한 후 ❸ '붙여넣기 옵션'의 **[원본 서식 유지]**(📋)를 클릭하세요.

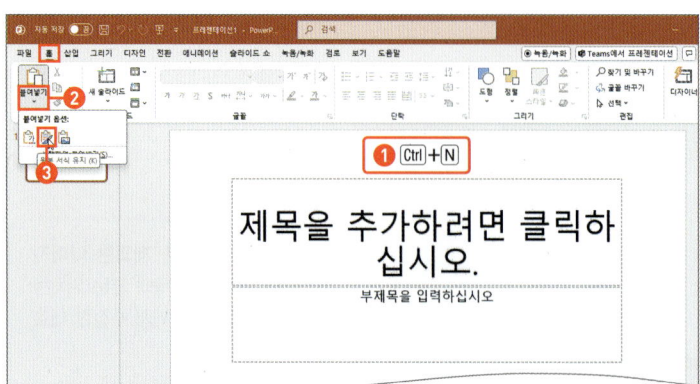

Tip
Ctrl+V를 눌러 붙여넣고 [붙여넣기 옵션] 단추(📋(Ctrl)▼)를 클릭한 후 [원본 서식 유지](📋)를 클릭해도 됩니다.

③ ❶ 새 프레젠테이션 문서에 2번 슬라이드가 만들어지면서 ❷ 슬라이드가 복사되면 ❸ [보기] 탭-[마스터 보기] 그룹-[슬라이드 마스터]를 클릭하세요.

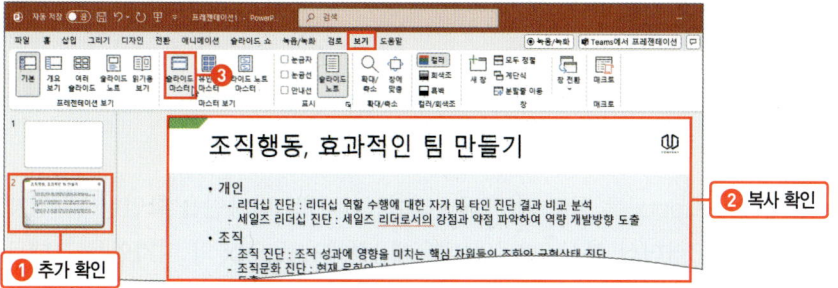

④ 슬라이드 마스터 보기 화면이 열리면 ❶ 슬라이드 축소판 그림 창의 스크롤바를 위쪽으로 드래그해 ❷ 원본 슬라이드의 '슬라이드 마스터'까지 복사되었는지 확인하세요.

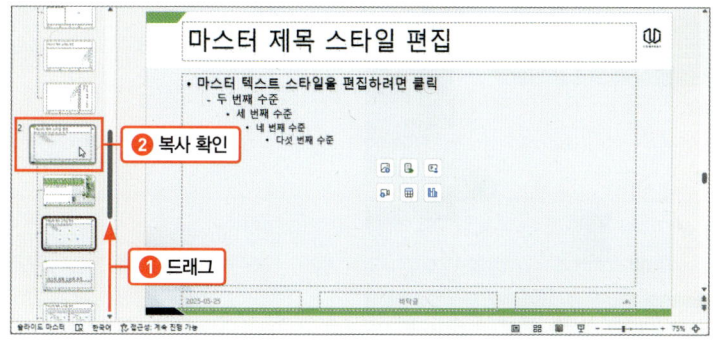

⑤ ❶ 상태 표시줄에서 [기본] 단추(□)를 클릭해 기본 슬라이드 화면으로 되돌아온 후 ❷ [홈] 탭-[슬라이드] 그룹-[새 슬라이드]를 클릭하면 ❸ 2개의 마스터 중 필요한 모양을 선택해서 삽입할 수 있어요.

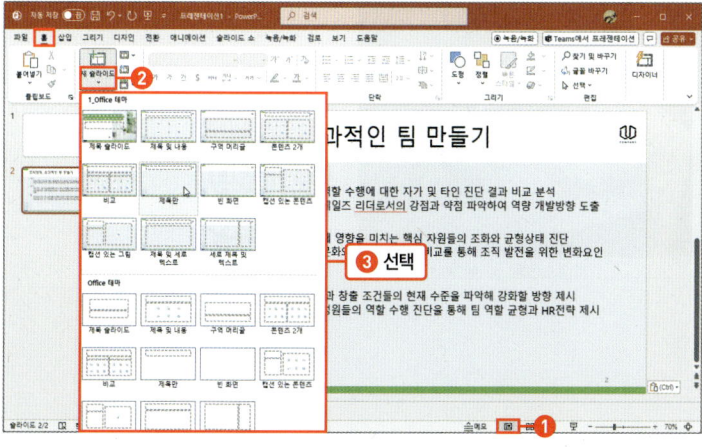

활용도 ■■ ■■ ■■

● 실습예제 : 리더십_복사.pptx, 경제지표.pptx
● 완성예제 : 리더십_새테마.pptx

기본 04 현재 파일에 마음에 드는 테마 디자인 적용하기

① '리더십_복사.pptx', '경제지표.pptx'를 열고 각 프레젠테이션 문서의 디자인을 확인한 후 '경제지표.pptx'는 닫으세요. 여기서는 '리더십_복사.pptx'의 내용에 '경제지표.pptx'의 디자인을 그대로 적용해 볼 것입니다.

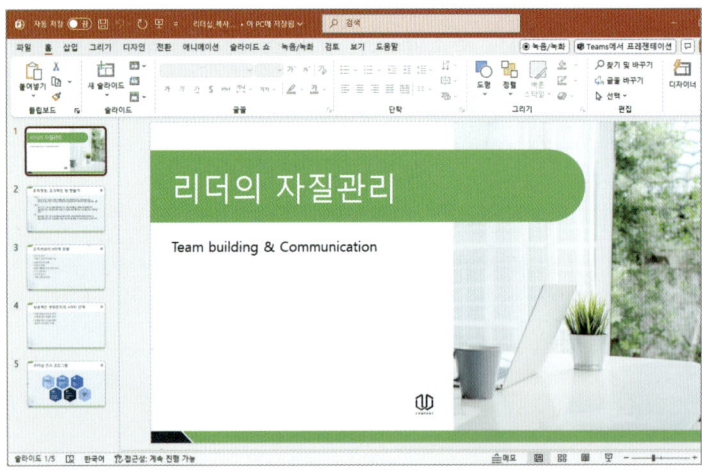

▲ 리더십_복사.pptx

▲ 경제지표.pptx

영 상 강 의

② '리더십_복사.pptx'에서 ❶ **[디자인] 탭-[테마] 그룹-[자세히] 단추(▽)를 클릭**하고 ❷ **[테마 찾아보기]**를 선택하세요.

③ [테마 또는 테마 문서 선택] 대화상자가 열리면 부록 실습파일에서 ❶ **'경제지표.pptx'**를 선택하고 ❷ **[적용]**을 클릭하세요.

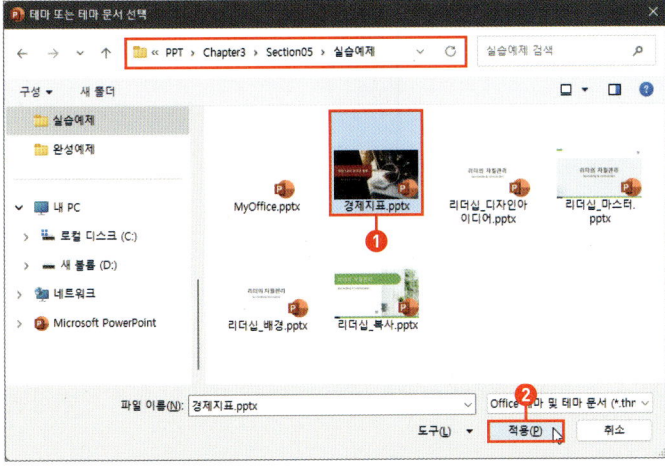

④ ❶ '경제지표.pptx'의 디자인이 현재 문서에 그대로 적용되었는지 확인하고 ❷ **[보기] 탭-[마스터 보기] 그룹-[슬라이드 마스터]**를 클릭하여 슬라이드 마스터 보기로 이동하세요.

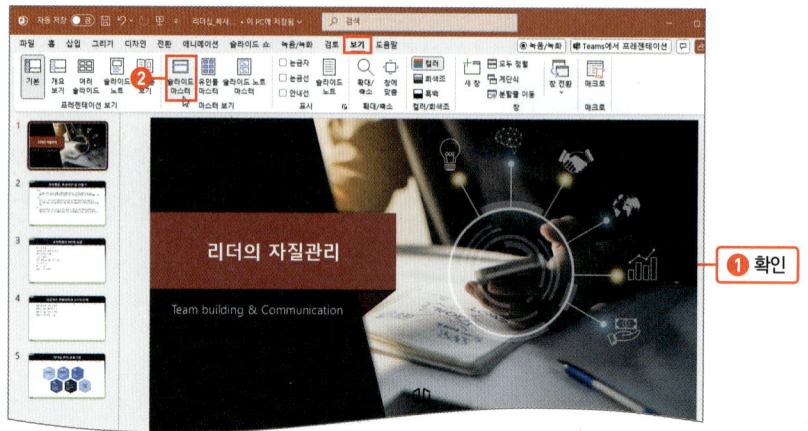

⑤ ❶ 슬라이드 축소판 그림 창의 맨 위에 있는 **'슬라이드 마스터'**를 선택하고 ❷~❸ Shift 를 이용해 기존의 마스터에서 지워지지 않은 도형들까지 함께 선택한 후 Delete 를 눌러 삭제하세요.

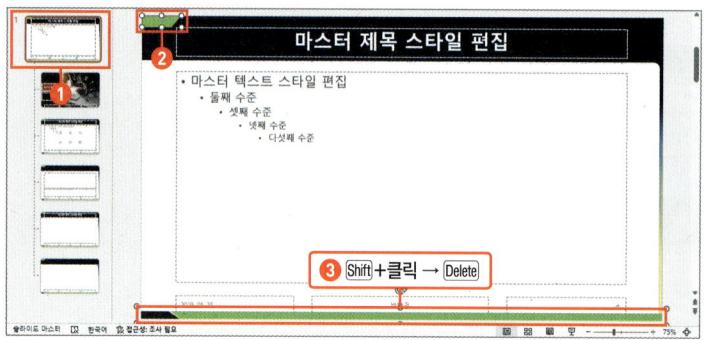

⑥ ❶ 상태 표시줄에서 **[기본] 단추**(▭)를 클릭해 기본 슬라이드 화면으로 되돌아온 후 ❷~❸ 변경된 디자인을 확인하세요.

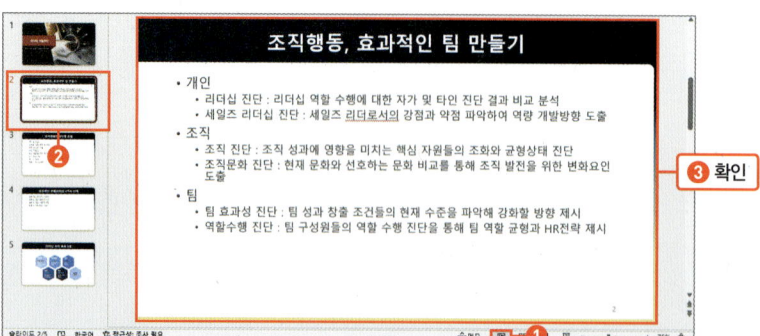

● 실습예제 : MyOffice.pptx

05 사용자 지정 파일을 기본 테마로 설정하기

① 'MyOffice.pptx'는 슬라이드 크기가 A4인(가로 21cm, 세로 29.7cm) 세로 방향의 문서입니다. ❶ [디자인] 탭-[테마] 그룹-[자세히] 단추(▼)를 클릭하고 ❷ [현재 테마 저장]을 선택하세요.

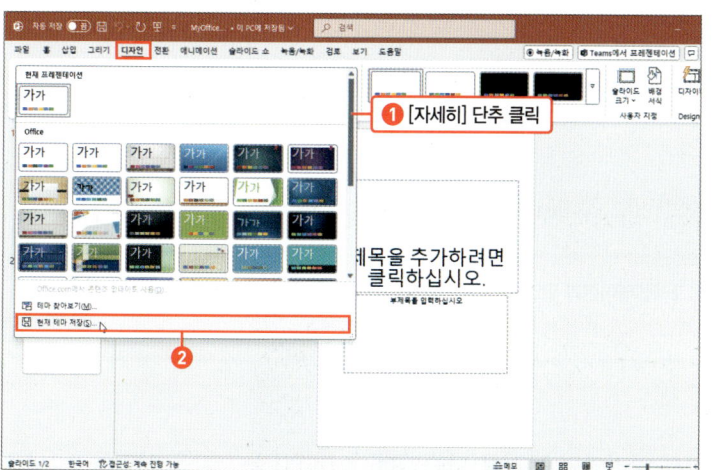

> **Tip**
> 슬라이드의 크기와 방향뿐만 아니라 배경 서식, 글꼴 등을 변경한 파일을 테마로 저장하면 빠르게 서식을 적용할 수 있어서 편리합니다.

② [현재 테마 저장] 대화상자가 열리면 ❶ 기본 저장 경로에 ❷ '파일 이름'을 **A4세로**로 입력하고 '파일 형식'에서 [Office 테마 (*.thmx)]를 선택한 후 ❸ [저장]을 클릭하세요.

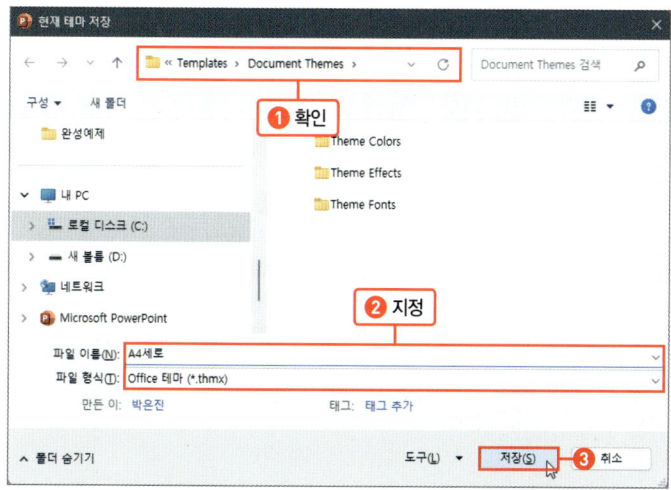

> **Tip**
> 테마 파일의 기본 저장 경로는 'C:\Users\사용자\AppData\Roaming\Microsoft\Templates\Document Themes'입니다. 파일 이름은 알아보기 쉽게 설정하면 됩니다.

③ ❶ [디자인] 탭-[테마] 그룹-[자세히] 단추(▼)를 클릭하면 '사용자 지정'에 [A4세로]가 추가된 것을 확인할 수 있습니다. ❷ [A4세로]에서 마우스 오른쪽 단추를 클릭하고 ❸ [기본 테마로 설정]을 선택하세요.

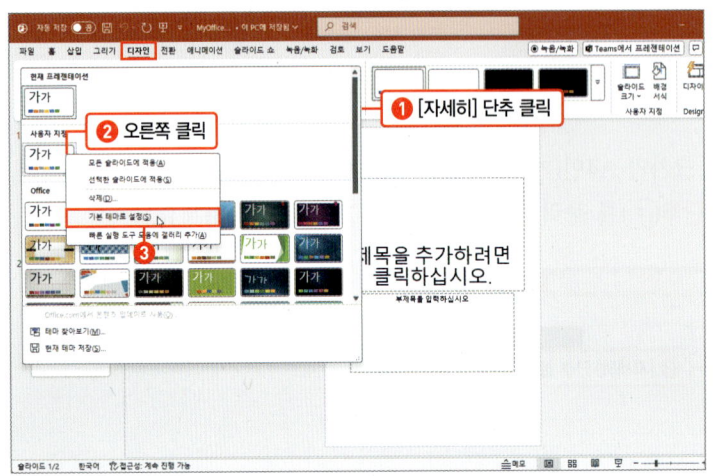

> **Tip**
> 자주 사용하는 문서의 크기와 방향이 기본 프레젠테이션과 달라서 매번 변경하기 번거로우면 원하는 값을 기본 테마로 설정할 수 있습니다.

④ ❶~❷ [파일] 탭-[닫기]를 선택해서 열려있던 문서를 닫습니다. ❸ [파일] 탭-[홈]을 선택하고 '새로 만들기'에서 ❹ [Default Theme]를 클릭하면 A4 크기의 세로 방향 문서가 기본 문서로 만들어지는 것을 확인할 수 있어요.

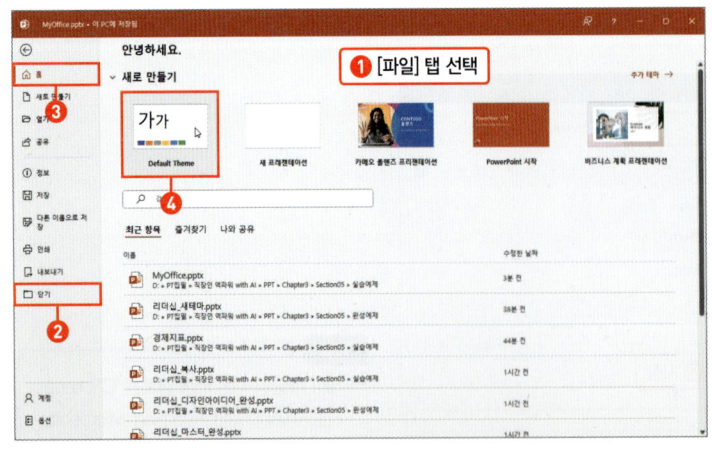

> **Tip**
> 단축키 Ctrl+N을 눌러도 새 프레젠테이션을 만들 수 있습니다. 현재 실습에서는 A4, 세로 방향이 기본 테마로 설정되었습니다.

⑤ 원래의 기본 테마 형식인 와이드 스크린, 가로 방향으로 되돌려볼게요. ❶ **[디자인] 탭-[테마] 그룹-[자세히] 단추**(▽)를 클릭하고 ❷ '사용자 지정'의 **[Default Theme]**에서 마우스 오른쪽 단추를 클릭한 후 ❸ **[삭제]**를 선택하세요.

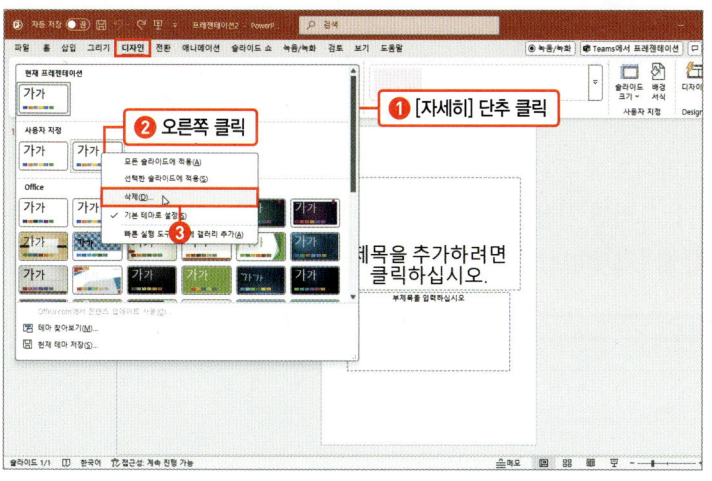

> **Tip**
> 현재의 'A4세로' 테마를 삭제하지 않고 'Office 테마'에서 마우스 오른쪽 단추를 클릭한 후 [기본 테마로 설정]을 선택해도 됩니다.

⑥ 이 테마를 삭제하겠냐고 묻는 메시지 창이 열리면 **[예]**를 클릭합니다. 사용자 정의로 설정한 기본 테마를 삭제하면 원래의 'Office 테마'가 기본 테마로 설정됩니다.

활용도 ■■■

● 실습예제 : 리더십_디자인아이디어.pptx, image3.jpg
● 완성예제 : 리더십_디자인아이디어_완성.pptx

디자인 아이디어 적용해 전문가처럼 디자인하기

1 '디자이너' 기능은 사용자가 슬라이드에 콘텐츠를 추가했을 때 가장 어울리는 디자인 아이디어를 다양한 레이아웃으로 제시합니다. 그러면 사용자는 클릭만으로 쉽게 원하는 디자인을 적용할 수 있습니다. ● **1번 슬라이드**에서 ● **[홈] 탭-[디자이너]**를 클릭하세요.

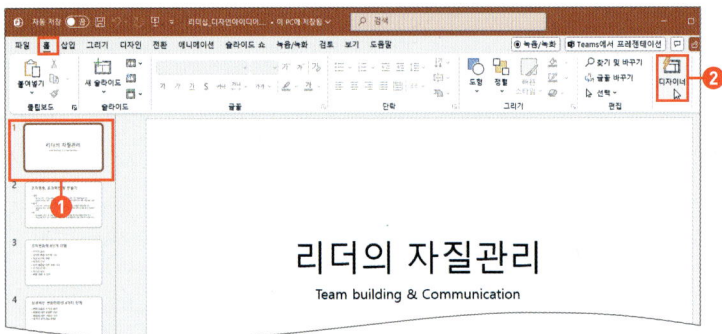

> **Tip**
> '디자이너'는 마이크로소프트 365 구독자만 사용할 수 있는 기능으로, [홈] 탭 대신 [디자인] 탭-[디자이너]를 클릭해도 됩니다. [디자인] 탭에 [디자이너]가 표시되지 않으면 91쪽의 '잠깐만요!'를 참고하세요.

2 화면의 오른쪽에 [디자이너] 창이 열리면 ● 마음에 드는 디자인을 선택하세요. 그러면 ● 현재 슬라이드에 자동으로 디자인이 적용됩니다.

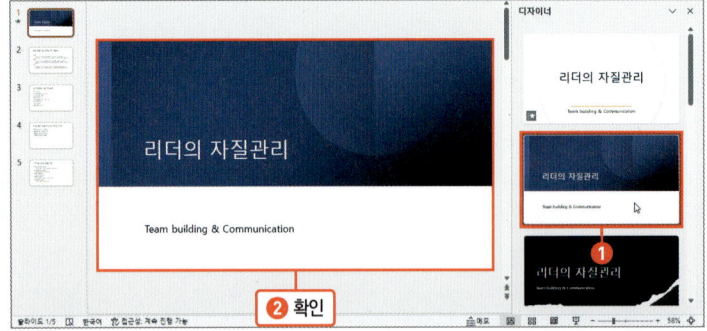

> **Tip**
> 적용한 디자인 아이디어가 마음에 들지 않으면 Ctrl+Z를 클릭해 이전 상태로 되돌리거나 새로운 디자인을 다시 클릭해 디자인 선택을 변경할 수 있어요. [디자이너] 창에 표시된 디자인은 실행할 때마다 변경되므로 이 책의 화면과 다를 수 있습니다.

3 **① 2번 슬라이드**를 선택하면 [디자이너] 창에 새로운 디자인 아이디어가 다시 생성됩니다. **②** 적절한 디자인 아이디어를 선택하여 **③** 적용하세요.

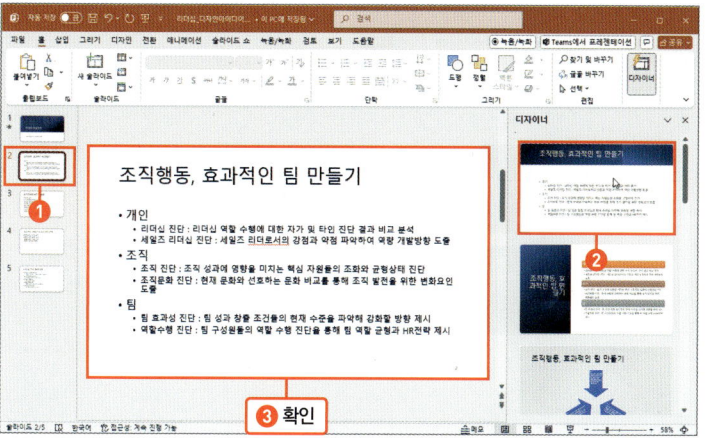

> **Tip**
> 디자인이 마음에 들지 않으면 스크롤바를 끝까지 내려서 [더 많은 디자인 아이디어 보기]를 선택하거나 [홈] 탭-[Designer] 그룹-[디자이너]를 클릭하여 디자이너 기능을 다시 실행해 보세요.

4 **① 3번 슬라이드**를 선택하면 **②~③** 텍스트 내용을 분석하여 스마트아트 그래픽으로 변환한 디자인을 제안하기도 합니다.

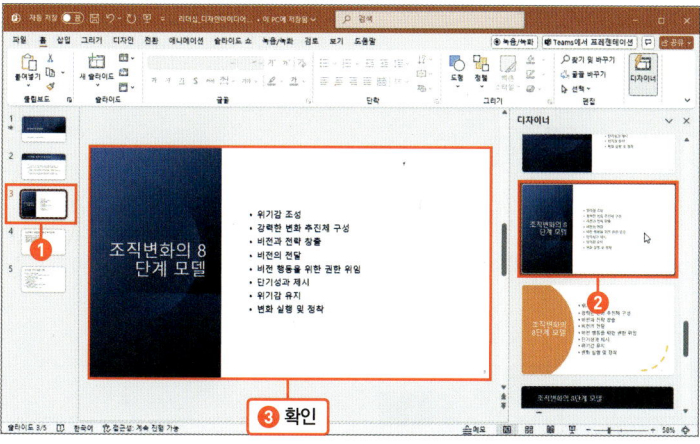

> **Tip**
> 디자인 아이디어에서 디자이너는 슬라이드에 있는 그림이나 차트 또는 표를 감지하여 짜임새 있고 세련된 레이아웃으로 정렬할 수 있는 몇 가지 안을 제안하고 텍스트를 읽기 쉬운 그래픽으로 변환합니다.

5 ① **4번 슬라이드**를 선택하고 ② **[삽입] 탭-[이미지] 그룹-[그림]**을 클릭한 후 ③ **[이 디바이스]**를 선택합니다.

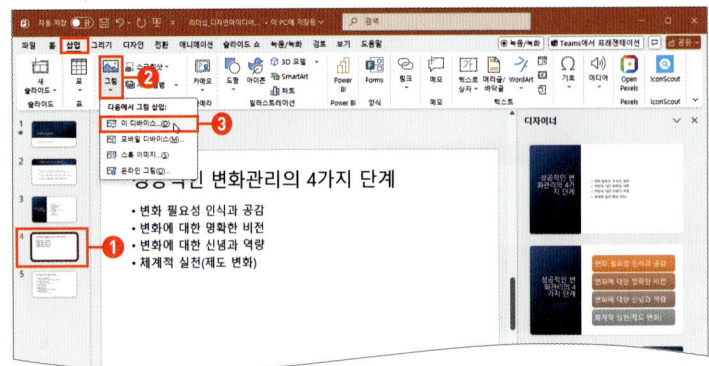

> **Tip**
> [디자이너]는 슬라이드에 도형이나 텍스트 상자가 그려져 있으면 디자인 아이디어를 제안하지 못합니다.

6 [그림 삽입] 대화상자가 열리면 부록 실습파일에서 ① **'image3.jpg'**를 선택하고 ② **[삽입]**을 클릭하세요.

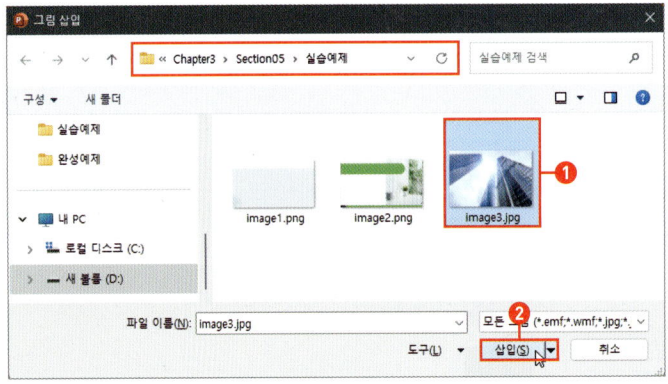

7 [디자이너] 창에 삽입한 그림에 최적화된 디자인을 제시하는 목록이 표시되면 ① 마음에 드는 디자인을 클릭해서 ② 적용하세요.

> **Tip**
> [파일] 탭-[옵션]을 선택하여 [PowerPoint 옵션] 창을 열고 [일반] 범주에서 [디자인 아이디어를 자동으로 표시]의 체크 표시를 해제하면 디자이너의 자동 제안 기능을 끌 수 있습니다.

⑧ 디자이너 기능이 제시한 디자인 아이디어를 적용한 후 미흡한 부분은 사용자가 보완할 수 있어요. ❶ 2번 슬라이드에서 본문 텍스트가 너무 작으므로 ❷ 내용 개체 틀을 선택하고 ❸ [홈] 탭-[글꼴] 그룹-[글꼴 크기 크게]를 클릭하여 텍스트 크기를 보기 좋게 수정하세요.

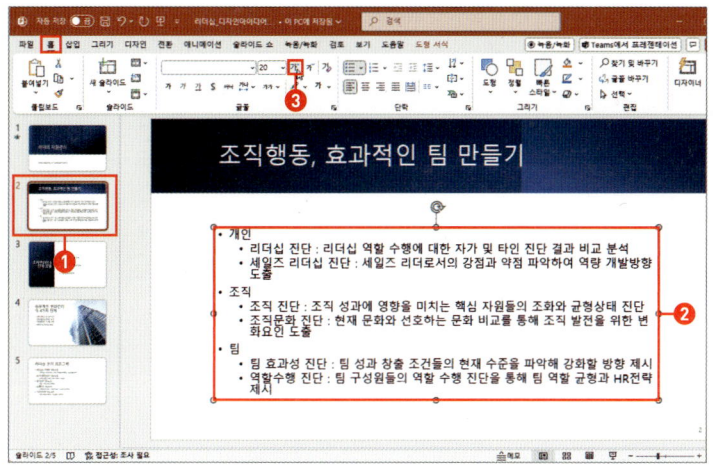

Tip
이 밖에도 텍스트의 줄 바꿈, 개체의 크기 및 위치 등 미흡한 부분을 수정하여 디자인을 완성하세요.

잠깐만요!

리본 메뉴에 [디자이너] 표시 방법 알아보기

방법 1 [파일] 탭-[계정]을 선택하고 마이크로소프트 365 구독 계정으로 정확히 로그인했는지 확인하세요.

방법 2 [파일] 탭-[옵션]을 선택하여 [PowerPoint 옵션] 창을 열고 [리본 사용자 지정] 범주를 선택합니다. '사용자 지정'의 [원래대로]를 클릭하고 [모든 사용자 지정 다시 설정]을 선택하여 리본 메뉴를 기본 설정으로 되돌려보세요.

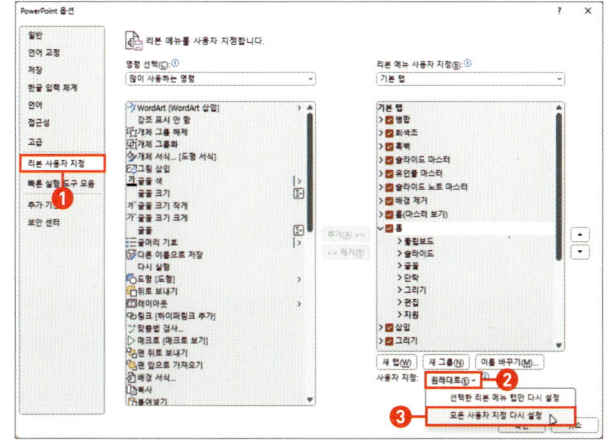

방법 3 해당 프로그램을 지우고 오피스 포털(portal.office.com)에서 다시 프로그램을 설치해 보세요.

SECTION 06

SNS용 프레젠테이션 문서 작성하기

카드뉴스, 페이스북, 인스타그램, 유튜브, 네이버 블로그 등에서 사용하는 다양한 용도의 이미지를 제작할 때 파워포인트를 활용하면 편리합니다. 먼저 슬라이드의 크기를 용도에 맞게 설정하고 작업한 내용을 그림으로 저장하면 다양한 용도의 SNS용 이미지를 쉽게 만들 수 있습니다.

활용도 ■■■

● 실습예제 : 경제이야기.pptx
● 완성예제 : 경제이야기_완성.pptx, 경제이야기.jpg

페이스북 커버 디자인 만들기

✓ 실무 활용 사례
- 페이스북 커버 사진용 이미지를 제작해야 할 때(최소 너비 400px, 높이 150px)

✓ 업무 시간 단축
- [디자인] 탭-[사용자 지정] 그룹-[슬라이드 크기]-[사용자 지정 슬라이드 크기] 선택
- [파일] 탭-[내보내기] → [파일 형식 변경]-'이미지 파일 형식'의 [JPEG 파일 교환 형식 (*.jpg)] 선택

① 1번 슬라이드에서 ❶ [디자인] 탭-[사용자 지정] 그룹-[슬라이드 크기]를 클릭하고 ❷ [사용자 지정 슬라이드 크기]를 선택하세요.

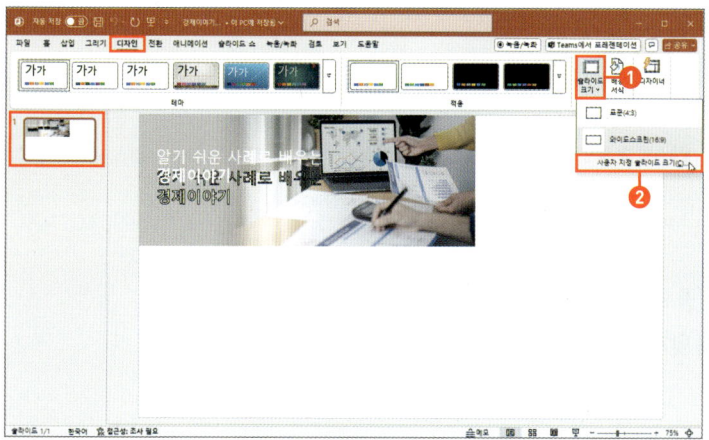

영상 강의

> **Tip**
> 페이스북 커버 사진의 크기는 컴퓨터에서는 너비 820px, 높이 312px로, 스마트폰에서는 너비 640px, 높이 360px로 표시됩니다. 페이스북 커버 사진의 경우 너비는 최소 400px, 높이는 최소 150px이어야 하고 용량이 100KB 미만일 때 로딩 속도가 가장 빠릅니다. 이번 예제에서는 너비 820px, 높이 312px로 페이스북 커버 사진을 만들어 보겠습니다.

❷ [슬라이드 크기] 대화상자가 열리면 페이스북 커버 사진의 크기를 지정하기 위해 ❶ '슬라이드 크기'에서 **[사용자 지정]**을 선택하고 ❷ '너비'에는 **21.696cm**를, '높이'에는 **8.255cm**를 입력한 후 ❸ **[확인]**을 클릭하세요.

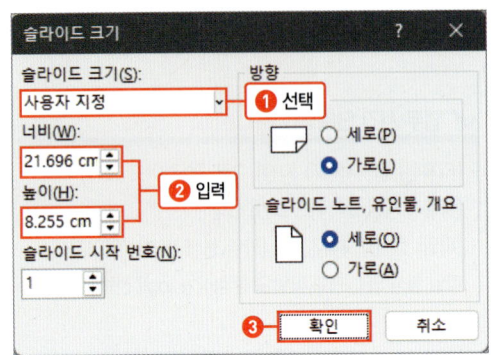

> **Tip**
> 픽셀(px)을 센티미터(cm)로 변경하는 방법은 97쪽의 '잠깐만요!'를 참고하세요.

❸ 콘텐츠 크기를 어떻게 조정할 것인지 묻는 대화상자가 열리면 **[최대화]**를 클릭하세요.

❶ **최대화**: 기존 개체와 텍스트의 크기를 최대로 유지합니다.
❷ **맞춤 확인**: 슬라이드 크기의 변화에 맞게 자동으로 크기를 조정합니다.

❹ ❶ Shift 를 이용해 개체들을 함께 선택하고 슬라이드에 맞추어 위치를 이동합니다. ❷ 상태 표시줄의 오른쪽 끝에 있는 ⊕를 클릭해 창 크기에 맞게 슬라이드 보기 비율을 조정하세요.

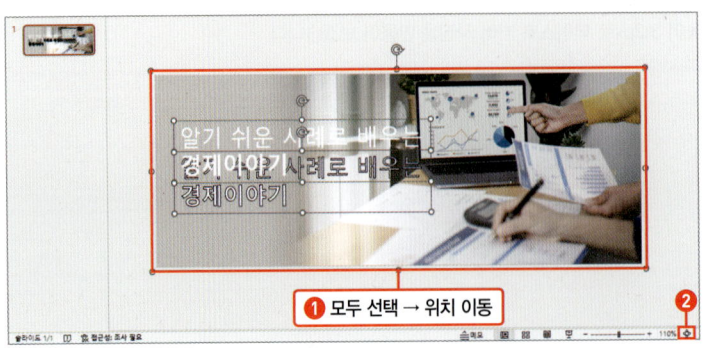

> **Tip**
> [보기] 탭-[확대/축소] 그룹-[창에 맞춤]을 클릭해도 창 크기에 맞게 슬라이드 보기 비율을 조정할 수 있습니다.

⑤ ❶ 아래쪽 텍스트 상자를 선택하고 ❷ [도형 서식] 탭-[WordArt 스타일] 그룹-[텍스트 윤곽선]을 클릭한 후 ❸~❹ [두께]-[3pt]를 선택하세요.

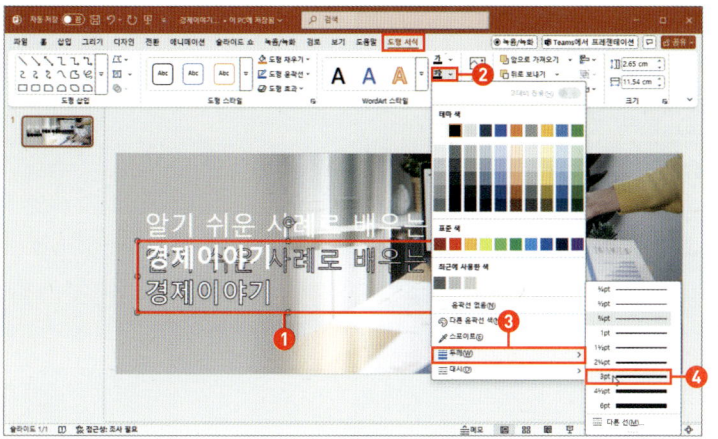

Tip
오피스 버전에 따라 [도형 서식] 탭이 아니라 [그리기 도구]의 [서식] 탭으로 표현될 수 있습니다. 슬라이드에서 다양한 도형, 텍스트, 그림 등을 활용해 커버에 사용할 이미지를 작성할 수 있어요.

⑥ ❶ Shift를 이용해 그림과 2개의 텍스트 상자를 함께 선택하고 ❷ [도형 서식] 탭-[정렬] 그룹-[맞춤]을 클릭한 후 ❸ [중간 맞춤]을 선택하세요.

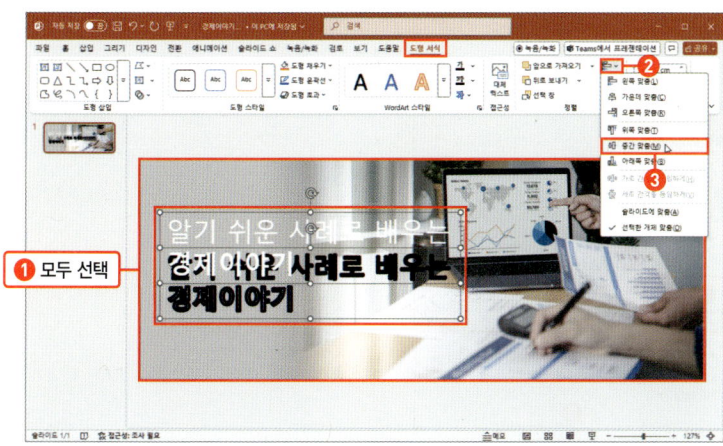

Tip
텍스트의 윤곽선을 두껍게 설정하면 글씨 자체가 가늘어집니다. 이 경우 똑같은 텍스트 상자를 2개 만들고 윤곽선이 두꺼운 뒤쪽 텍스트와, 윤곽선이 없는 앞쪽 텍스트를 함께 포개는 방법으로 윤곽선의 두께를 자유롭게 지정할 수 있어요.

⑦ ❶~❷ [파일] 탭-[내보내기]를 선택하고 ❸ [파일 형식 변경]을 선택합니다. '이미지 파일 형식'에서 ❹ [JPEG 파일 교환 형식 (*.jpg)]을 선택하고 ❺ [다른 이름으로 저장]을 클릭하세요.

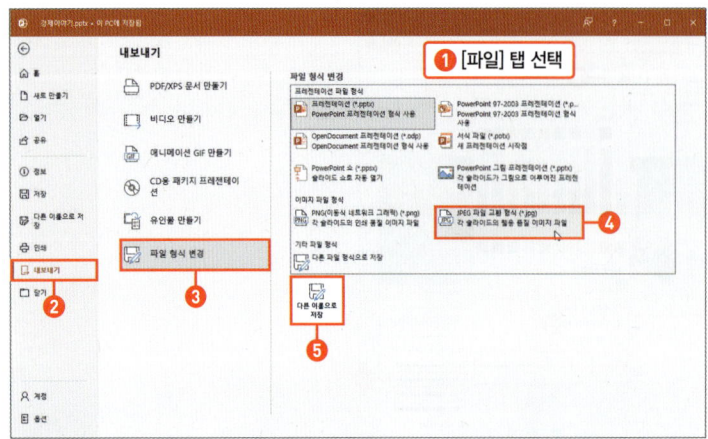

Tip
이미지 파일 형식 중 PNG를 선택하면 이미지의 품질은 좋지만 파일 용량이 커집니다. 그러므로 빠르게 로딩할 수 있는 이미지로 저장하기 위해 JPEG를 선택했습니다.

⑧ [다른 이름으로 저장] 대화상자가 열리면 ❶ '문서' 폴더에 ❷ '경제이야기.jpg'로 ❸ 저장하세요.

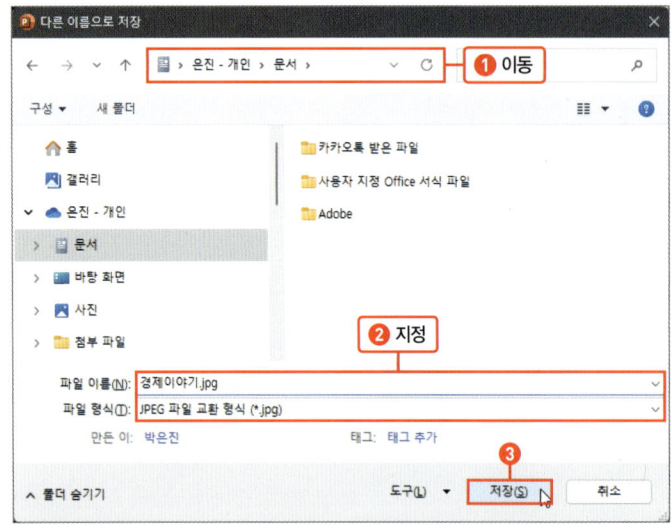

Tip
'문서' 폴더가 아니라 쉽게 찾을 수 있는 경로에 저장해도 됩니다.

⑨ 내보낼 슬라이드를 선택하라는 메시지 창이 열리면 **[현재 슬라이드만]**을 클릭하세요.

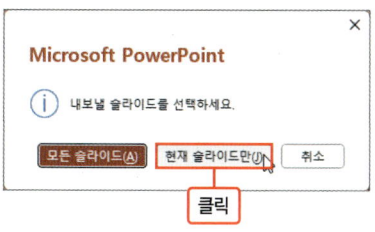

⑩ '문서' 폴더에 저장된 이미지 파일을 확인합니다.

잠깐만요!

픽셀을 센티미터로 환산하기

파워포인트 최신 버전을 사용한다면 94쪽의 ② 과정에서 [슬라이드 크기] 대화상자의 [너비]에 '820px'을 입력하세요. 그러면 자동으로 '21.696cm'로 변환됩니다. 하지만 단위가 'cm'로 고정된 버전을 사용한다면 인터넷 검색 창에서 키워드 'px to cm'로 관련 사이트를 검색한 후 'pixel'을 'cm'로 환산한 값을 입력해야 합니다. 픽셀을 센티미터로 환산할 수 있는 사이트는 다음과 같습니다.

사이트	URL
PIXEL Converter	www.pixelto.net/px-to-cm-converter
pixelconverter	www.pixelconverter.com
unitconversion.org	www.unitconversion.org/typography/pixels-x-to-centimeters-conversion.html

- 실습예제 : 제로웨이스트.pptx, zero1.png, zero2.png, zero3.png, zero4.png
- 완성예제 : 제로웨이스트_완성.pptx, '제로웨이스트' 폴더

활용도 ■■■

SNS용 카드뉴스 만들기

① 내용을 잘 표현할 수 있는 글꼴을 설치해 볼게요. 부록 실습파일의 ❶ 'font' 폴더에서 ❷ Ctrl + A 를 눌러 모든 파일을 선택하고 ❸ 마우스 오른쪽 단추를 클릭한 후 ❹ [설치]를 선택합니다.

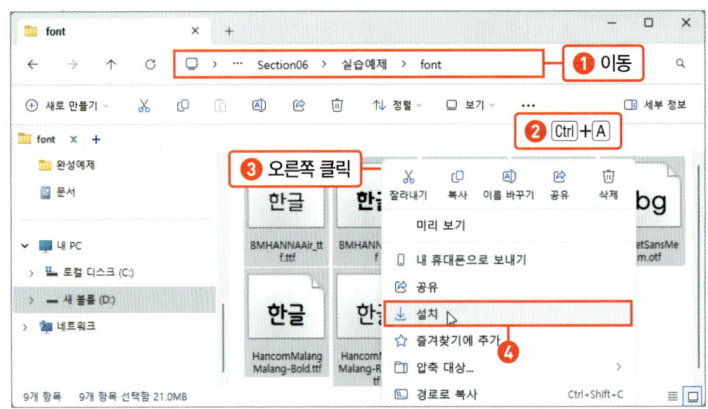

Tip
'배민한나체Pro'와 '배민한나체Air' 글꼴은 배달의민족 폰트 사이트 (www.woowahan.com/fonts)에서 무료로 다운로드해서 영리적·비영리적 목적으로 개인 및 기업 사용자가 모두 사용할 수 있습니다.

② 글꼴을 모두 설치했으면 파워포인트를 다시 실행하고 ❶ 1번 슬라이드에서 ❷~❸ 제목 텍스트의 글꼴은 [배달의민족 한나체 Pro]로, ❹ 본문 텍스트의 글꼴은 [배달의민족 한나체 Air]로 변경합니다. 이와 같은 방법으로 ❺ 2~4번 슬라이드의 텍스트 글꼴도 모두 변경하세요.

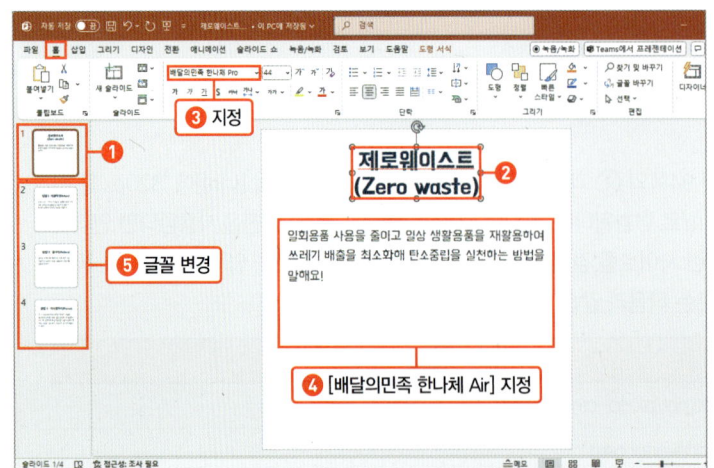

Tip
이번 실습에서는 카드뉴스에서 자주 사용하는 크기인 너비 800px, 높이 800px로 슬라이드 크기를 미리 설정해 두었습니다. 일반적으로 좀 더 큰 이미지인 너비 1,080px, 높이 1,080px도 자주 사용합니다.

③ ❶ **1번 슬라이드**를 선택하고 ❷ 슬라이드의 빈 공간에서 마우스 오른쪽 단추를 클릭한 후 ❸ **[배경 서식]**을 선택하세요.

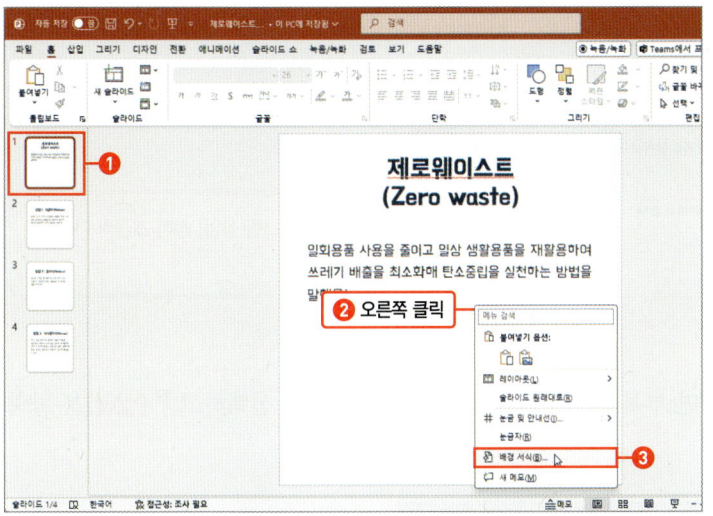

④ 화면의 오른쪽에 [배경 서식] 창이 열리면 ❶ **[채우기 및 선]**( )의 ❷ **[채우기]**에서 ❸ **[그림 또는 질감 채우기]**를 선택하고 ❹ '그림 원본'에서 **[삽입]**을 클릭하세요.

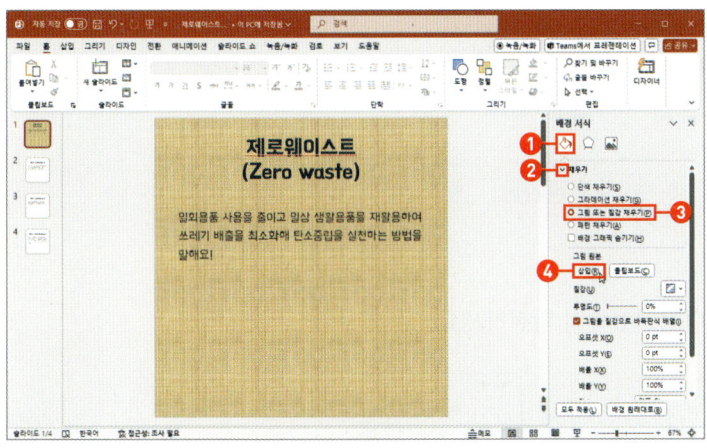

> **Tip**
> 오피스 버전에 따라 [삽입] 탭 대신 [파일] 탭으로 표시될 수 있어요.

⑤ [그림 삽입] 창이 열리면 **[파일에서]**를 선택하세요.

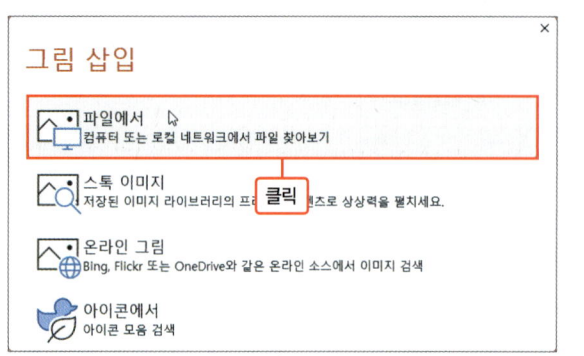

> **Tip**
> 오피스 버전에 따라 [그림 삽입] 창이 조금씩 다를 수 있어요.

⑥ [그림 삽입] 대화상자가 열리면 부록 실습파일에서 ❶ '**zero1.png**'를 선택하고 ❷ **[삽입]**을 클릭하세요.

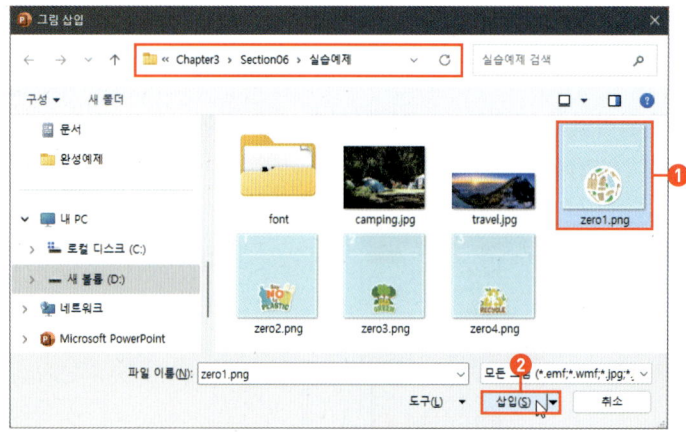

⑦ 1번 슬라이드의 배경 그림이 변경되었는지 확인하세요.

⑧ 이와 같은 방법으로 ❶ 2번 슬라이드에는 'zero2.png'를, ❷ 3번 슬라이드에는 'zero3.png'를, ❸ 4번 슬라이드에는 ❹ 'zero4.png'를 삽입하여 슬라이드의 배경 그림을 모두 변경하세요.

> **Tip**
> 일반적인 슬라이드 작업과 같은 방법으로 도형, 텍스트, 그림 등을 추가할 수 있어요.

⑨ 카드뉴스의 내용을 꾸미는 작업이 끝났으면 그림으로 저장해 볼게요. ❶~❷ [파일] 탭-[내보내기]를 선택하고 ❸ [파일 형식 변경]을 선택합니다. '이미지 파일 형식'에서 ❹ [PNG(이동식 네트워크 그래픽)(*.png)]를 선택하고 ❺ [다른 이름으로 저장]을 클릭하세요.

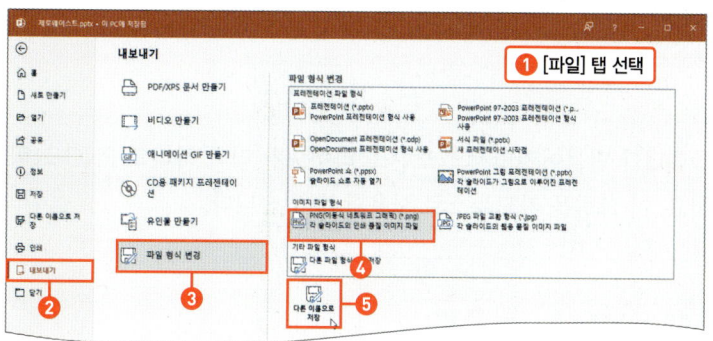

⑩ [다른 이름으로 저장] 대화상자가 열리면 ❶ '문서' 폴더에 ❷ '제로웨이스트.png'로 ❸ 저장합니다.

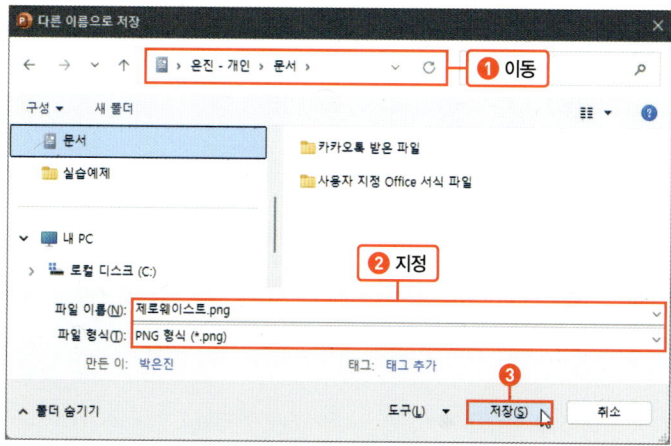

101

⑪ 내보낼 슬라이드를 선택하라는 메시지 창이 열리면 **[모든 슬라이드]**를 클릭하세요.

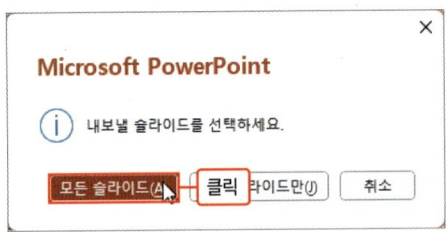

⑫ 프레젠테이션의 각 슬라이드가 별개의 파일로 저장되었다는 메시지 창이 열리면 **[확인]**을 클릭하세요.

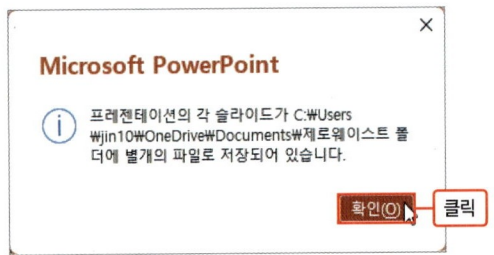

⑬ ❶ '문서' 폴더에 **'제로웨이스트' 폴더**가 만들어지면서 ❷ 모든 슬라이드가 각각 하나의 PNG 그림 파일로 저장된 것을 확인할 수 있어요. 이 그림을 카드뉴스로 사용할 수 있습니다.

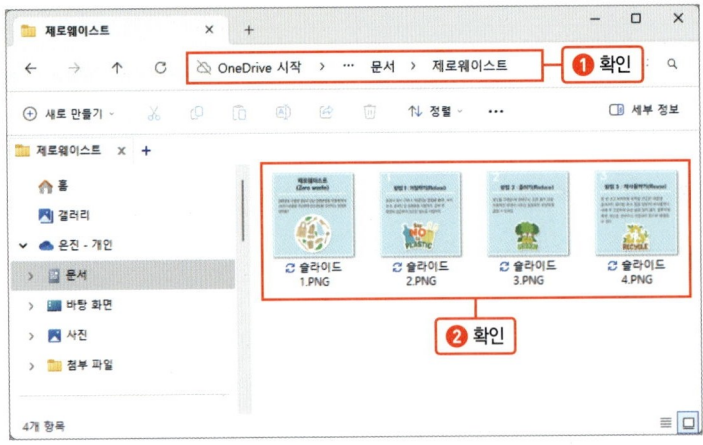

● 실습예제 : 국내여행.pptx, travel.jpg
● 완성예제 : 국내여행_완성.pptx, 국내여행.png

활용도 ■■■□□

실무 03 유튜브 섬네일 만들기

① 유튜브 동영상의 미리 보기 이미지를 '유튜브 섬네일(YouTube Thumbnail)'이라고 합니다. 유튜브 섬네일은 일반적인 유튜브 영상 크기와 똑같이 너비 1,280px, 높이 720px로, 파워포인트의 기본 슬라이드 크기와 같습니다. 1번 슬라이드에서 ❶~❷ Shift를 이용해 텍스트를 함께 선택하고 ❸ **[홈] 탭-[글꼴] 그룹-[글꼴]**을 **[경기천년제목 Bold]**로 변경하세요.

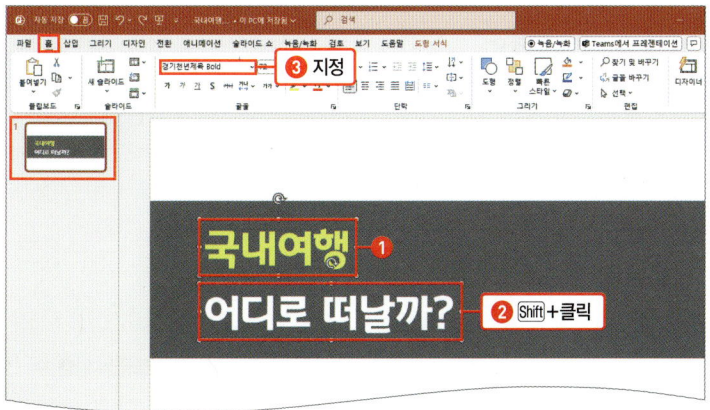

Tip
경기천년제목 글꼴은 경기도 서체 사이트(https://www.gg.go.kr/contents/contents.do?cildx=679&menuId=2457)에서 무료로 다운로드해서 영리적·비영리적 목적으로 개인 및 기업 사용자가 모두 사용할 수 있습니다. 글꼴 설치 방법에 대해서는 98쪽의 '02. SNS용 카드뉴스 만들기'의 ① 과정을 참고하세요.

② ❶ 슬라이드의 빈 공간에서 마우스 오른쪽 단추를 클릭하고 ❷ **[배경 서식]**을 선택합니다.

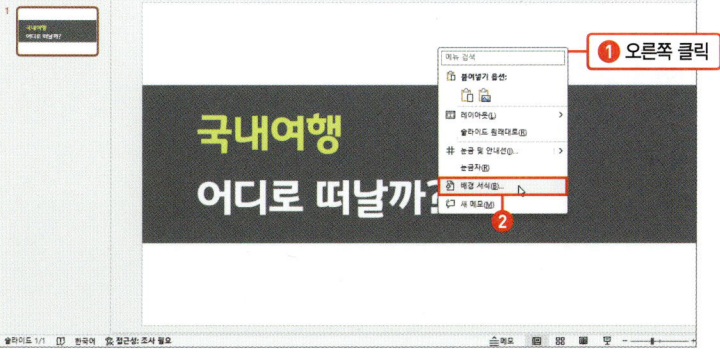

③ 화면의 오른쪽에 [배경 서식] 창이 열리면 ❶ [채우기 및 선](🎨)의 ❷ [채우기]에서 ❸ [그림 또는 질감 채우기]를 선택하고 ❹ [삽입]을 클릭하세요.

Tip
[배경 서식] 창에서 그림을 삽입하면 [삽입] 탭-[이미지] 그룹에서 그림을 삽입할 때와 달리 슬라이드의 배경 서식으로 설정되어 그림이 선택되지 않습니다.

④ [그림 삽입] 창이 열리면 **[파일에서]**를 선택하세요.

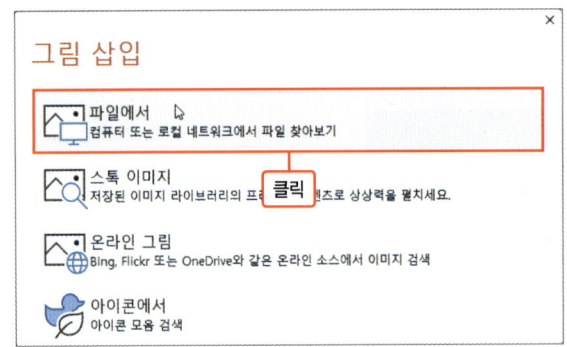

Tip
오피스 버전에 따라 [그림 삽입] 창이 조금씩 다를 수 있어요.

⑤ [그림 삽입] 대화상자가 열리면 부록 실습파일에서 ❶ 'travel.jpg'를 선택하고 ❷ [삽입]을 클릭하세요.

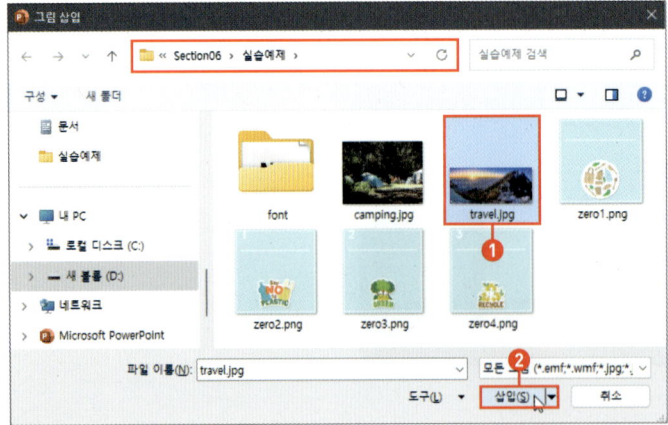

⑥ 화면의 오른쪽에 [배경 서식] 창이 열리면 [채우기 및 선]( )의 [채우기]에서 ❶ [그림을 질감으로 바둑판식 배열]에 체크 표시합니다. ❷ '배율 X'와 '배율 Y'는 [90%]로, '맞춤'은 [가운데]로 지정해서 그림의 크기와 위치를 변경하세요.

> **Tip**
> 이 기능을 사용하면 원본 그림의 가로, 세로 비율과 슬라이드 크기의 비율이 다를 때 원본 그림의 비율을 유지하면서 슬라이드에 자연스럽게 배치할 수 있어요.

⑦ ❶~❷ Shift를 이용해 텍스트를 함께 선택합니다. [도형 서식] 창에서 ❸~❹ [텍스트 옵션]-[텍스트 효과]( )를 클릭하고 ❺ [그림자]의 ❻~❼ '미리 설정'에서 '바깥쪽'의 [오프셋: 오른쪽 아래]를 클릭하세요.

> **Tip**
> 텍스트에 그림자 효과를 지정하려면 [도형 서식] 탭-[WordArt 스타일] 그룹-[텍스트 효과]를 클릭하고 [그림자]를 선택해도 됩니다.

⑧ 그림자의 투명도를 조절하기 위해 [그림자]의 '투명도'는 [0%]로, '흐리게'는 [0pt]로 지정하세요.

⑨ ❶~❷ [파일] 탭-[내보내기]를 선택하고 ❸ [파일 형식 변경]을 선택합니다. ❹ '이미지 파일 형식'에서 [PNG(이동식 네트워크 그래픽)(*.png)]를 선택하고 ❺ [다른 이름으로 저장]을 클릭하세요.

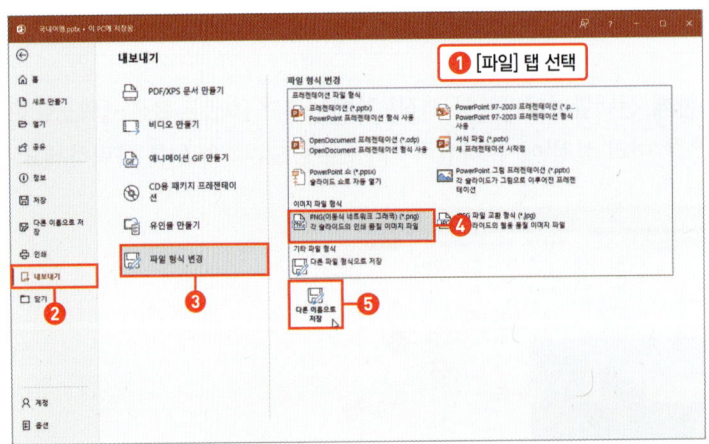

> **Tip**
> 유튜브 섬네일은 2MB 안에서 가능한 크게 만들어야 좋은 화질로 재생되므로 PNG 이미지로 저장하세요.

⑩ [다른 이름으로 저장] 대화상자가 열리면 ❶ '문서' 폴더에 ❷ '국내여행.png'로 ❸ 저장합니다.

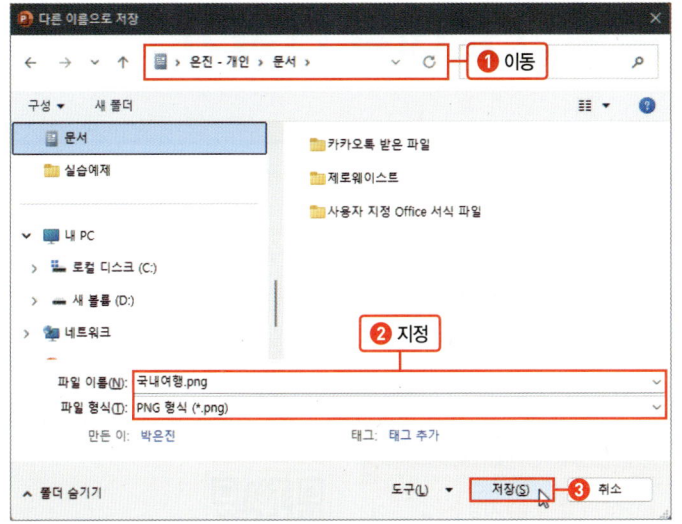

Tip
'문서' 폴더가 아니어도 쉽게 찾을 수 있는 경로에 저장하세요.

⑪ 내보낼 슬라이드를 선택하라는 메시지 창이 열리면 [현재 슬라이드만]을 클릭하세요.

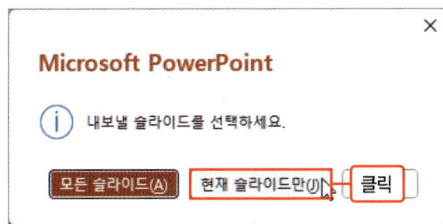

⑫ '문서' 폴더에 저장된 이미지 파일을 확인하세요.

● 실습예제 : 캠핑.pptx, camping.jpg
● 완성예제 : 캠핑_완성.pptx, 캠핑.jpg

04 네이버 블로그 섬네일 만들기

① 도형이나 개체를 그림으로 저장하면 원하는 크기의 이미지를 만들 수 있으므로 이 방법을 이용해서 너비 542px, 높이 542px의 블로그 섬네일을 만들어볼게요. 1번 슬라이드에서 ❶ 파란색 사각형을 선택하고 ❷ [도형 서식] 탭-[크기] 그룹-[높이]와 [너비]에 [14.34cm]를 지정해서 도형의 크기를 변경하세요.

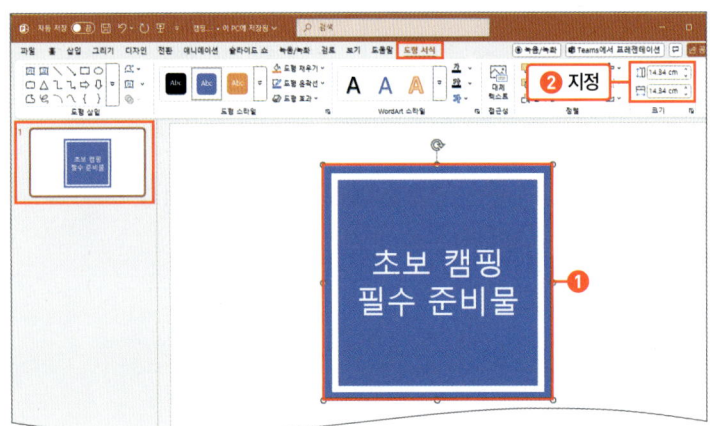

Tip
542px을 센티미터로 변환하면 14.34cm입니다. 픽셀 단위를 센티미터(cm)로 환산하는 방법은 93쪽 '01. 페이스북 커버 디자인 만들기'의 ❷ 과정을 참고하세요.

② 도형을 선택한 상태에서 ❶ [홈] 탭-[그리기] 그룹-[도형 서식](⬜)을 클릭합니다. 화면의 오른쪽에 [도형 서식] 창이 열리면 ❷ [도형 옵션]-[채우기 및 선](🎨)의 ❸ [채우기]에서 ❹ [그림 또는 질감 채우기]를 선택하고 ❺ [삽입]을 클릭하세요.

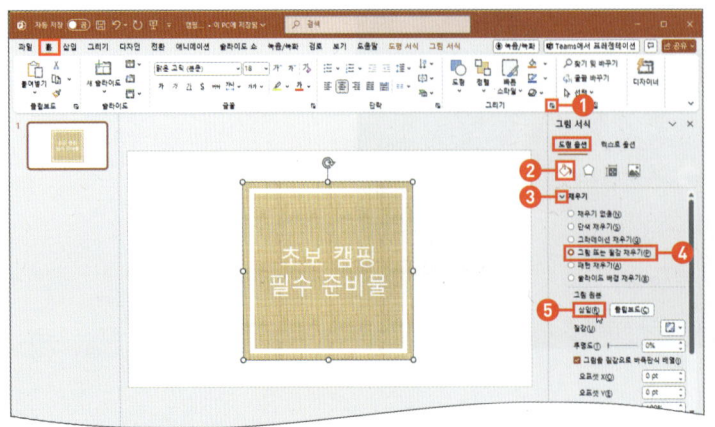

Tip
도형을 선택하고 마우스 오른쪽 단추를 클릭한 후 [도형 서식] 메뉴를 선택해도 [도형 서식] 창을 열 수 있습니다. 도형에 그림이나 질감이 채워지면 [도형 서식] 창의 이름이 [그림 서식] 창으로 변경됩니다.

③ [그림 삽입] 창이 열리면 **[파일에서]**를 선택하세요.

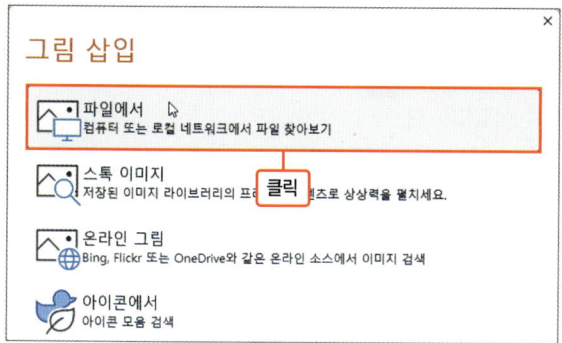

④ [그림 삽입] 대화상자가 열리면 부록 실습파일에서 ❶ **'camping.jpg'**를 선택하고 ❷ **[삽입]**을 클릭하세요.

⑤ ❶ 도형에 그림을 삽입했으면 도형을 선택한 상태에서 ❷ **[그림 서식] 탭-[조정] 그룹-[꾸밈 효과]**를 클릭한 후 ❸ **[파스텔 부드럽게]**를 선택하세요.

Tip
오피스 버전에 따라 [그림 서식] 탭 대신 [그림 도구]의 [서식] 탭으로 표시됩니다. 도형에 그림으로 채워지면 [도형 서식] 탭과 [그림 서식] 탭이 함께 나타납니다.

6 텍스트의 글꼴이 얇아서 눈에 잘 띄지 않네요. ❶ 텍스트 상자를 선택하고 ❷ [홈] 탭-[글꼴] 그룹-[글꼴]을 [G마켓 산스 Bold]로 변경하세요.

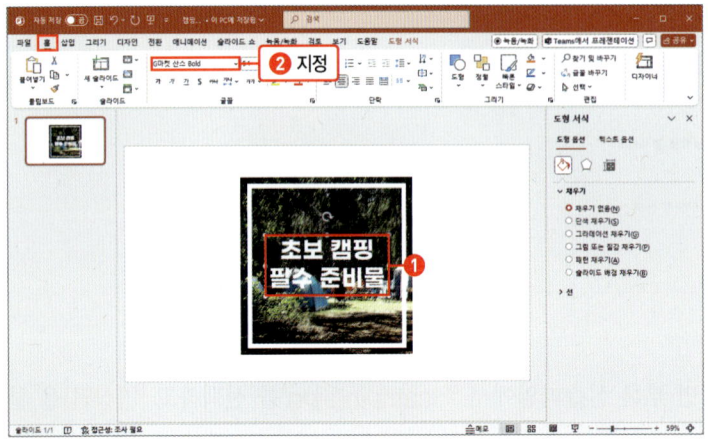

> **Tip**
> 'G마켓 산스' 폰트는 지마켓 사이트(corp.gmarket.com/fonts)에서 무료로 다운로드해서 영리적·비영리적 목적으로 개인 및 기업 사용자가 모두 사용할 수 있습니다. 글꼴 설치 방법에 대해서는 98쪽 '02. SNS용 카드뉴스 만들기'의 ❶ 과정을 참고하세요.

7 텍스트 상자를 선택한 상태에서 [도형 서식] 창의 ❶~❷ [텍스트 옵션]-[텍스트 효과](🅰)를 클릭하고 ❸ [네온]의 ❹ '미리 설정'에서 '네온 변형'의 [네온: 8pt, 파랑, 강조색 1]을 클릭하세요. ❺ '색'에서 '테마 색'의 [검정, 텍스트 1]을 선택하고 ❻ '투명도'를 [0%]로 지정한 후 ❼ [도형 서식] 창을 닫으세요.

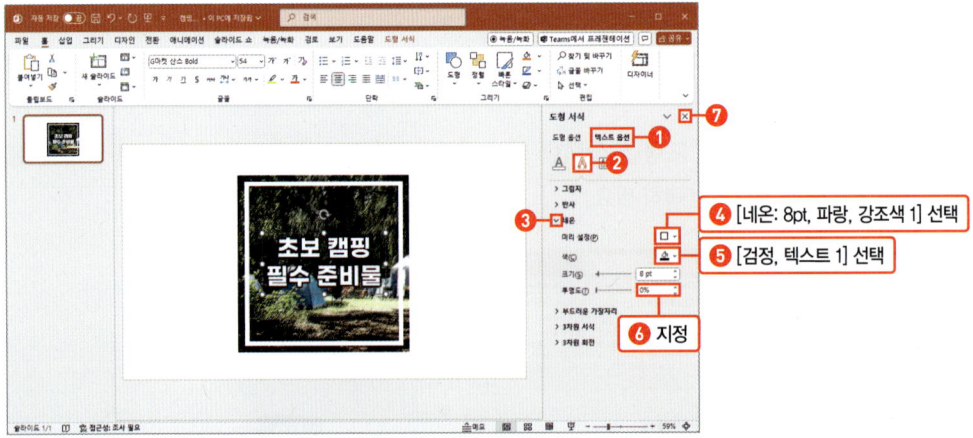

⑧ ❶ 모든 개체를 선택하고 ❷ 마우스 오른쪽 단추를 클릭한 후 ❸ [그림으로 저장]을 선택하세요.

⑨ [그림으로 저장] 대화상자가 열리면 ❶ '문서' 폴더에 ❷ '캠핑.jpg'로 ❸ 저장하세요.

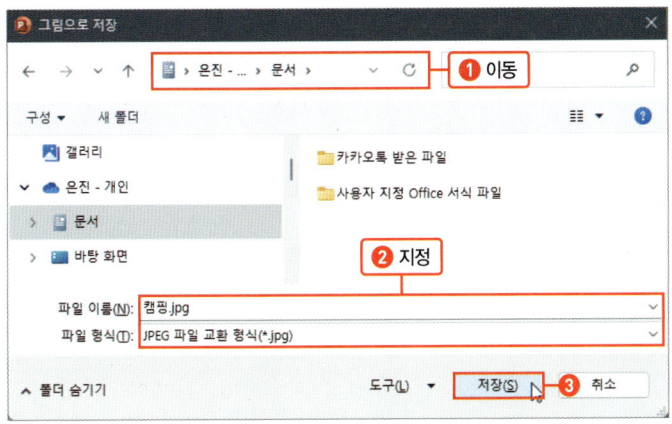

⑩ '문서' 폴더에 저장된 이미지 파일을 확인하세요.

CHAPTER 04

생성형 AI로 스마트하게 프레젠테이션 만들기

*해당 장에서 다루는 AI 툴(코파일럿, ChatGPT 등)은 유료 버전을 기준으로 설명합니다.

AI를 활용하면 발표 자료를 만드는 과정이 훨씬 더 쉬워지고 빨라집니다. 단순히 디자인만 자동화하는 것이 아니라 콘텐츠 생성부터 시각화까지 AI가 지원하는 다양한 기능을 이해하고 활용하면 보다 스마트한 발표 자료를 만들 수 있습니다. 이번 장에서는 코파일럿(Copilot)과 ChatGPT와 같은 AI 도구를 이용해 슬라이드 초안을 빠르게 만들고 데이터를 효과적으로 보여주는 방법에 대해 배워봅니다.

SECTION 07 AI 활용해 발표 자료 초안 쉽게 만들기
SECTION 08 AI로 쉽고 효과적으로 데이터 및 콘텐츠 시각화하기

SECTION

07

AI 활용해 발표 자료 초안 쉽게 만들기

AI는 발표자의 아이디어를 바로 슬라이드로 변환할 수 있는 강력한 도구입니다. ChatGPT를 활용해 초안을 만든 후 코파일럿(Copilot)을 이용해 슬라이드 개요를 검토하고 수정하는 방법을 알아봅니다. 또한 기존 워드 문서나 텍스트 자료를 활용해 슬라이드를 자동으로 만들고 발표자 노트를 AI가 자동으로 작성하는 기능도 살펴봅니다.

활용도 ■■■□□

01 아이디어를 바로 슬라이드로! AI 활용해 초안 작성하기

● 실습예제 : 프롬프트1.txt
● 완성예제 : PET1_완성.pptx

① 한국의 펫 문화와 산업에 대한 발표 자료 초안을 만들기 위해 AI 기능을 활용해 볼게요. ❶ **ChatGPT 사이트**(chatgpt.com)에 접속한 후 ❷ 채팅 창에 다음과 같이 입력하고 ❸ ⬆ 를 클릭하세요.

> **프롬프트**
> 한국의 펫 문화와 산업에 대한 발표 자료를 만들려고 해. 프롬프트를 어떻게 적으면 좋을지 추천해줘

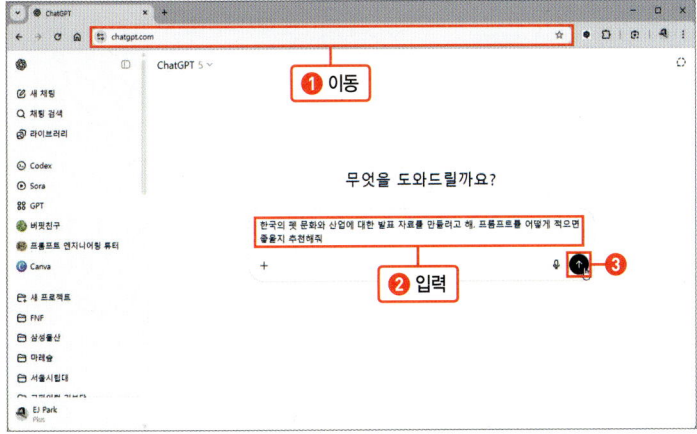

> **Tip**
> ChatGPT, 코파일럿과 같은 생성형 AI에 입력하는 질문이나 명령어를 '프롬프트'라고 합니다. 실습에 나온 프롬프트를 직접 입력하거나 부록 실습파일에서 '프롬프트.txt'의 텍스트를 복사하여 사용하면 편리합니다.

② ChatGPT의 답변이 만족스럽지 않거나 추가로 수정할 내용이 있다면 ❶~❷ 프롬프트를 어떻게 바꾸면 좋을지 다시 요청해 보세요. 원하는 결과가 나올 때까지 이 과정을 반복할 수 있습니다.

> **프롬프트**
>
> AI 기술과 관련된 내용을 추가해서 프롬프트를 좀 더 보완해줘

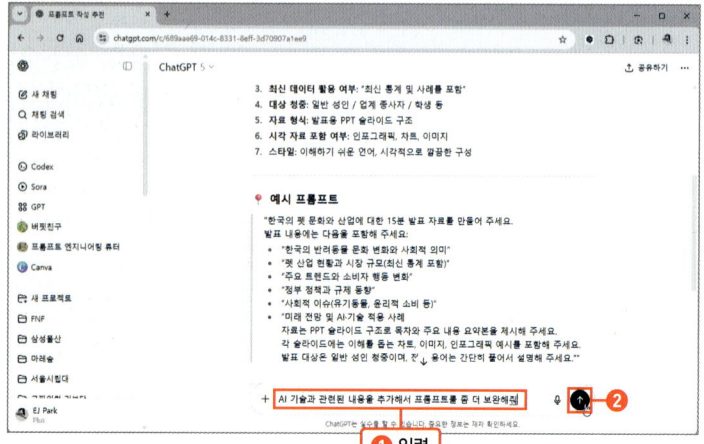

Tip
ChatGPT 실행 결과는 이 책에 나온 예시와 다를 수 있습니다. 같은 내용을 입력해도 매번 다른 결과가 나올 수 있어요.

③ ChatGPT의 답변에서 ❶ 프롬프트로 사용할 내용을 복사한 후 ❷ 채팅 창에 붙여넣어 한국의 펫 문화와 산업에 대한 발표 자료 초안에 맞게 수정하고 [Enter]를 누릅니다.

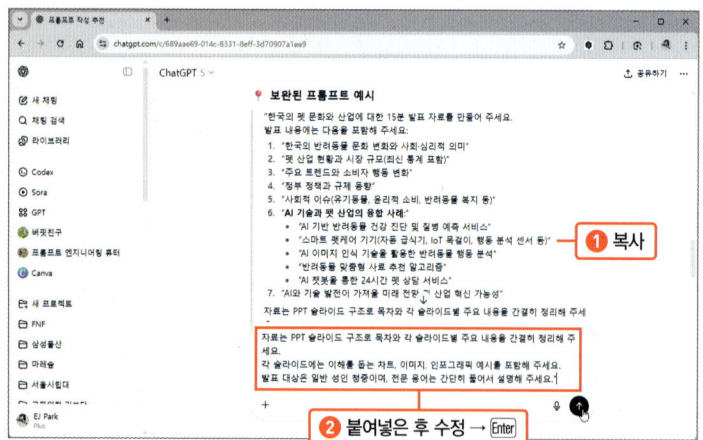

Tip
ChatGPT에게 질문을 입력하면 내용뿐만 아니라 구조와 형식까지 완전히 다르게 나올 수 있어요. 책에 나온 화면과 달라도 이상하거나 잘못된 것은 아닙니다.

④ 이 단계까지 나온 답변을 파워포인트 슬라이드로 만들기 위해 ❶ 채팅 창에 다음과 같이 입력하고 Enter를 누릅니다. ❷ PPT 파일 다운로드 링크가 생성되면 해당 파일을 클릭해 다운로드하세요.

> **프롬프트**
> 좋아. 이 내용을 PPT 슬라이드로 작성하고 다운로드받을 수 있게 해줘.

Tip
링크를 클릭하면 PPT 파일을 다운로드할 수 있어요. 다운로드한 파일은 내 컴퓨터의 '다운로드' 폴더에서 확인할 수 있습니다.

⑤ ChatGPT를 활용해 아이디어만으로 발표 자료 초안을 완성했어요.

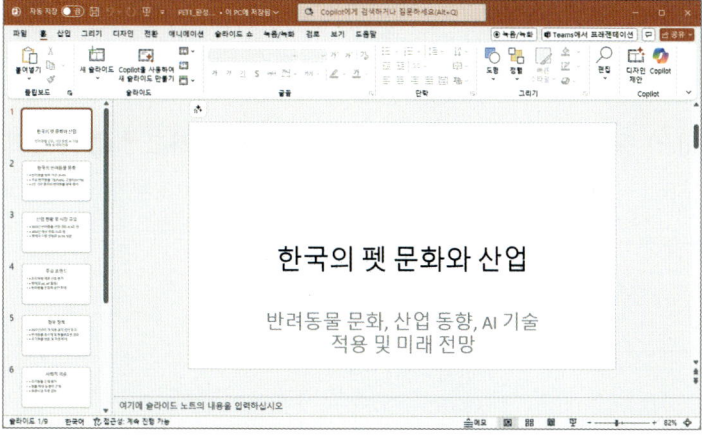

활용도 ■■■

● 실습예제 : 새 프레젠테이션
● 완성예제 : PET2_완성.pptx

AI가 제안한 슬라이드 개요 검토하고 수정하기

① 파워포인트의 코파일럿 기능을 활용해 발표 자료 개요를 검토하고 수정해 볼게요. 새 프레젠테이션 문서에서 ❶ 슬라이드 왼쪽 위의 **[코파일럿]**( )을 클릭한 후 ❷ **[새 프레젠테이션 만들기]**를 선택합니다.

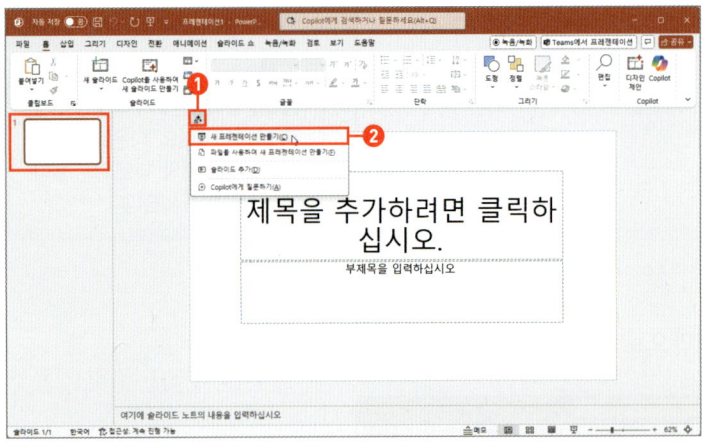

② 내러티브 빌더(Narrative Builder) 창이 열리면 ❶ **한국의 펫 문화와 산업**을 입력하고 ❷ ➡을 클릭해 코파일럿 기능을 실행합니다.

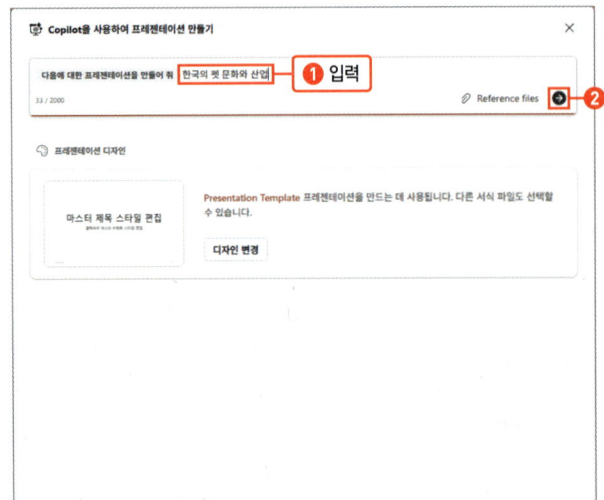

③ 생성된 내용 중에서 불필요한 주제가 있다면 삭제할 수 있어요. ❶ 삭제하려는 주제에 마우스 포인터를 올려놓고 화면의 오른쪽에 나타난 ❷ [주제 삭제](🗑)를 클릭합니다.

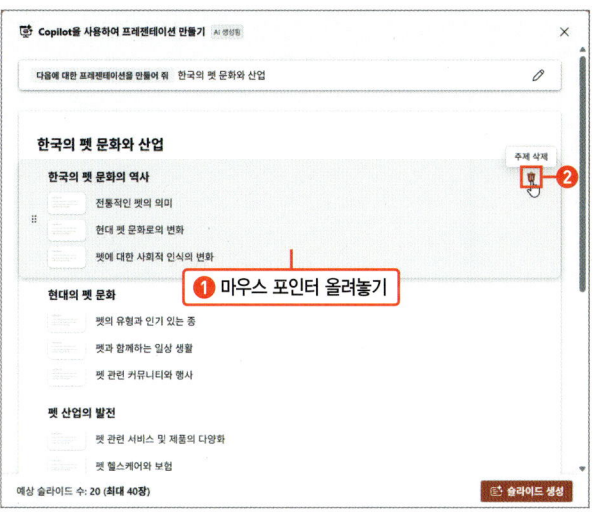

Tip
코파일럿이 만든 결과는 이 책에 나온 화면과 다를 수 있어요. 내용도 매번 다양하게 만들어질 수 있어요.

④ 생성된 내용 중간에 새로운 항목을 넣어볼게요. ❶ 삽입할 위치에 마우스 포인터를 올려놓고 ❷ [새 항목 추가](⊕)를 클릭합니다.

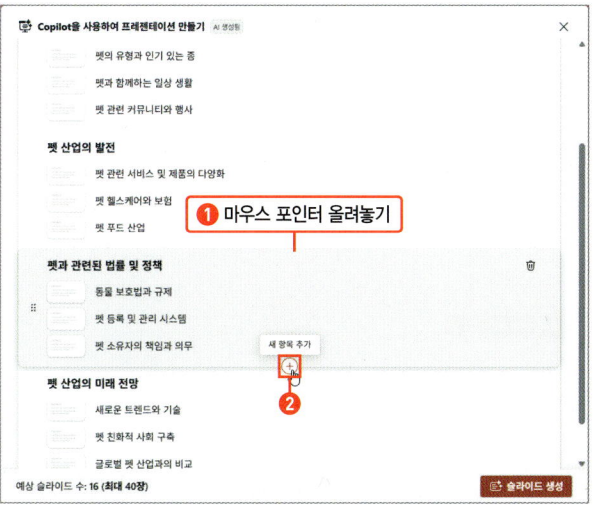

⑤ ❶ '추가할 항목 설명'에 **IT기술과 펫 산업**을 입력하고 ❷ ➡를 클릭합니다.

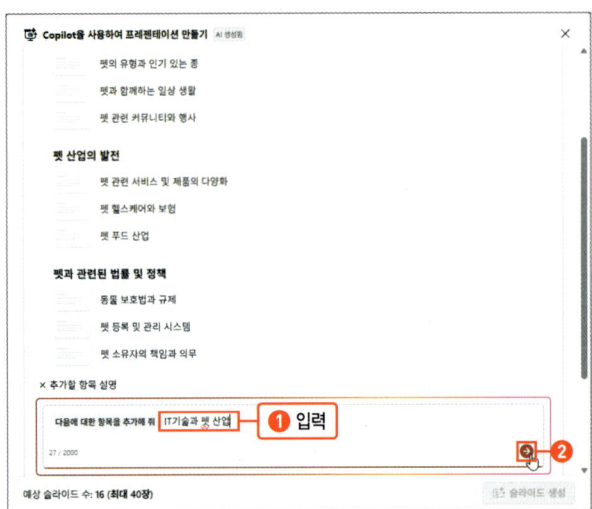

⑥ **[토픽 순서 바꾸기]**(⋮⋮)를 드래그하면 선택한 토픽의 순서를 원하는 위치로 옮길 수 있어요. ❶ 순서를 정한 후 ❷ **[슬라이드 생성]**을 클릭해 슬라이드를 만듭니다.

7 슬라이드 자동 생성 과정을 거쳐 슬라이드 구성 화면이 열리면 ❶ 내용을 확인하고 ❷ [유지]를 클릭해 슬라이드 생성을 완료합니다.

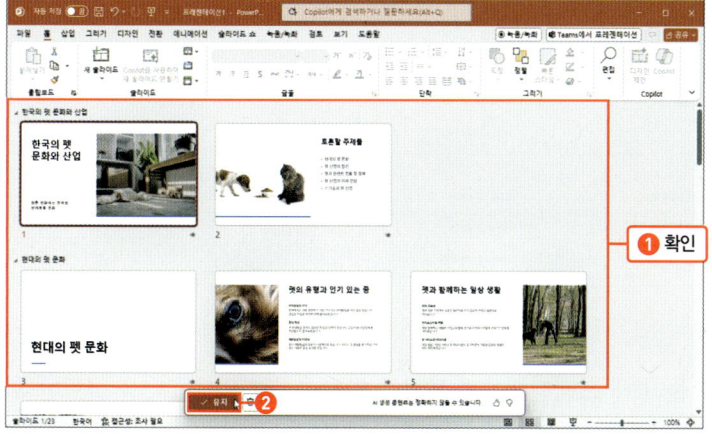

> **Tip**
> 코파일럿이 만든 결과는 이 책에 나온 화면과 다를 수도 있고 더욱 다양한 내용이 만들어질 수도 있어요.

활용도 ■■■ ■■■

● 실습예제 : PET산업보고서.docx
● 완성예제 : PET산업발표_완성.pptx

03 워드 파일로 자동으로 프레젠테이션 문서 생성하기

① AI 기능을 사용하면 워드나 PDF 문서의 내용을 참고해서 프레젠테이션 발표 자료를 자동으로 만들 수 있어요. 이번 예제에서는 미리 작성된 워드 문서를 활용해 볼게요. 코파일럿에서 이 기능을 사용하려면 먼저 기존 문서를 OneDrive에 저장해야 합니다. 워드에서 실습예제 ❶ 'PET산업보고서.docx'를 열고 ❷~❹ **[파일] 탭-[다른 이름으로 저장]-[OneDrive]**를 선택한 후 ❺ **[저장]**을 클릭합니다.

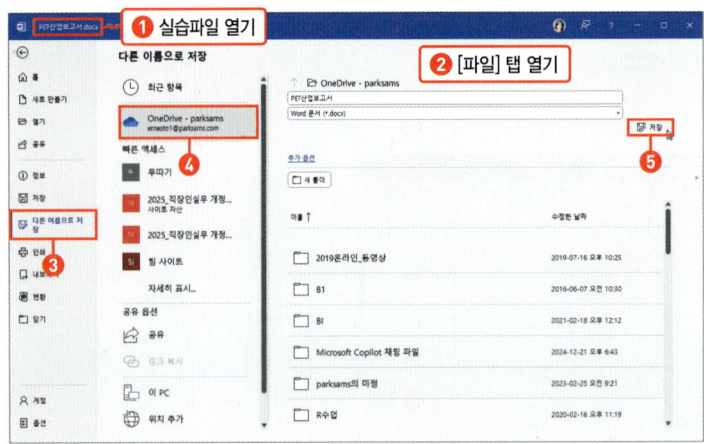

② ❶ 파워포인트에서 Ctrl+N을 눌러 새 프레젠테이션 문서를 열고 ❷ **[코파일럿]**(🪄)을 클릭한 후 ❸ **[파일을 사용하여 새 프레젠테이션 만들기]**를 선택합니다.

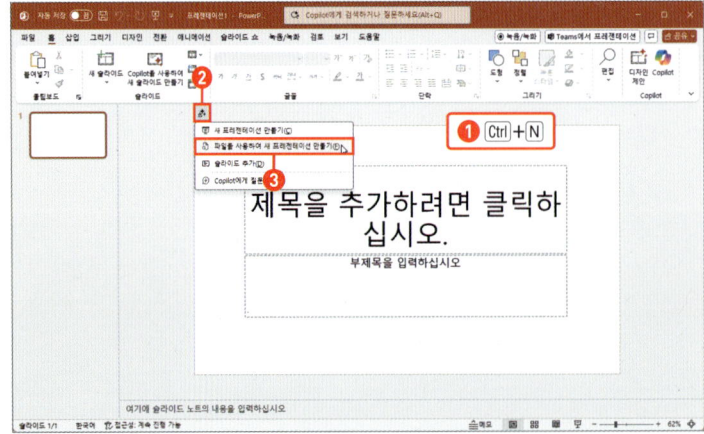

122

③ 파일 목록 중 ❶ **'PET산업보고서'** 파일을 선택하고 ❷ **[보내기]**(➡)를 클릭합니다.

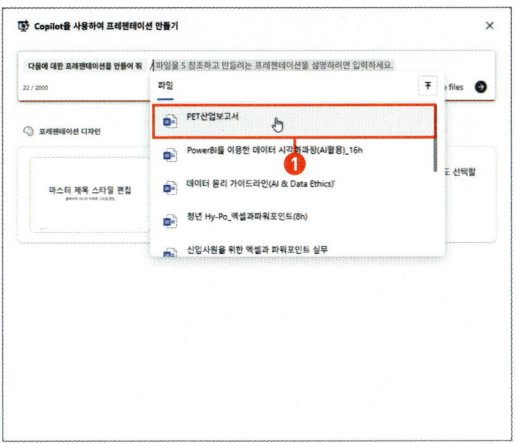 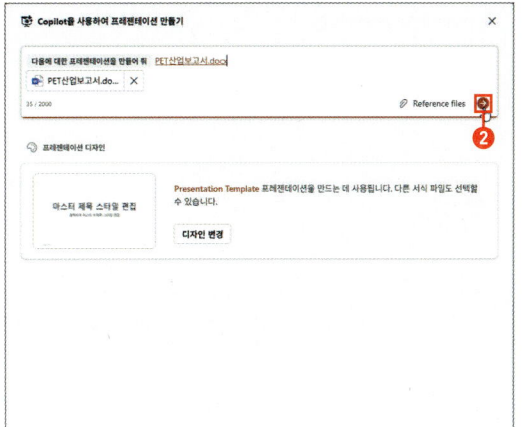

> **Tip**
> 만약 파일 목록에 원하는 파일이 보이지 않으면 [참조파일](Reference files)을 클릭하거나 '/' 뒤에 파일명을 직접 입력하세요.

④ 코파일럿이 파일을 참고해서 프레젠테이션 문서를 생성하기 시작합니다. 문서가 완성되면 **[슬라이드 생성]**을 클릭하세요.

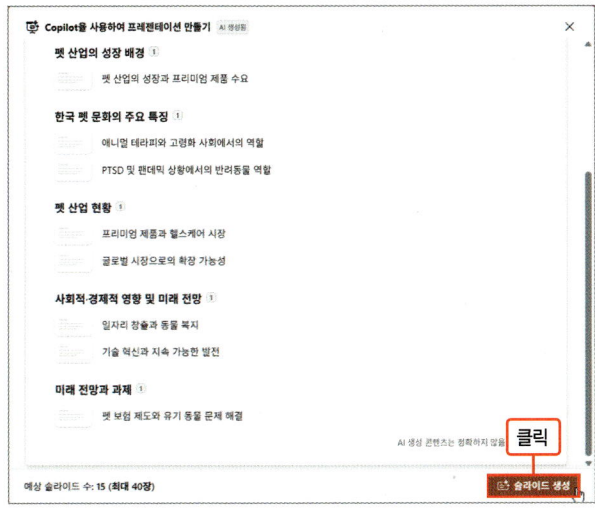

> **Tip**
> 이 단계에서도 주제 삭제, 새 항목 추가, 토픽 순서 바꾸기 등의 편집을 할 수 있어요.

5 슬라이드가 생성되면 **①** 내용을 확인하고 **②** **[유지]**를 클릭하여 슬라이드 생성을 완료합니다.

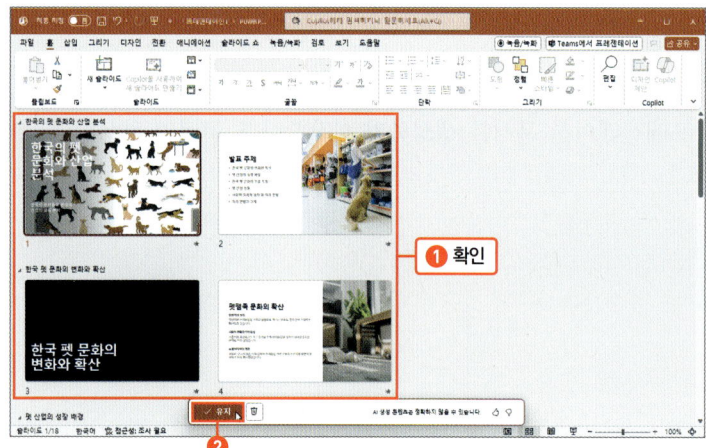

활용도 ■■■

● 실습예제 : PET산업요약.pptx, 프롬프트2.txt
● 완성예제 : PET산업요약_완성.pptx

04 자동으로 슬라이드 요약 및 발표자 노트 작성하기
Copilot

① AI 기능을 사용하면 프레젠테이션을 간단하게 요약하고 발표자 노트를 자동으로 작성할 수 있습니다. ❶ **[홈] 탭-[Copilot] 그룹-[Copilot]**을 클릭하고 화면의 오른쪽에 [Copilot] 채팅 창이 열리면 ❷ **[이 프레젠테이션을 요약해 줘]**를 클릭하세요.

Tip
자주 업데이트하면 [Copilot] 채팅 창의 화면이 이 책의 화면과 조금 다를 수 있어요.

② ❶ 요약 내용을 확인합니다. 다른 내용의 프레젠테이션을 요약하고 싶다면 ❷ 채팅 창에 **슬라이드별로 내용을 요약해줘**라고 입력하고 ❸ Enter 를 누르거나 [보내기](▶)를 클릭합니다.

125

③ 슬라이드별로 요약된 내용을 확인할 수 있어요. ❶ 채팅 창에 **발표자 노트를 만들어줘**라고 입력하고 ❷ Enter 를 누르거나 **[보내기]**(▶)를 클릭합니다.

④ ❶ 슬라이드 노트 창의 경계선에 마우스 포인터를 올려놓고 ↕ 모양일 때 위로 드래그합니다. ❷ 그러면 슬라이드 노트에 적힌 내용을 볼 수 있어요.

> **Tip**
> [보기] 탭-[표시] 그룹-[슬라이드 노트]를 클릭해도 슬라이드 노트를 볼 수 있습니다. 슬라이드 노트는 슬라이드 쇼를 진행할 때 [발표자 보기] 화면에서 발표자만 볼 수 있는 설명이에요. 자동으로 만들어진 슬라이드 노트는 발표에 수정하거나 편집하여 사용할 수 있어요.

⑤ 모든 슬라이드를 하나씩 선택하면서 자동으로 만들어진 슬라이드 노트를 확인해 보세요.

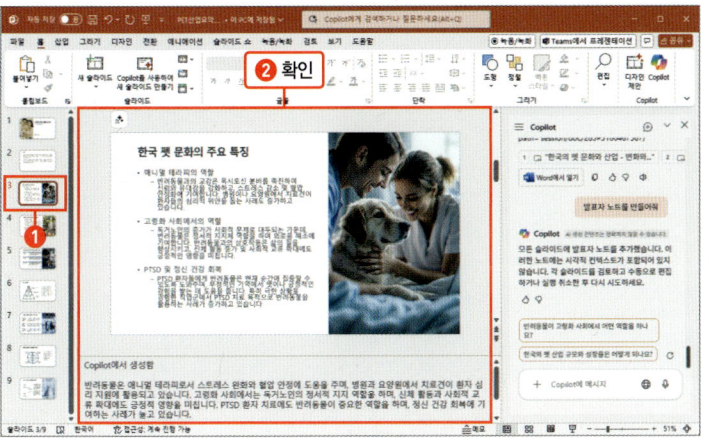

워드에서 요약된 결과 열기

[Word에서 열기]를 클릭하면 MS 워드에서 요약된 결과를 빠르게 확인할 수 있어요.

SECTION

08

AI로 쉽고 효과적으로 데이터 및 콘텐츠 시각화하기

효과적으로 발표하려면 단순한 텍스트가 아니라 시각적으로 전달력 있는 자료가 필요합니다. 코파일럿을 활용해 데이터를 자동으로 차트로 변환하고 AI를 기반으로 하는 이미지 생성 기능을 통해 맞춤형 그래픽을 제작하는 방법을 익힙니다. 또한 텍스트 내용을 분석하여 자동으로 시각화하고 영상에서 핵심 정보를 빠르게 요약하는 기능도 살펴봅니다.

활용도 ■■■

ChatGPT로 차트와 데이터 쉽게 시각화하기

● 실습예제 : 커피그래프.pptx, 프롬프트1.txt, NotoSansKR-Bold.ttf
● 완성예제 : 커피그래프_완성.pptx

핵심

① AI 기능을 활용해 그래프로 시각화해 볼게요. ❶ **ChatGPT 사이트**(www.chatgpt.com)에 접속한 후 ❷ [ChatGPT] 채팅 창에 다음과 같이 입력하고 ❸ ↑를 클릭하세요.

> **프롬프트**
>
> 관세청 무역통계 자료를 참고하여 2023년 기준 우리나라의 국가별 커피 수입현황에서 수입 중량과 수입 금액을 검색하고 상위 7개 국가의 수입현황을 표로 만들어줘

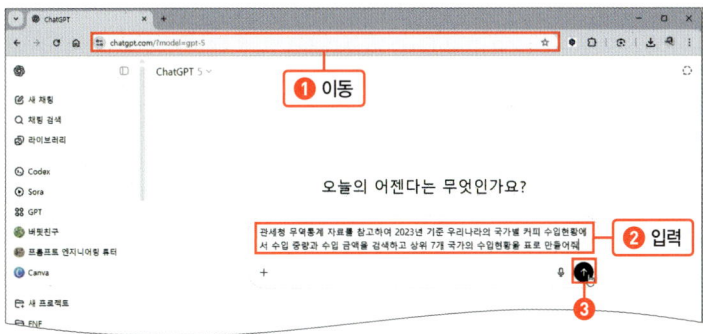

② ❶ [ChatGPT] 채팅 창에 **좋아. 이 표 내용을 콤보차트를 사용해서 시각화해줘.**라고 입력한 후 ❷ ↑를 클릭하세요.

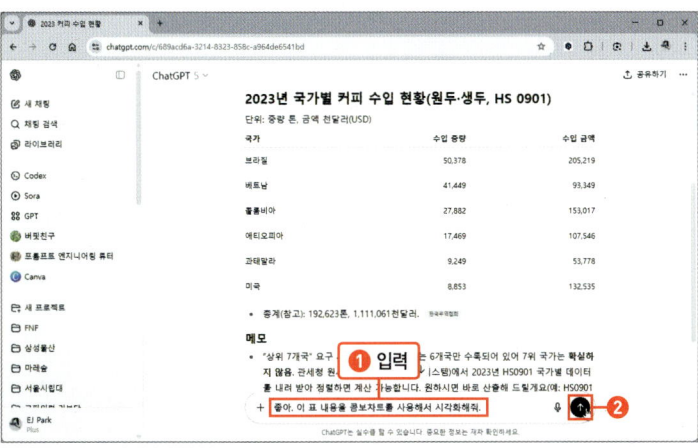

❸ 콤보 차트로 시각화했지만 한글이 깨져서 제대로 보이지 않습니다. 한글이 잘 보이게 하려면 ❶ ⊕를 클릭하고 ❷ **[사진 및 파일 추가]**를 선택하세요.

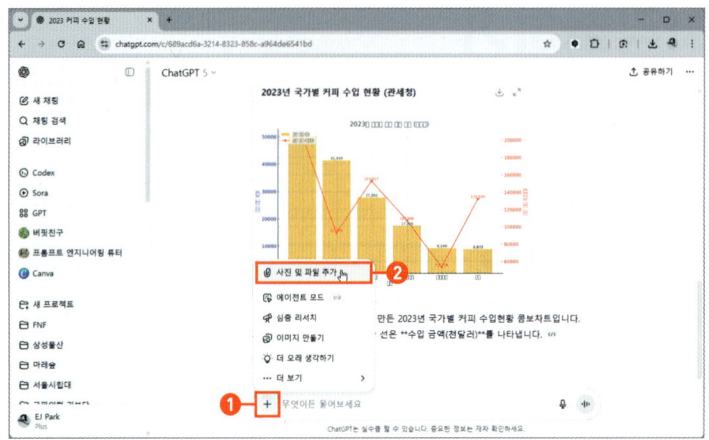

❹ 부록 실습파일에서 ❶ 글꼴 파일인 'NotoSansKR-Bold.ttf'를 선택하고 ❷ **[열기]**를 클릭하여 첨부합니다.

> **Tip**
> 그래프의 모양이나 색은 이 책에 나온 이미지와 다를 수 있어요. 원하는 색이 있다면 바꿔달라고 요청할 수도 있습니다.

⑤ [ChatGPT] 채팅 창에 ❶ 다음과 같이 입력하고 ❷ ↑를 클릭하거나 Enter를 누르세요.

프롬프트

한글이 깨져서 내용이 안보여. 첨부된 글꼴을 사용해서 한글이 잘 보이도록 해줘. 레이블을 이용해서 그래프의 값이 얼마인지 표현해줘.

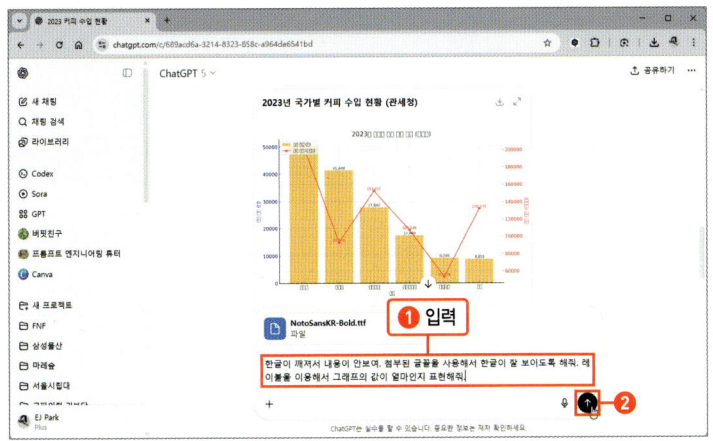

Tip
콤보 차트에 레이블이 이미 표시되어 있다면, 해당 내용은 생략하고 프롬프트만 입력하면 됩니다.

⑥ ❶~❷ 한글이 잘 보이고 그래프에 레이블이 표시되었는지 확인합니다. [ChatGPT] 채팅 창에 ❸ 다음과 같이 입력하고 ❹ ↑를 클릭하거나 Enter를 누르세요.

프롬프트

그래프에서 눈금선은 없애주고 텍스트 크기는 더 크게 수정해줘

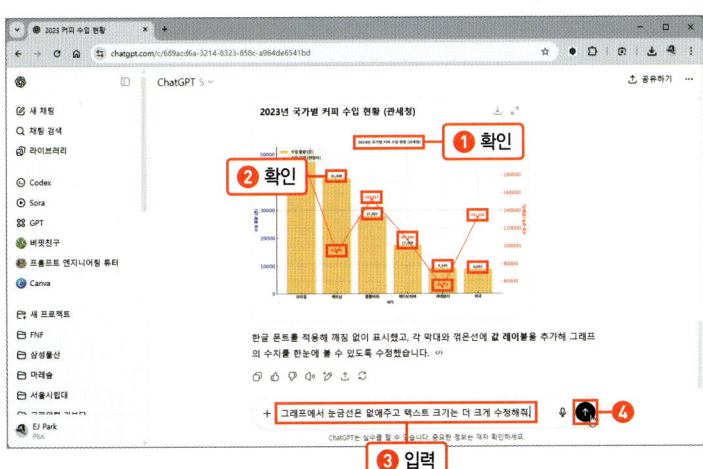

Tip
눈금선이 표시되지 않았다면모, 해당 내용은 생략하고 프롬프트만 입력하시면 됩니다.

131

7 ❶ 결과 차트를 완성했으면 ❷ [chart 다운로드]를 클릭하세요.

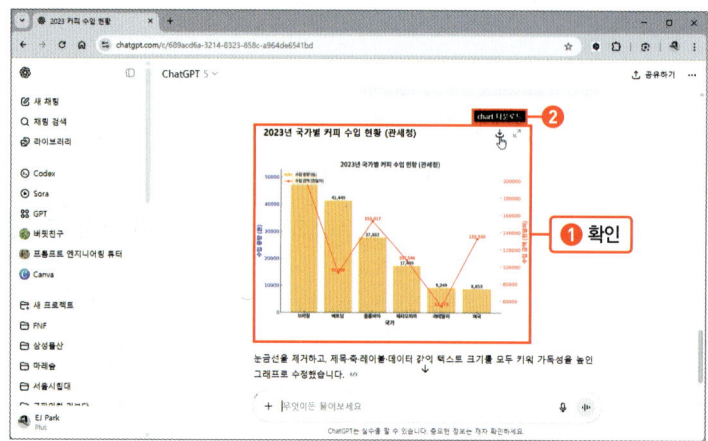

8 ❶~❷ 다운로드한 차트를 '커피그래프.pptx'의 5번 슬라이드에 삽입하세요.

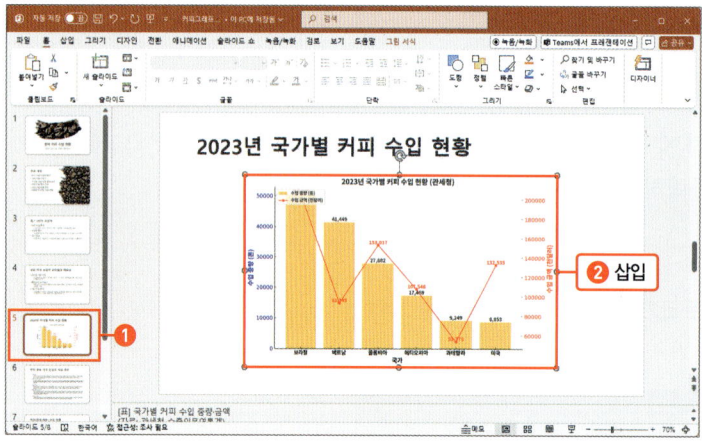

> **Tip**
> [삽입] 탭-[이미지] 그룹-[그림]에서 [이 디바이스]를 클릭하면 다운로드한 이미지를 선택해 그래프로 삽입할 수 있습니다.

활용도 ■■■ ■■■

● 실습예제 : 프롬프트2.txt
● 완성예제 : 커피시각화_완성.pptx

02 텍스트 분석해 자동으로 시각화하기
Napkin

① AI 기능을 사용해서 텍스트로 구성된 내용을 자동으로 시각화해 볼게요. ❶ **Napkin 사이트**(www.napkin.ai)에 접속하고 ❷ 계정을 만들어 로그인한 후 ❸ **[Get Napkin Free]**를 클릭합니다.

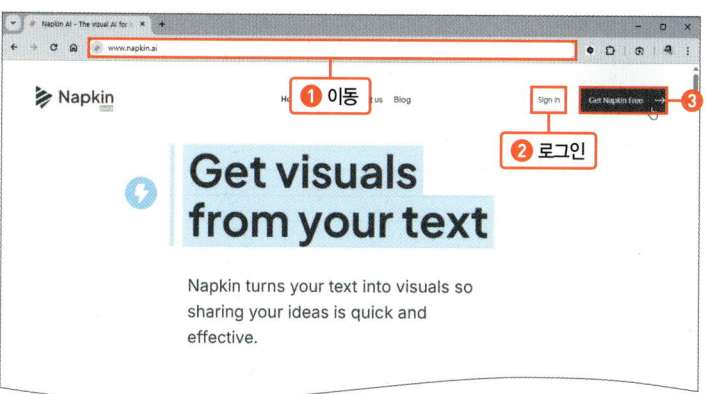

> **Tip**
> 구글(Google) 아이디로 회원 가입하면 Napkin을 간편하게 무료로 사용할 수 있습니다.

② ❶ 화면의 왼쪽 위에 있는 **[+ New Napkin]**을 클릭하고 ❷ **[Draft with AI]**를 선택합니다. ❸ [Napkin] 채팅 창에 **대표적인 커피 원두의 종류에 대해 알려줘**라고 입력한 후 ❹ **[Continue]**를 클릭하거나 Enter를 눌러 답변을 확인하세요.

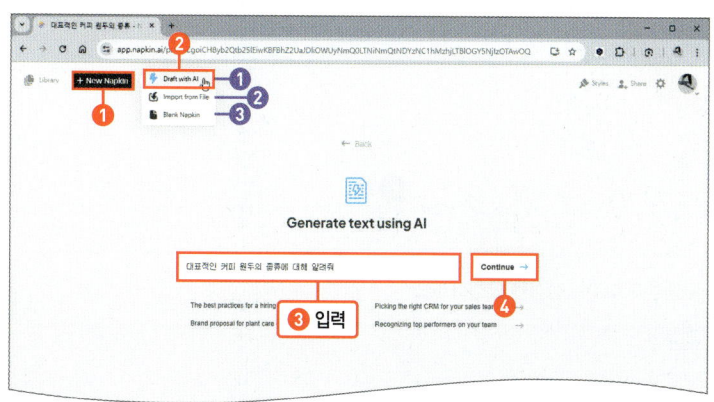

> **Tip**
> 실습에서 제시된 프롬프트는 직접 입력하거나 부록 실습파일에서 '프롬프트.txt'의 텍스트를 복사하여 사용하면 편리합니다.

❶ **Draft with AI** : AI가 생성한 답변으로 작업을 시작합니다.
❷ **Import from File** : 기존에 만든 파일을 불러와서 작업을 시작합니다(DOCX, PDF, PPTX, MD, HTML 파일 가능).
❸ **Blank Napkin** : 빈 페이지에서 작업을 시작합니다.

③ ❶ 시각화할 텍스트를 드래그하여 범위로 지정하고 ❷ [Generate Visuals](❹)를 클릭합니다.

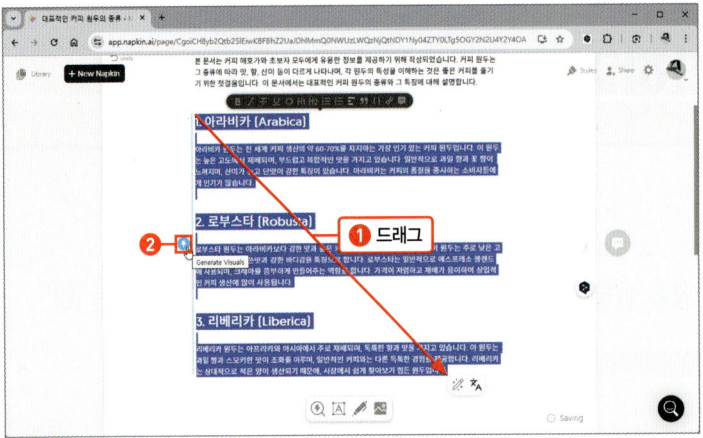

> **Tip**
> 커피 원두의 대표적인 세 종류만 드래그해 범위로 지정하여 시각화를 요청해 보세요.

④ 다양한 시각화 자료 목록이 표시되면 ❶~❷ 마우스 포인터를 올려놓고 디자인이 어떻게 적용되는지 미리 확인할 수 있어요. 마음에 드는 디자인을 클릭해 선택합니다.

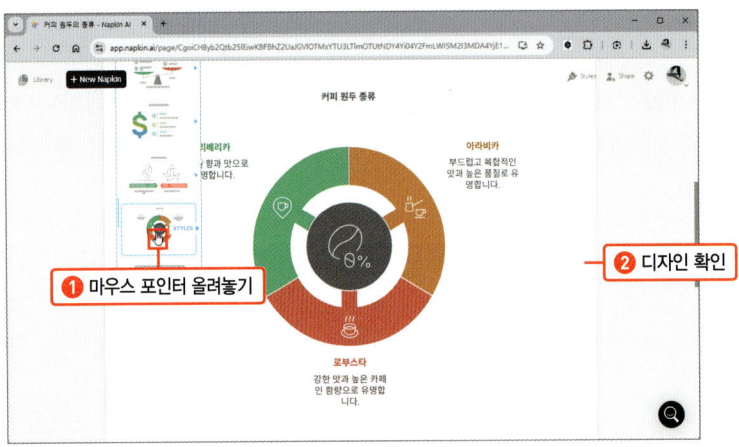

> **Tip**
> 마음에 드는 디자인이 없다면 [More]를 클릭해 추가 디자인 생성을 요청하세요.

⑤ ❶ 선택한 디자인에서 다양한 스타일을 고를 수 있습니다. 원하는 스타일을 선택하여 ❷ 변경하세요.

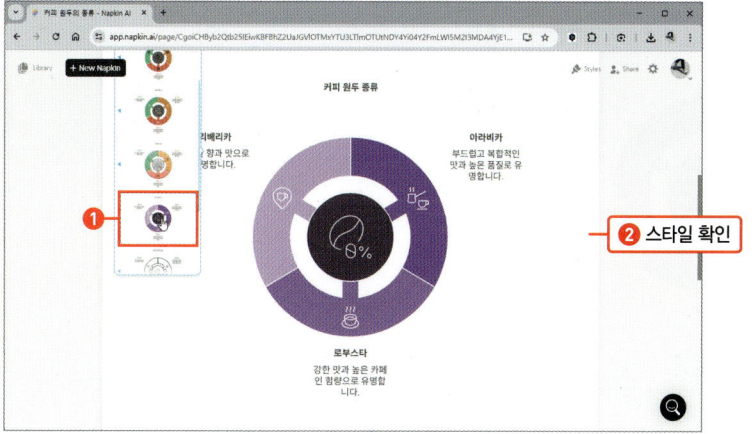

⑥ 시각 자료에 포함된 아이콘 모양을 변경해 보겠습니다. ❶ 변경할 아이콘을 선택하고 ❷ ❸를 클릭하면 다른 아이콘 모양이 표시됩니다. 마음에 드는 아이콘 모양이 없다면 ❸ Search 필드에 **coffee**를 입력해 ❹~❺ 원하는 모양으로 변경합니다.

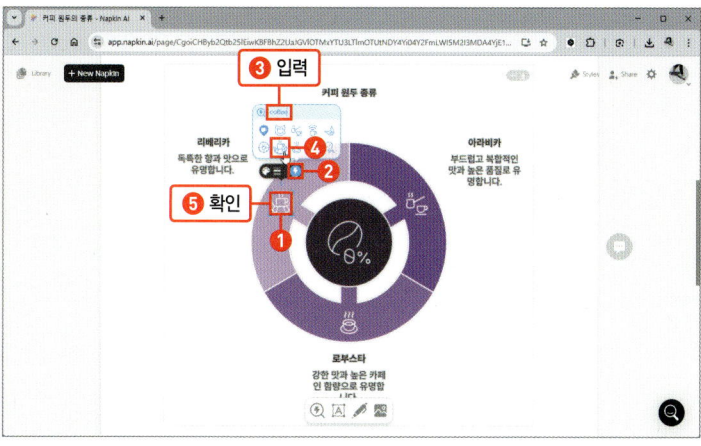

⑦ 완성된 결과를 저장하려면 [Export](⬇)를 클릭하세요.

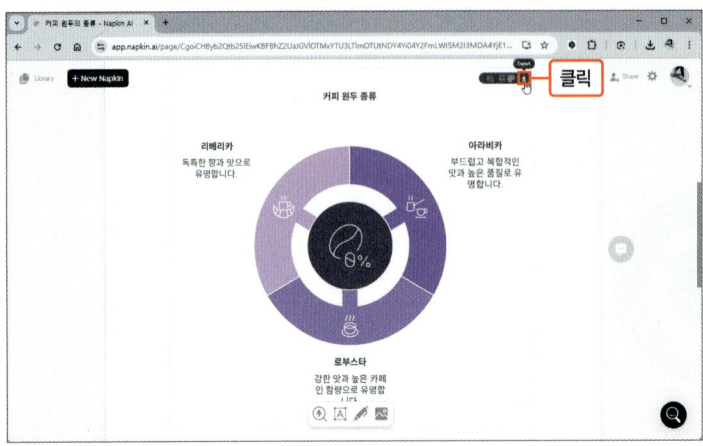

⑧ ❶ 내보낼 형식을 [PPT]로 선택하고 ❷ [Download]를 클릭한 후 만들어진 그래픽 디자인 개체를 복사해 시각화가 필요한 슬라이드에 붙여넣기합니다. 모든 개체는 도형과 텍스트로 분리한 후 파워포인트에서 자유롭게 편집할 수 있습니다.

> **Tip**
> PPT 형식 외에도 PNG, SVG, PDF 형식으로 파일을 내보낼 수 있어요.

활용도 ■■■

03 AI로 빠르게 영상 자료 요약하기
Lilys

① Lilys AI를 사용하면 다양한 형식의 자료를 빠르고 효과적으로 요약할 수 있어요. 여기서는 동영상 요약 기능으로 유튜브에 있는 마이크로소프트 365 코파일럿(Microsoft 365 Copilot) 소개 영상을 요약해 보겠습니다. ❶ 먼저 요약에 사용할 유튜브 영상(www.youtube.com/watch?v=rc-fc7pT9nw)으로 이동하여 ❷ [공유]를 클릭합니다. ❸ [게시물로 공유] 창이 열리면 URL 주소를 복사하세요.

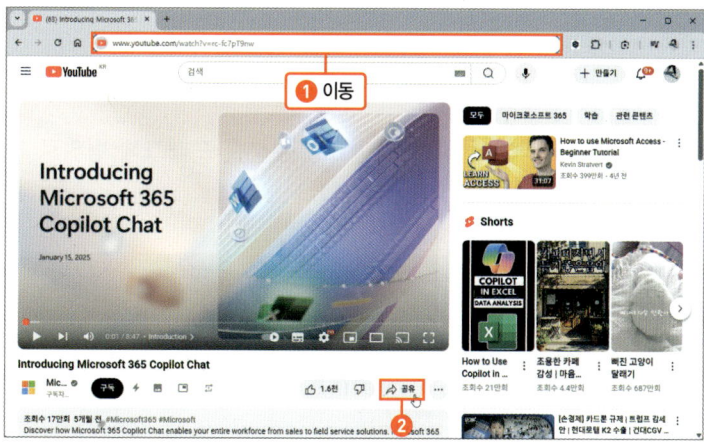

② ❶ Lilys 사이트(lilys.ai)에 접속하여 계정에 로그인합니다. 유튜브 동영상을 요약하기 위해 ❷ [요약하기]를 클릭하거나 Enter를 누릅니다.

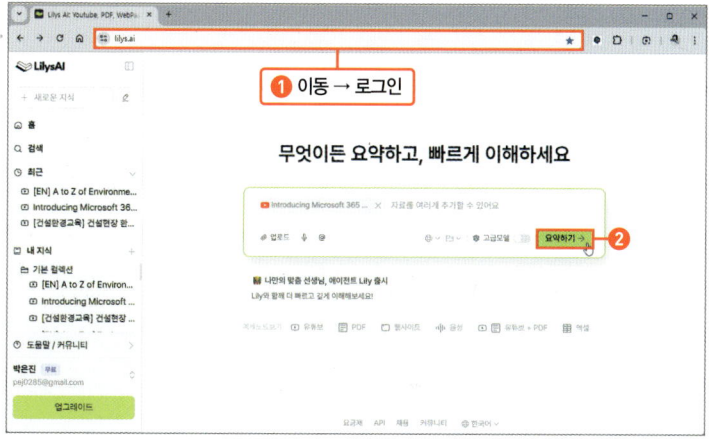

Tip Lilys AI를 사용하면 유튜브 영상, 블로그, PDF, 엑셀, 음성 파일 등 다양한 형식의 자료를 빠르고 효과적으로 요약할 수 있습니다.

③ 잠시 후 요약이 완료되면 ❶ '타임라인 요약' 화면에서 '2. Microsoft 365 Copilot Chat 소개' 항목의 오른쪽에 있는 시간 표시를 클릭하세요. 그러면 화면의 왼쪽에서 ❷ 해당 부분의 영상이 재생되는 것을 확인할 수 있는데, 전체 영상 중에서 보고 싶은 부분만 골라서 재생할 수 있습니다.

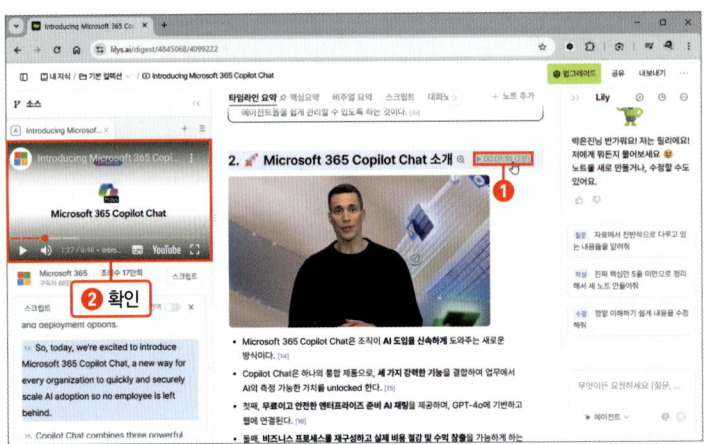

④ ❶ [핵심요약] 탭에는 영상의 핵심 내용이 요약되어 있어요. 필요한 부분을 드래그해 범위로 지정한 후 복사하거나 ❷ 요약한 노트 전체를 한 번에 복사할 수도 있습니다.

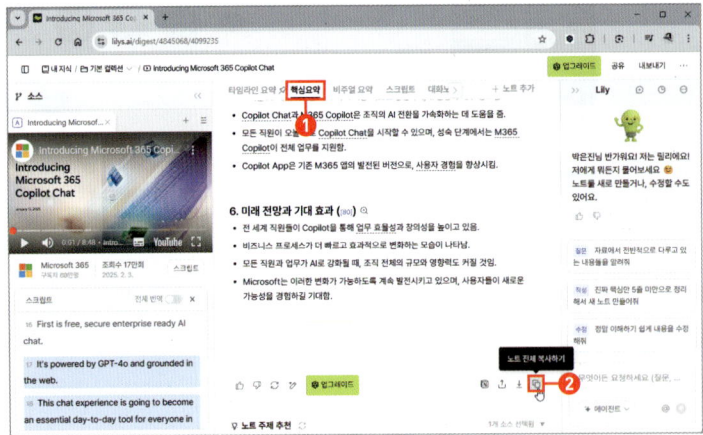

⑤ ❶ [비주얼 요약] 탭에서는 요약한 내용을 마인드맵 형태로 시각화한 이미지를 ❷ 다운로드할 수 있어요.

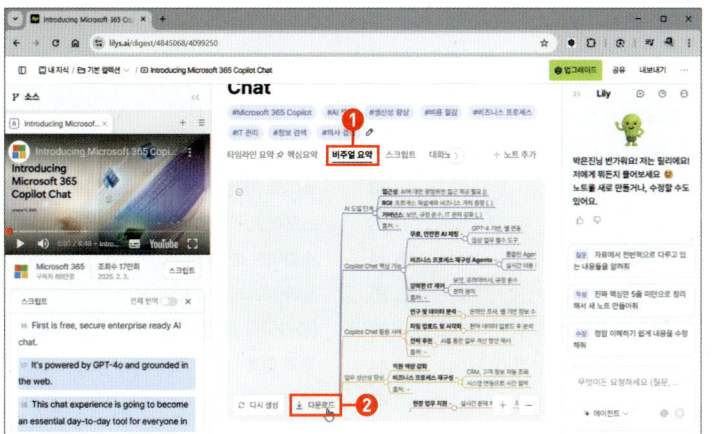

> **Tip**
> [스크립트] 탭에서는 영상의 전체 대본을 확인할 수 있고, [대화노트] 탭에서는 영상 중 출연자들의 대화 내용을 제공합니다.

찾아보기

단축키

Alt	33
Ctrl+A	98
Ctrl+C	25, 79
Ctrl+D	64
Ctrl+G	25, 52
Ctrl+N	80, 86, 122
Ctrl+Shift	62, 66
Ctrl+Shift+C	22
Ctrl+Shift+G	25
Ctrl+Shift+V	22
Esc	13, 41
F4	17, 65, 69
Shift+[기본] 단추	76

영어

AI	118
ChatGPT	115, 129
Export	136
Lilys	137
Napkin	133
OneDrive	122
[PowerPoint 옵션] 창	46
removebg	42
SmartArt 그래픽 삽입	31
[SmartArt 그래픽 선택] 대화상자	29, 31
SmartArt 그래픽으로 변환	29
[SmartArt 디자인] 탭	32, 34
SVG	49, 51

한글

ㄱ~ㄷ

개체 서식	18
그라데이션 선	20
그라데이션 중지점	18
[그라데이션 중지점 제거] 단추	19, 21
그라데이션 채우기	18
그룹	25
그룹 해제	25, 51
[그리기] 그룹	9, 15, 25
그림 또는 질감 채우기	26, 73, 99, 108
그림 및 크기 다시 설정	44
그림 바꾸기	47
[그림 삽입] 대화상자	74, 78, 90, 100, 109
[그림 삽입] 창	74, 78, 100, 104, 109
[그림 압축] 대화상자	45
그림 원래대로	44, 46
그림을 질감으로 바둑판식 배열	27, 105
글꼴 색	13, 16, 62, 78
글꼴 크기 크게	91
글머리 기호	13
[글머리 기호 및 번호 매기기] 대화상자	14
[글머리 기호] 탭	14
[기본] 단추	76, 79, 81, 84
기타 SmartArt 그래픽	29
[데이터 계열 서식] 창	61
데이터 편집	60
도형 높이	51
도형 병합	53
[도형 서식] 창	18, 26, 105, 108
도형 윤곽선	11
도형으로 변환	34
도형 채우기	9, 15, 35, 52
도형 효과	63
[디자이너] 창	88, 90

ㄹ~ㅇ

발표자 보기	126
방향	19, 21
배경 그래픽 숨기기	77
[배경 서식] 창	73, 77, 99, 104
배경 제거	40, 42
변경 내용 유지	41
보관할 영역 표시	40
서식 복사	22, 24
스마트 가이드	54
스포이트	15
슬라이드 마스터	76, 81
슬라이드 마스터 보기 창	77
[슬라이드 크기] 대화상자	94, 97
왼쪽 맞춤	68, 79
우선순위	9, 11
원본 서식 유지	80
이 디바이스	47, 50, 90

ㅈ~ㅎ

자르기	53, 67
[자세히] 단추	83, 85
정렬	25, 55
[주기형] 범주	31
[차트 데이터 시트] 창	60
채우기 및 선	18, 26, 61, 73, 99, 104
최근에 사용한 색	18~21
코파일럿	118
클립보드	26, 47, 80
테두리	57
[테마 또는 테마 문서 선택] 대화상자	83
테마 색	9, 13, 35, 57
텍스트 창	32
토픽 순서 바꾸기	120
투명한 색 설정	39
파일을 사용하여 프레젠테이션 만들기	122
파일의 이미지 압축 안 함	46
파일 형식 변경	96, 101, 106
펜 두께	57
펜 색	57
펜 스타일	59
[프로세스형] 범주	29
해상도	45
현재 슬라이드만	97, 107
[현재 테마 저장] 대화상자	85

'AI로 실무 완전 정복!'

직장인을 위한
AI 실무
엑셀
파워포인트
워드

워드

박미정, 박은진 지음

길벗

이 책의 구성

나에게 필요한 핵심 기능부터 빠르게 익힐 수 있도록 [활용도], [실무 활용 사례], [업무 시간 단축]을 제공합니다. [Tip]과 [잠깐만요!]를 통해 추가로 알아두면 더 좋은 유용한 정보를 익히고 [온라인 영상 강의]로 더 쉽고 직관적으로 학습할 수 있습니다.

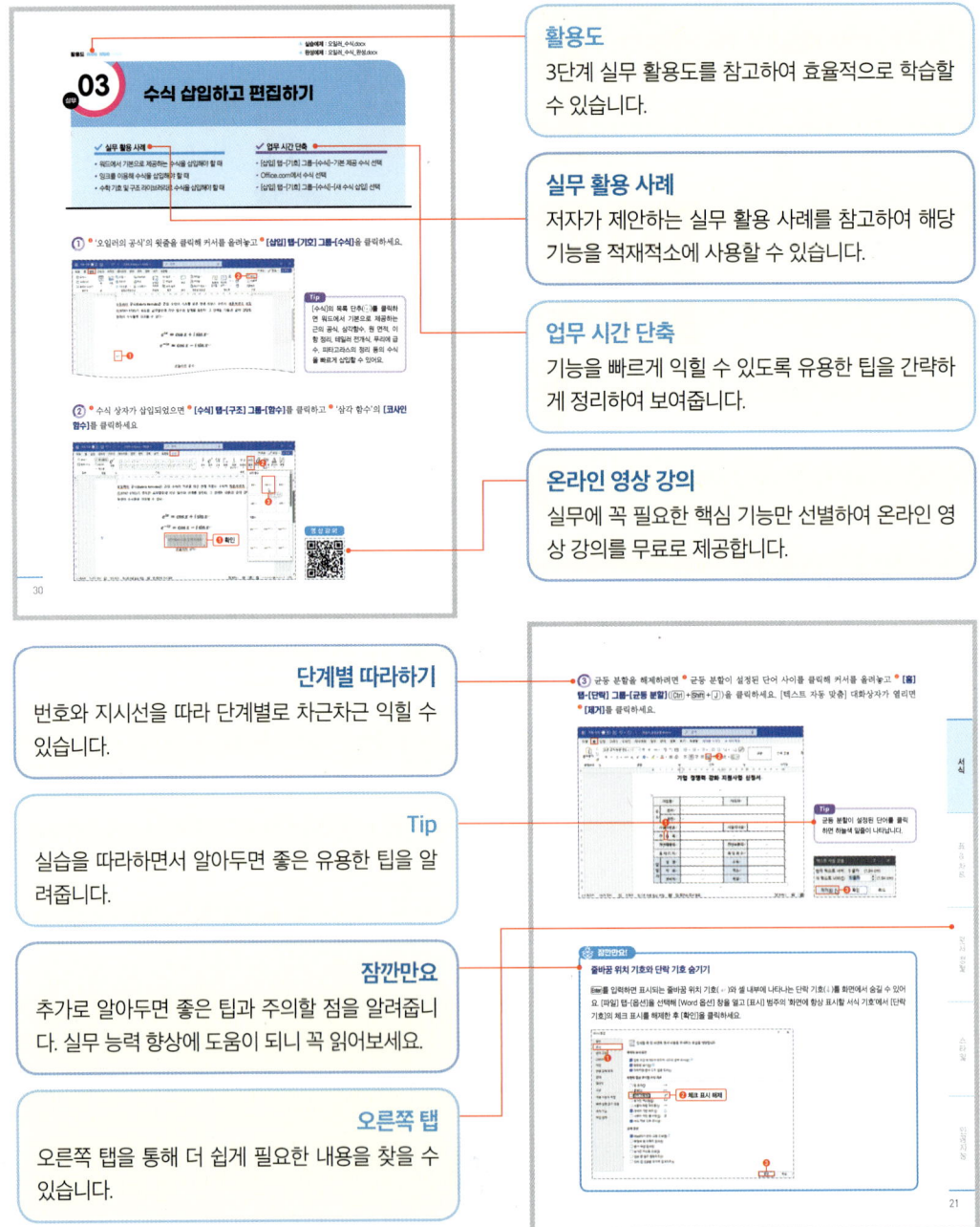

활용도
3단계 실무 활용도를 참고하여 효율적으로 학습할 수 있습니다.

실무 활용 사례
저자가 제안하는 실무 활용 사례를 참고하여 해당 기능을 적재적소에 사용할 수 있습니다.

업무 시간 단축
기능을 빠르게 익힐 수 있도록 유용한 팁을 간략하게 정리하여 보여줍니다.

온라인 영상 강의
실무에 꼭 필요한 핵심 기능만 선별하여 온라인 영상 강의를 무료로 제공합니다.

단계별 따라하기
번호와 지시선을 따라 단계별로 차근차근 익힐 수 있습니다.

Tip
실습을 따라하면서 알아두면 좋은 유용한 팁을 알려줍니다.

잠깐만요
추가로 알아두면 좋은 팁과 주의할 점을 알려줍니다. 실무 능력 향상에 도움이 되니 꼭 읽어보세요.

오른쪽 탭
오른쪽 탭을 통해 더 쉽게 필요한 내용을 찾을 수 있습니다.

직장인을 위한 핵심 포인트!

실제 업무에 100% 활용할 수 있는 핵심 기능을 엄선했습니다. 쉽게 찾아 빠르게 배울 수 있도록 정리했으니 이 책의 내용을 모두 읽은 후에도 필요할 때마다 이 페이지를 펼쳐 적극 활용해 보세요.

	업무에 꼭 필요한 핵심 기능	빠른 쪽 찾기
1	글자 간격 변경하고 서식 복사하기	12쪽
2	줄 간격과 단락 간격 지정하기	16쪽
3	그림 삽입하고 텍스트와 어울리게 배치하기	23쪽
4	수식 삽입하고 편집하기	30쪽
5	차트 삽입하고 차트의 종류 변경하기	42쪽
6	번호 스타일 목록 만들기	49쪽
7	글머리 기호의 스타일 지정하기	50쪽
8	번호 매기기의 시작 번호 변경하기	54쪽
9	머리글과 바닥글 삽입하기	57쪽
10	페이지 번호 삽입하기	61쪽
11	새로운 스타일 만들고 모든 문서에 적용하기	73쪽
12	스타일 편집하고 자동으로 적용하기	77쪽
13	AI 활용해 빠르게 문서 초안 작성하기	91쪽
14	다양한 문체와 톤으로 문서 재작성하기	103쪽
15	자동으로 표와 차트 생성하고 수정하기	107쪽

QR 코드로 동영상 강의를 시청해 보세요!

책에 실린 QR 코드를 통해 저자의 동영상 강의를 바로 시청할 수 있습니다. 유튜브에서 『오피스랩』을 검색해도 강의를 무료로 볼 수 있어요.

① 책 속 QR 코드를 찾으세요.

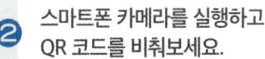
② 스마트폰 카메라를 실행하고 QR 코드를 비춰보세요.

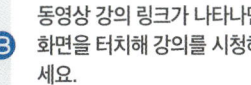
③ 동영상 강의 링크가 나타나면 화면을 터치해 강의를 시청하세요.

목차

CHAPTER 01 워드 필수 스킬 익히기

서식

SECTION 01 | 서식 지정해 문서 꾸미기
- 01 텍스트와 서식 함께 변경하기★ ... 9
- 핵심 02 글자 간격 변경하고 서식 복사하기 ... 12
- 핵심 03 줄 간격과 단락 간격 지정하기 ... 16
- 04 탭 간격 지정하기★ ... 18
- 05 균등 분할해 텍스트 자동 맞춤 정렬하기 ... 20

SECTION 02 | 개체가 포함된 문서 자유롭게 다루기
- 핵심 01 그림 삽입하고 텍스트와 어울리게 배치하기★ ... 23
- 02 텍스트 상자로 제목 꾸미기 ... 26
- 핵심 03 수식 삽입하고 편집하기★ ... 30

표 & 차트

SECTION 03 | 표와 차트 삽입하기
- 01 표 데이터의 평균 계산하기★ ... 35
- 02 표 분할하고 연속된 표를 하나로 합치기★ ... 38
- 핵심 03 차트 삽입하고 차트의 종류 변경하기 ... 42

CHAPTER 02 편리한 기능 이용해 체계적으로 문서 작성하기

문서 정렬

SECTION 04 | 순서가 있는 문서 작성하기
- 핵심 01 번호 스타일 목록 만들기 ... 49
- 핵심 02 글머리 기호의 스타일 지정하기★ ... 50
- 03 다단계 수준별 목록 지정하기 ... 53
- 핵심 04 번호 매기기의 시작 번호 변경하기 ... 54
- 05 글머리 기호와 텍스트 간격 조정하기★ ... 55

핵심 직장인을 위한 핵심 기능만 모았습니다.
★ 표시가 된 예제는 QR 영상 강의가 제공됩니다.

SECTION 05 | 쪽 기능 이용해 문서 정리하기

- **핵심** 01 머리글과 바닥글 삽입하기 — 57
- **핵심** 02 페이지 번호 삽입하기 — 61
- 03 구역 나누기 — 63
- 04 분리된 구역 하나로 합치기 — 67
- 05 구역마다 머리글 다르게 지정하기★ — 70

스타일 · SECTION 06 | 문서에 스타일 적용하기

- **핵심** 01 새로운 스타일 만들고 모든 문서에 적용하기★ — 73
- **핵심** 02 스타일 편집하고 자동으로 적용하기 — 77
- 03 스타일에 개요 수준 지정하기 — 81
- 04 스타일 이용해 자동으로 목차 작성하기 — 85

CHAPTER 03 AI 기능 활용해 효율적으로 문서 작성하기

인공지능 · SECTION 07 | AI로 문서 작성과 편집 지원받기

- **핵심** 01 AI 활용해 빠르게 문서 초안 작성하기 — 91
- 02 자연어로 텍스트 수정하고 세부 목차 만들기 — 95
- 03 자동으로 문법과 맞춤법 교정하기 — 100
- **핵심** 04 다양한 문체와 톤으로 문서 재작성하기 — 103

SECTION 08 | AI로 문서 디자인 및 시각화 향상하기

- **핵심** 01 자동으로 표와 차트 생성하고 수정하기 — 107
- 02 이미지와 그래픽 요소 추천하고 삽입하기 — 111
- 03 문서 요약하고 내용 보완하기 — 117

찾아보기 — 120

CHAPTER 01
워드 필수 스킬 익히기

텍스트에 여러 가지 글꼴 서식을 이용해 강조하고 줄 사이 간격보다 단락 사이의 간격을 넓게 지정하면 내용의 가독성을 높일 수 있습니다. 그림, 텍스트 상자, 수식, 표, 차트 등 다양한 시각 자료를 문서에 삽입한 후 텍스트와 어울리도록 자유롭게 배치할 수 있어야 합니다. 이번 장에서는 표에 삽입된 간단한 숫자 데이터를 계산하고 표를 분할하거나 합치는 방법을 배워보겠습니다.

SECTION 01 서식 지정해 문서 꾸미기
SECTION 02 개체가 포함된 문서 자유롭게 다루기
SECTION 03 표와 차트 삽입하기

SECTION

01

서식 지정해 문서 꾸미기

텍스트에 글꼴, 크기, 색과 글자 간격, 줄 간격, 단락 간격과 같은 서식을 설정할 수 있어야 합니다. 워드에서는 텍스트의 내용뿐만 아니라 서식을 조건으로 찾은 후 다른 내용이나 서식으로 바꿀 수 있어요. 이번 섹션에서는 탭 설정과 균등 분할을 이용해 깔끔하게 줄을 맞추고 텍스트를 정렬하는 방법을 배워보겠습니다.

활용도 ■■■ ■■■

● 실습예제 : 아로마테라피_바꾸기.docx
● 완성예제 : 아로마테라피_바꾸기_완성.docx

 텍스트와 서식 함께 변경하기

① 텍스트 '허브'를 찾아서 텍스트와 서식을 함께 변경하기 위해 **[홈] 탭-[편집] 그룹-[바꾸기]**(Ctrl+H)를 클릭하세요.

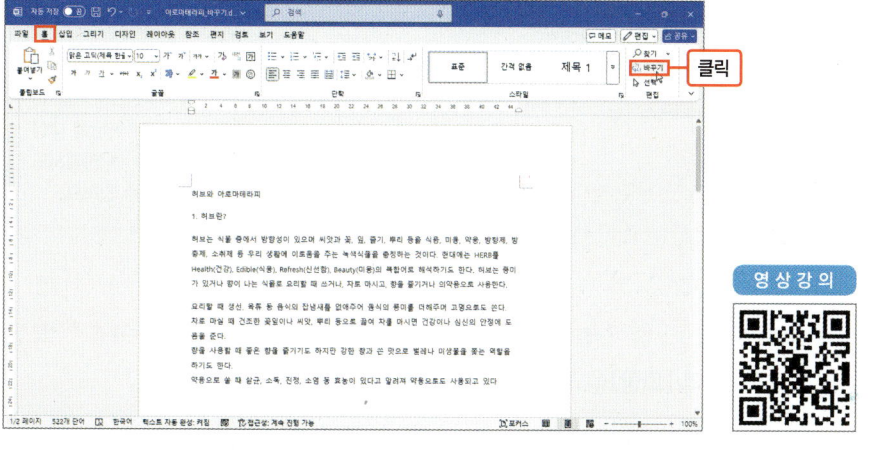

Tip
'바꾸기' 기능을 이용하면 텍스트뿐만 아니라 서식을 비롯하여 다양한 문서 설정 사항을 쉽게 변경할 수 있어요.

② [찾기 및 바꾸기] 대화상자의 [바꾸기] 탭이 열리면 ❶ '찾을 내용'에는 **허브**를, '바꿀 내용'에는 **허브(herb)**를 입력하고 ❷ **[자세히]**를 클릭하세요.

Tip
'찾을 내용'에 텍스트 없이 특정 서식을 지정하면 해당 서식이 적용된 부분을 모두 찾을 수 있어요.

③ ❶ '바꾸기'에서 [서식]을 클릭하고 ❷ [글꼴]을 선택하세요.

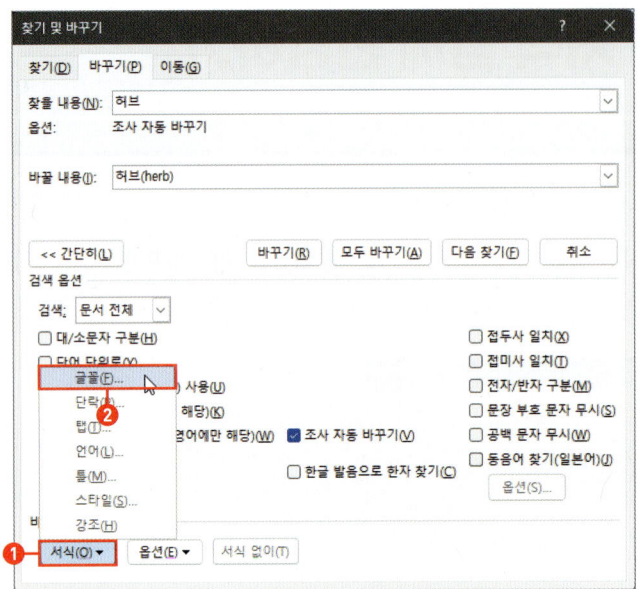

> **Tip**
> [서식]에서는 글꼴뿐만 아니라 단락, 탭, 언어, 틀, 스타일, 강조 등도 찾거나 바꿀 대상으로 설정할 수 있습니다. 또한 [옵션]에서도 다양한 설정을 지정하여 바꿀 수 있어요.

④ [글꼴 바꾸기] 대화상자의 [글꼴] 탭이 열리면 ❶ '글꼴 스타일'에서 [굵게]를 선택하고 ❷~❸ '모든 텍스트'의 '글꼴 색'에서 '표준 색'의 [파랑]을 클릭한 후 ❹ [확인]을 클릭하세요.

⑤ [찾기 및 바꾸기] 대화상자의 [바꾸기] 탭으로 되돌아오면 ❶ **[모두 바꾸기]**를 클릭합니다. 8개 항목을 바꾸었다는 메시지 창이 열리면 ❷ **[확인]**을 클릭하고 ❸ [찾기 및 바꾸기] 대화상자를 닫으세요.

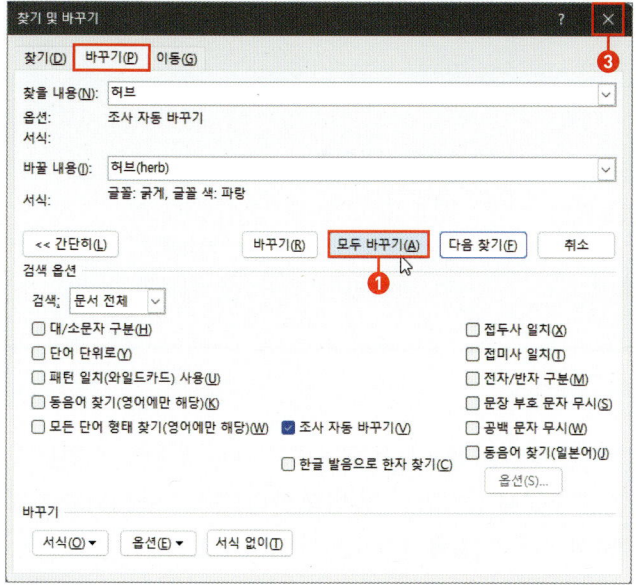
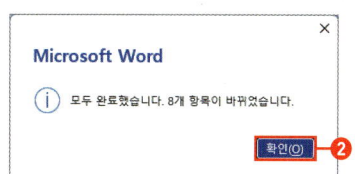

> **Tip**
> '찾을 내용'과 '바꿀 내용'의 목록 창에는 대상 텍스트가, 그 아래쪽에는 서식이 표시되는 것을 볼 수 있어요.

⑥ 텍스트 '허브'가 모두 굵게, 파란색 속성을 가진 '허브(herb)'로 변경되었는지 확인합니다.

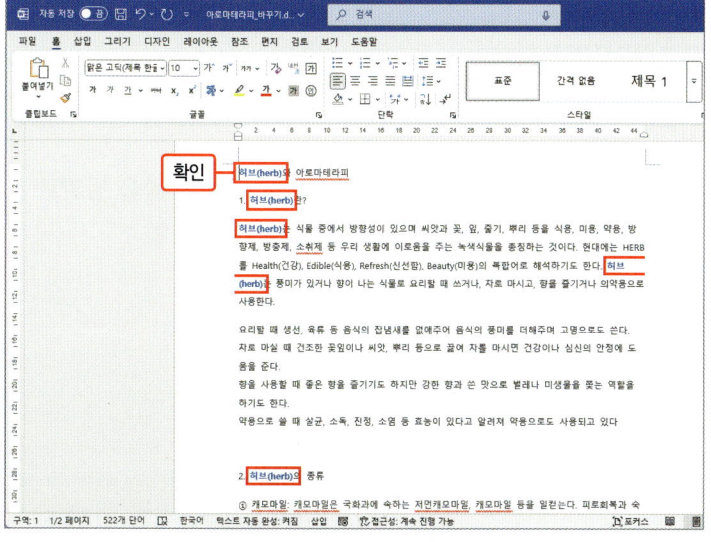

활용도 ■■■□□

● 실습예제 : 메타버스_글자간격.docx
● 완성예제 : 메타버스_글자간격_완성.docx

기본 02 글자 간격 변경하고 서식 복사하기

✓ **실무 활용 사례**
- 좁은 공간에서 장체로 변경해 글자를 추가해야 할 때
- 평체로 변경해 글자를 크게 강조해야 할 때
- 글꼴과 단락 서식을 다른 텍스트에 복사해야 할 때

✓ **업무 시간 단축**
- [홈] 탭-[단락] 그룹-[문자 모양]-[장평] 선택
- Ctrl+Shift+C, Ctrl+Alt+C: 서식 복사
- Ctrl+Shift+V, Ctrl+Alt+V: 서식 붙여넣기

① 글자의 모양(장평)이나 글자 사이의 간격(자간)을 조절해서 글자의 간격을 변경할 수 있는데, 여기서는 두 가지 방법을 이용해 글자 간격을 조절해 볼게요. ❶ 첫 번째 줄의 텍스트를 범위로 지정하고 ❷ [홈] 탭-[단락] 그룹-[문자 모양]을 클릭한 후 ❸~❹ [장평]-[150%]를 선택하세요.

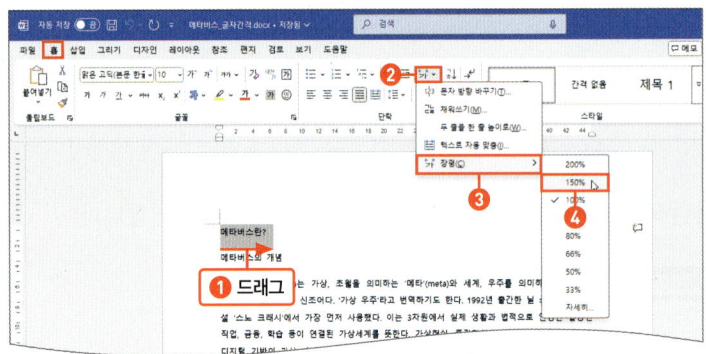

② ❶ 첫 번째 줄의 글자가 150% 평체로 넓게 표현되었는지 확인합니다. ❷ 두 번째 줄을 범위로 지정하고 ❸ [홈] 탭-[단락] 그룹-[문자 모양]을 클릭한 후 ❹~❺ [장평]-[자세히]를 선택하세요.

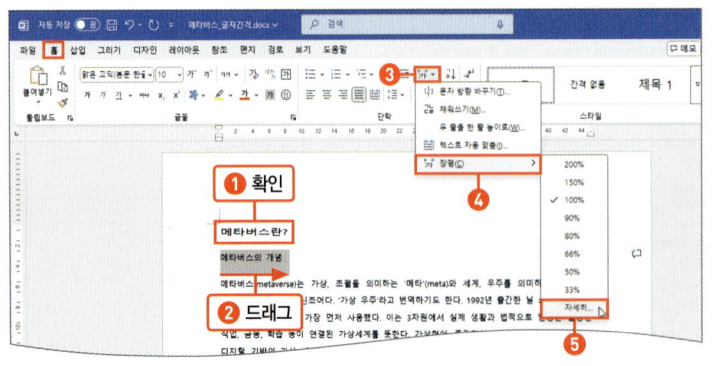

> **Tip**
> [홈] 탭-[글꼴] 그룹-[글꼴](⌐)을 클릭하거나 Ctrl+D를 눌러도 [글꼴] 대화상자를 열 수 있어요.

③ [글꼴] 대화상자의 [고급] 탭이 열리면 ❶ '문자 간격'에서 '장평'에 [120%]를 지정하고 ❷ [확인]을 클릭하세요.

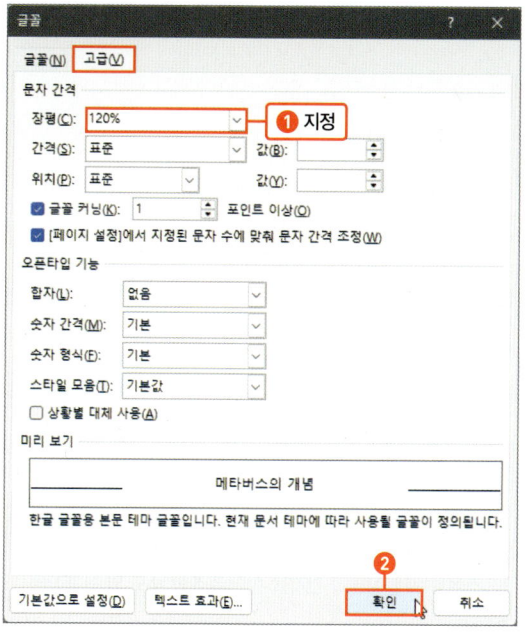

Tip
100%보다 작은 값은 '장체', 큰 값은 '평체'라고 하고 이것들을 함께 '장평'이라고 합니다. 장평은 1% 단위로 지정할 수 있어요.

④ ❶ 두 번째 줄의 글자가 120% 평체로 넓게 표현되었는지 확인합니다. ❷ '**메타버스(metaverse)는 ~ 세계이다.**' 부분을 범위로 지정하고 ❸ [홈] 탭-[단락] 그룹-[문자 모양]을 클릭한 후 ❹~❺ [장평]-[자세히]를 선택하세요.

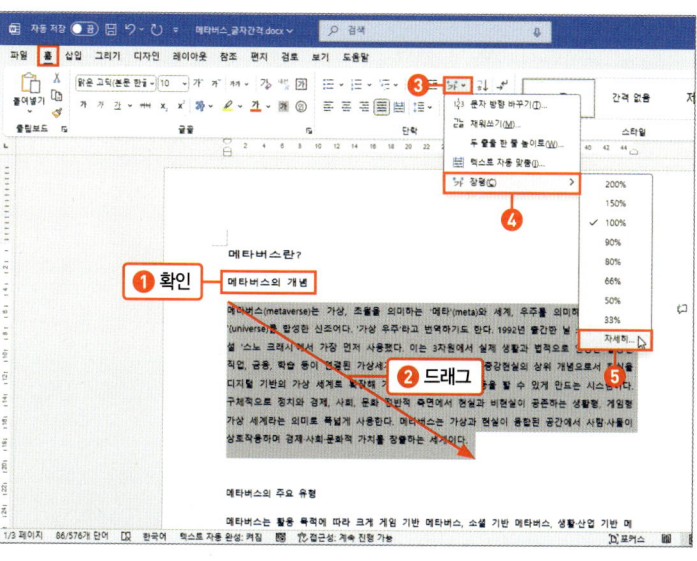

13

5 [글꼴] 대화상자의 [고급] 탭이 열리면 ❶ '문자 간격'에서 '간격'은 **[좁게]**를, '값'은 **[1.1pt]**를 지정하고 ❷ **[확인]**을 클릭하세요.

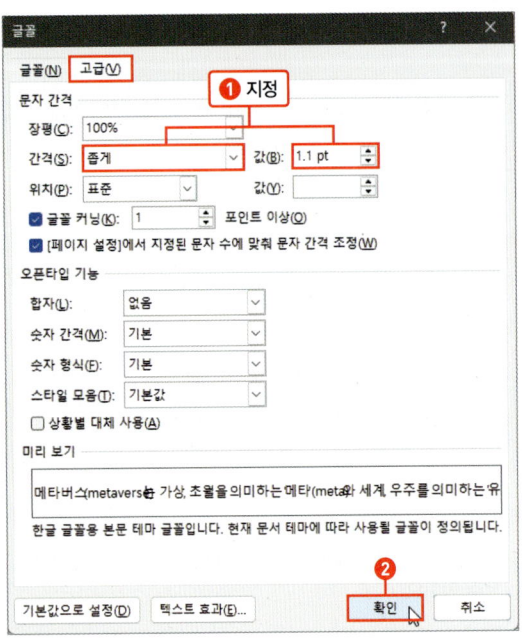

Tip
이 예제에서는 장평은 그대로 두고 글자 사이의 간격을 조절했는데, 장평과 간격을 함께 조절할 수도 있습니다.

6 ❶ 지정한 범위에 있는 글자의 장평은 변함이 없지만 글자 사이의 간격이 좁아졌는지 확인합니다. 이 텍스트의 서식을 복사하기 위해 ❷ **[홈] 탭-[클립보드] 그룹-[서식 복사]**를 클릭하세요.

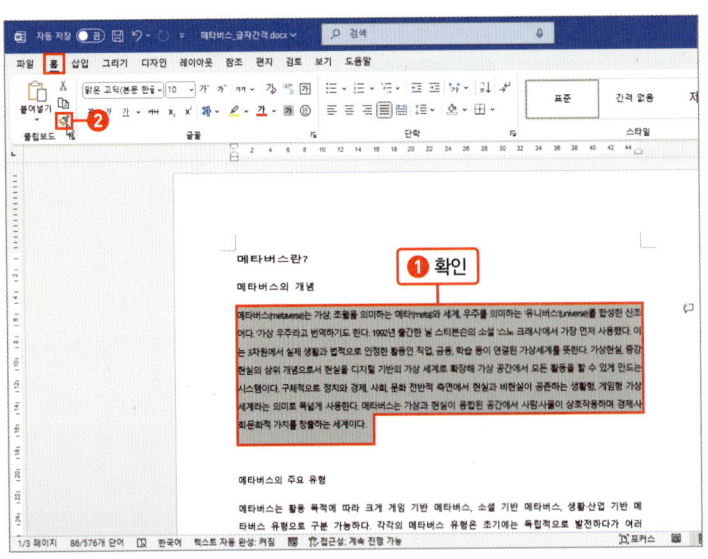

Tip
[홈] 탭-[클립보드] 그룹-[서식 복사]를 한 번 클릭하면 한 번만 서식을 복사할 수 있지만, 더블클릭하면 Esc 를 누를 때까지 여러 번 반복해서 서식을 복사할 수 있어요.

⑦ 마우스 포인터가 ▲I 모양으로 바뀌면 서식을 적용할 텍스트를 드래그해 복사한 서식을 붙여넣으세요.

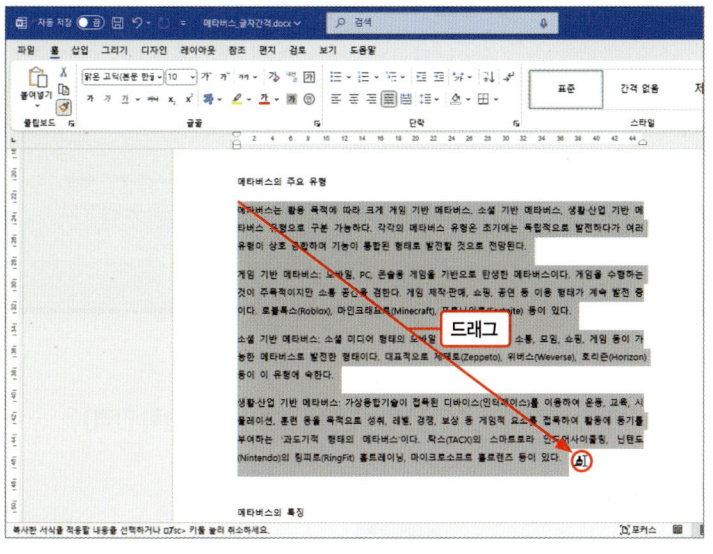

> **Tip**
> 서식 복사 단축키 Ctrl+Shift+C를 누른 후 서식 붙여넣기 단축키 Ctrl+Shift+V를 누르면 필요할 때마다 언제든지 복사한 서식을 적용할 수 있어서 편리합니다. 마이크로소프트 365 버전은 Ctrl+Alt+C, Ctrl+Alt+V를 눌러 서식 복사와 붙여넣기를 하세요.

잠깐만요!

빨간색 밑줄 없애기

문법이나 맞춤법이 틀리거나 사전에 등록되지 않은 단어에 표시되는 빨간색 밑줄을 없앨 수 있어요. [파일] 탭-[옵션]을 선택하여 [Word 옵션] 창을 열고 [언어 교정] 범주에서 '예외 항목'의 [현재 문서에서만 맞춤법 오류 숨기기]와 [현재 문서에서만 문법 오류 숨기기]에 체크 표시한 후 [확인]을 클릭하세요.

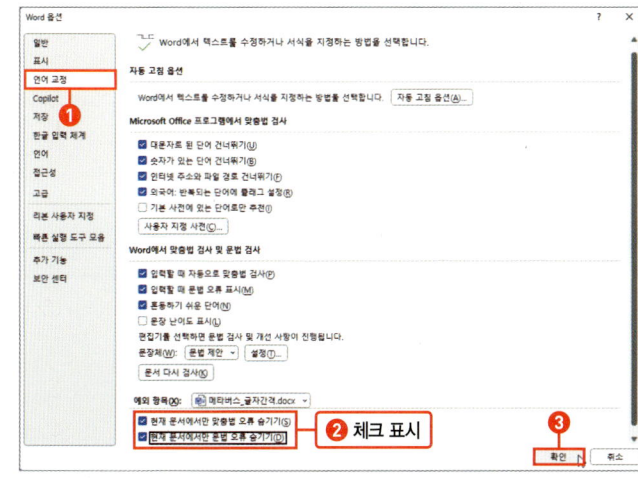

활용도

● 실습예제 : 메타버스_줄간격.docx
● 완성예제 : 메타버스_줄간격_완성.docx

기본 03 줄 간격과 단락 간격 지정하기

✓ **실무 활용 사례**
- 관련 내용을 모아 읽을 수 있게 지정해서 가독성을 높여야 할 때

✓ **업무 시간 단축**
- [단락] 대화상자의 [들여쓰기 및 간격] 탭 → '간격'의 '단락 앞', '단락 뒤', '줄 간격' 지정

① ❶ Ctrl + A 를 눌러 모든 텍스트를 범위로 지정하고 ❷ [홈] 탭-[단락] 그룹-[선 및 단락 간격]을 클릭한 후 ❸ [줄 간격 옵션]을 선택하세요.

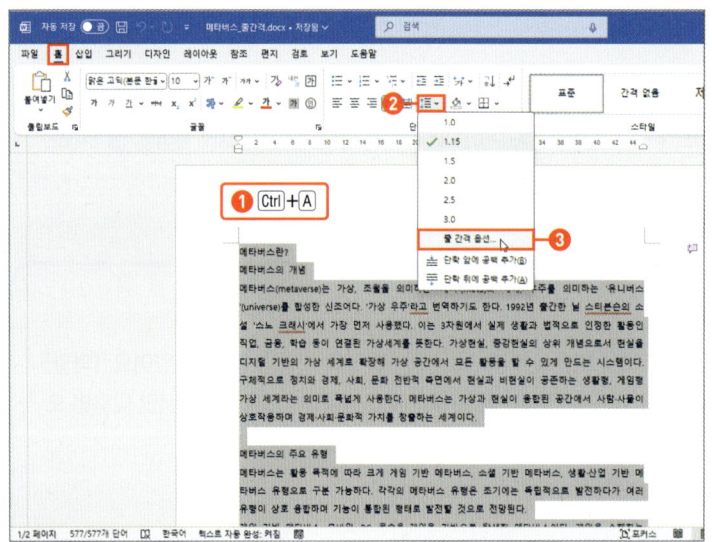

Tip

[단락] 대화상자를 여는 방법
- **방법 1** [홈] 탭-[단락] 그룹-[단락 설정](⌐)을 클릭합니다.
- **방법 2** 마우스 오른쪽 단추 클릭 → 바로 가기 메뉴에서 [단락]을 선택합니다.
- **방법 3** [홈] 탭-[단락] 그룹-[선 및 단락 간격]-[줄 간격 옵션]을 선택합니다.

❷ [단락] 대화상자의 [들여쓰기 및 간격] 탭이 열리면 ❶ '간격'의 '단락 뒤'는 **[1줄]**을, '줄 간격'은 **[배수]**를, '값'은 **[1.1]**을 지정하고 ❷ **[확인]**을 클릭하세요.

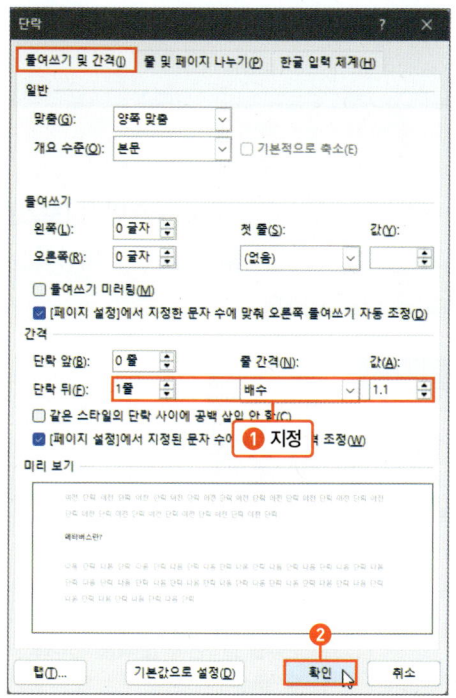

Tip
워드에서 사용하는 단위
- 1inch=72pt=6줄
- 1줄(line)=12pt=1/6inch=0.423cm

❸ 줄 사이 간격이 조금 좁아졌는지 확인합니다. 단락 뒤에 여백을 두어 다른 단락의 내용과 구분하면서 같은 단락의 관련 내용을 쉽게 모아 읽을 수 있게 설정했어요.

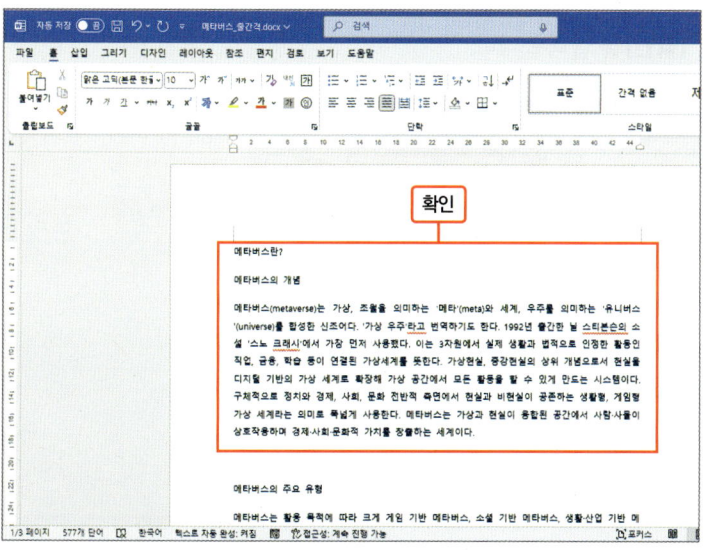

Tip
워드에서는 Enter를 눌러 단락을 구분합니다.

* 실습예제 : 지원서_탭.docx
* 완성예제 : 지원서_탭_완성.docx

04 탭 간격 지정하기

① 탭 간격을 지정하려면 눈금자를 표시한 후 작업해야 하는데 눈금자가 보이지 않으면 ❶ **[보기] 탭-[표시] 그룹-[눈금자]**에 체크 표시하세요. 눈금자가 표시되었으면 ❷ '**제출서류**'의 내용에 해당하는 부분을 범위로 지정하고 ❸ **[홈] 탭-[단락] 그룹-[단락 설정]**()을 클릭하세요.

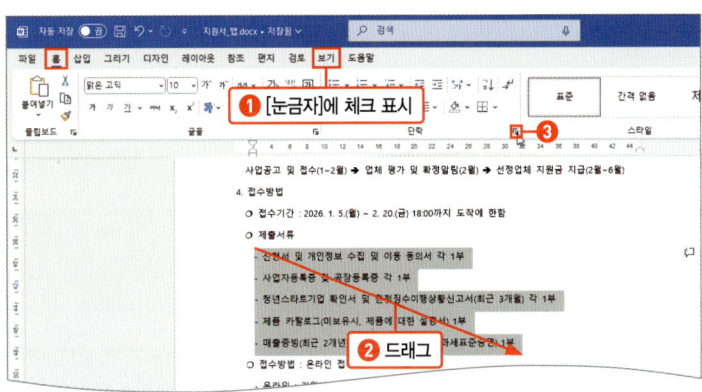

Tip
범위를 지정하고 마우스 오른쪽 단추를 클릭한 후 [단락]을 선택해도 됩니다.

② [단락] 대화상자의 [들여쓰기 및 간격] 탭이 열리면 ❶ **[탭]**을 클릭합니다. [탭] 대화상자가 열리면 ❷ '탭 위치'에 **42**를 입력하고 ❸ '맞춤'에서는 **[왼쪽]**을, ❹ '채움선'에서는 **[5]**를 선택한 후 ❺ **[설정]**을 클릭하세요. 탭을 설정했으면 ❻ **[확인]**을 클릭합니다.

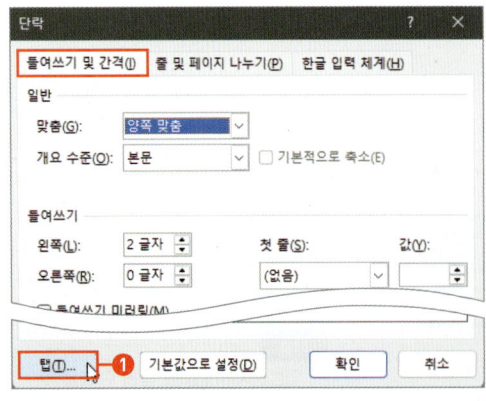
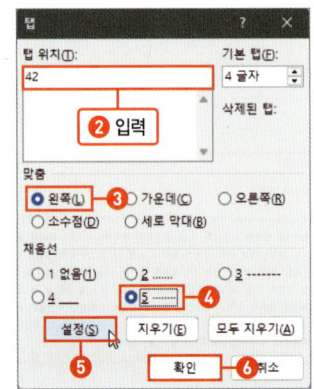

Tip
눈금자를 살펴보면 약 42글자 정도의 위치에서 왼쪽 맞춤이 적당해 보이므로 탭 위치를 '42'로 설정했습니다. 탭 값을 설정하지 않으면 기본 탭은 네 글자 단위로 자동 설정됩니다.

③ ❶ 탭이 설정된 첫 번째 행의 '**각 1부**' 앞을 클릭해 커서를 올려놓고 Tab 을 눌러 탭을 적용하세요.
❷ 탭이 설정된 42글자의 위치에 '각 1부'가 왼쪽 맞춤되면서 그 사이의 빈 공간이 [탭] 대화상자의
❸ '채움선'에서 지정한 5번 모양의 채움선으로 채워지는 것을 확인할 수 있어요.

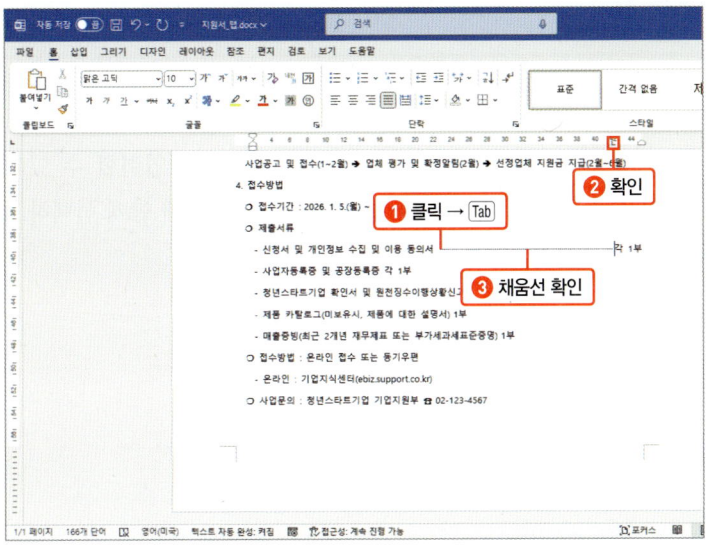

Tip
탭을 이용하면 텍스트를 쉽게 정렬하여 입력할 수 있습니다.

④ 이와 같은 방법으로 아래쪽 텍스트에서도 '**각 1부**'와 '**1부**' 앞에서 Tab 을 눌러 왼쪽 줄 맞춤과 채움선을 빠르게 채워보세요.

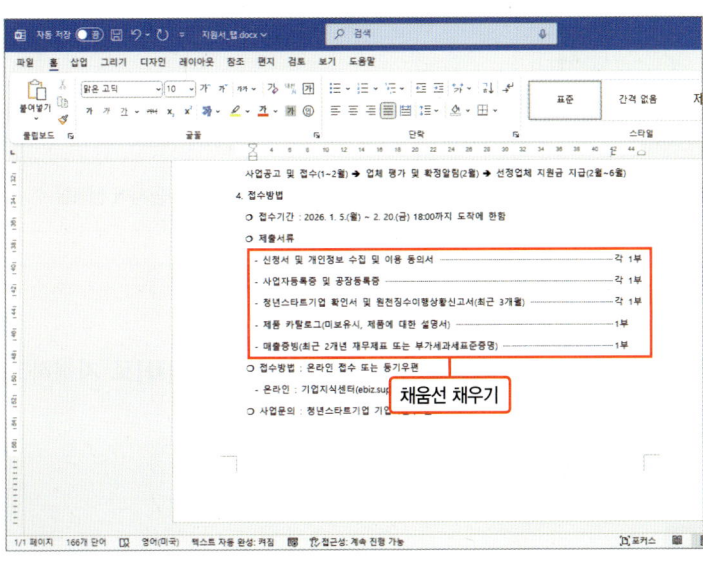

Tip
탭 설정을 이용하면 서로 다른 글자 크기나 글자 수를 가지는 문장의 세로 줄을 쉽게 맞출 수 있습니다.

활용도

● 실습예제 : 지원서_균등분할.docx
● 완성예제 : 지원서_균등분할_완성.docx

 균등 분할해 텍스트 자동 맞춤 정렬하기

① 텍스트를 균등한 간격으로 정돈하여 같은 너비로 표현하면 문서를 깔끔하게 입력할 수 있어요. ❶ 2페이지로 이동하여 ❷~❸ Ctrl 을 이용해 표 안의 '**주품목**'과 '**홈페이지**'를 드래그해 함께 선택하고 ❹ **[홈] 탭-[단락] 그룹-[균등 분할]**(Ctrl + Shift + J)을 클릭하세요.

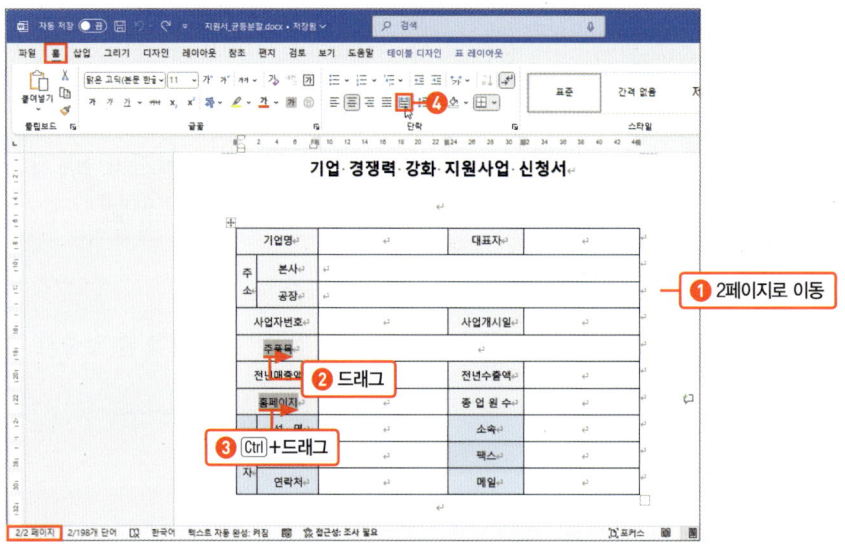

> **Tip**
> '주품목'과 '홈페이지'를 각각 선택한 후 균등 분할해도 됩니다. Ctrl 을 누르고 범위를 지정하면 떨어진 범위를 동시에 선택할 수 있습니다.

② [텍스트 자동 맞춤] 대화상자가 열리면 ❶ '새 텍스트 너비'에 글자 수를 **[5글자]**로 지정하고 ❷ **[확인]**을 클릭하세요.

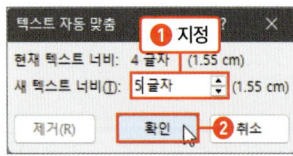

> **Tip**
> 글자 수가 가장 많은 '사업자번호'의 글자 수인 '5글자'로 지정했습니다.

③ 균등 분할을 해제하려면 ❶ 균등 분할이 설정된 단어 사이를 클릭해 커서를 올려놓고 ❷ [홈] 탭-[단락] 그룹-[균등 분할]([Ctrl]+[Shift]+[J])을 클릭하세요. [텍스트 자동 맞춤] 대화상자가 열리면 ❸ [제거]를 클릭하세요.

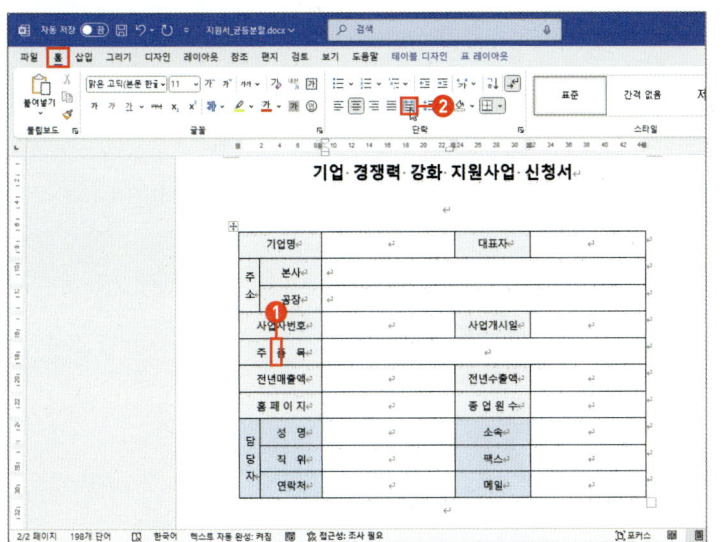

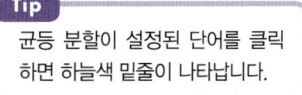

Tip
균등 분할이 설정된 단어를 클릭하면 하늘색 밑줄이 나타납니다.

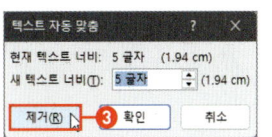

잠깐만요!

줄바꿈 위치 기호와 단락 기호 숨기기

[Enter]를 입력하면 표시되는 줄바꿈 위치 기호(↵)와 셀 내부에 나타나는 단락 기호(↓)를 화면에서 숨길 수 있어요. [파일] 탭-[옵션]을 선택해 [Word 옵션] 창을 열고 [표시] 범주의 '화면에 항상 표시할 서식 기호'에서 [단락 기호]의 체크 표시를 해제한 후 [확인]을 클릭하세요.

SECTION

02

개체가 포함된 문서 자유롭게 다루기

문서에 개체를 삽입할 경우 텍스트와 어울리게 배치하는 방법을 선택하여 설정할 수 있습니다. 이번 섹션에서는 텍스트 상자로 제목을 특별한 모양으로 꾸미는 방법과 수학 기호 및 구조 라이브러리 기능을 이용해 복잡한 수식을 쉽게 삽입하는 방법을 배워보겠습니다.

활용도 ■■■

01 그림 삽입하고 텍스트와 어울리게 배치하기

기본

> 실습예제 : 탈춤_그림삽입.docx, 탈춤.jpg
> 완성예제 : 탈춤_그림삽입_완성.docx

✓ **실무 활용 사례**
- 그림과 텍스트를 다양한 형태로 어울리게 배치해야 할 때

✓ **업무 시간 단축**
- [레이아웃] 대화상자의 [텍스트 배치] 탭 → '배치 스타일' 선택

---

① 1페이지에서 ❶ 세 번째 줄 맨 앞을 클릭해 커서를 올려놓고 ❷ [삽입] 탭-[일러스트레이션] 그룹-[그림]을 클릭한 후 ❸ [이 디바이스]를 선택하세요.

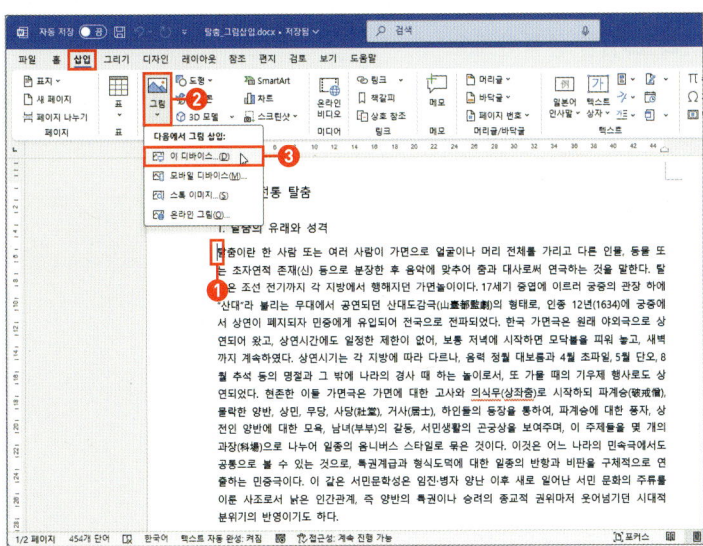

영상 강의

Tip
오피스 버전에 따라 [이 디바이스]가 아니라 [그림]이 표시되면 선택하여 [그림 삽입] 대화상자를 열 수 있어요.

❷ [그림 삽입] 대화상자가 열리면 부록 실습파일에서 ❶ '**탈춤.jpg**'를 선택하고 ❷ [**삽입**]을 클릭하세요.

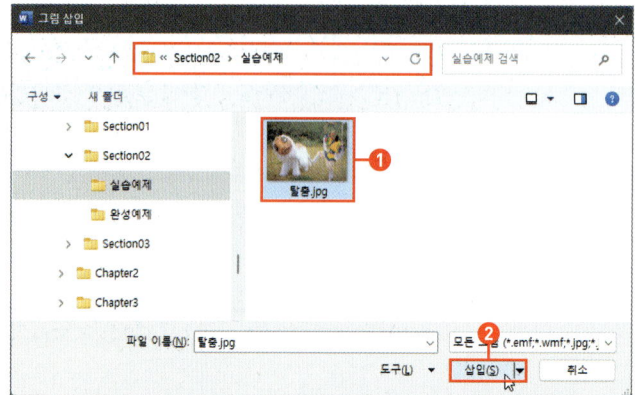

> **Tip**
> 그림 파일을 직접 복사(Ctrl+C)한 후 문서에서 붙여넣기(Ctrl+V)해도 됩니다.

❸ ❶ 커서가 있던 위치에 그림이 삽입되었으면 적당한 크기로 조절하고 ❷ 그림의 오른쪽에 있는 [**레이아웃 옵션**](▣)을 클릭한 후 ❸ [**더 보기**]를 클릭하세요.

> **Tip**
> 그림을 선택한 후 [그림 도구]의 [서식] 탭이나 [그림 서식] 탭–[정렬] 그룹–[텍스트 줄 바꿈]–[기타 레이아웃 옵션]을 선택해도 됩니다.

④ [레이아웃] 대화상자가 열리면 ❶ **[텍스트 배치] 탭**에서 ❷ '배치 스타일'의 **[정사각형]**을 선택합니다. ❸ '텍스트와의 간격'에서 '아래쪽'은 **[0.1cm]**로, '오른쪽'은 **[0.5cm]**로 지정하고 ❹ **[확인]**을 클릭하세요.

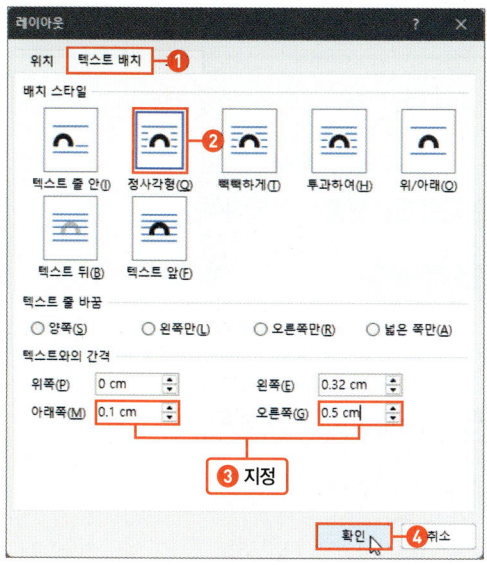

Tip

'배치 스타일'에서 그림과 텍스트의 어울림 종류를 선택할 수 있어요. 이 예제 그림에는 왼쪽에 텍스트가 없으므로 왼쪽 여백은 적용되지 않습니다.

⑤ ❶~❷ 그림의 아래쪽과 오른쪽에 0.1cm, 0.5cm 간격을 띄우고 텍스트가 그림과 함께 표시되었는지 확인하세요.

활용도 ■■■ ■

● 실습예제 : 탈춤_텍스트상자.docx
● 완성예제 : 탈춤_텍스트상자_완성.docx

텍스트 상자로 제목 꾸미기

① ❶ **[삽입] 탭-[텍스트] 그룹-[텍스트 상자]**를 클릭하고 ❷ **[가로 텍스트 상자 그리기]**를 선택하세요.
❸ 제목 위치에서 드래그해 가로 텍스트 상자를 그리고 **한국의 전통 탈춤**을 입력하세요.

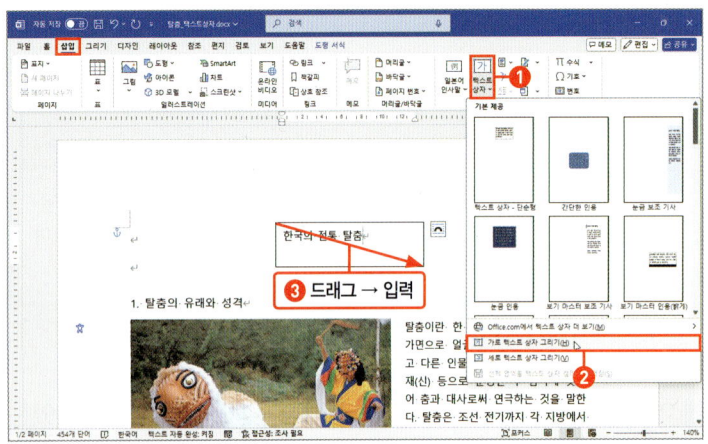

② ❶ 텍스트 상자를 선택하고 ❷ **[도형 서식] 탭-[도형 스타일] 그룹-[자세히] 단추(▼)**를 클릭한 후
❸ '테마 스타일'의 **[미세 효과 - 검정, 어둡게 1]**을 선택하세요.

> **Tip**
> 오피스 버전에 따라 [도형 서식]
> 탭 대신 [그리기 도구]의 [서식] 탭
> 으로 표시됩니다.

③ ❶ [도형 서식] 탭-[도형 스타일] 그룹-[도형 채우기]를 클릭하고 ❷ '테마 색'의 [흰색, 배경 1]을 클릭하세요.

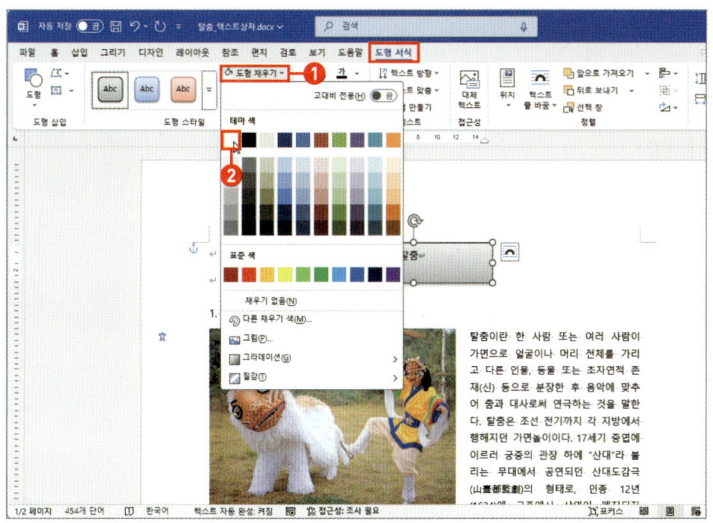

④ 텍스트 상자를 선택한 상태에서 ❶ [홈] 탭-[글꼴] 그룹-[글꼴 크기]를 [14]로 지정하고 ❷ [굵게]를 클릭한 후 ❸ [홈] 탭-[단락] 그룹-[가운데 맞춤]을 클릭하세요.

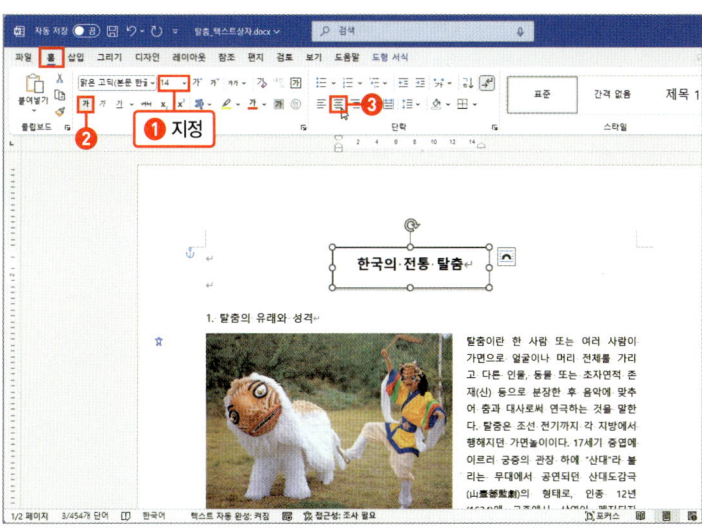

⑤ ❶ **[도형 서식] 탭-[텍스트] 그룹-[텍스트 맞춤]**을 클릭하고 ❷ **[중간]**을 선택하세요.

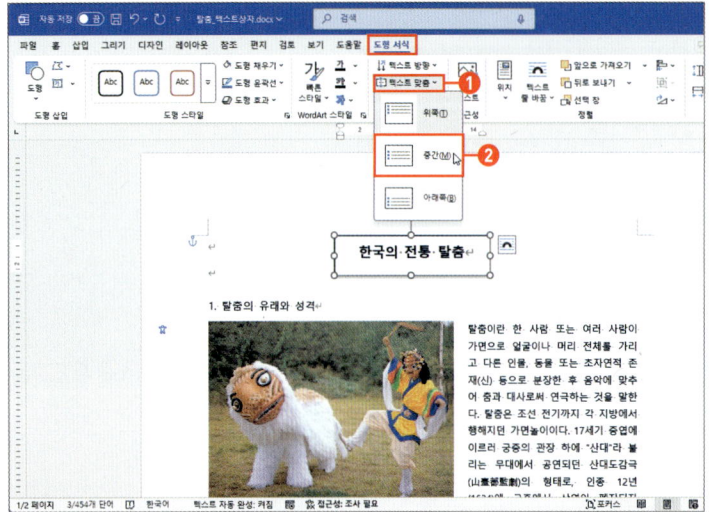

> **Tip**
> 텍스트 맞춤을 [중간]으로 선택해도 텍스트의 줄 간격과 단락 간격이 설정되어 있어서 텍스트 상자의 중간에 배치되지 않습니다.

⑥ ❶ **[홈] 탭-[단락] 그룹-[선 및 단락 간격]**을 클릭하고 ❷ **[줄 간격 옵션]**을 선택합니다.

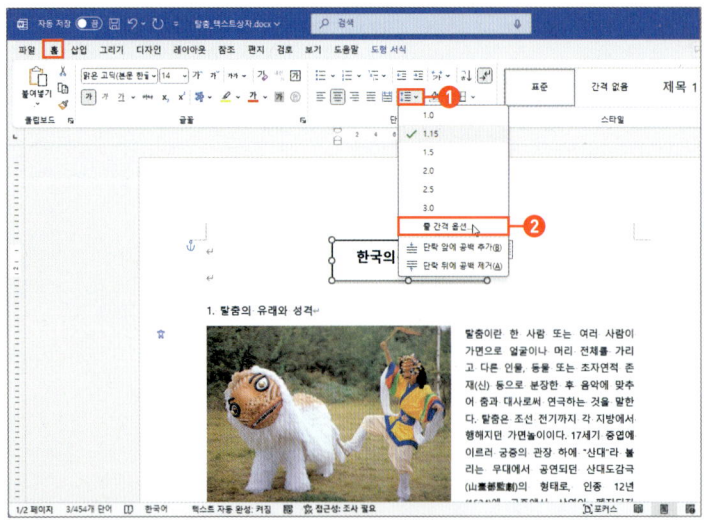

7 [단락] 대화상자의 [들여쓰기 및 간격] 탭이 열리면 ❶ '간격'에서 '단락 뒤'는 **[0pt]**로, '줄 간격'은 **[1줄]**로 지정하고 ❷ **[확인]**을 클릭하세요.

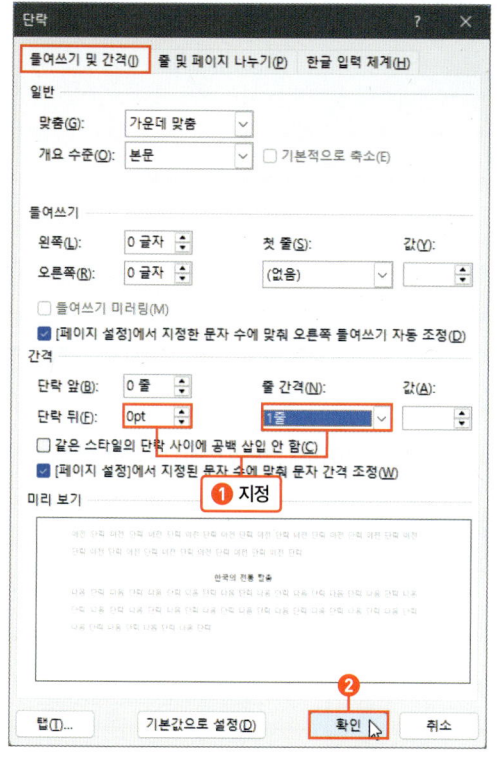

> **Tip**
> 0pt=0줄이므로 여기서는 단위를 'pt'와 '줄'을 모두 선택할 수 있습니다.

8 ❶ **[도형 서식] 탭-[정렬] 그룹-[위치]**를 클릭하고 ❷ '텍스트 배치'의 **[위쪽 가운데]**를 클릭해 ❸ 텍스트 상자를 위쪽 가운데에 배치하세요.

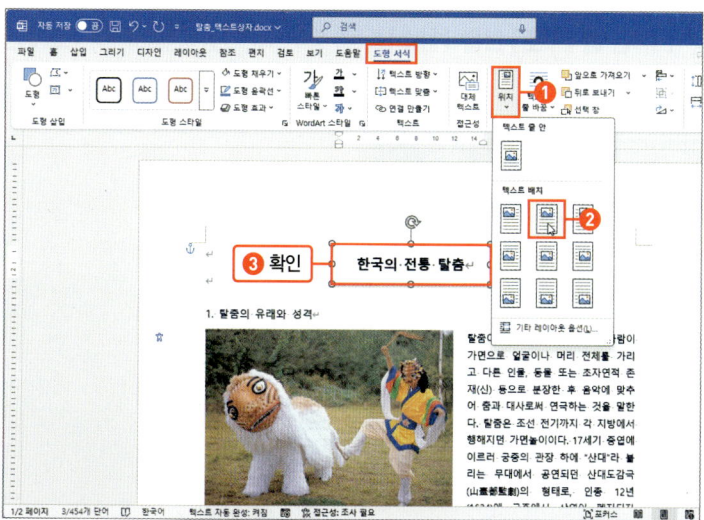

활용도 ■■■ ■■

● 실습예제 : 오일러_수식.docx
● 완성예제 : 오일러_수식_완성.docx

실무 03 수식 삽입하고 편집하기

✓ 실무 활용 사례
- 워드에서 기본으로 제공하는 수식을 삽입해야 할 때
- 잉크를 이용해 수식을 삽입해야 할 때
- 수학 기호 및 구조 라이브러리로 수식을 삽입해야 할 때

✓ 업무 시간 단축
- [삽입] 탭-[기호] 그룹-[수식]-기본 제공 수식 선택
- Office.com에서 수식 선택
- [삽입] 탭-[기호] 그룹-[수식]-[새 수식 삽입] 선택

1 ❶ '오일러의 공식'의 윗줄을 클릭해 커서를 올려놓고 ❷ **[삽입] 탭-[기호] 그룹-[수식]**을 클릭하세요.

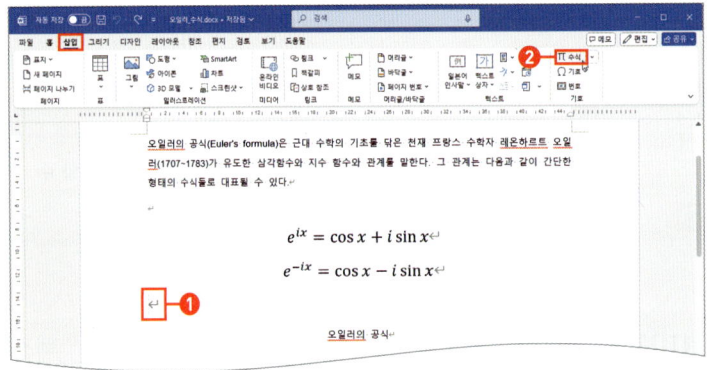

> **Tip**
> [수식]의 목록 단추(▼)를 클릭하면 워드에서 기본으로 제공하는 근의 공식, 삼각함수, 원 면적, 이항 정리, 테일러 전개식, 푸리에 급수, 피타고라스의 정리 등의 수식을 빠르게 삽입할 수 있어요.

2 ❶ 수식 상자가 삽입되었으면 ❷ **[수식] 탭-[구조] 그룹-[함수]**를 클릭하고 ❸ '삼각 함수'의 **[코사인 함수]**를 클릭하세요

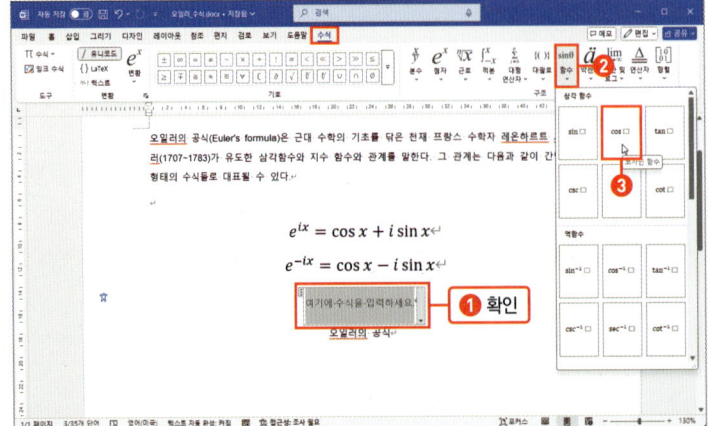

영상 강의

30

③ 자동으로 'cos'가 입력되었으면 'cos'의 오른쪽 텍스트 상자를 클릭해 커서를 올려놓고 **x=**를 입력하세요.

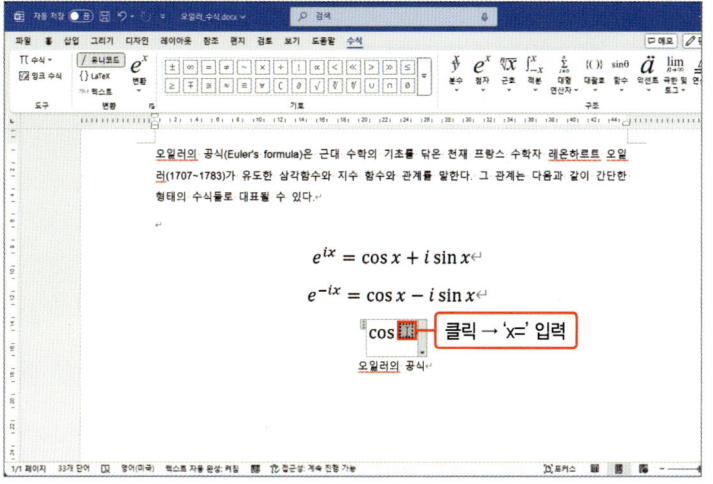

④ ❶ **[수식] 탭-[구조] 그룹-[분수]**를 클릭하고 ❷ '분수'의 **[상하형 분수]**를 클릭하세요.

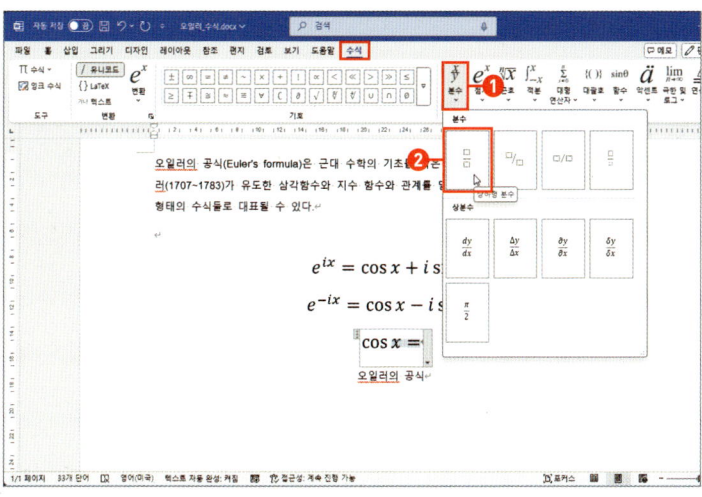

⑤ 상하형 분수 구조가 삽입되었으면 ❶ 분모에는 **2**를, 분자에는 **1**을 입력하고 분수의 오른쪽 옆에 **(**를 입력합니다. ❷ **[수식] 탭-[구조] 그룹-[첨자]**를 클릭하고 ❸ '아래 첨자 및 위 첨자'의 **[위 첨자]**를 클릭하세요

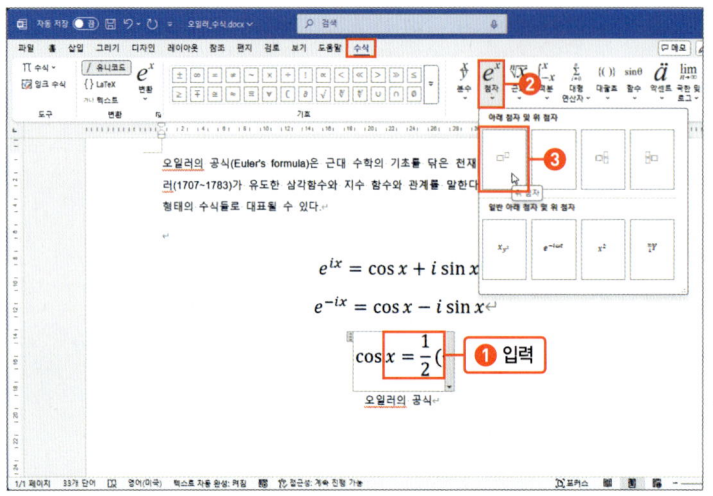

> **Tip**
> 마우스로 텍스트가 입력될 위치를 클릭하거나 키보드 방향키를 이용하여 해당 위치로 이동할 수 있어요.

⑥ 첨자 구조가 삽입되었으면 e^{ix}를 입력하세요.

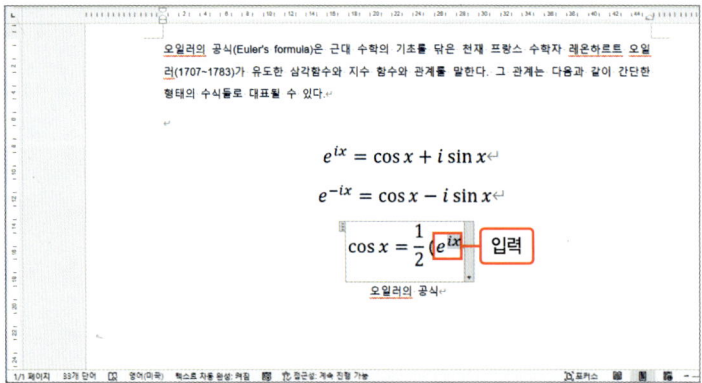

7 ❶ 수식의 오른쪽 끝에 커서를 올려놓고 **+**를 입력합니다. ❷ **[수식] 탭-[구조] 그룹-[첨자]**를 클릭하고 ❸ '아래 첨자 및 위 첨자'의 **[위 첨자]**를 클릭하세요.

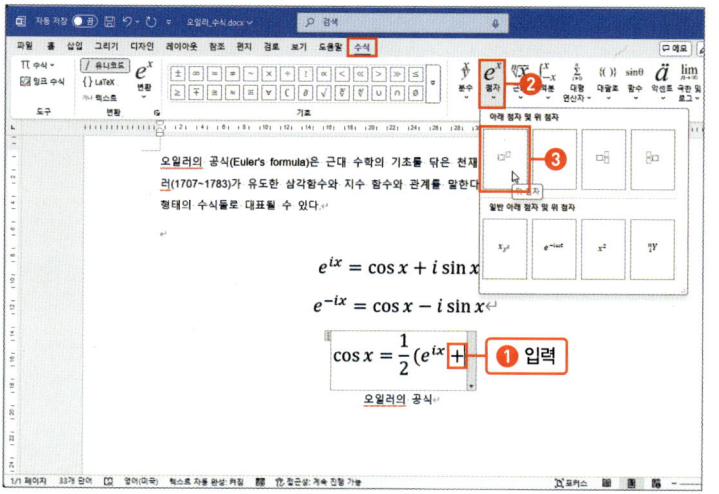

Tip
첨자 옆에 +를 이어서 쓰면 +도 첨자가 되므로 커서의 위치를 잘 이동한 후 입력하세요.

8 첨자 구조에 e^{-ix}를 입력하고 마지막 위치에서)를 입력해 수식을 완성하세요.

33

SECTION

03

표와 차트 삽입하기

수식 기능을 이용하면 워드에서도 표에 입력된 간단한 데이터를 계산할 수 있습니다. 또한 표를 중간에 분할하거나 구조가 같으면서 둘 이상으로 나눠진 표를 하나로 합칠 수도 있어요. 이번 섹션에서는 기본형 차트를 삽입하고 차트의 모양을 변경하는 방법을 배워보겠습니다.

활용도 ■■■□□

● 실습예제 : 컴퓨터_표수식.docx
● 완성예제 : 컴퓨터_표수식_완성.docx

실무 01 표 데이터의 평균 계산하기

✓ **실무 활용 사례**
- 표의 숫자 데이터로 평균과 같은 간단한 수식을 계산해야 할 때

✓ **업무 시간 단축**
- [레이아웃] 탭-[데이터] 그룹-[수식] 선택
- F4 로 같은 수식 반복 실행

① ❶ 첫 번째 표에서 마지막 행을 클릭해 커서를 올려놓고 ❷ **[표 레이아웃] 탭-[행 및 열] 그룹-[아래 행 삽입]**을 클릭해 표의 맨 끝에 한 행을 추가하세요.

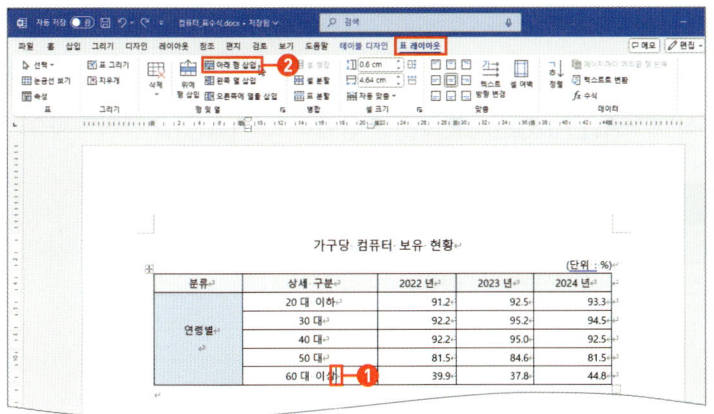

Tip
오피스 버전에 따라 [레이아웃] 탭-[행 및 열] 그룹-[아래에 삽입] 으로 표시될 수 있어요.

② 이와 같은 방법으로 모든 표의 마지막 셀에 행을 하나씩 추가하고 추가한 행의 1열에 **평균**을 입력하세요.

행 추가 → '평균' 입력

③ ❶ 첫 번째 표에서 '2022년'의 '**평균**' 셀을 클릭해 커서를 올려놓고 ❷ **[표 레이아웃] 탭-[데이터] 그룹-[수식]**을 클릭하세요.

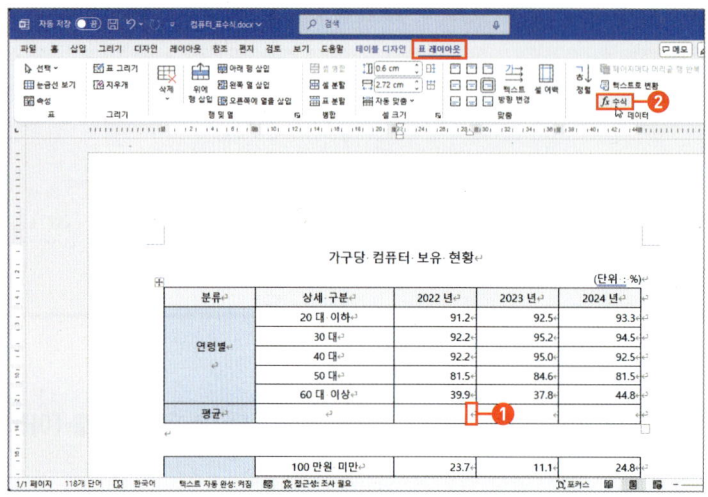

④ [수식] 대화상자가 열리면 ❶ '수식'에 있는 내용을 지우고 '='만 남긴 후 ❷~❸ '함수 마법사'에서 **[AVERAGE]**를 선택합니다. ❹ '수식'에 **=AVERAGE(ABOVE)**를 입력하고 ❺ **[확인]**을 클릭하세요.

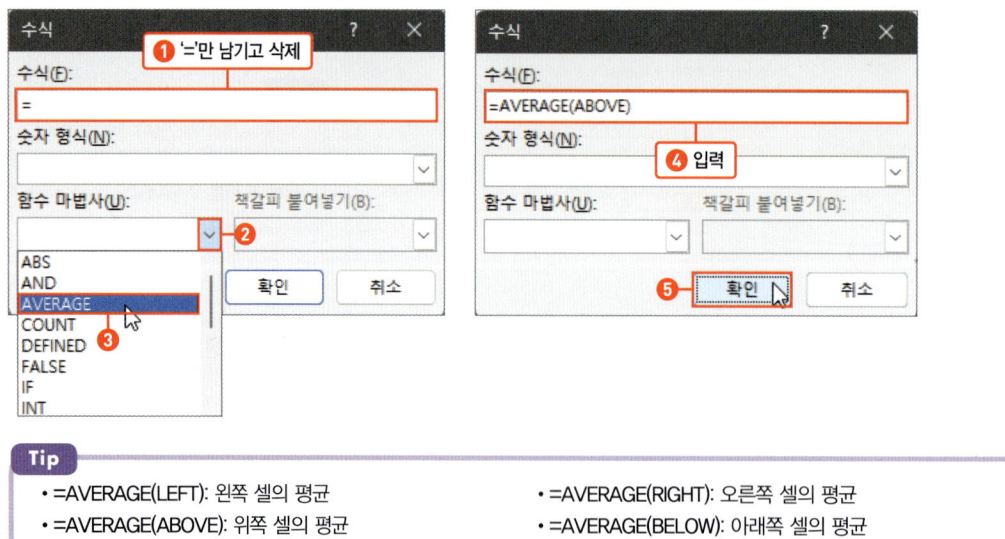

> **Tip**
> • =AVERAGE(LEFT): 왼쪽 셀의 평균
> • =AVERAGE(ABOVE): 위쪽 셀의 평균
> • =AVERAGE(RIGHT): 오른쪽 셀의 평균
> • =AVERAGE(BELOW): 아래쪽 셀의 평균

⑤ ❶ '2022년'의 '평균' 셀에 위쪽 셀의 평균값을 구했으면 ❷ 오른쪽 셀을 클릭하고 F4 를 눌러 반복해서 평균값을 계산합니다. 이와 같은 방법으로 ❸ 모든 평균값을 구하세요.

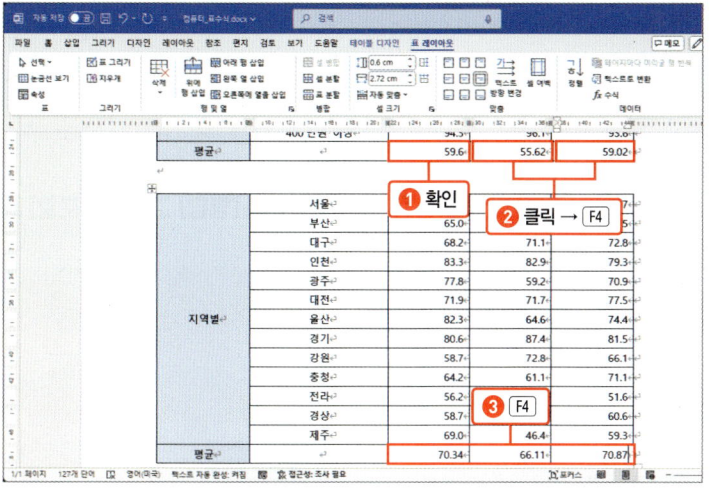

Tip
F4 를 누르면 앞에서 실행한 기능을 빠르게 반복할 수 있어요.

잠깐만요!

워드에서 함수를 계산하는 방법 살펴보기

워드에서는 '수식' 기능을 통해 표 안의 값을 대상으로 연산할 수 있는 함수를 제공합니다. SUM(합계), AVERAGE(평균), COUNT(개수), IF(조건), PRODUCT(곱), MAX(최대), MIN(최소), MOD(나머지)를 구합니다. 그리고 논리값이나 정수값, 절댓값, 반올림값을 구하는 함수는 NOT, AND, OR, DEFINED, TRUE, INT, ABS, ROUND, SIGN입니다.

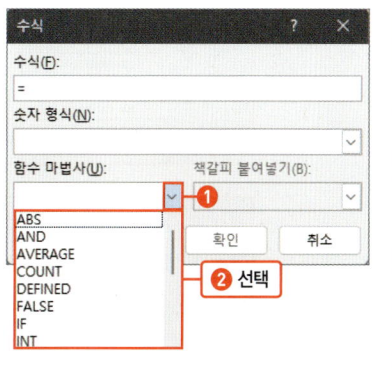

활용도 ■■■

● 실습예제 : 컴퓨터_표분할.docx
● 완성예제 : 컴퓨터_표분할_완성.docx

기본 02 표 분할하고 연속된 표를 하나로 합치기

① ❶ 표에서 1열의 '**소득별**' 셀을 클릭해 커서를 올려놓고 ❷ [**표 레이아웃**] **탭-**[**병합**] **그룹-**[**표 분할**]을 클릭하세요.

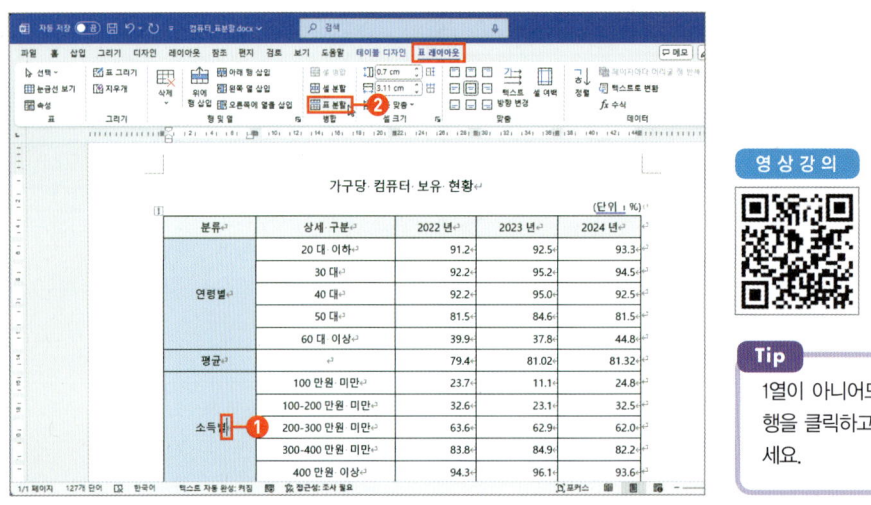

Tip
1열이 아니어도 표를 나누고 싶은 행을 클릭하고 [표 분할]을 선택하세요.

② ❶ '소득별' 셀부터 두 번째 표로 분할되었는지 확인합니다. 이와 같은 방법으로 ❷ 1열의 '**지역별**' 셀을 클릭하고 ❸ [**표 레이아웃**] **탭-**[**병합**] **그룹-**[**표 분할**]을 클릭해 표를 한 번 더 분할하세요.

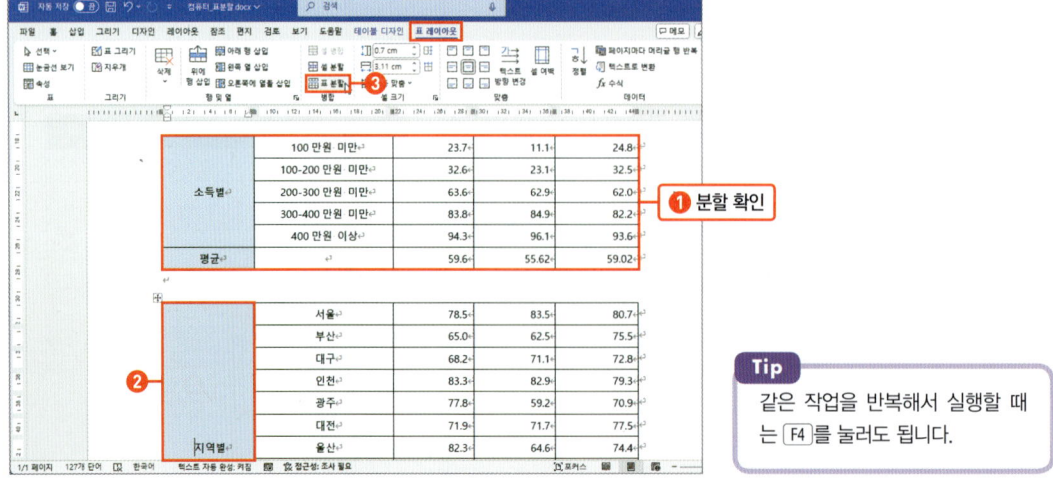

Tip
같은 작업을 반복해서 실행할 때는 F4 를 눌러도 됩니다.

③ ❶ 첫 번째 표에서 1행을 범위로 지정하고 ❷ [홈] 탭-[클립보드] 그룹-[복사]([Ctrl]+[C])를 클릭하세요.

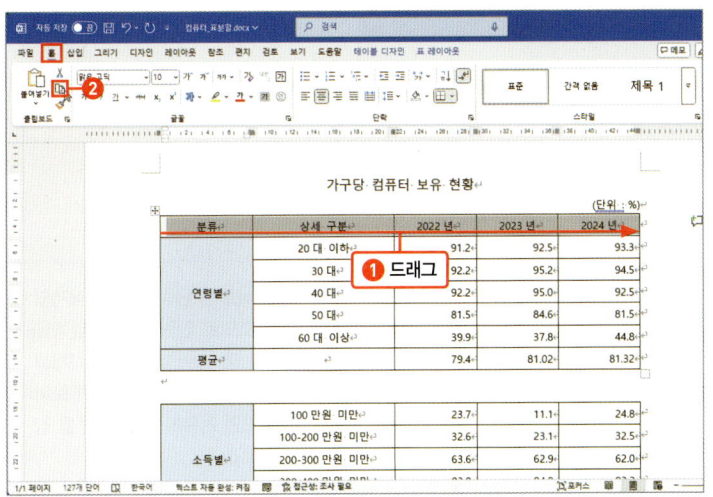

④ ❶ 첫 번째 표의 아래쪽에서 [Enter]를 눌러 빈 행을 추가하고 ❷ [홈] 탭-[클립보드] 그룹-[붙여넣기]([Ctrl]+[V])를 클릭하세요.

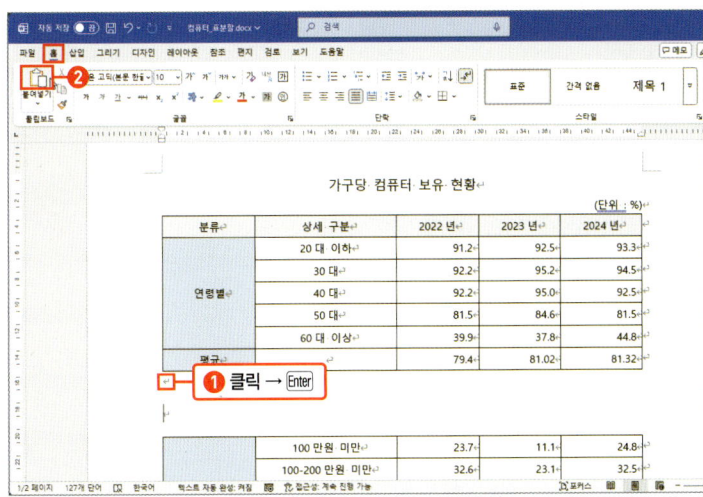

Tip
셀 붙여넣기와 표 병합을 동시에 실행했습니다.

❺ ❶ 두 번째 표의 1행에 제목 행을 복사했으면 분할된 두 번째 표와 세 번째 표를 다시 하나로 합쳐볼게요. ❷ 두 번째 표의 다음에 있는 단락 기호 ↵ 를 선택하고 Delete를 눌러 삭제하세요.

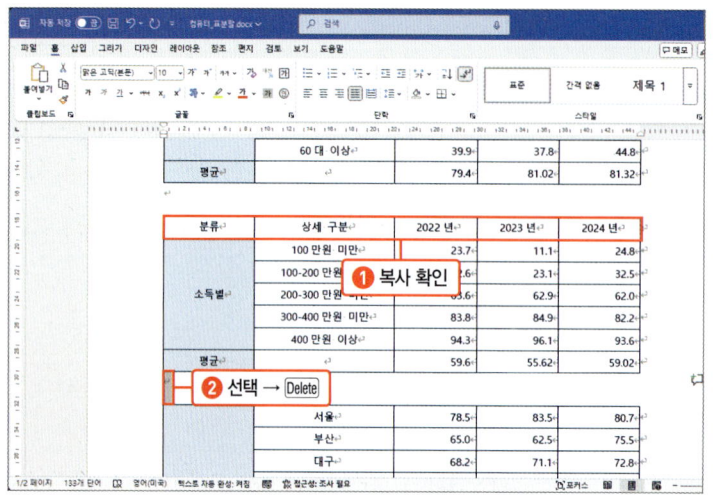

Tip
Backspace로는 단락 기호가 삭제되지 않으므로 단락 기호의 앞쪽을 클릭한 후 Delete를 눌러서 삭제해도 됩니다. 만약 단락 기호가 보이지 않으면 21쪽의 '잠깐만요!'를 참고하세요.

❻ 분할되었던 표를 다시 하나로 합쳤으면 ❶ **'지역별'** 행을 범위로 지정하고 ❷ **[표 레이아웃] 탭-[행 및 열] 그룹-[아래 행 삽입]**을 클릭하세요.

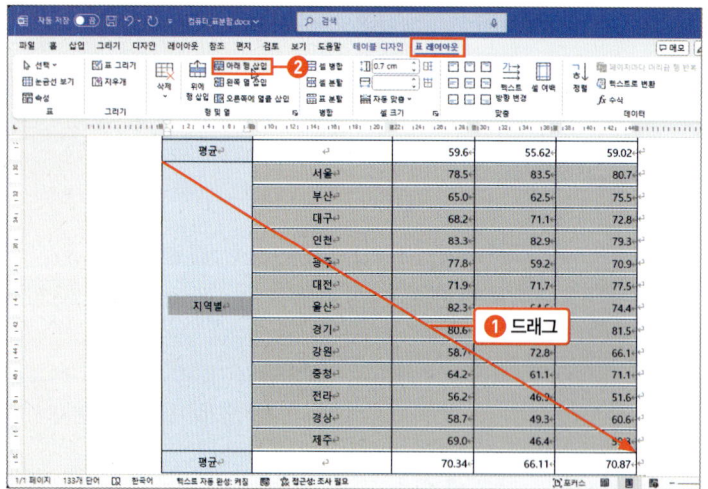

⑦ 행이 추가로 삽입되면서 표가 다음 페이지에 걸쳐서 나타나면 ❶ 두 번째 표의 1행을 선택해 커서를 올려놓고 ❷ **[표 레이아웃] 탭-[데이터] 그룹-[페이지마다 머리글 행 반복]**을 클릭하세요.

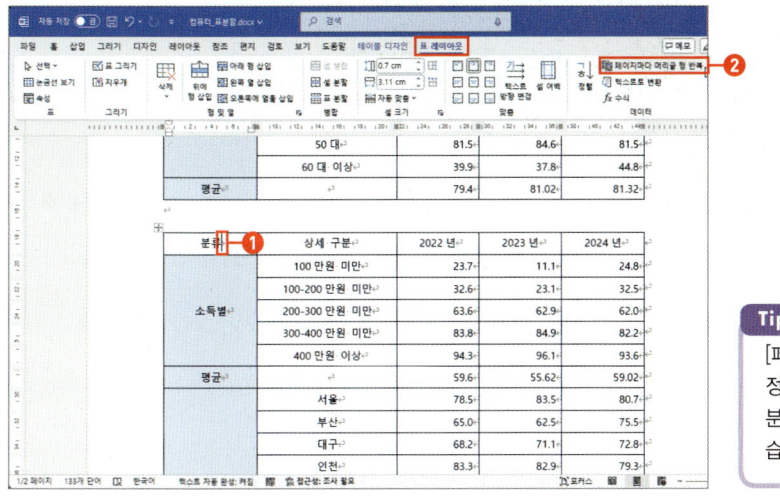

> **Tip**
> [페이지마다 머리글 행 반복]을 설정하지 않으면 2페이지 표의 윗부분에는 머리글 행이 표시되지 않습니다.

⑧ 각 페이지마다 머리글 행이 반복해서 표시되었는지 확인하세요.

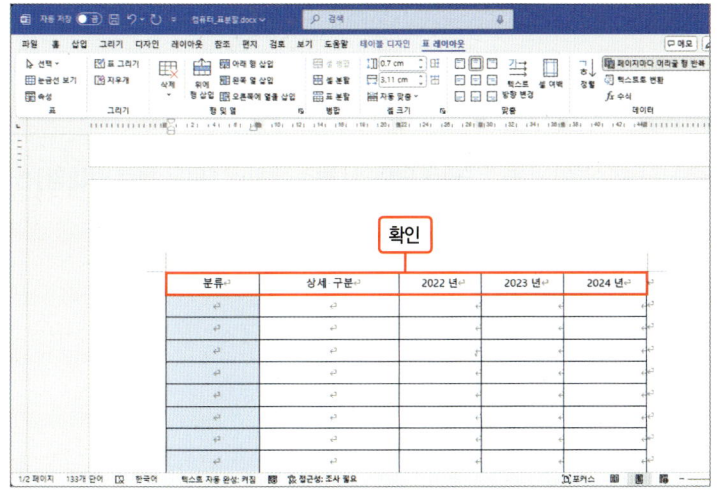

> **Tip**
> 한 번 더 [표 레이아웃] 탭-[데이터] 그룹-[페이지마다 머리글 행 반복]을 클릭하면 머리글 행 반복 설정이 해제됩니다.

활용도 ■■ ■■■

● 실습예제 : 주택보급률_차트삽입.docx
● 완성예제 : 주택보급률_차트삽입_완성.docx

03 차트 삽입하고 차트의 종류 변경하기
기본

① ❶ 표의 왼쪽 위에 있는 ⊞를 클릭하여 표를 선택하고 표 데이터를 복사(Ctrl+C)합니다. ❷ 표의 아래쪽을 클릭해 커서를 올려놓은 후 ❸ **[삽입] 탭-[일러스트레이션] 그룹-[차트]**를 클릭하세요.

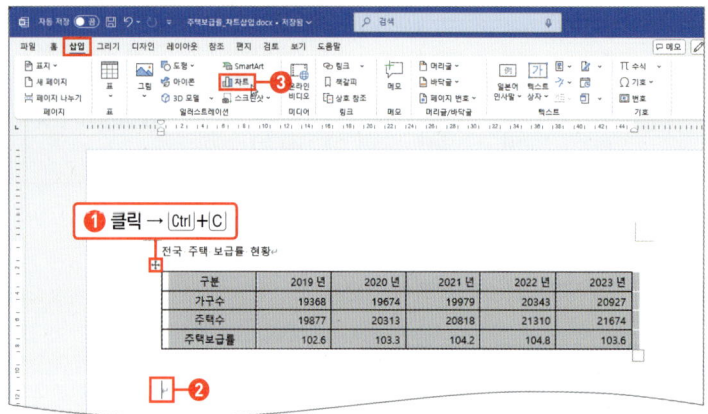

② [차트 삽입] 대화상자의 [모든 차트] 탭이 열리면 ❶ **[세로 막대형] 범주**에서 ❷ **[묶은 세로 막대형]**을 선택하고 ❸ **[확인]**을 클릭하세요.

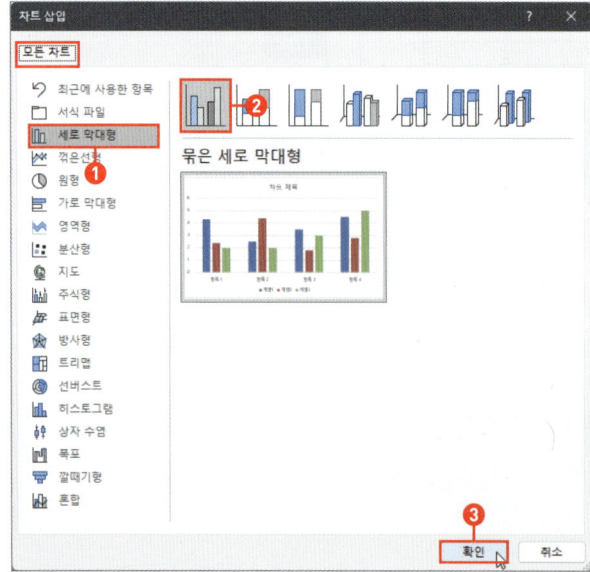

③ [Microsoft Word의 차트] 창이 열리면 ❶ [A1] 셀을 선택하고 Ctrl+V를 눌러 ① 과정에서 복사한 데이터를 붙여넣습니다. ❷ 데이터 끝에 있는 표식 ┛에 마우스 포인터를 올려놓고 ↖ 모양으로 변경되면 [F4] 셀까지 드래그한 후 ❸ [닫기] 단추(☒)를 클릭해 [Microsoft Word의 차트] 창을 닫으세요.

Tip
표식 ┛을 [F4] 셀까지 드래그하는 대신 5행을 선택한 후 마우스 오른쪽 단추를 눌러 [삭제]를 선택해도 됩니다.

④ ❶ 묶은 세로 막대형 차트가 삽입되었으면 ❷ [차트 디자인] 탭-[데이터] 그룹-[데이터 선택]을 클릭하세요.

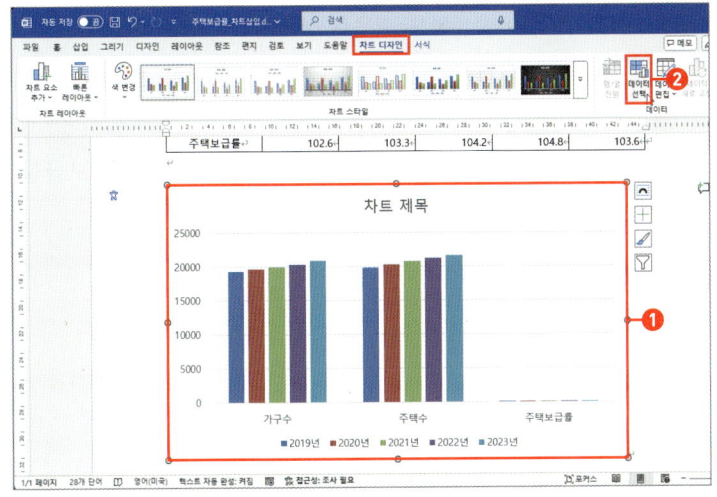

Tip
오피스 버전에 따라 [차트 디자인] 탭 대신 [차트 도구]의 [디자인] 탭으로 표시됩니다.

⑤ [데이터 원본 선택] 대화상자가 열리면 ❶ [행/열 전환]을 클릭하고 ❷ [확인]을 클릭하세요.

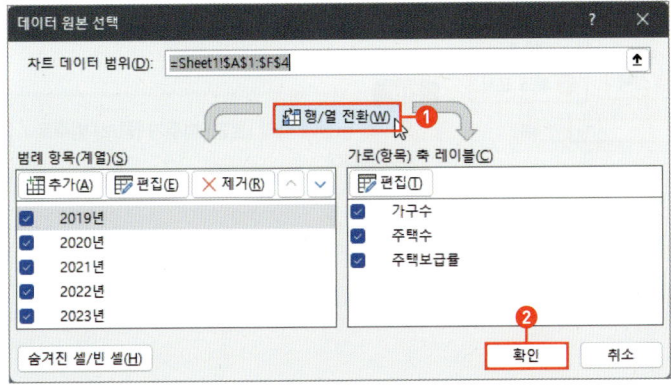

6 ① 차트 제목에 **전국 주택 보급률 현황**을 입력하고 ② **[차트 디자인] 탭-[종류] 그룹-[차트 종류 변경]**을 클릭하세요.

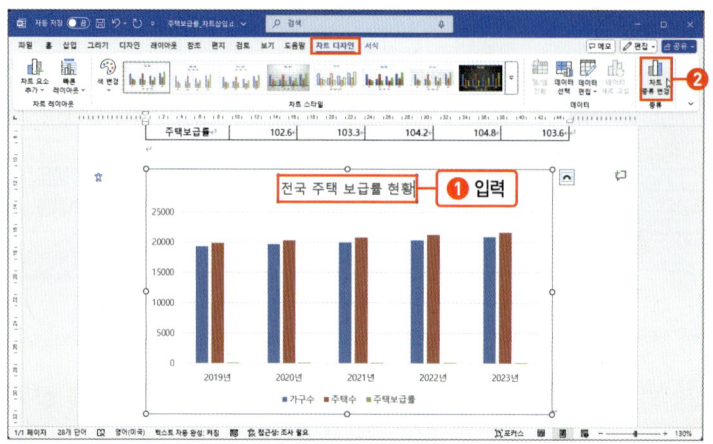

> **Tip**
> 비교하는 계열 간의 값 차이가 클 경우 같은 축으로 비교하면 값이 작은 주택 보급률은 잘 드러나지 않는 문제가 발생합니다.

7 [차트 종류 변경] 대화상자의 [모든 차트] 탭이 열리면 ① **[혼합] 범주**를 선택하고 ② '주택보급률'에서 **[꺾은선형]**을 선택합니다. ③ **[보조 축]**에 체크 표시하고 ④ **[확인]**을 클릭하세요.

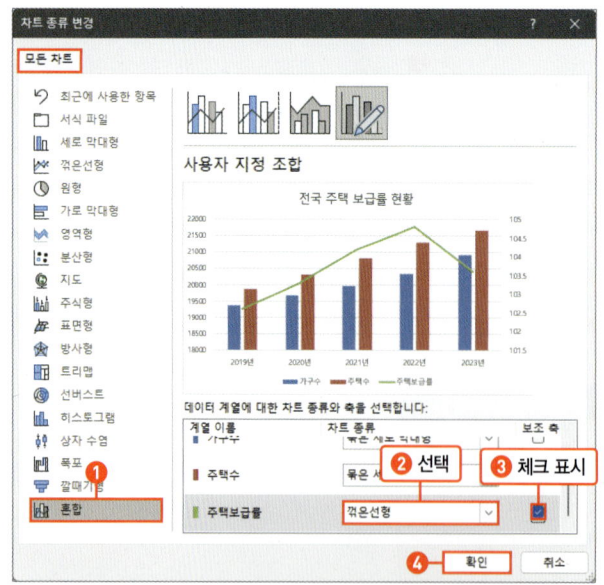

> **Tip**
> 오피스 버전에 따라 [혼합] 범주가 [콤보] 범주로 표시됩니다.

⑧ 비교하는 계열 간의 값 차이가 클수록 보조 축을 사용하는 콤보 차트(이중 축 혼합형 차트)를 사용해서 효과적으로 비교할 수 있어요.

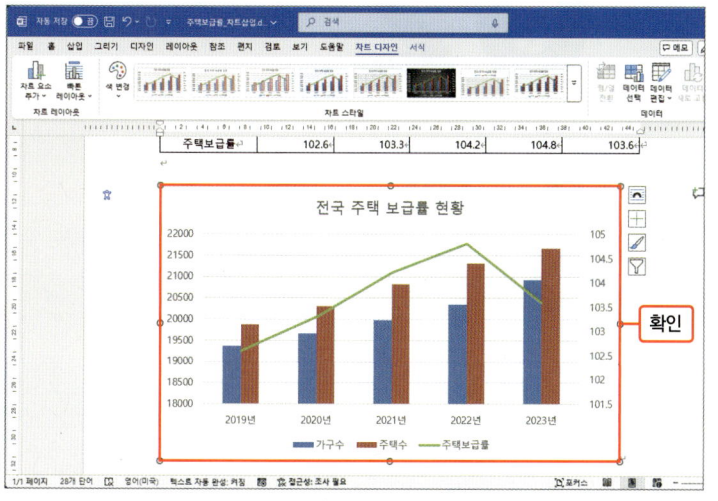

⑨ 차트를 선택한 상태에서 차트의 오른쪽에 있는 ❶ [차트 스타일] 단추(🖌)를 클릭하고 ❷ [색]의 ❸ '단색형'에서 [단색 색상표 8]을 선택해 ❹ 차트 색을 변경하세요.

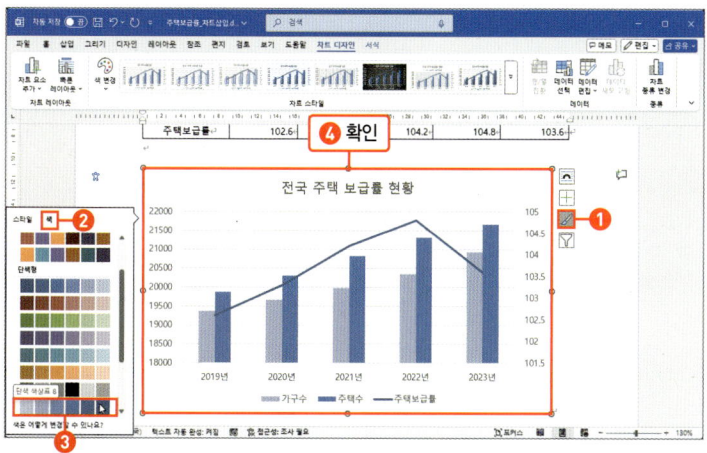

> **Tip**
> [차트 디자인] 탭-[차트 스타일] 그룹-[색 변경]을 클릭해도 됩니다.

45

CHAPTER 02

편리한 기능 이용해 체계적으로 문서 작성하기

순서가 있는 문서를 작성할 때 글머리 기호나 번호 목록을 이용하면 좀 더 쉽고 체계적으로 내용을 읽을 수 있습니다. 문서에 머리글과 바닥글을 삽입하고 구역에 따라 다른 모양의 문서를 설정할 수 있어야 합니다. 이번 장에서는 이들 기능뿐만 아니라 스타일 기능을 이용해 텍스트 서식을 효과적으로 적용하고 변경하는 방법을 배워보겠습니다.

SECTION 04 순서가 있는 문서 작성하기
SECTION 05 쪽 기능 이용해 문서 정리하기
SECTION 06 문서에 스타일 적용하기

SECTION 04

순서가 있는 문서 작성하기

번호 스타일 목록과 글머리 기호를 이용해 순서가 있는 문서를 작성할 수 있습니다. 이번 섹션에서는 문단 목록에 수준별로 다른 모양의 글머리 기호 또는 번호 체계를 사용해 좀 더 쉽게 내용을 알아볼 수 있도록 수준이 있는 문서를 작성하는 방법을 배워보겠습니다.

- 실습예제 : 한국어_번호목록.docx
- 완성예제 : 한국어_번호목록_완성.docx

기본 01 번호 스타일 목록 만들기

✓ **실무 활용 사례**
- 문단 목록에 순서가 있는 번호로 표현해야 할 때

✓ **업무 시간 단축**
- [홈] 탭-[단락] 그룹-[번호 매기기]-[번호 매기기 라이브러리] 선택

① 1페이지에서 ①~③ Ctrl을 이용해 굵은 텍스트를 함께 선택하고 ④ [홈] 탭-[단락] 그룹-[번호 매기기]를 클릭한 후 ⑤ '번호 매기기 라이브러리'의 를 클릭하세요.

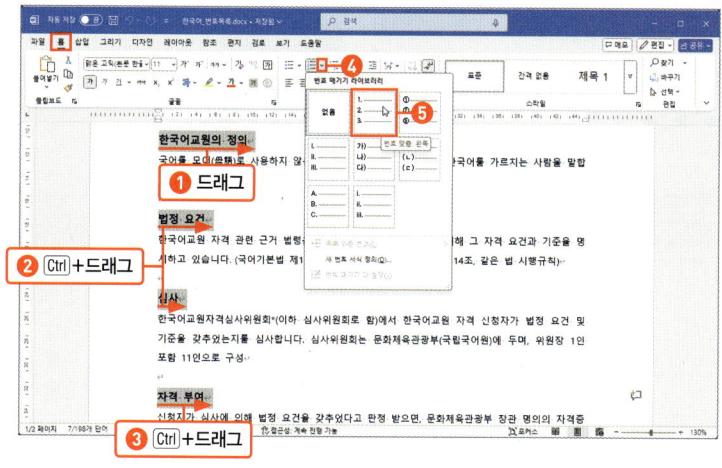

Tip
[번호 매기기]를 직접 클릭하면 '번호 매기기' 기능을 적용하거나 해제할 수 있습니다.

② 이와 같은 방법으로 ①~② Ctrl을 이용해 아래쪽의 '1급', '2급', '3급'도 함께 선택하고 ③ [홈] 탭-[단락] 그룹-[번호 매기기]를 클릭한 후 ④ '번호 매기기 라이브러리'의 를 클릭하세요.

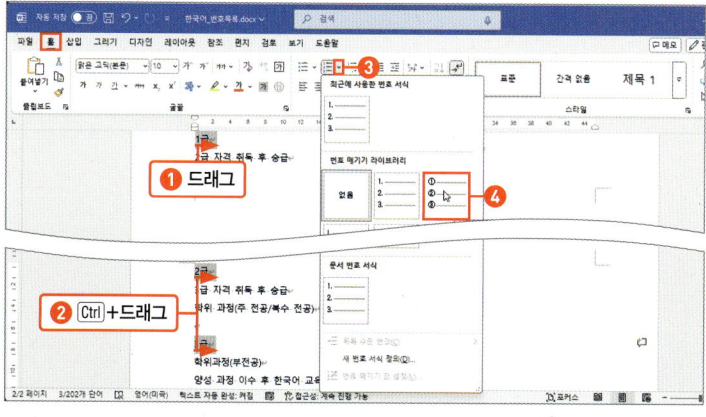

Tip
한꺼번에 범위로 지정하지 않고 한 단락씩 번호 매기기를 설정해도 됩니다. F4를 누르면 반복 작업을 쉽게 할 수 있어요.

● 실습예제 : 한국어_글머리기호.docx
● 완성예제 : 한국어_글머리기호_완성.docx

활용도 ■■■

기본 02 글머리 기호의 스타일 지정하기

✓ **실무 활용 사례**
• 문단 목록에 수준별로 다른 글머리 기호를 표현해야 할 때

✓ **업무 시간 단축**
• [홈] 탭-[단락] 그룹-[글머리 기호]-[새 글머리 기호 정의] 선택

① 1페이지에서 ❶ 맨 마지막 줄의 '**2급 자격 취득 후 승급**'에 커서를 올려놓고 ❷ **[홈] 탭-[단락] 그룹-[글머리 기호]**를 클릭한 후 ❸ **[새 글머리 기호 정의]**를 선택하세요.

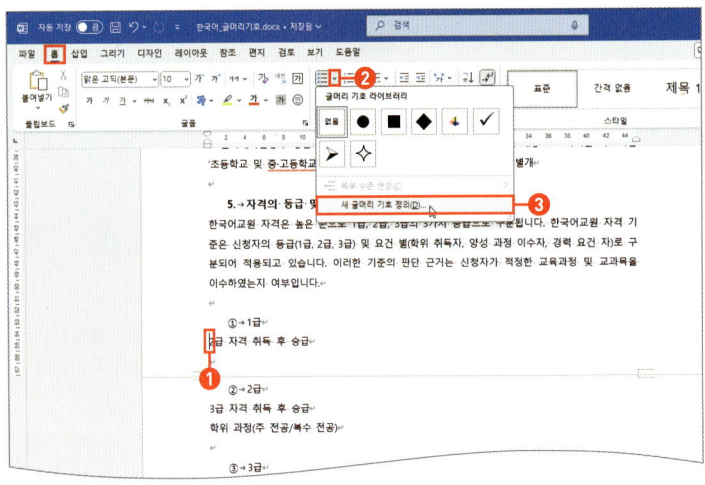

영상 강의

Tip
페이지 경계 부분의 공백에서 마우스 포인터가 ⬌ 모양으로 변경되었을 때 더블클릭하면 공백을 숨길 수 있어요. 그리고 다시 더블클릭하면 원래대로 공백이 표시됩니다.

② [새 글머리 기호 정의] 대화상자가 열리면 '글머리 기호'의 **[기호]**를 클릭하세요.

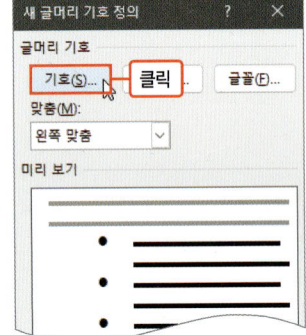

50

3 [기호] 대화상자가 열리면 ❶ '글꼴'에서 [Wingdings]를 선택하고 ❷ [☞]를 선택한 후 ❸ [확인]을 클릭합니다. [새 글머리 기호 정의] 대화상자로 되돌아오면 ❹ '미리 보기'에서 글머리 기호가 바뀌었는지 확인하고 ❺ [확인]을 클릭하세요.

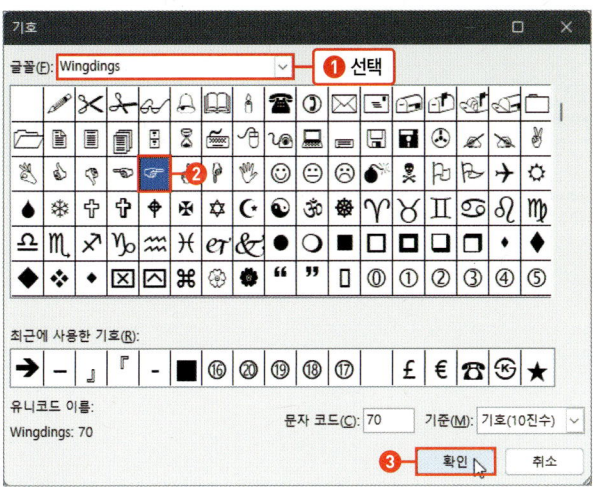
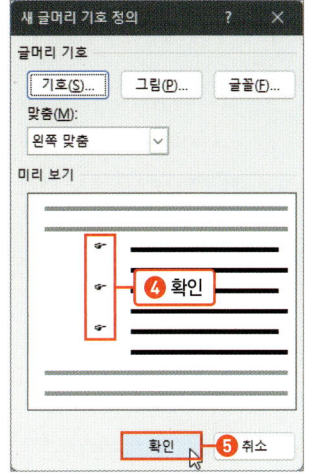

> **Tip**
> [기호] 대화상자에서 '글꼴'은 [현재 글꼴]을, '하위 집합'은 [도형 기호]를 선택해도 다양한 모양의 글머리 기호를 삽입할 수 있습니다.

4 ❶ '2급 자격 취득 후 승급'에 글머리 기호가 적용되었는지 확인하고 ❷ [홈] 탭-[단락] 그룹-[들여쓰기]를 클릭하세요.

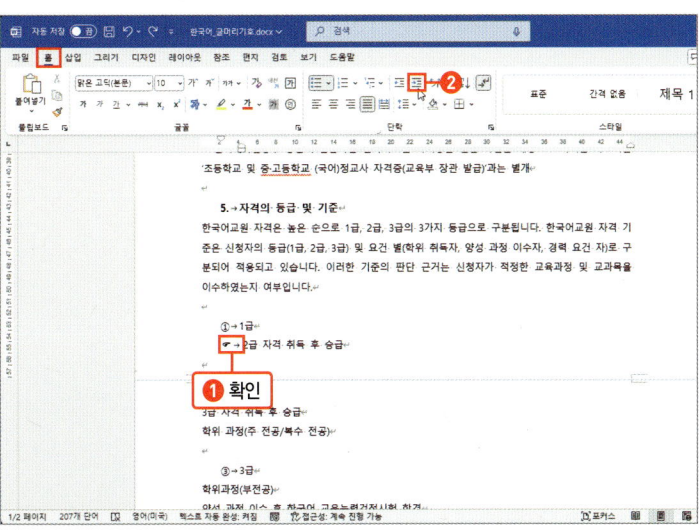

⑤ '**2급 자격 취득 후 승급**'을 범위로 지정하고 Ctrl+Alt+C(또는 Ctrl+Shift+C)를 눌러 서식을 복사하세요.

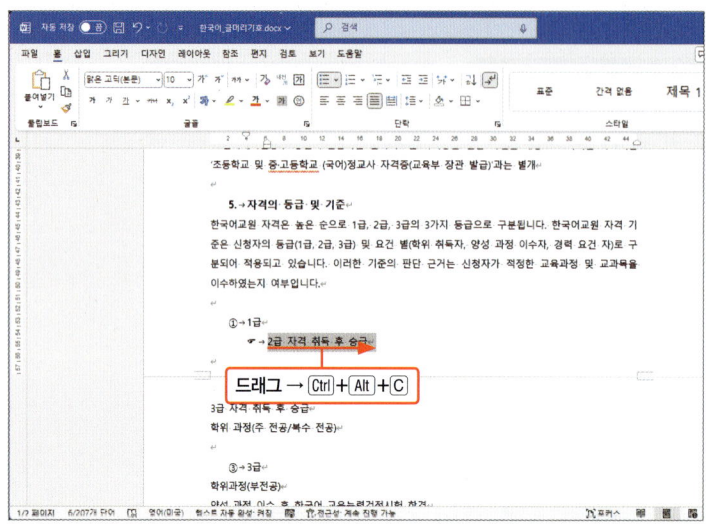

Tip
마이크로소프트 워드 라이선스 버전과 마이크로소프트 365 버전은 단축키가 다를 수 있어요. 사용 중인 버전에 맞는 단축키를 확인하고 사용하세요.

버전	서식 복사	서식 붙여넣기
워드 2013/2016/2019/2021	Ctrl+Shift+C	Ctrl+Shift+V
마이크로소프트 365(최신)	Ctrl+Alt+C	Ctrl+Alt+V

⑥ ❶~❷ Ctrl을 이용해 '2급'과 '3급'을 제외한 아래쪽 내용을 범위로 함께 지정하고 Ctrl+Alt+V (또는 Ctrl+Shift+V)를 눌러 같은 모양의 서식을 적용하세요. 그러면 글머리 기호와 들여쓰기가 함께 적용됩니다.

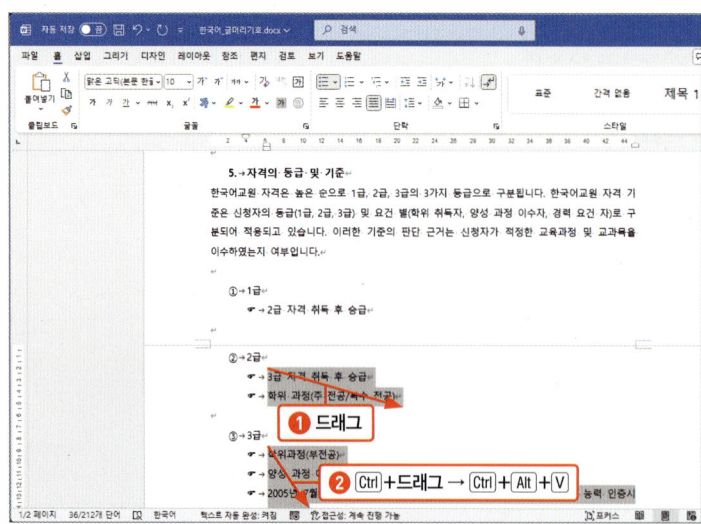

- 실습예제 : 오방색_다단계목록.docx
- 완성예제 : 오방색_다단계목록_완성.docx

03 다단계 수준별 목록 지정하기

① ⑴~⑵ Ctrl 을 이용해 2페이지의 '**2 오방정색**'과 '**3 오방간색**'을 함께 선택하고 ⑶ **[홈] 탭-[단락] 그룹-[다단계 목록]**을 클릭한 후 ⑷~⑸ **[목록 수준 변경]-[수준 2]**를 선택하세요.

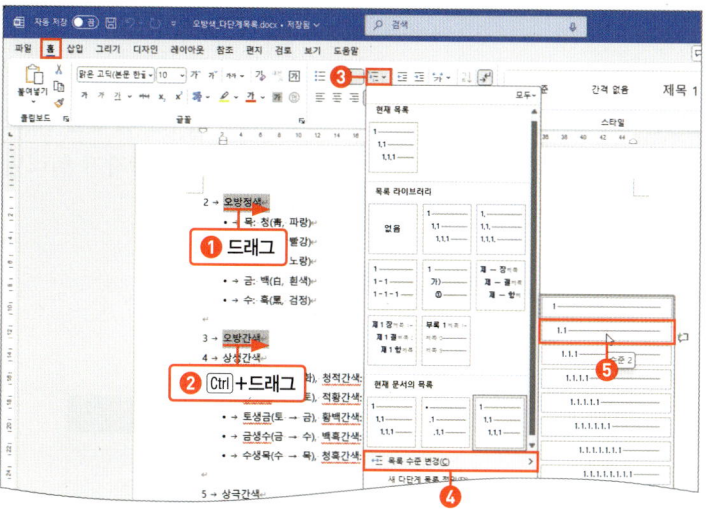

Tip
여러 범위를 함께 지정하지 않고 한 단락씩 선택하여 글머리 기호를 설정해도 됩니다. F4 를 누르면 반복 작업을 쉽게 할 수 있어요.

② ⑴~⑵ Ctrl 을 이용해 '2 상생간색'과 '3 상극간색'을 함께 선택하고 ⑶ **[홈] 탭-[단락] 그룹-[다단계 목록]**을 클릭한 후 ⑷~⑸ **[목록 수준 변경]-[수준 3]**을 선택하세요.

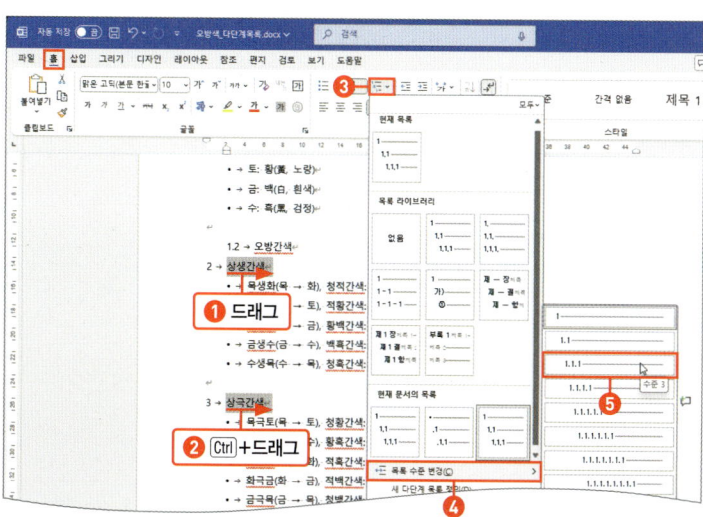

Tip
[수준 1]에서 [수준 2]로 변경하려면 텍스트의 맨 앞에 커서를 올려놓고 Tab 을 눌러도 됩니다. 반대로 Shift + Tab 을 누르면 [수준 2]에서 [수준 1]로 변경할 수 있어요.

● 실습예제 : 오방색_시작번호.docx
● 완성예제 : 오방색_시작번호_완성.docx

번호 매기기의 시작 번호 변경하기

✓ **실무 활용 사례**
• 시작 번호를 새로 매겨야 할 때
• 앞 번호를 연결해야 할 때

✓ **업무 시간 단축**
• [홈] 탭-[단락] 그룹-[번호 매기기]-[번호 매기기 값 설정] 선택

① ❶ 1페이지에서 ❷ 아래쪽의 '**1 오방정색과 오방간색**'에 커서를 올려놓고 ❸ **[홈] 탭-[단락] 그룹-[번호 매기기]**를 클릭한 후 ❹ **[번호 매기기 값 설정]**을 선택하세요. [번호 매기기 값 설정] 대화상자가 열리면 ❺ '시작 번호'에 3을 입력하고 ❻ **[확인]**을 클릭하세요.

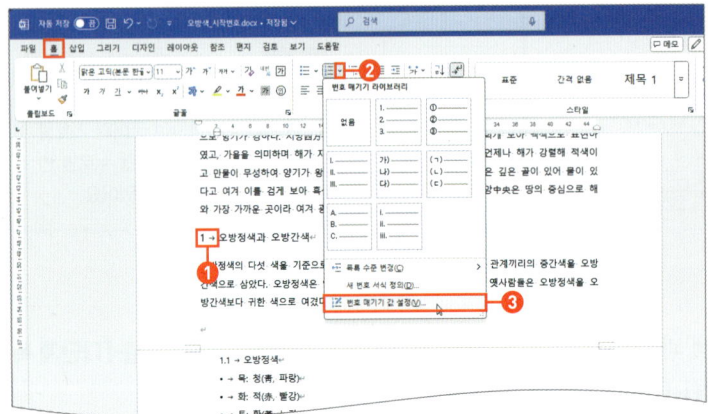
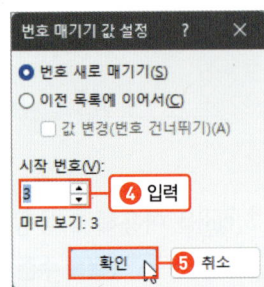

② ❶ 시작 번호가 '3'으로 변경되면서 ❷ 그 아래에 연결된 번호도 함께 변경되었는지 확인하세요.

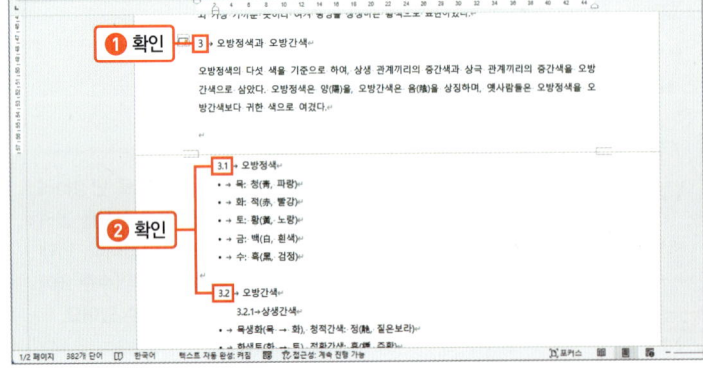

활용도 ■■■□□

● 실습예제 : 오방색_글머리간격.docx
● 완성예제 : 오방색_글머리간격_완성.docx

글머리 기호와 텍스트 간격 조정하기

① ❶ 2페이지에서 ❷ '**3.1 오방정색**'의 아래쪽에 있는 글머리 기호 목록 5줄을 범위로 지정합니다. ❸ 눈금자의 표식에서 △ 모양을 왼쪽으로 드래그해 글머리 기호와 텍스트 사이의 여백을 적당히 줄이세요.

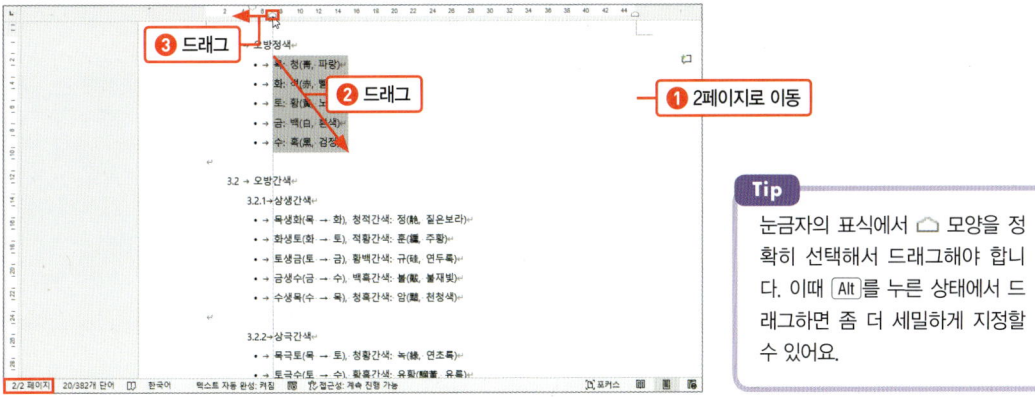

Tip
눈금자의 표식에서 △ 모양을 정확히 선택해서 드래그해야 합니다. 이때 Alt 를 누른 상태에서 드래그하면 좀 더 세밀하게 지정할 수 있어요.

② 이와 같은 방법으로 ❶~❸ '**3.2.1 상생간색**'과 '**3.2.2 상극간색**'의 아래쪽 글머리 기호 목록에도 글머리 기호와 텍스트 사이의 여백을 적당히 줄이세요.

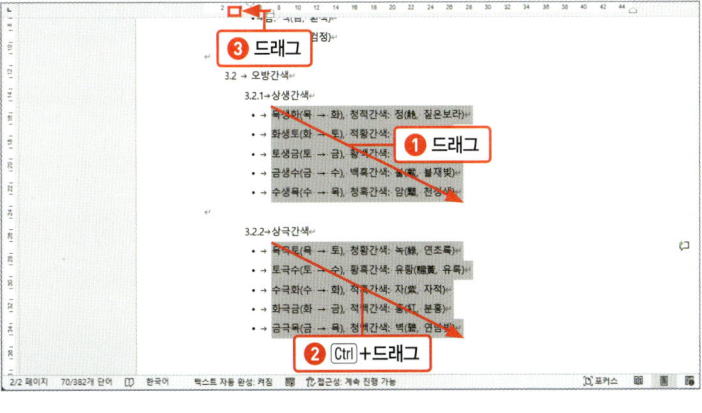

영상강의

❶ ▽ : 글머리 기호가 시작하는 위치
❷ △ : 텍스트가 시작하는 위치
❸ □ : 왼쪽 들여쓰기 여백

Tip
다른 목록에도 똑같이 간격을 설정하는 방법
방법1 F4 를 눌러 같은 작업을 반복해서 적용합니다.
방법2 마이크로소프트 365 버전을 사용한다면 Ctrl + Alt + C 를 눌러 서식을 복사한 후 Ctrl + Alt + V 를 눌러 원하는 부분에서 서식을 붙여넣습니다. 워드 라이선스 사용자라면 Ctrl + Shift + C 와 Ctrl + Shift + V 를 눌러 복사 및 붙여넣기하세요.

SECTION

05

쪽 기능 이용해 문서 정리하기

머리글/바닥글 기능을 이용하면 일정한 위치에 페이지 번호를 쉽게 삽입할 수 있습니다. 만약 페이지를 설정하거나 머리글/바닥글의 모양을 특정 페이지에서 다르게 설정하려면 변경되는 수만큼 구역을 나누어야 합니다. 이번 섹션에서는 구역을 나누어 이러한 쪽 설정을 다르게 지정하는 방법을 배워보겠습니다.

활용도 ■■ ■

실습예제 : 플로리스트_머리글.docx, logo.png
완성예제 : 플로리스트_머리글_완성.docx

머리글과 바닥글 삽입하기

✓ **실무 활용 사례**
- 모든 페이지의 같은 위치에 로고나 텍스트를 삽입해야 할 때

✓ **업무 시간 단축**
- [머리글/바닥글] 탭-[삽입] 그룹-[그림] 선택

---

① 머리글/바닥글 기능을 이용하면 모든 페이지의 같은 위치에 로고나 텍스트를 삽입할 수 있어요. ❶ **[삽입] 탭-[머리글/바닥글] 그룹-[머리글]**을 클릭하고 ❷ **[머리글 편집]**을 선택하세요.

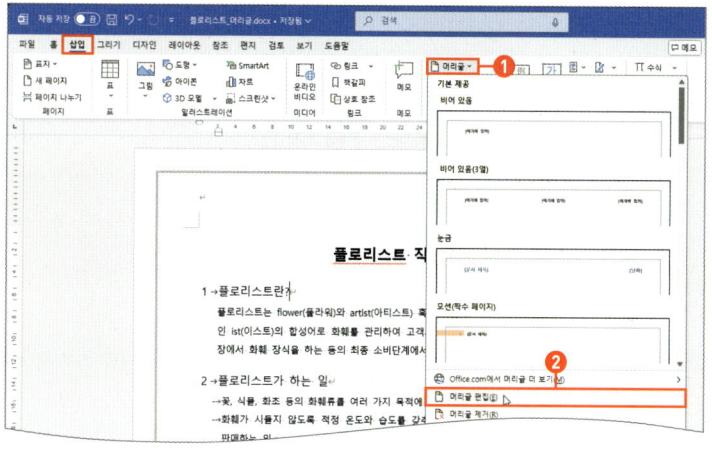

Tip
본문 위쪽의 머리글 위치에서 마우스를 더블클릭하면 좀 더 빠르게 머리글을 삽입하거나 편집할 수 있어요.

② ❶ 왼쪽 머리글 위치에 커서가 생기면 ❷ **[머리글/바닥글] 탭-[삽입] 그룹-[그림]**을 클릭하세요.

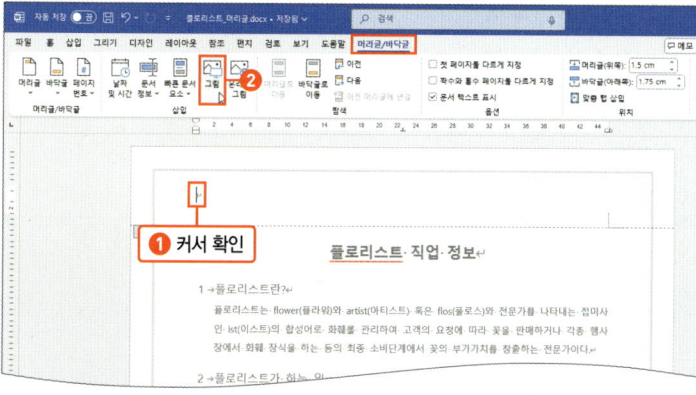

Tip
[머리글/바닥글] 탭-[삽입] 그룹에서 다양한 정보를 삽입하거나 텍스트를 직접 입력할 수 있어요.

③ [그림 삽입] 대화상자가 열리면 부록 실습파일에서 ❶ 'logo.png'를 선택하고 ❷ [삽입]을 클릭하세요.

④ ❶ 삽입한 로고 그림을 선택한 상태에서 ❷ [그림 서식] 탭-[크기] 그룹-[도형 높이]에 [0.9cm]를 지정하세요.

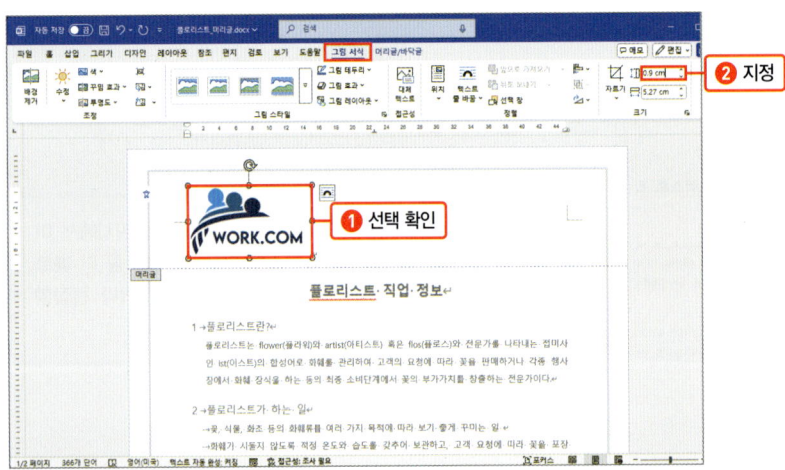

> **Tip**
> 그림의 높이를 지정하면 너비는 자동으로 설정됩니다. 그림에 나타난 크기 조정 핸들을 직접 드래그해서 그림의 크기를 조절할 수 있습니다.

⑤ ❶ **[머리글/바닥글] 탭-[탐색] 그룹-[바닥글로 이동]**을 클릭합니다. 바닥글의 왼쪽 위치로 커서가 이동하면 ❷ **직업정보안내 서비스**를 입력하고 ❸ **[머리글/바닥글] 탭-[위치] 그룹-[바닥글(아래쪽)]**에 **[1.3cm]**를 지정한 후 ❹ **[머리글/바닥글] 탭-[닫기] 그룹-[머리글/바닥글 닫기]**를 클릭하세요.

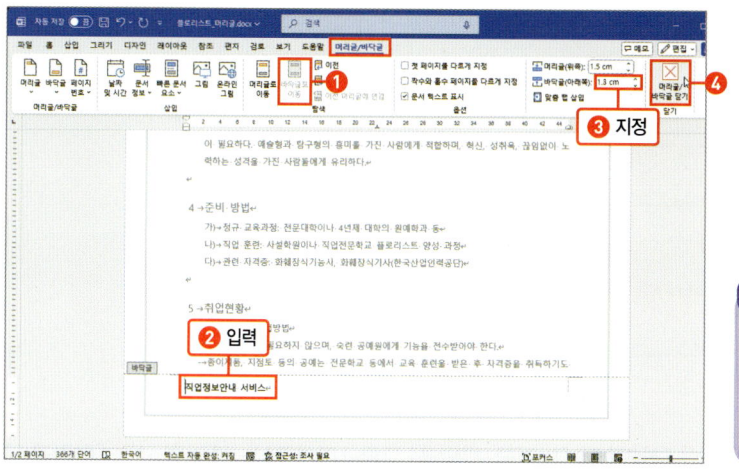

> **Tip**
> [머리글/바닥글 닫기]를 클릭하는 대신 빈 공간에서 마우스를 더블클릭하거나 Esc를 눌러도 머리글/바닥글을 닫을 수 있습니다.

⑥ 이번에는 머리글/바닥글을 편집해 볼게요. ❶ 바닥글을 더블클릭해 편집 모드를 실행하고 ❷ **[홈] 탭-[단락] 그룹-[오른쪽 맞춤]**을 클릭해 바닥글의 위치를 오른쪽으로 이동합니다.

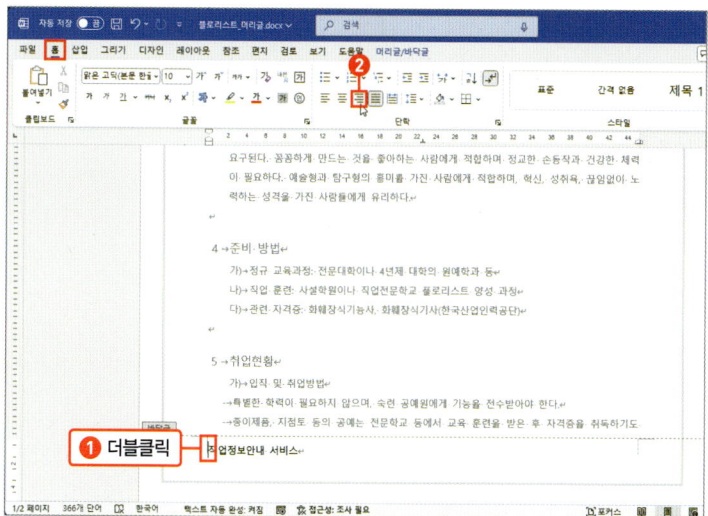

> **Tip**
> [삽입] 탭-[머리글/바닥글] 그룹-[바닥글]을 클릭하고 [바닥글 편집]을 선택해도 됩니다.

⑦ ❶ Esc 를 눌러 머리글/바닥글 편집 화면을 종료한 후 ❷~❸ 문서에 설정된 머리글과 바닥글을 확인하세요.

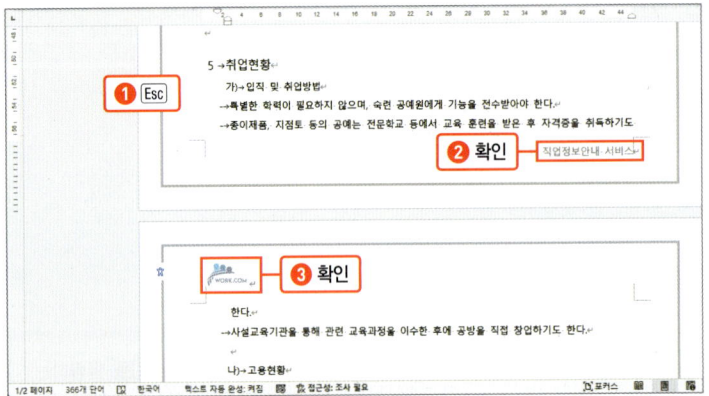

⑧ 설정된 머리글을 삭제하려면 ❶ [삽입] 탭-[머리글/바닥글] 그룹-[머리글]을 클릭하고 ❷ [머리글 제거]를 선택하세요.

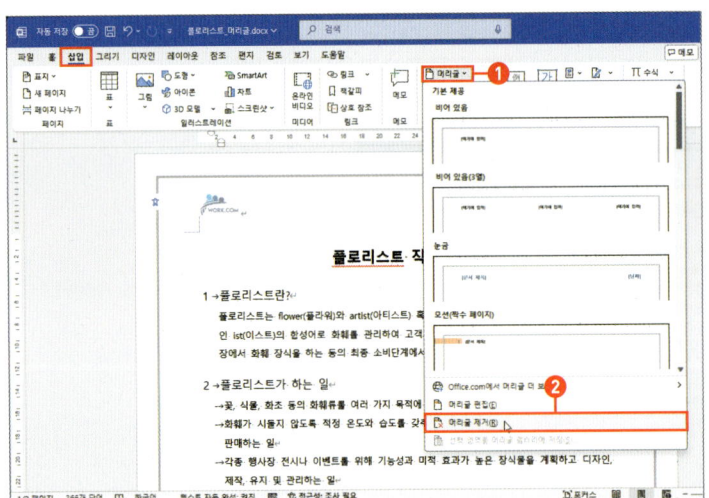

활용도 ■■ ■■

실습예제 : 당뇨병_페이지번호.docx
완성예제 : 당뇨병_페이지번호_완성.docx

기본 02 페이지 번호 삽입하기

✓ **실무 활용 사례**
- 모든 페이지에 페이지 번호를 삽입해야 할 때

✓ **업무 시간 단축**
- [삽입] 탭-[머리글/바닥글] 그룹-[페이지 번호] 선택

① 모든 페이지의 아래쪽에 페이지 번호를 삽입해 볼게요. ❶ **[삽입] 탭-[머리글/바닥글] 그룹-[페이지 번호]**를 클릭하고 ❷ **[아래쪽]**을 선택한 후 '일반 번호'의 ❸ **[가는 줄]**을 선택하세요.

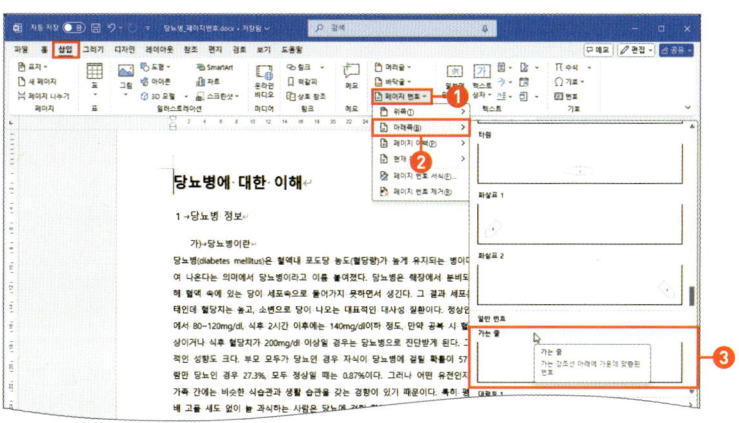

② ❶ 바닥글 영역에 페이지 번호가 삽입되었으면 ❷ **[머리글/바닥글] 탭-[머리글/바닥글] 그룹-[페이지 번호]**를 클릭하고 ❸ **[페이지 번호 서식]**을 선택하세요.

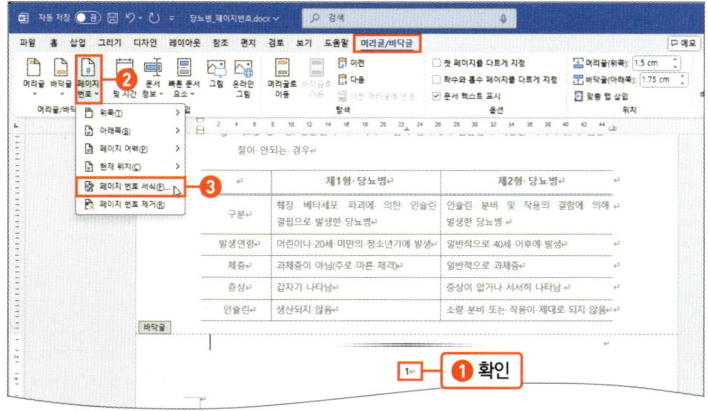

③ [페이지 번호 서식] 대화상자가 열리면 ❶ '번호 서식'에서 [- 1 -, - 2 -, - 3 -, ...]을 선택하고 ❷ [확인]을 클릭하세요.

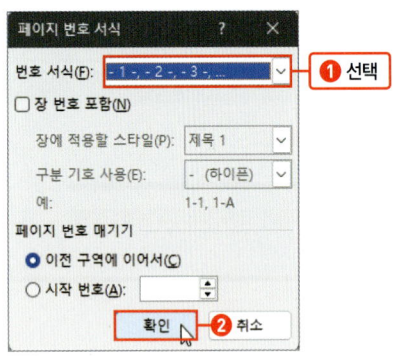

④ ❶ 페이지 번호의 서식이 변경되었는지 확인하고 ❷ [머리글 및 바닥글] 탭-[닫기] 그룹-[머리글/바닥글 닫기]를 클릭하세요.

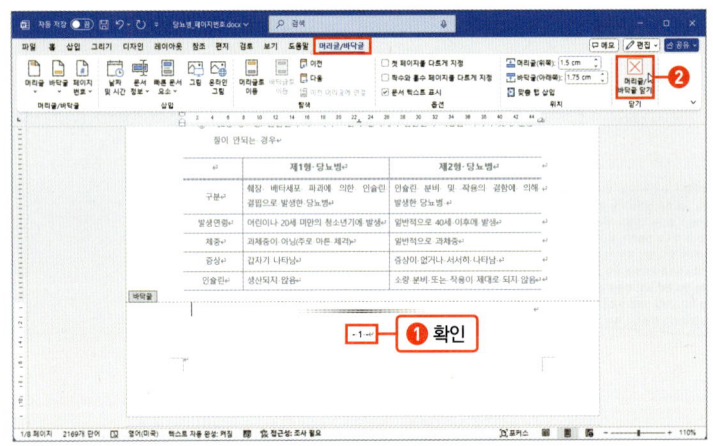

Tip

Esc 를 눌러서 머리글/바닥글 편집 화면을 종료해도 됩니다. 다시 바닥글 영역을 선택하려면 페이지 번호를 더블클릭하세요.

⑤ ❶ 페이지를 이동하여 ❷ 모든 페이지의 아래쪽에 설정한 페이지 번호가 삽입되었는지 확인하세요.

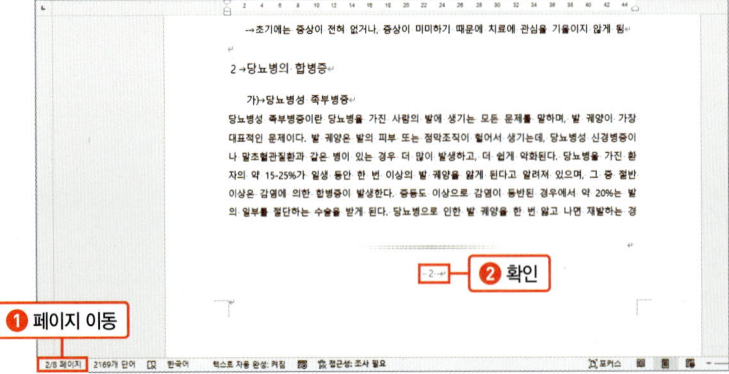

활용도 ■■■

● 실습예제 : 당뇨병_구역.docx
● 완성예제 : 당뇨병_구역_완성.docx

기본 03 구역 나누기

✓ 실무 활용 사례
- 문서 중간에 용지 방향이나 머리글/바닥글, 페이지 번호 등 문서 환경을 다르게 설정해야 할 때

✓ 업무 시간 단축
- [레이아웃] 탭-[페이지 설정] 그룹-[나누기]-'구역 나누기'에서 선택
- 구역이 다르면 구역마다 다르게 문서 설정 가능

① 현재 구역을 확인하기 위해 ❶ 상태 표시줄에서 마우스 오른쪽 단추를 클릭하고 ❷ '상태 표시줄 사용자 지정'의 **[구역]**을 선택하세요.

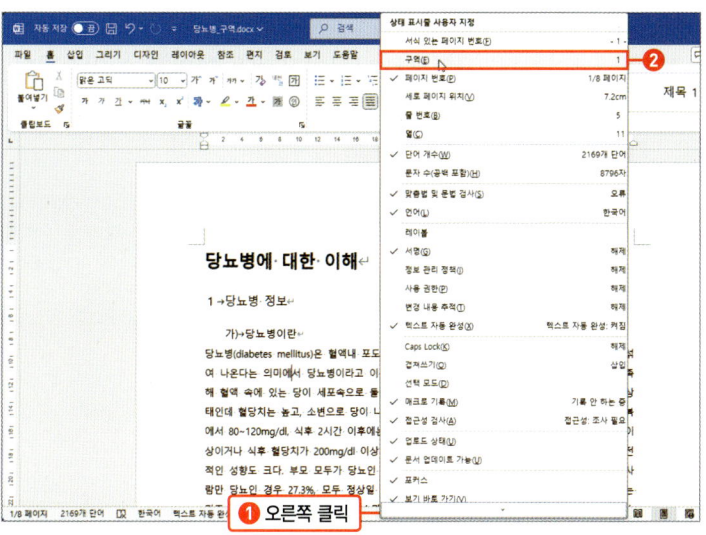

Tip
문서의 중간에서 용지 방향이나 머리글/바닥글, 페이지 번호 등 문서 설정이 달라지는 부분은 구역을 나누어야 합니다. 페이지 나누기, 구역 나누기 등의 작업을 할 때 [홈] 탭-[단락] 그룹-[편집 기호 표시/숨기기]((Ctrl)+(*))를 클릭해 편집 기호를 표시하면 편리합니다.

② ❶ 모든 페이지가 1구역인지 확인하고 ❷ 2페이지 '**2 당뇨병의 합병증**'의 앞에 커서를 올려놓습니다. ❸ **[레이아웃] 탭-[페이지 설정] 그룹-[나누기]**를 클릭하고 ❹ '구역 나누기'의 **[다음 페이지부터]**를 선택하세요.

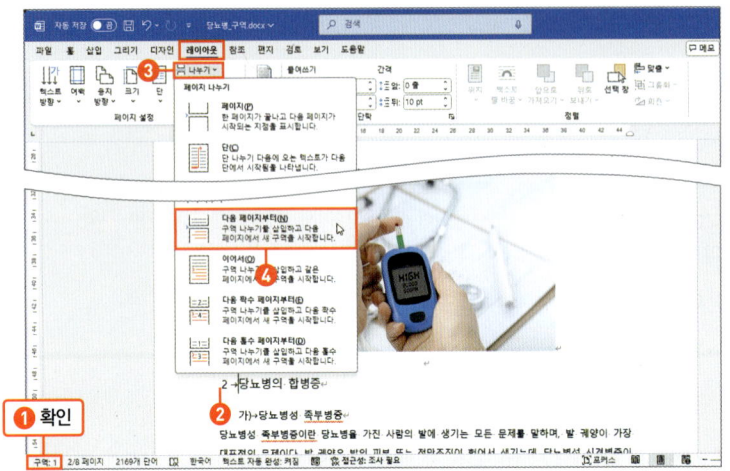

> **Tip**
> '구역 나누기'에서 [다음 페이지부터]를 선택하면 커서 위치에서 페이지를 나누고 새 구역을 시작합니다. [이어서]를 선택하면 페이지 나누기 없이 같은 페이지에서 새 구역을 시작합니다.

③ '2 당뇨의 합병증' 부분부터 페이지가 나누어졌어요. ❶~❺ 2페이지와 3페이지를 각각 클릭하고 상태 표시줄을 살펴보면 2페이지는 1구역, 3페이지는 2구역으로 나뉘어진 것을 확인할 수 있습니다.

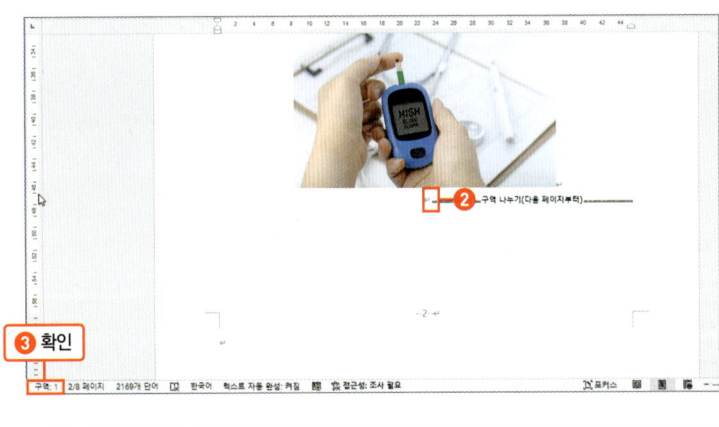

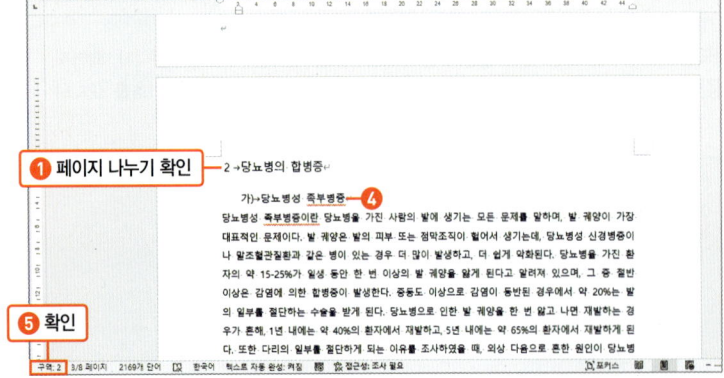

④ ❶ 4페이지로 이동해서 ❷ '**3 당뇨병의 운동효과와 식이요법 요령**'의 앞에 커서를 올려놓고 ❸ **[레이아웃] 탭-[페이지 설정] 그룹-[나누기]**를 클릭한 후 ❹ '구역 나누기'의 **[다음 페이지부터]**를 선택하세요.

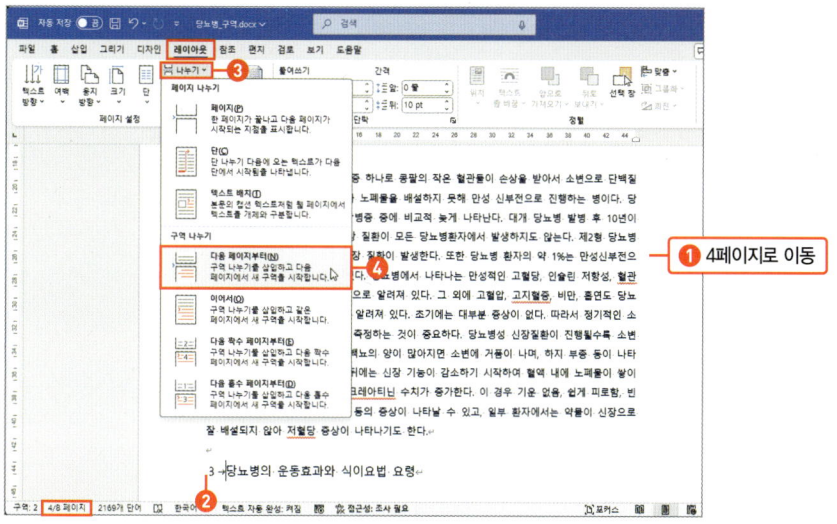

⑤ ❶ '3 당뇨병의 운동효과와 식이요법 요령' 부분부터 페이지 나누기와 구역 나누기가 실행되어 ❷ 상태 표시줄에서 5페이지, 3구역으로 표시된 것을 확인할 수 있어요.

6 ❶ 3페이지로 이동해서 ❷ 커서를 올려놓고 ❸ **[레이아웃] 탭-[페이지 설정] 그룹-[용지 방향]**을 클릭한 후 ❹ **[가로]**를 선택하세요.

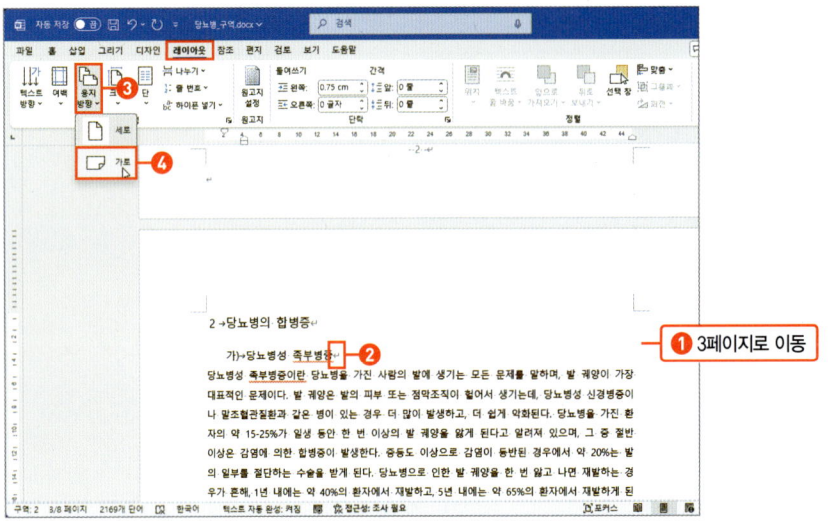

7 2구역인 3페이지와 4페이지만 용지 방향이 가로로 변경되었는지 확인하세요.

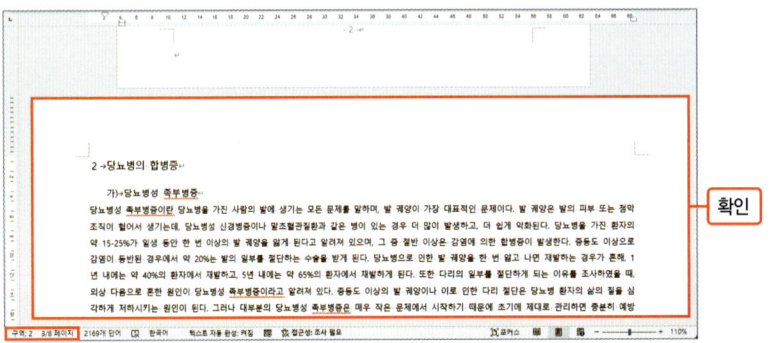

> **Tip**
> 1구역과 3구역에 해당하는 페이지는 용지 방향이 원래대로 세로입니다. 문서의 중간에 있는 특정 부분만 용지 방향을 변경하려면 해당 부분을 다른 구역으로 나누어야 합니다.

활용도 ▰▰▰

● 실습예제 : 당뇨병_구역합치기.docx
● 완성예제 : 당뇨병_구역합치기_완성.docx

기본 04 분리된 구역 하나로 합치기

① ❶ 3페이지로 이동한 후 ❷ 상태 표시줄에서 3페이지부터 2구역으로 설정된 것을 확인하고 ❸ **[홈] 탭-[단락] 그룹-[편집 기호 표시/숨기기]**(Ctrl+*)를 클릭하여 편집 기호를 표시하세요.

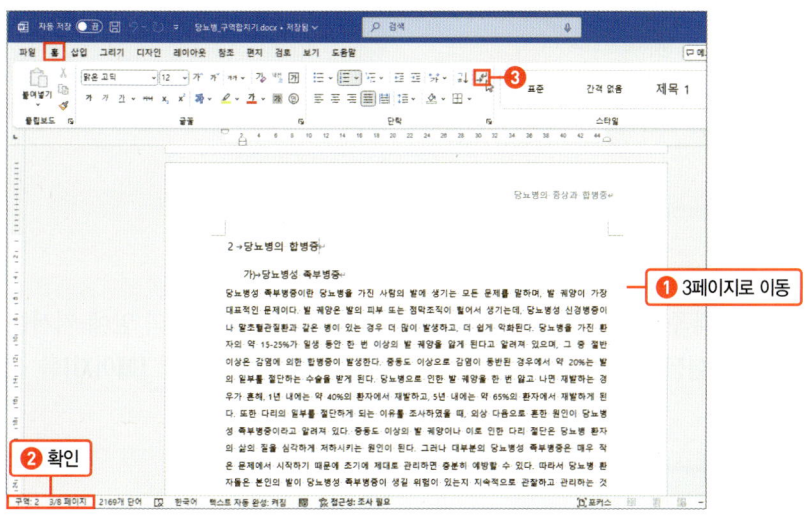

② 2페이지에 있는 그림의 아래쪽에 '**구역 나누기(다음 페이지부터)**' 편집 기호가 표시되었으면 ❶ 편집 기호의 바로 앞을 클릭하여 커서를 올려놓고 ❷ Shift+→를 눌러 선택한 후 Delete를 눌러 삭제하세요.

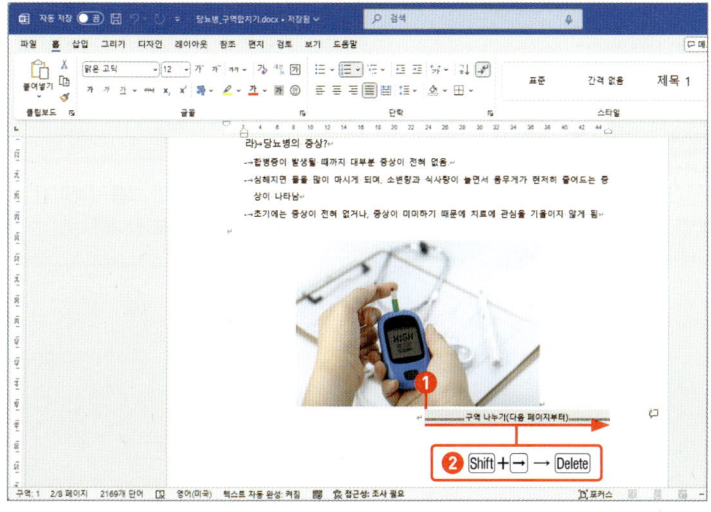

> **Tip**
> '구역 나누기(다음 페이지부터)' 편집 기호의 바로 앞에 커서를 올려놓고 Delete를 눌러 삭제해도 됩니다.

③ 3페이지의 내용이 2페이지로 이동하면서 구역 나누기도 삭제되어 하나의 구역으로 합쳐진 것을 상태 표시줄에서 확인할 수 있습니다.

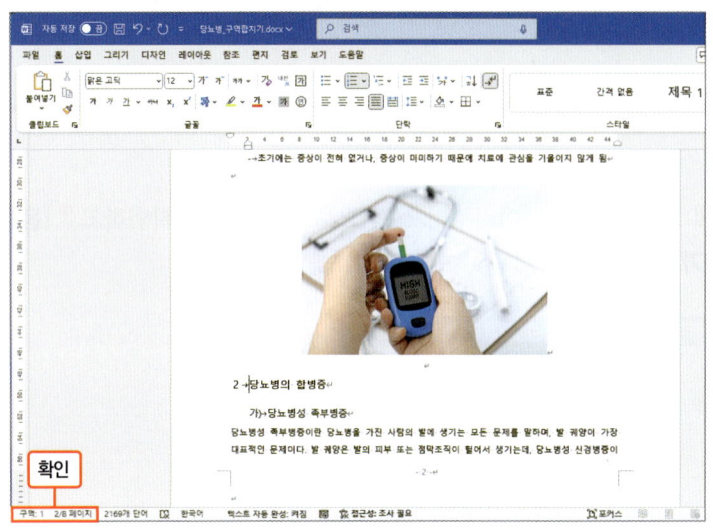

④ ❶ 4페이지로 이동해서 ❷ 아래쪽에 있는 '**구역 나누기(다음 페이지부터)**' 편집 기호의 앞에 커서를 올려놓고 ❸ **[레이아웃] 탭-[페이지 설정] 그룹-[나누기]**를 클릭한 후 ❹ '페이지 나누기'의 **[페이지]**를 선택하세요.

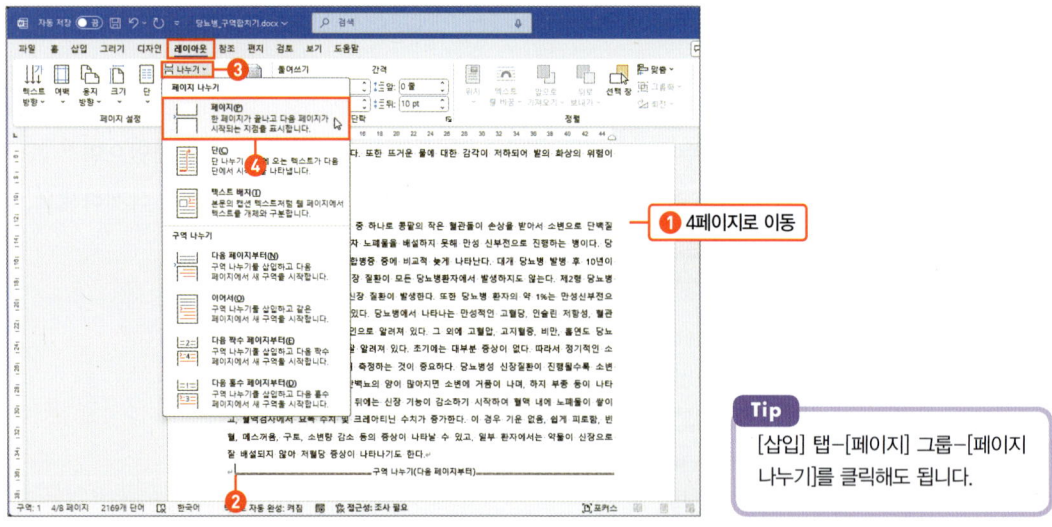

> **Tip**
> [삽입] 탭-[페이지] 그룹-[페이지 나누기]를 클릭해도 됩니다.

⑤ 앞에 있는 '**페이지 나누기**' 편집 기호는 남겨두고 뒤쪽의 '**구역 나누기(다음 페이지부터)**'를 Delete 를 눌러 삭제하세요.

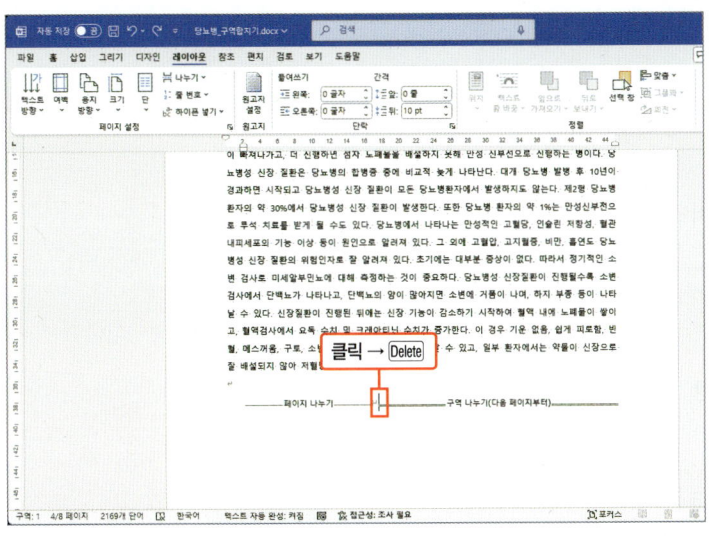

⑥ '구역 나누기' 편집 기호가 삭제되면서 모든 페이지가 1구역으로 설정되었는지 확인하세요.

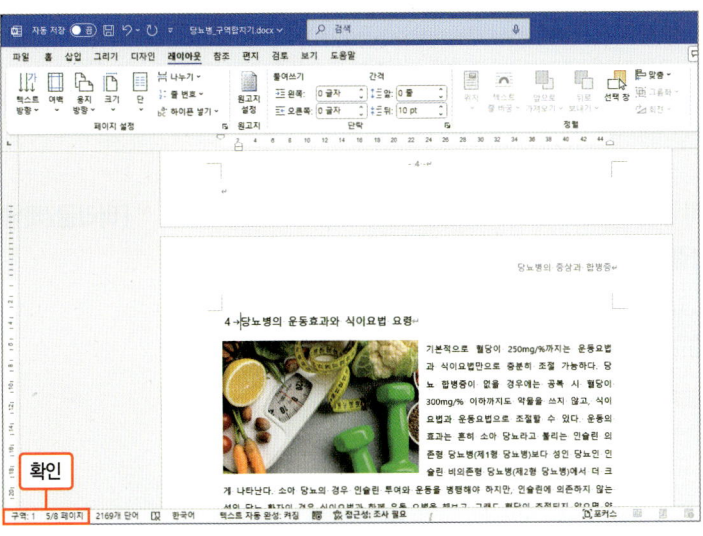

● 실습예제 : 당뇨병_구역별머리글.docx
● 완성예제 : 당뇨병_구역별머리글_완성.docx

실무 05 구역마다 머리글 다르게 지정하기

① 모든 페이지에 같은 내용의 머리글이 입력되어 있는지 확인합니다.

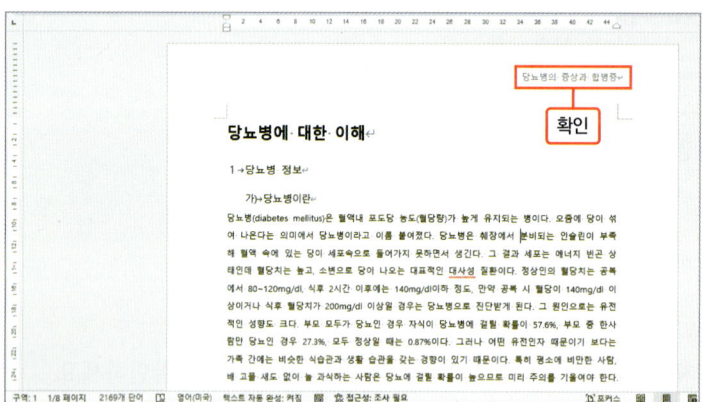

> **Tip**
> 여러 구역으로 나뉘어져 있어도 머리글/바닥글을 삽입하면 기본적으로 모든 페이지에 똑같이 적용됩니다.

② ❶ 5페이지로 이동한 후 ❷ 머리글을 더블클릭합니다. 머리글 편집 상태로 바뀌면 ❸ **[머리글/바닥글] 탭-[탐색] 그룹-[이전 머리글에 연결]**을 클릭해 선택을 해제하세요.

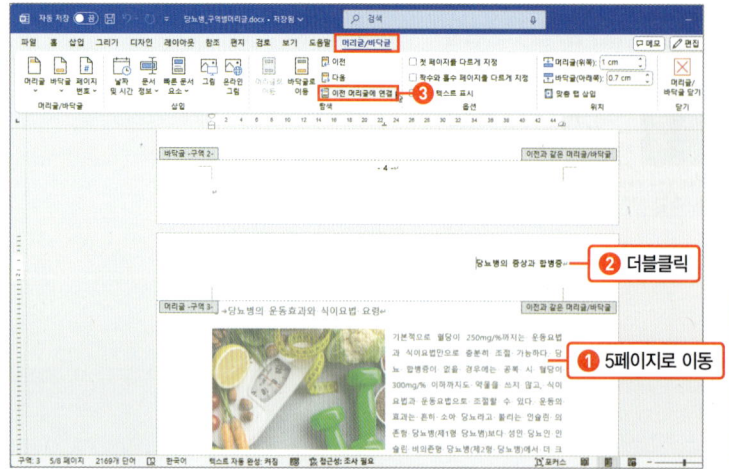

> **Tip**
> 현재 구역에서 이전 구역과 다른 머리글/바닥글을 사용하려면 [이전 머리글에 연결]의 선택을 먼저 해제해야 합니다.

③ 머리글을 **당뇨병의 운동효과와 식이요법**으로 수정하고 `Esc`를 눌러 머리글 편집 화면을 종료합니다.

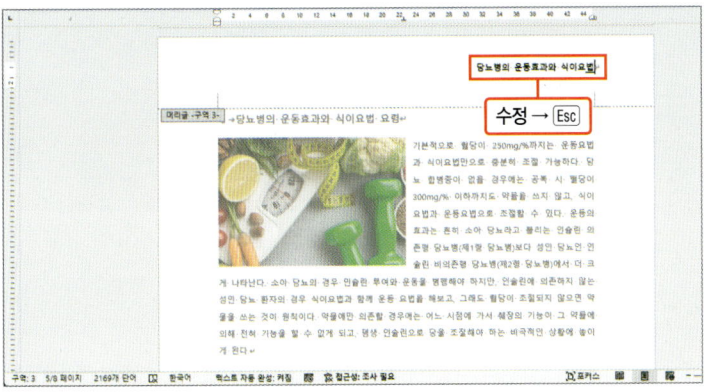

Tip
새로운 머리글을 입력하기 전에 [머리글/바닥글] 탭-[탐색] 그룹-[이전 머리글에 연결]의 선택이 해제되었는지부터 먼저 확인하세요.

④ ❶~❹ 페이지를 이동하면서 5페이지부터 머리글이 변경되었는지 확인하세요.

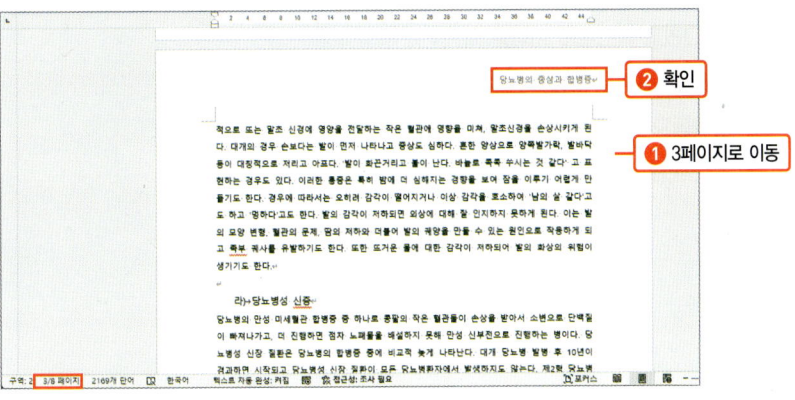

SECTION 06

문서에 스타일 적용하기

스타일 기능을 이용하면 텍스트의 서식을 쉽게 변경하고 일관성 있게 관리할 수 있습니다. 그리고 텍스트의 서식을 개별적으로 관리하고 똑같은 모양을 반복해서 변경하는 것이 아니라 스타일로 등록해 두고 자동으로 적용할 수 있어요. 이번 섹션에서는 이렇게 작성한 스타일을 이용해 자동 목차도 만들어 보겠습니다.

활용도 ■■ ■■

● 실습예제 : 라켓볼_새스타일.docx
● 완성예제 : 라켓볼_새스타일_완성.docx

새로운 스타일 만들고 모든 문서에 적용하기

핵심

❶ ❶1페이지의 아래쪽에 있는 **'라켓볼 코트'**를 범위로 지정하고 ❷ **[홈] 탭-[글꼴] 그룹-[글꼴 크기]**는 **[12pt]**, ❸ **[굵게]**, ❹ **[글꼴 색]**은 '테마 색'의 **[파랑, 강조 1]**을 지정합니다. ❺ **[홈] 탭-[단락] 그룹-[번호 매기기]**를 클릭하고 ❻ 를 클릭하세요.

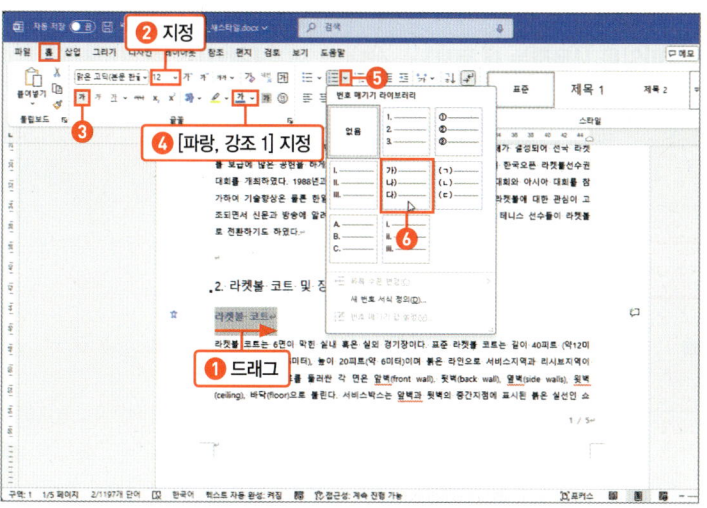

영상 강의

Tip
[홈] 탭-[글꼴] 그룹에서 글꼴 속성을 설정하면 범위로 지정한 텍스트에만 반영됩니다.

❷ ❶과정에서 설정한 글꼴 속성을 스타일로 만들어 볼게요. ❶ **[홈] 탭-[스타일] 그룹-[자세히] 단추**(▽)를 클릭하고 ❷ **[스타일 만들기]**를 선택하세요.

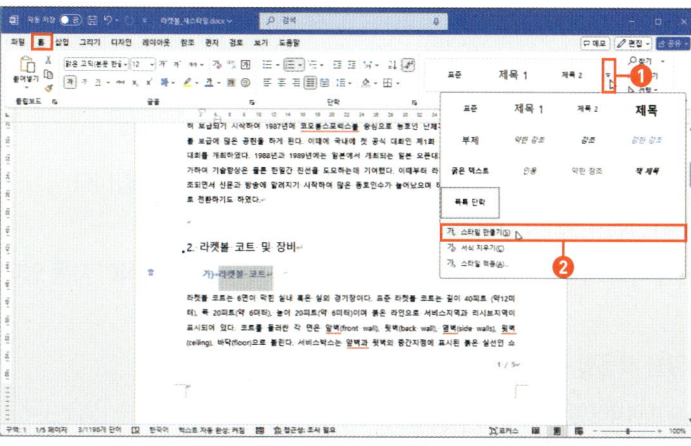

③ [서식에서 새 스타일 만들기] 대화상자가 열리면 ❶ '이름'에 **1단계강조**를 입력하고 ❷ **[수정]**을 클릭하세요.

④ [서식에서 새 스타일 만들기] 대화상자가 열리면 ❶ '속성'의 '스타일 기준'과 '다음 단락의 스타일'에서 **[표준]**을 지정하고 ❷ **[이 서식 파일을 사용하는 새 문서]**를 선택한 후 ❸ **[확인]**을 클릭하세요.

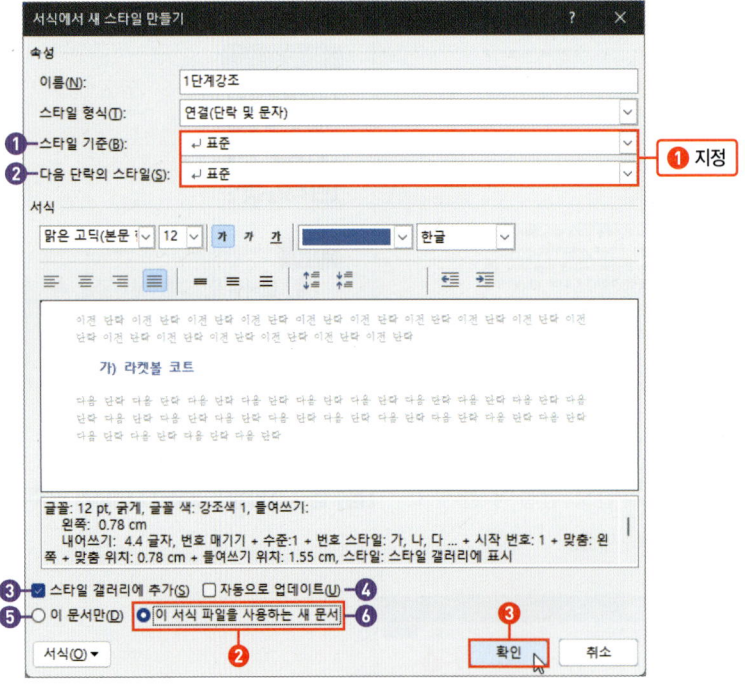

❶ **스타일 기준**: 새 스타일의 기준이 될 스타일을 지정합니다.

❷ **다음 단락의 스타일**: 새 스타일을 입력하고 Enter를 눌렀을 때 다음 단락에 적용될 스타일을 지정합니다.

❸ **스타일 갤러리에 추가**: [홈] 탭-[스타일] 그룹-[스타일 갤러리]에 새 스타일을 추가합니다.

❹ **자동으로 업데이트**: 스타일이 적용된 단락의 서식을 변경하면 해당 스타일이 설정된 단락의 서식이 자동 업데이트되면서 반영됩니다.

❺ **이 문서만**: 현재 문서에서만 새 스타일을 사용할 수 있습니다.

❻ **이 서식 파일을 사용하는 새 문서**: 'Normal.dotm' 서식 파일에 저장해 모든 새 문서에서 사용할 수 있습니다.

⑤ **[홈] 탭-[스타일] 그룹**에서 스타일 갤러리에 새로 만든 스타일이 추가되었는지 확인하세요.

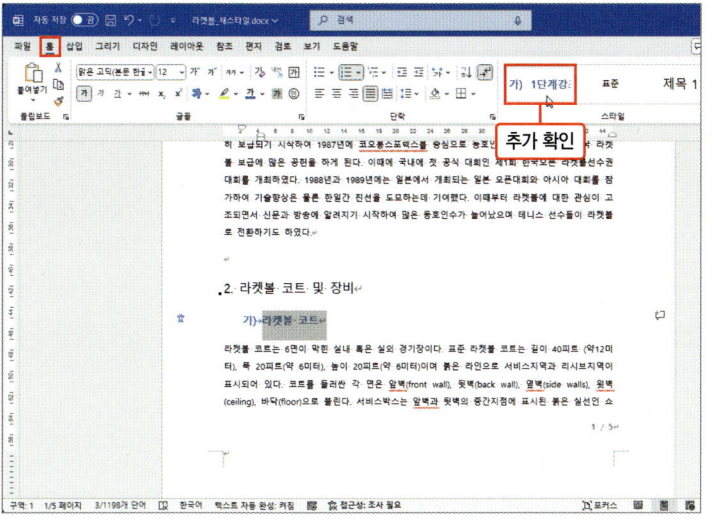

> **Tip**
> 스타일 갤러리에 추가된 스타일 이름에서 마우스 오른쪽 단추를 클릭하고 [스타일 갤러리에서 제거]를 선택하면 스타일을 삭제할 수 있어요.

⑥ ❶ 2페이지로 이동해서 ❷ '**라켓볼 장비**'에 커서를 올려놓고 ❸ **[홈] 탭-[편집] 그룹-[선택]**을 클릭한 후 ❹ **[서식이 비슷한 텍스트 선택]**을 선택하세요.

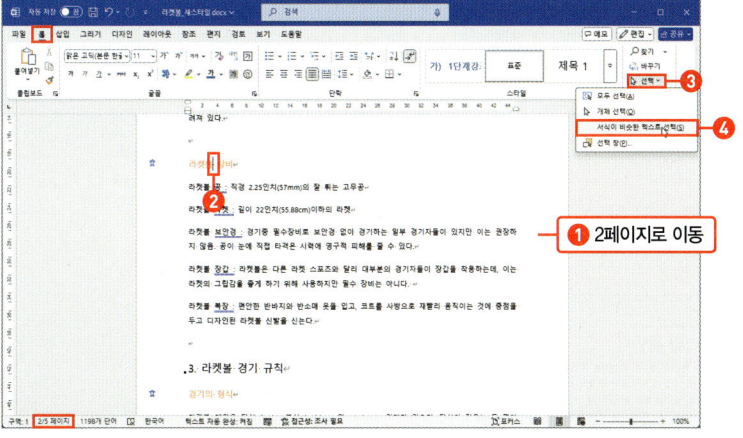

> **Tip**
> 텍스트 '라켓볼 장비'에는 '맑은 고딕', '11pt', '주황', '강조 6' 색이 적용되어 있어요.

⑦ ❶ 서식이 같은 텍스트가 모두 선택되었으면 ❷ **[홈] 탭-[스타일] 그룹**에서 새로 만든 **[가) 1단계강조]**를 클릭해서 스타일을 적용하세요.

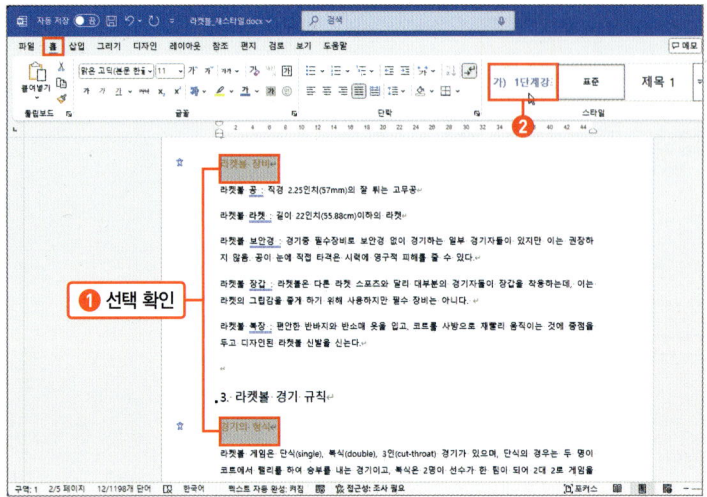

⑧ ❶~❹ 페이지를 이동하면서 주황색으로 설정되어 있던 텍스트에 모두 '가) 1단계강조' 스타일이 적용되었는지 확인하세요.

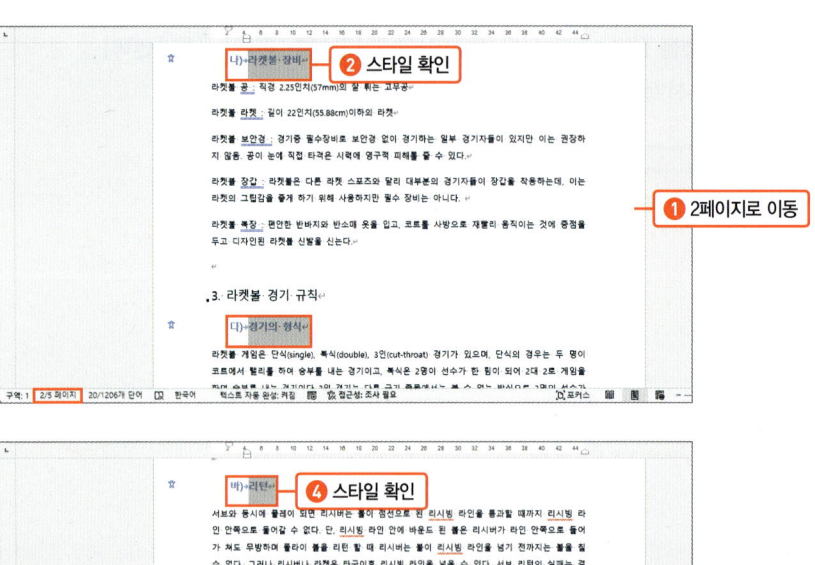

활용도 ■■■■

● 실습예제 : 라켓볼_스타일편집.docx
● 완성예제 : 라켓볼_스타일편집_완성.docx

02 스타일 편집하고 자동으로 적용하기

기본

✓ **실무 활용 사례**
- 텍스트에 적용된 스타일을 변경한 후 스타일이 같은 텍스트에 일괄 적용해야 할 때

✓ **업무 시간 단축**
- [홈] 탭-[스타일] 그룹-[스타일 갤러리]-[수정] 선택
- 스타일 수정 → [스타일 수정] 대화상자에서 [이 서식 파일을 사용하는 새 문서] 선택

---

1 ❶ **[홈] 탭-[스타일] 그룹-[(가) 1단계강조]** 스타일에서 마우스 오른쪽 단추를 클릭하고 ❷ **[수정]**을 선택하세요.

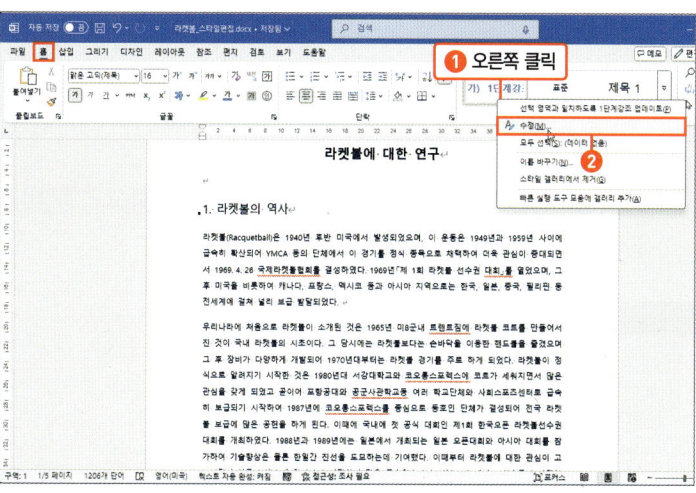

> **Tip**
> [홈] 탭-[스타일] 그룹의 스타일 갤러리에서 '가) 1단계강조' 스타일이 안 보이면 [자세히] 단추(▽)를 클릭하고 찾아보세요.

❷ [스타일 수정] 대화상자가 열리면 ❶ **[서식]**을 클릭하고 ❷ **[테두리]**를 선택하세요.

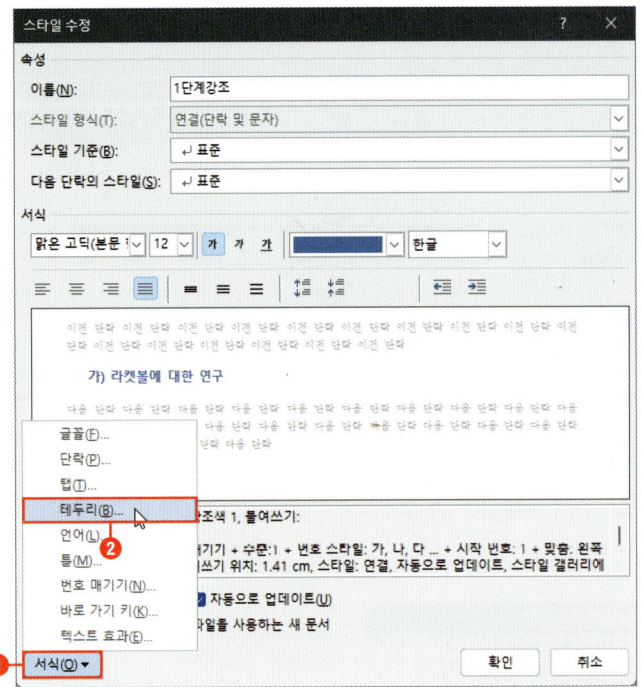

❸ [테두리 및 음영] 대화상자의 [테두리] 탭이 열리면 ❶ '두께'에서 **[3/4pt]**를 선택하고 ❷~❸ '미리 보기'에서 **[위쪽]**(▭)과 **[아래쪽]**(▭)을 클릭하세요.

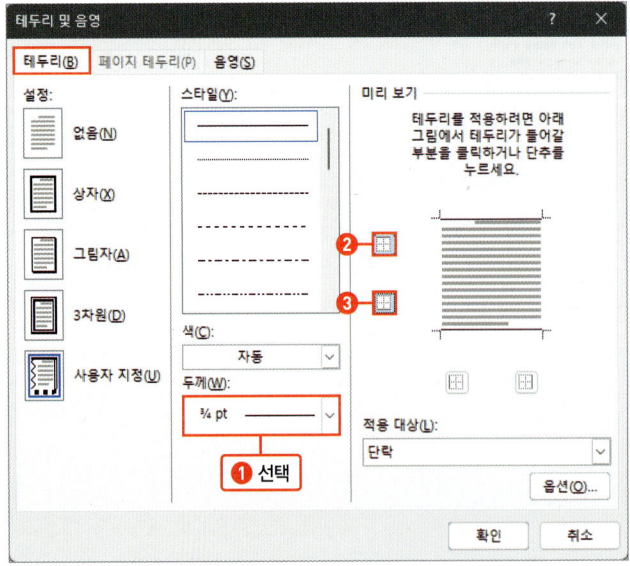

④ [테두리 및 음영] 대화상자에서 ❶ **[음영] 탭**을 선택하고 ❷ '채우기'에서 '테마 색'의 **[파랑, 강조 1, 80% 더 밝게]**를 선택한 후 ❸ **[확인]**을 클릭하세요.

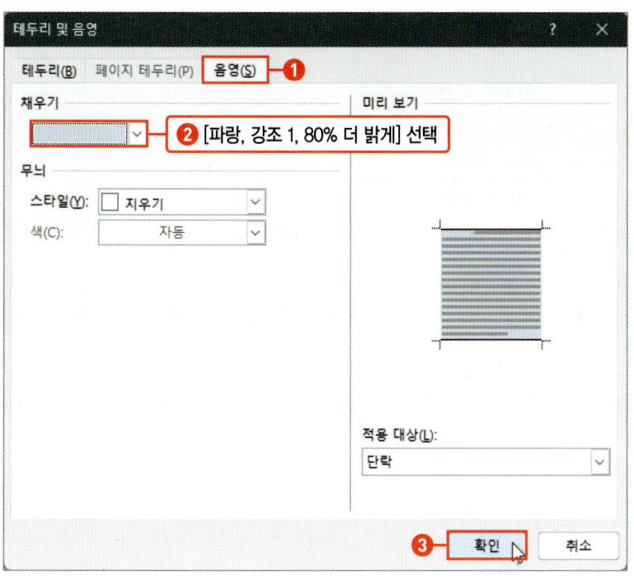

⑤ [스타일 수정] 대화상자로 되돌아오면 ❶ 미리 보기에서 변경한 내용이 적용되었는지 확인하고 ❷ **[이 서식 파일을 사용하는 새 문서]**를 선택한 후 ❸ **[확인]**을 클릭하세요.

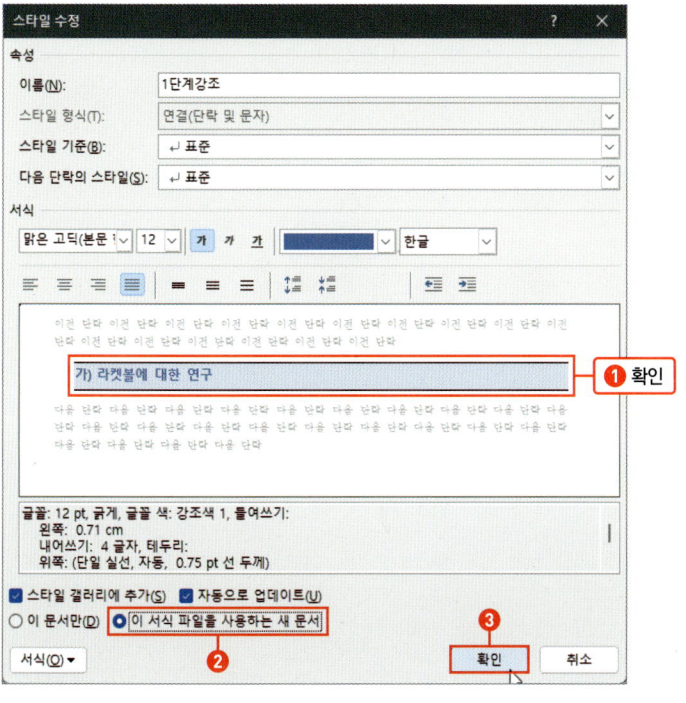

❻ 페이지를 이동하면서 '가) 1단계강조' 스타일에 변경한 서식이 자동으로 반영되었는지 확인하세요.

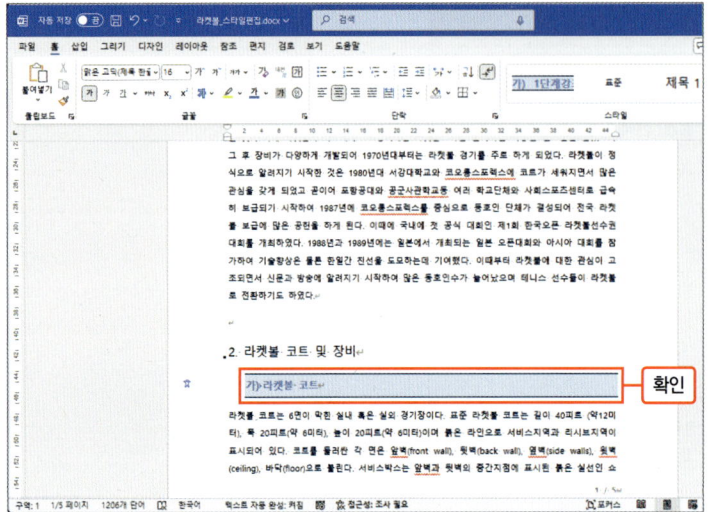

활용도 ●●●●●

실습예제 : 한복_개요.docx
완성예제 : 한복_개요_완성.docx

기본 03 스타일에 개요 수준 지정하기

✓ 실무 활용 사례
- 스타일이 적용된 텍스트에 추가로 개요 수준을 지정해야 할 때

✓ 업무 시간 단축
- [단락] 대화상자의 [들여쓰기 및 간격] 탭 → '개요 수준' 설정
- [홈] 탭-[스타일] 그룹-원하는 스타일에서 마우스 오른쪽 단추 클릭 → [선택 영역과 일치하도록 중제목 업데이트] 선택

---

① ❶ 2페이지에서 ❷ '중제목' 스타일이 적용된 **'가) 평상복'**에 커서를 올려놓고 ❸ **[홈] 탭-[단락] 그룹-[단락 설정]**(□)을 클릭하세요.

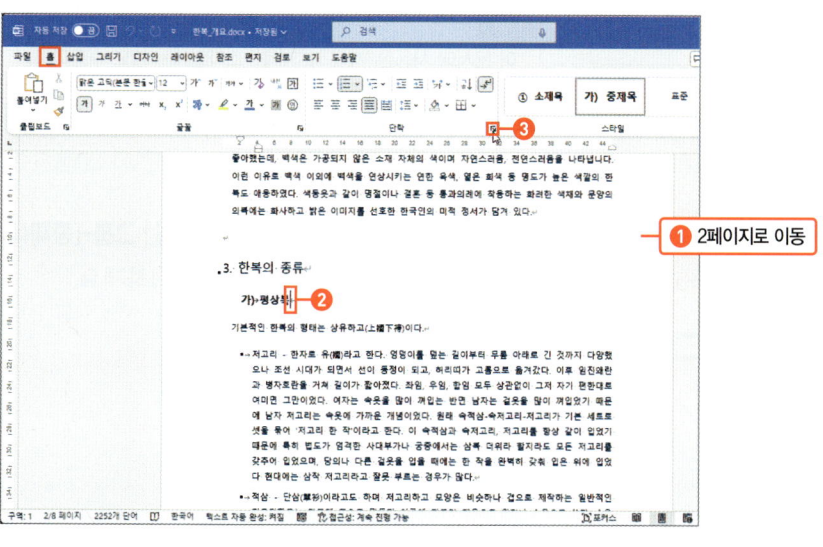

② [단락] 대화상자의 [들여쓰기 및 간격] 탭이 열리면 ❶~❷ '개요 수준'에서 [수준 2]를 선택하고 ❸ [확인]을 클릭하세요.

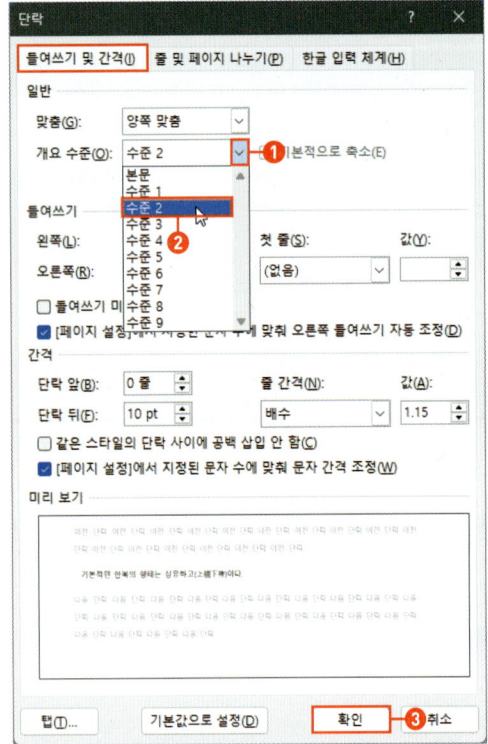

Tip
이 문서에 사용한 '제목'과 '제목1' 스타일에는 개요 수준이 이미 '수준 1'로 지정되어 있어요.

③ 변경한 개요 수준을 '중제목' 스타일의 속성에 반영해 볼게요. ❶ [홈] 탭-[스타일] 그룹-[중제목]에서 마우스 오른쪽 단추를 클릭하고 ❷ [선택 영역과 일치하도록 중제목 업데이트]를 선택하세요.

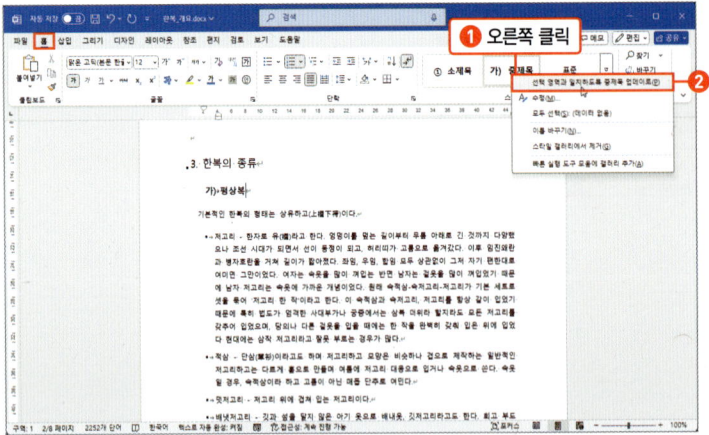

④ ❶ 4페이지로 이동한 후 ❷ '소제목' 스타일이 적용된 '①민소매/반팔 계열'을 클릭해 커서를 올려 놓고 ❸ [홈] 탭-[단락] 그룹-[단락 설정](⌐)을 클릭하세요.

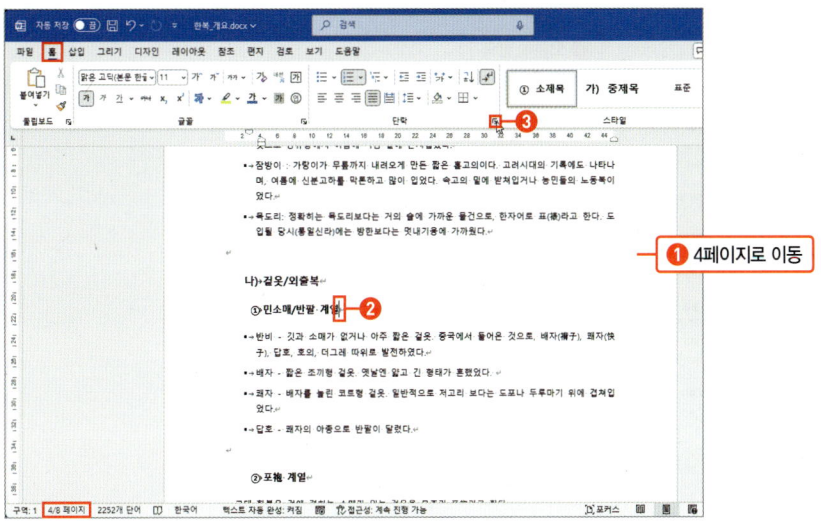

⑤ [단락] 대화상자의 [들여쓰기 및 간격] 탭이 열리면 ❶~❷ '개요 수준'에서 [수준 3]을 선택하고 ❸ [확인]을 클릭하세요.

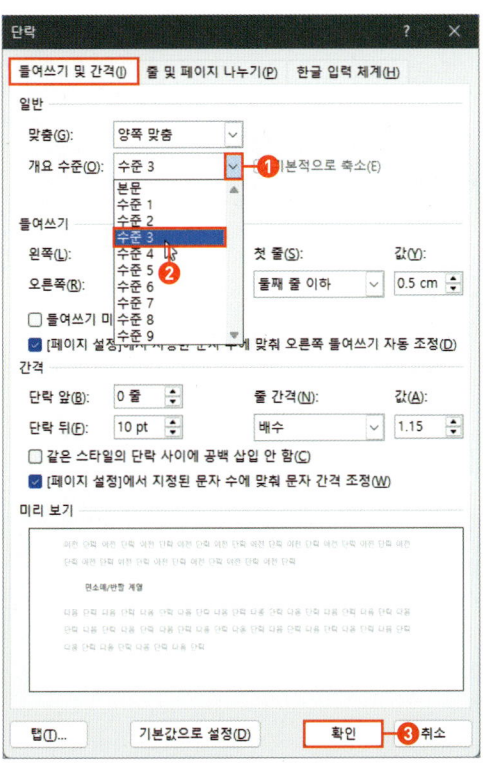

❻ 변경한 개요 수준을 '소제목' 스타일의 속성에 반영해 볼게요. ❶ **[홈] 탭-[스타일] 그룹-[소제목]** 에서 마우스 오른쪽 단추를 클릭하고 ❷ **[선택 영역과 일치하도록 소제목 업데이트]**를 선택하세요.

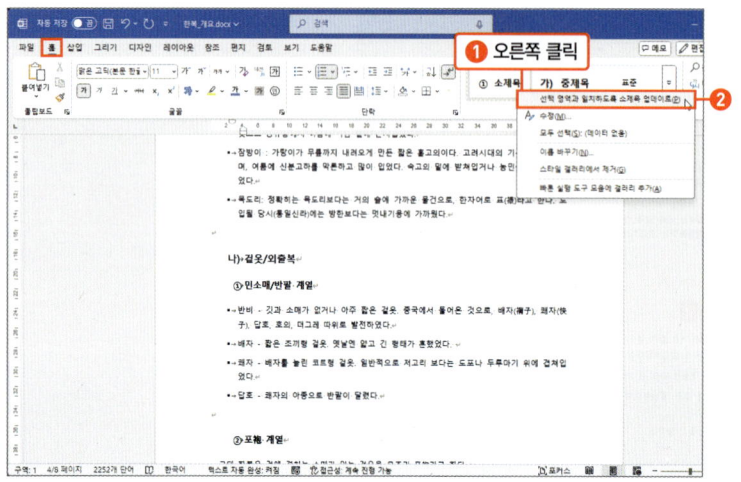

❼ 개요 수준이 적용되었으면 개요 수준에 따라 하위 수준의 단락을 축소 및 확대할 수 있어요. ❶ 2페이지로 이동한 후 ❷ '가) 평상복'의 앞에 있는 ◢을 클릭해 단락을 축소하거나 확장해 보세요.

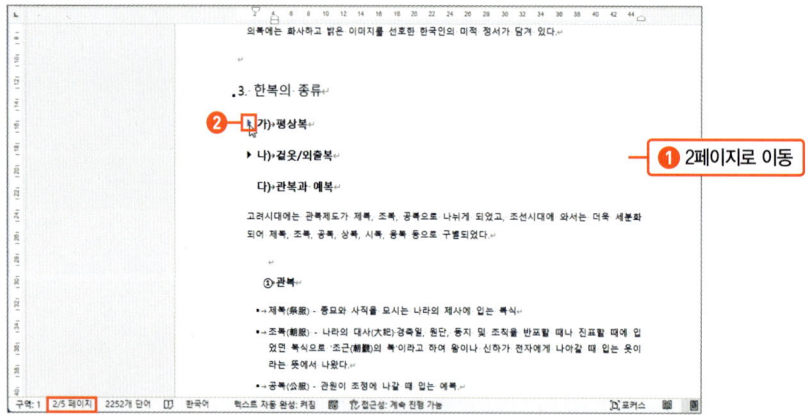

활용도 ■■■
● 실습예제 : 한복_목차.docx
● 완성예제 : 한복_목차_완성.docx

스타일 이용해 자동으로 목차 작성하기

① '제목', '제목1', '중제목', '소제목' 스타일에는 개요가 지정되어 있으므로 이들 스타일을 목차로 설정할 수 있습니다. ❶ 1페이지에서 **'목차'**의 아래쪽에 커서를 올려놓고 ❷ **[참조] 탭-[목차] 그룹-[목차]**를 클릭한 후 ❸ **[사용자 지정 목차]**를 선택하세요.

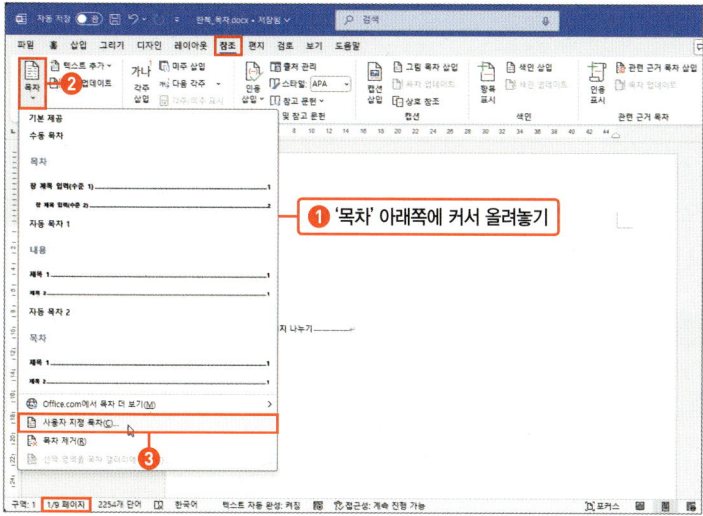

Tip
커서의 위치에 목차가 삽입됩니다.

② [목차] 대화상자의 [목차] 탭이 열리면 목차의 기준을 설정하기 위해 **[옵션]**을 클릭하세요.

③ [목차 옵션] 대화상자에서 목차에 적용할 스타일과 수준을 지정할 수 있어요. ❶~❷ '소제목'의 '**3**', '제목 1'의 '**1**', '중제목'의 '**2**' 값만 남기고 ❸ 사용하지 않을 나머지 스타일의 목차 수준은 삭제한 후 ❹ [**확인**]을 클릭하세요.

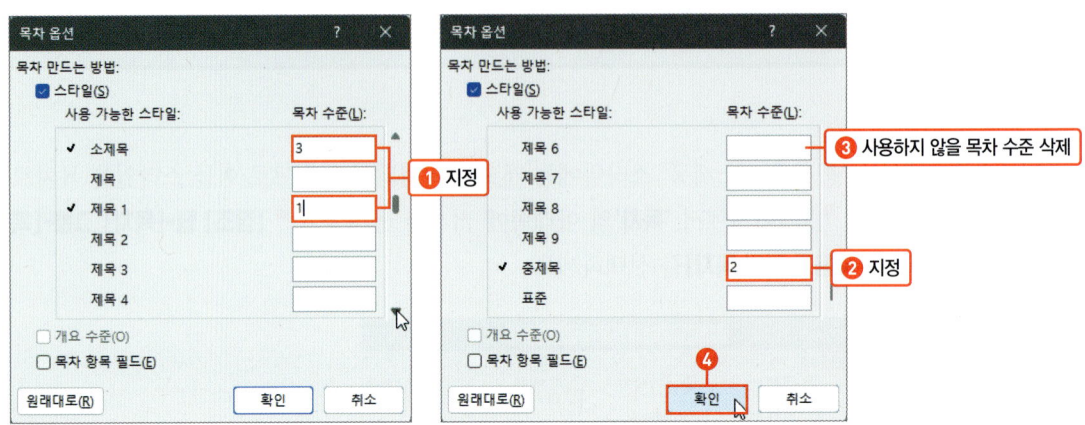

④ [목차] 대화상자의 [목차] 탭으로 되돌아오면 ❶ '일반'의 '서식'에서 [**장식형**]을 선택하고 ❷ '탭 채움선'은 첫 번째 모양인 [……]을 선택한 후 ❸ [**확인**]을 클릭하세요.

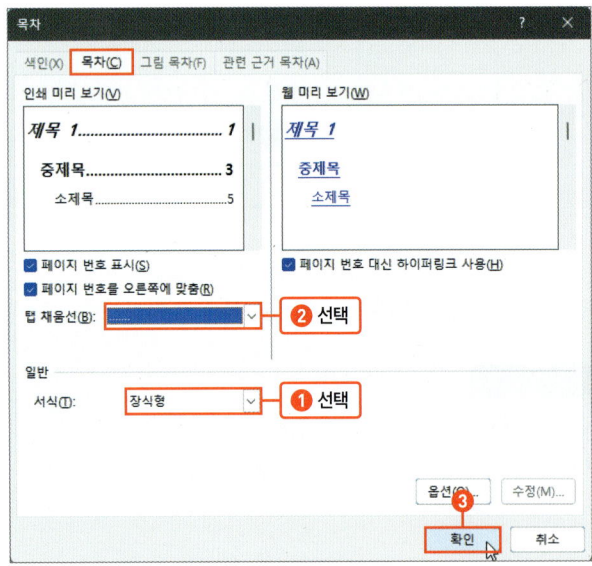

❺ 커서 위치에 설정한 내용으로 목차가 삽입되었는지 확인하세요.

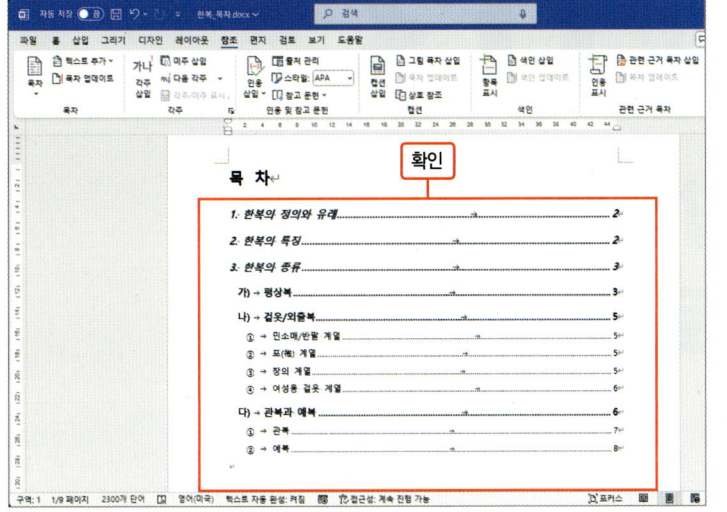

> **Tip**
> Ctrl을 누른 상태에서 목차를 클릭하면 해당 페이지로 이동합니다.

CHAPTER 03

AI 기능 활용해 효율적으로 문서 작성하기

*해당 장에서 다루는 AI 툴(코파일럿, ChatGPT 등)은 유료 버전을 기준으로 설명합니다.

AI 기능을 활용하면 복잡하고 시간이 많이 드는 문서 작성과 편집 작업을 훨씬 빠르고 효율적으로 처리할 수 있어요. 초안 작성, 자연어 기반 텍스트 수정, 맞춤법 교정뿐만 아니라 문서 스타일을 개선하거나 시각 자료 자동 생성 및 요약까지 AI가 폭넓게 지원합니다. 그렇다면 코파일럿과 ChatGPT는 문서 작업을 얼마나 더 스마트하게 바꿔줄 수 있을까요? 지금부터 AI가 제공하는 다양한 문서 작성과 디자인 기능을 함께 살펴보겠습니다.

SECTION 07 AI로 문서 작성과 편집 지원받기
SECTION 08 AI로 문서 디자인 및 시각화 향상하기

SECTION 07

AI로 문서 작성과 편집 지원받기

AI를 활용하면 문서 작성의 효율성을 크게 높일 수 있어요. 복잡한 문서도 빠르게 초안을 만들 수 있고 자연어 명령만으로도 텍스트를 손쉽게 수정하거나 세부 목차를 자동으로 구성할 수 있습니다. 코파일럿을 사용하면 문법이나 맞춤법 오류를 자동으로 바로잡아 문서의 완성도를 높일 수 있고, ChatGPT를 활용하면 상황이나 대상에 맞게 다양한 문체와 톤으로 문서를 다시 쓸 수 있습니다.

활용도 ■■■

● 실습예제 : 프롬프트1.txt
● 완성예제 : 제로슈가초안_완성.docx

01 AI 활용해 빠르게 문서 초안 작성하기
Copilot

핵심

① 코파일럿(Copilot)을 이용하면 쉽고 빠르게 문서 초안을 작성할 수 있어요. ❶ 문서의 위쪽에 있는 코파일럿 채팅 창에 다음과 같이 프롬프트를 입력하고 ❷ Enter를 누르거나 **[보내기]**(→)를 클릭합니다.

> **프롬프트**
> 제로 슈가의 종류, 특징, 장단점을 분석하고, 올바른 섭취 방법을 제안하는 보고서를 작성해줘. 제로 슈가의 개념과 종류에 대해 설명하고, 각 감미료의 특징, 장점과 단점을 비교하는 보고서를 작성해줘. 또한, 건강에 미치는 영향과 올바른 섭취 방법에 대한 조언을 포함해줘.

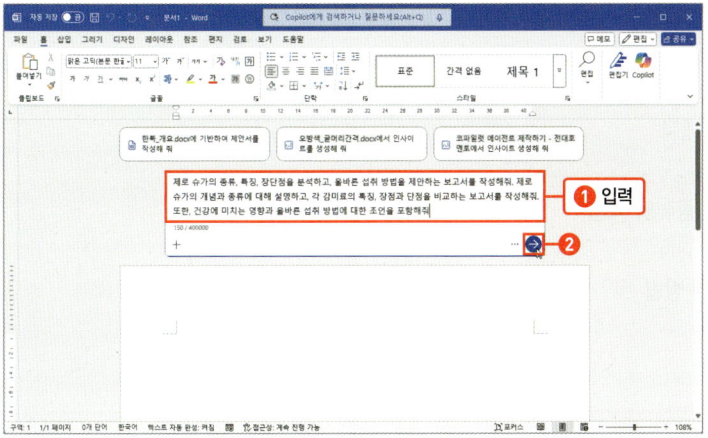

> **Tip**
> ChatGPT, 코파일럿과 같은 생성형 AI에 입력하는 질문이나 명령어를 '프롬프트'라고 합니다. 실습에 나온 프롬프트를 직접 입력하거나 부록 실습파일에서 '프롬프트.txt'의 텍스트를 복사하여 사용하면 편리합니다.

❷ 1차 초안이 만들어지면 내용을 확인한 후 보고서를 그대로 유지할지, 아니면 수정할지 선택할 수 있어요. 이번에는 프롬프트를 편집해서 보고서 내용을 바꿔보겠습니다. **[프롬프트 편집]**(✏️)을 클릭하면 프롬프트를 수정할 수 있어요.

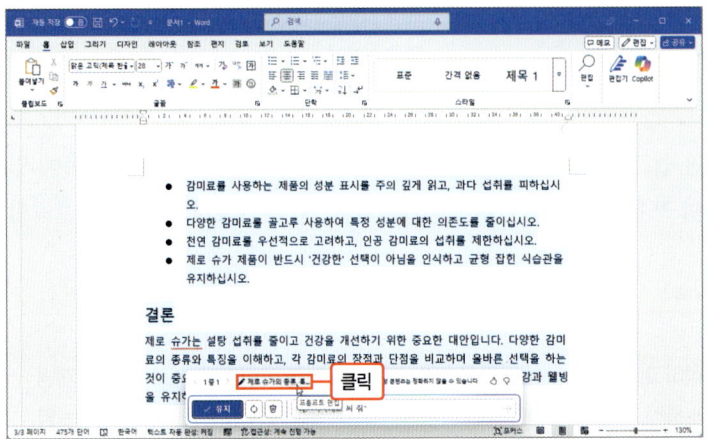

❸ ❶ 프롬프트를 다음과 같이 수정한 후 ❷ Enter 를 누르거나 **[보내기]**(➡️)를 클릭합니다.

> **프롬프트**
>
> 보고서는 다음과 같은 형식으로 작성해줘:
> 제로 슈가란 무엇인가?
> 제로 슈가 제품에 사용되는 감미료의 종류와 특징
> 제로 슈가의 장점과 단점 비교 분석
> 제로 슈가의 건강 영향 및 올바른 섭취 방법
> 시장 동향 및 소비 트랜드
> 결론 및 제언

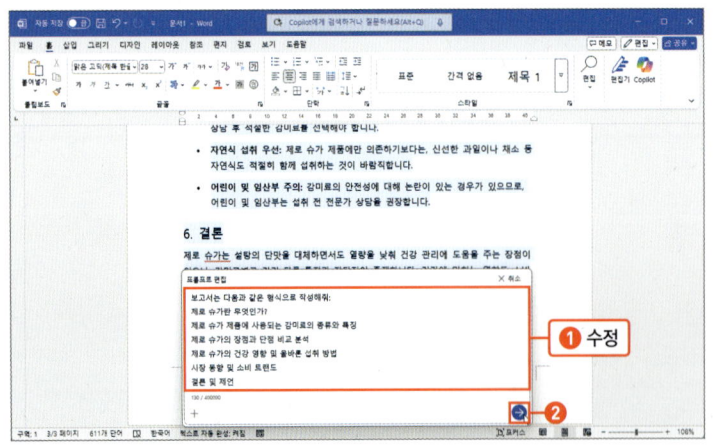

Tip
프롬프트에 2줄 이상 입력할 때는 Shift + Enter 를 눌러서 계속 입력하세요.

④ ❶ 수정한 프롬프트의 내용에 맞게 보고서의 초안이 다시 만들어지면 내용을 검토합니다. 이때
❷ **[다시 생성]**(⟳)을 클릭하면 코파일럿이 조금 다른 내용으로 보고서를 새로 만들어줍니다.

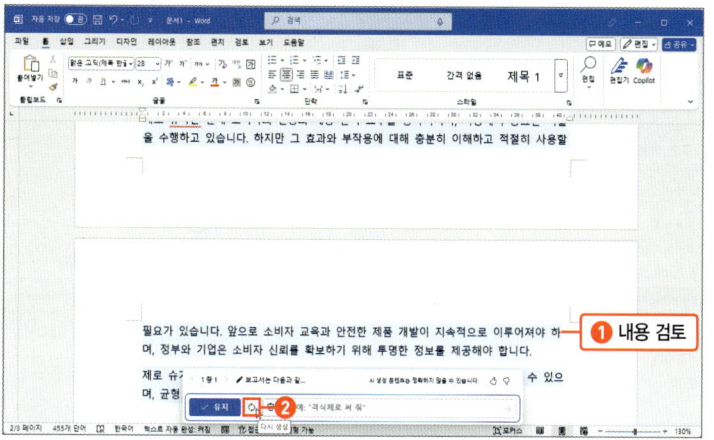

> **Tip**
> '제로 슈가 제품에 사용되는 감미료의 종류와 특징' 아래쪽에 글머리 기호 목록의 결과가 나올 때까지 여러 번 [다시 생성](⟳)을 클릭하세요.

⑤ **[유지]**를 클릭하여 선택한 보고서 내용으로 문서를 완성합니다.

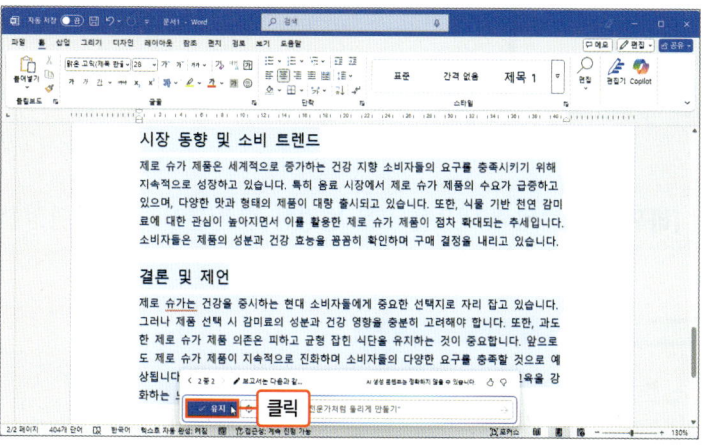

6 ❶ '제로 슈가 제품에 사용되는 감미료의 종류와 특징' 아래쪽에 있는 글머리 기호 목록을 드래그해 범위로 지정하고 ❷ 본문 왼쪽에 있는 **[Copilot을 사용하여 다시 작성]**(✎)을 클릭합니다.

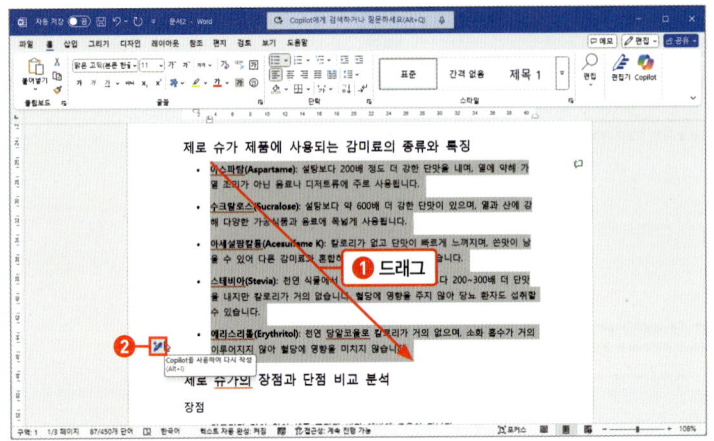

> **Tip**
> AI가 생성한 결과는 실행할 때마다 다르므로 책 속 이미지와 같은 화면이 아닐 수도 있습니다.

7 코파일럿 채팅 창에서 **[테이블로 시각화]**를 선택하세요.

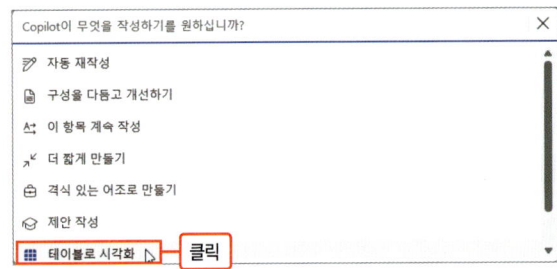

8 ❶ 내용이 표 구조로 생성되면 **[바꾸기]**를 클릭해 내용을 표로 변경한 후 ❷ 문서 초안을 완성합니다.

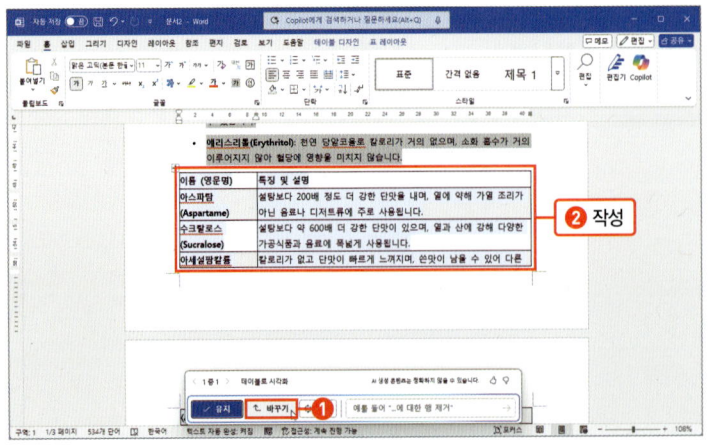

> **Tip**
> **[유지]**를 클릭하면 기존 텍스트도 삭제되지 않고 그대로 유지됩니다.

● 실습예제 : 제로슈가.docx, 프롬프트2.txt
● 완성예제 : 제로슈가_완성.docx

활용도 ■■■

자연어로 텍스트 수정하고 세부 목차 만들기

---

① 코파일럿을 이용해 작성한 문장을 수정하거나 보완할 수 있어요. ❶ 문서의 2페이지로 이동하고 ❷ '시장 동향 및 소비 트렌드' 아래의 첫 번째 문장을 드래그해 범위로 지정한 후 ❸ 본문 왼쪽의 **[Copilot을 사용하여 다시 작성]**(✏️)을 클릭합니다.

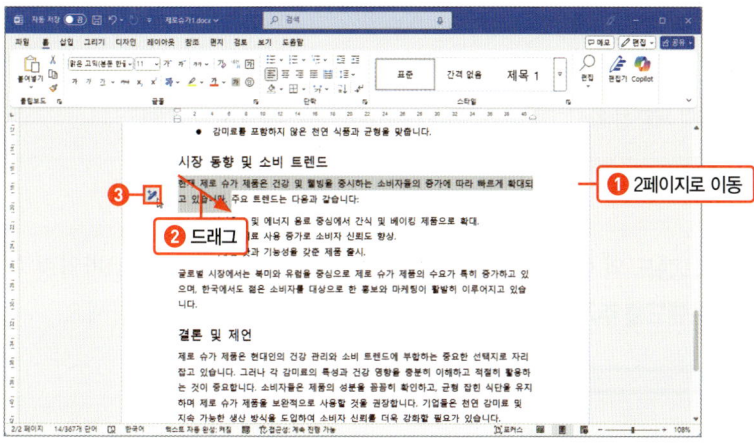

② ❶ 코파일럿 채팅 창에 **이 문단에 소비자 인식 변화 관련 내용을 추가해줘**를 입력하고 ❷ Enter 를 누르거나 **[보내기]**(➡)를 클릭합니다.

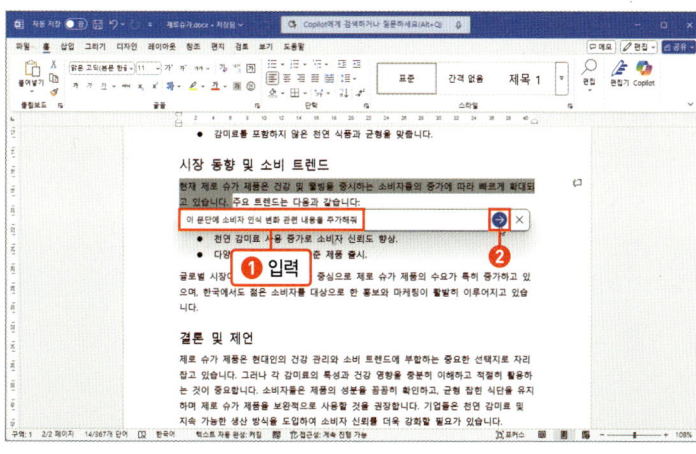

Tip
'수정해줘', '추가해줘', '다듬어줘', '요약해줘' 등 자연어를 사용하여 내용을 수정하고 보완할 수 있습니다.

③ ❶ 생성된 결과를 확인한 후 ❷ 코파일럿 채팅 창에서 **[바꾸기]**를 클릭해 내용을 변경합니다.

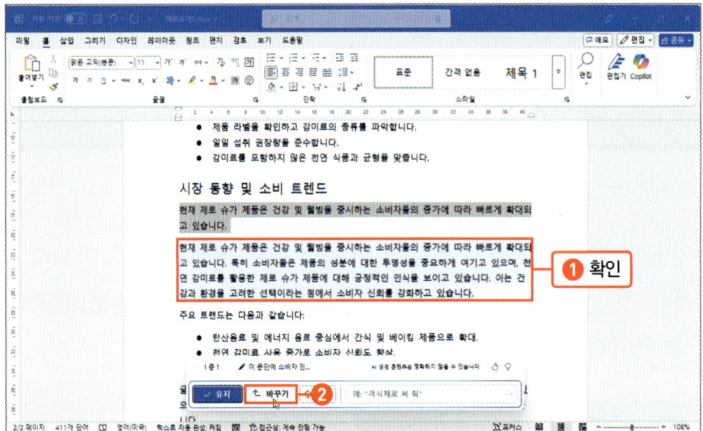

> **Tip**
> 생성된 결과가 마음에 들지 않으면 코파일럿 채팅 창에서 [다시 생성](⟲) 또는 [삭제](🗑)를 클릭할 수 있습니다.

④ ❶ 이와 같은 방법으로 '주요 트렌드'의 아래쪽 문단을 드래그해 범위로 지정하고 ❷ 코파일럿 채팅 창에 **제로슈가 제품에 대한 최신 트렌드를 추가해줘**라고 입력한 후 ❸ **[보내기]**(→)를 클릭하세요.

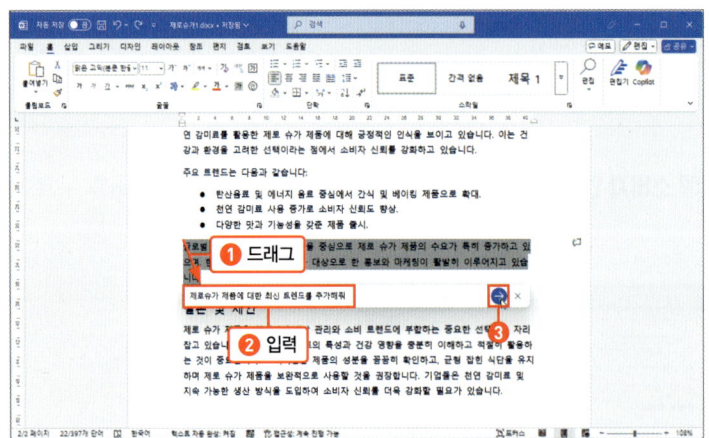

5 ❶ 생성된 결과를 확인한 후 ❷ 코파일럿 채팅 창에서 **[바꾸기]**를 클릭해 내용을 변경합니다.

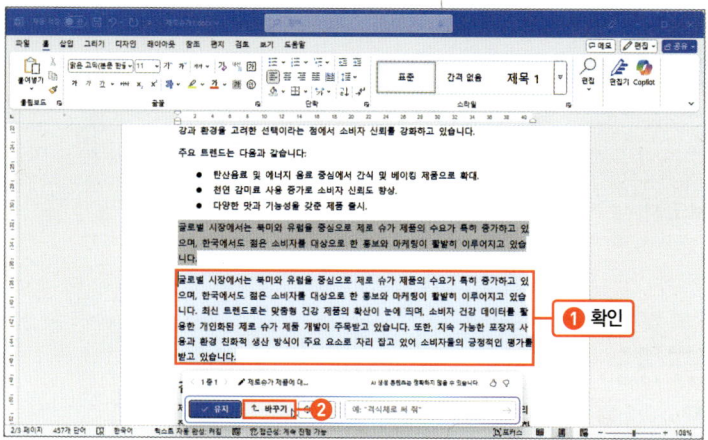

6 이제 코파일럿 기능을 이용해 제목 아래쪽에 상세 목차를 만들어 보겠습니다. ❶ 문서의 1페이지로 이동하고 ❷ 목차를 넣을 위치에 커서를 올려놓은 후 ❸ **[홈] 탭-[Copilot]**( )을 클릭합니다.

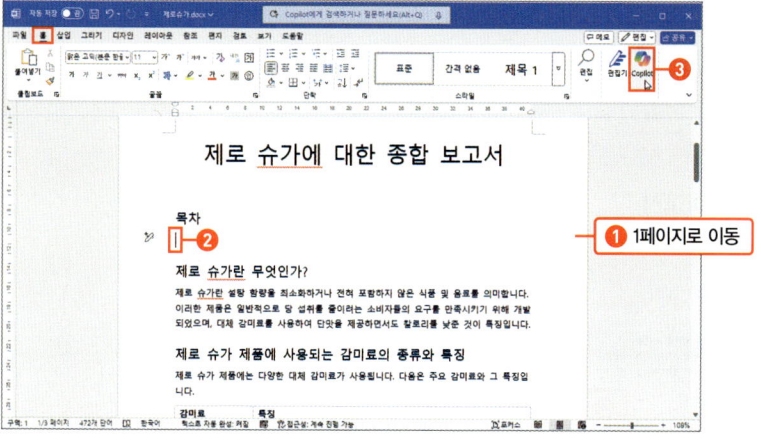

⑦ 화면의 오른쪽에 [Copilot] 채팅 창이 열리면 ❶ **이 문서에 어울리는 세부 목차를 만들어줘**라고 입력하고 ❷ **[보내기]**(▶)를 클릭합니다.

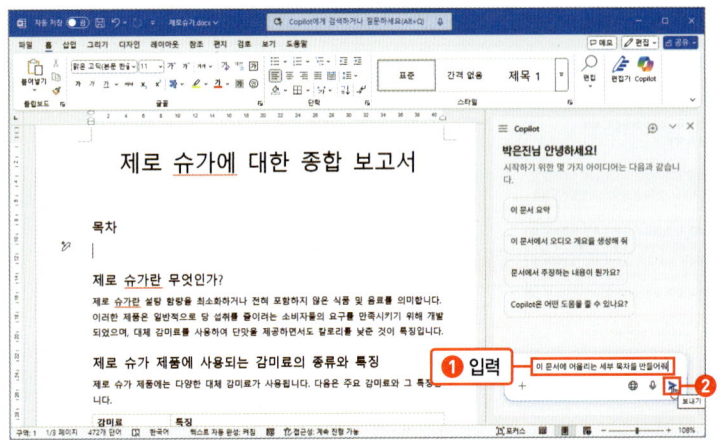

⑧ ❶ AI가 생성한 목차를 확인한 후 마음에 들지 않으면 ❷ **세부 목차의 1수준 제목만 표시해줘**라고 입력하고 ❸ **[보내기]**(▶)를 클릭합니다.

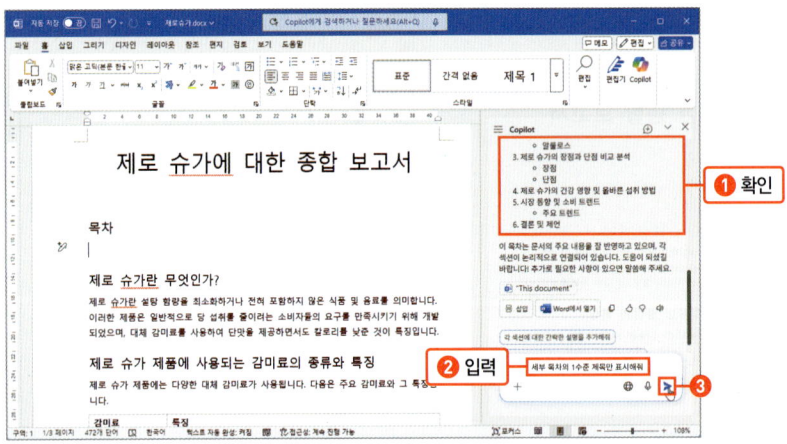

> **Tip**
> AI가 생성한 세부 목차의 내용은 책 속 이미지와 다를 수 있어요. 만약 생성된 결과가 마음에 들지 않는다면 다시 만들어 달라고 요청할 수 있습니다.

⑨ ❶ 수정된 목차가 만들어지면 ❷ **[삽입]**을 클릭합니다.

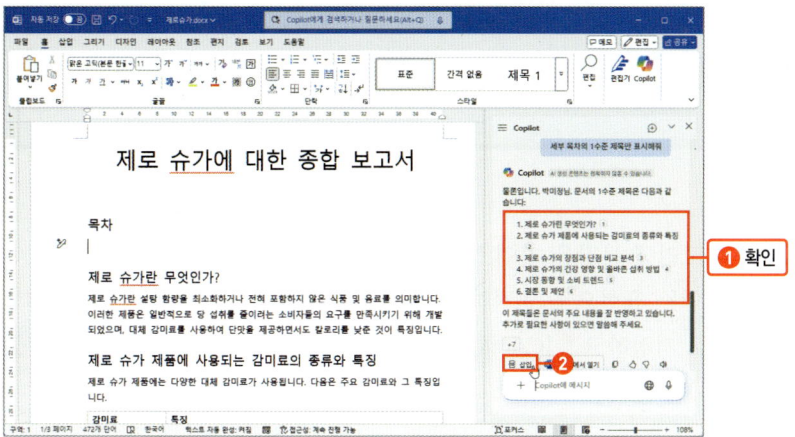

> **Tip**
> AI 기능이 업데이트되면서 일시적으로 [삽입] 기능이 정상 작동하지 않을 수 있습니다. 이 경우 생성된 목차를 복사(Ctrl+C)하여 본문에 붙여넣기(Ctrl+V)하면 같은 결과를 얻을 수 있습니다.

⑩ 커서 위치에 상세 목차를 삽입하여 완성했어요.

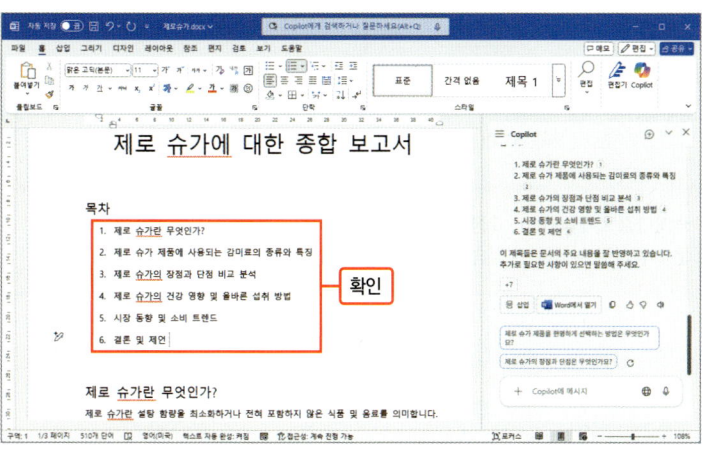

활용도 ■■■

● 실습예제 : 제로웨이스트.docx, 프롬프트3.txt
● 완성예제 : 제로웨이스트_완성.docx

03 자동으로 문법과 맞춤법 교정하기

① AI 기능을 활용하면 문맥을 고려해 문장을 자연스럽고 매끄럽게 다듬고 교정할 수 있어요. 이번에는 문서의 목적과 분위기에 맞는 표현으로 교정하기 위해 ❶ **[홈] 탭-[Copilot]**을 클릭합니다. ❷ '서론'의 내용을 드래그해 범위로 지정하고 ❸ [Copilot] 채팅 창에 **이 문장을 문법과 맞춤법에 맞게 고쳐줘.**라고 입력한 후 ❹ **[보내기]**(▶)를 클릭합니다.

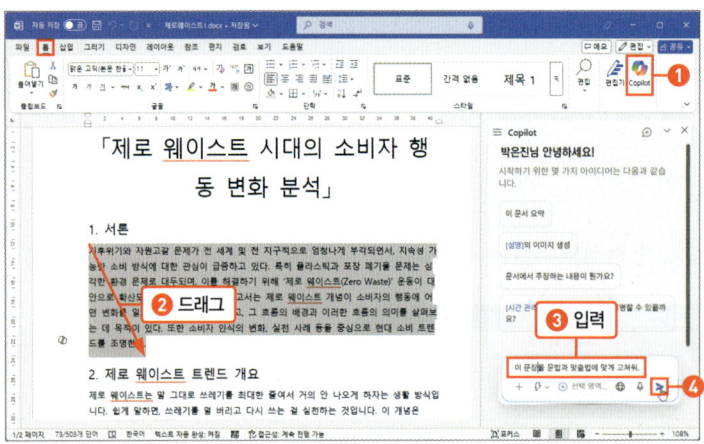

> **Tip**
> 기본 문법과 맞춤법 검사는 워드의 기본 기능인 [검토] 탭-[언어 교정] 그룹-[맞춤법 검사 및 문법 검사]를 사용하는 것이 좋아요. F7 을 누르면 문서 전체의 맞춤법과 문법 검사를 실행할 수 있습니다.

② ❶ [Copilot] 채팅 창의 **[삽입]**을 클릭하거나 코파일럿이 생성한 문장을 복사(Ctrl+C)한 후 붙여넣기(Ctrl+V)해서 문장을 교정하세요.

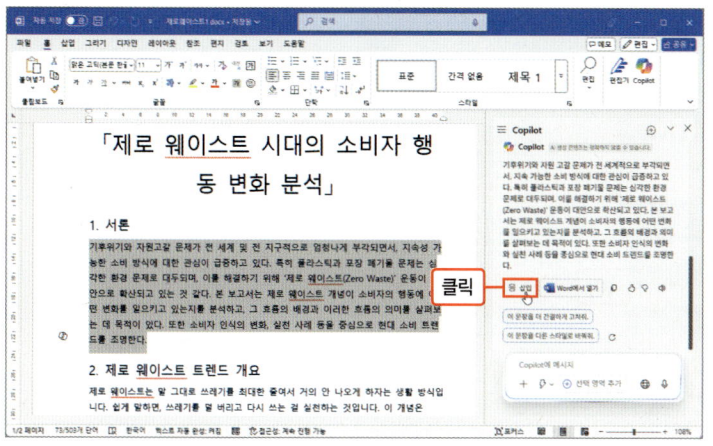

③ ❶ '2. 제로 웨이스트 트렌드 개요'의 본문 내용을 드래그해 범위로 지정하고 ❷ [Copilot] 채팅 창에 **전문 보고서 스타일로 문장을 교정해줘**라고 입력한 후 ❸ **[보내기]**(▷)를 클릭합니다.

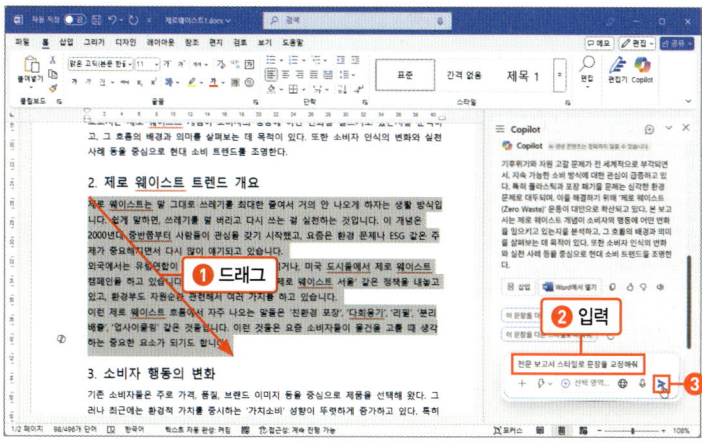

> **Tip**
> 워드의 기본 문법과 맞춤법 검사에서는 문제가 없지만, 전문 보고서 느낌을 주기에는 부족할 수 있어요. 이럴 때는 코파일럿을 사용해 문장을 다듬어 보세요.

④ [Copilot] 채팅 창의 **[삽입]**을 클릭하거나 코파일럿이 생성한 문장을 복사(Ctrl+C)한 후 붙여넣기(Ctrl+V)해서 문장을 교정하세요.

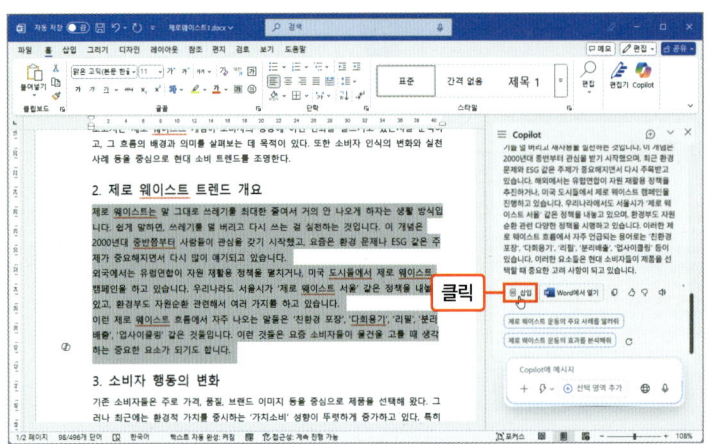

⑤ 코파일럿을 사용해 문맥에 맞게 문장을 자연스럽게 다듬고 교정했습니다.

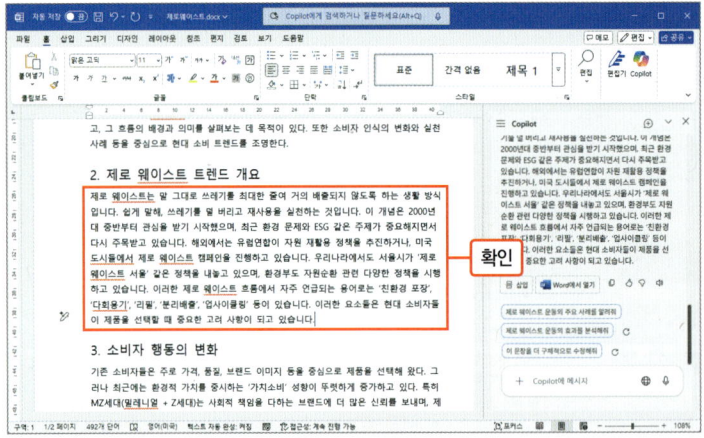

> 잠깐만요!
>
> **워드와 코파일럿의 교정 기능 비교하기**
> - **워드**: 기본적으로 간단한 오탈자나 맞춤법 검사에 적합합니다.
> - **코파일럿**: 문맥에 맞춰 문장을 자연스럽고 매끄럽게 다듬는 데 적합합니다.

활용도 ■■■ □□

● 실습예제 : 프롬프트4.txt

04 다양한 문체와 톤으로
ChatGPT 문서 재작성하기

핵심 ⚡

① AI 기능을 활용해 다양한 문체와 톤으로 문서를 작성해 보겠습니다. ❶ **ChatGPT 사이트**(www.chatgpt.com)에 접속한 후 ❷ 채팅 창에 다음과 같이 입력하고 ❸ ⬆를 클릭합니다.

> **프롬프트**
>
> 자원 절약과 재활용의 필요성에 대한 내용을 서론 본론 결론으로 논리적으로 구성하되 전문성이 느껴지는 연구 보고서톤으로 작성해줘.

> **Tip**
>
> 실습에 나온 프롬프트를 직접 입력하거나 부록 실습파일에서 '프롬프트.txt'의 텍스트를 복사하여 사용하면 편리합니다.

103

② ❶ 전문성이 느껴지는 논리적인 보고서 스타일의 문장을 만들었으면 ❷ 채팅 창에 **이 내용을 연설문 형식으로 고쳐줘**라고 입력한 후 ❸ ↑를 클릭합니다.

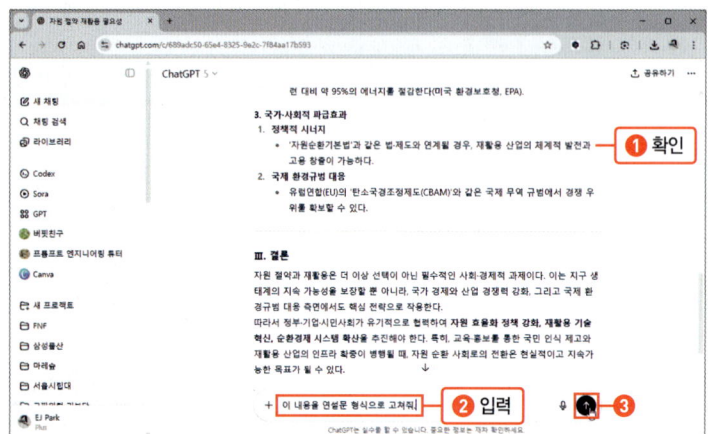

③ ❶ 호소력 있는 연설문 형식의 문장을 만들었으면 ❷ **이 내용을 발라드 스타일의 노래 가사로 바꿔줘**라고 입력한 후 ❸ ↑를 클릭합니다.

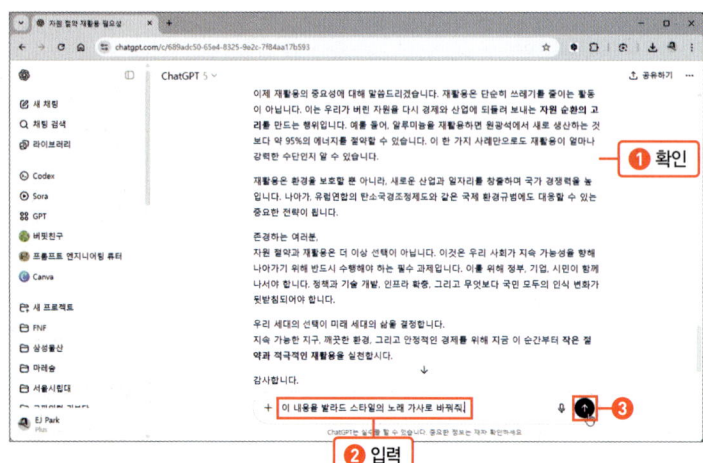

④ ❶ 발라드풍의 노래 가사 형식의 문장을 만들었으면 ❷ **현수막에 넣을 임팩트 있는 문구 10개를 만들어줘**라고 입력한 후 ❸ ↑를 클릭합니다.

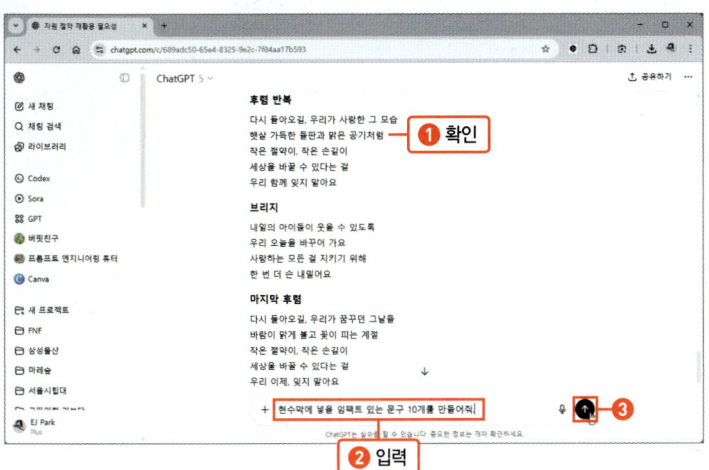

⑤ 현수막 문구 10선을 만들었습니다. 이렇게 ChatGPT를 활용하면 간단한 프롬프트만으로도 문체와 톤이 다양한 문서를 쉽게 작성할 수 있어요.

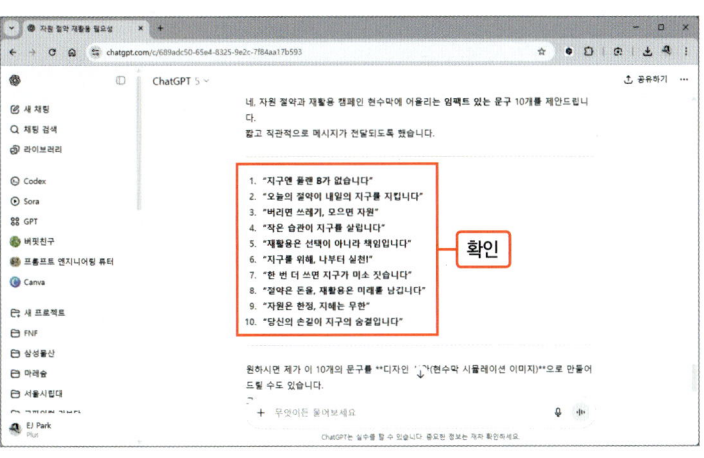

SECTION

08

AI로 문서 디자인 및 시각화 향상하기

AI를 활용하면 문서의 가독성과 전달력을 효과적으로 높일 수 있어요. ChatGPT를 사용하면 복잡한 표와 차트를 자동으로 만들거나 쉽게 수정할 수 있고 문서에 어울리는 이미지나 그래픽 요소도 추천받아 삽입할 수 있습니다. 그리고 코파일럿을 이용하면 긴 문서를 간결하게 요약하거나 핵심 포인트만 뽑아내어 독자가 내용을 빠르게 이해할 수 있도록 도와줍니다. 여기에 이미지 추천 및 생성 기능까지 함께 활용하면 문서에 꼭 맞는 시각 자료를 더욱 쉽고 효율적으로 구성할 수 있습니다.

활용도 ■■■□□

● 실습예제 : 프롬프트.txt
● 완성예제 : 자동차_완성.docx

01 자동으로 표와 차트 생성하고 수정하기
ChatGPT

핵심

① ChatGPT를 활용해 표와 차트를 자동으로 생성하고 수정해 보겠습니다. ❶ **ChatGPT 사이트**(www.chatgpt.com)에 접속한 후 ❷ 채팅 창에 다음과 같이 입력하고 ❸ ↑를 클릭합니다.

> **프롬프트**
>
> 신뢰할만한 공식 통계 사이트 또는 언론 보도 자료를 참고하여 전기차, 내연기관차, 하이브리드차의 2024년 국내 판매량과 시장 점유율 비교 정보를 알려줘.

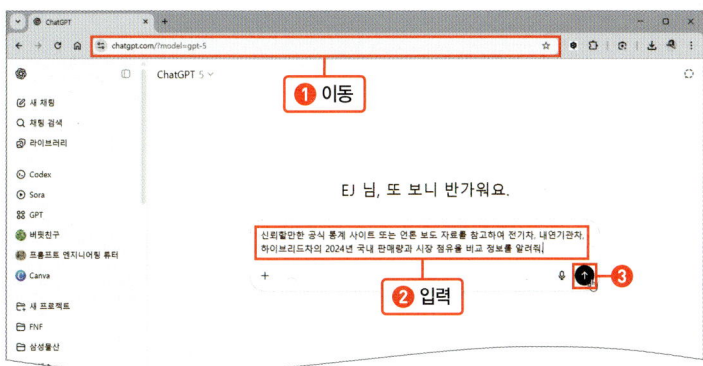

Tip
실습에 나온 프롬프트를 직접 입력하거나 부록 실습파일에서 '프롬프트.txt'의 텍스트를 복사하여 사용하면 편리합니다. ChatGPT의 답변이 마음에 들지 않는다면, ⟳의 [다시 시도하기]를 클릭하여 새로운 답변을 받아보세요.

② ❶ [ChatGPT] 채팅 창에 2024년 판매량과 시장 점유율 정보가 요약되었다면 **이 내용을 표와 그래프로 시각화해줘.**라고 입력하고 ❷ ↑를 클릭합니다.

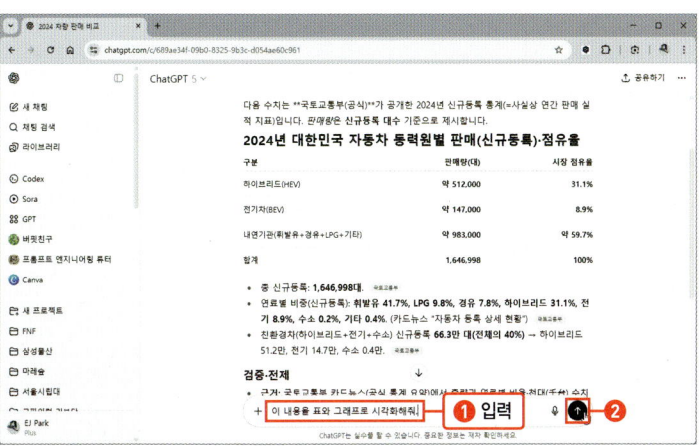

③ 표와 그래프로 시각화되었지만 수정할 부분이 있다면 ❶ 채팅 창에 다음과 같이 입력하고 ❷ ↑를 클릭하세요.

> **프롬프트**
>
> 차트 색상은 초록색 계열을 사용하여 점유율은 원형 차트로, 연도별 비교 그래프는 세로막대 차트로 구분하여 표현해줘. 텍스트는 깨지지 않도록 모두 영문으로 변경하고 텍스트를 충분히 크게 표시해줘.

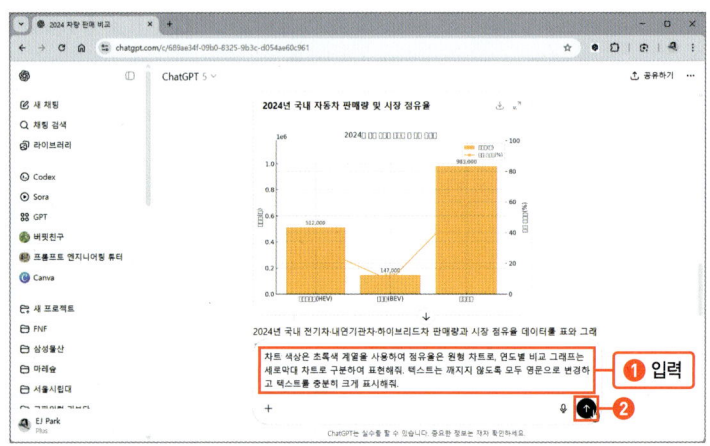

④ ❶ 차트 색상이 초록색 계열로 변경되고 깨져 보이던 텍스트도 영문으로 바뀌어 보입니다. ❷ **텍스트는 더 크게 변경하고, 이 내용을 워드 파일로 다운받을 수 있게 만들어줘.**라고 입력하고 ❸ ↑를 클릭합니다.

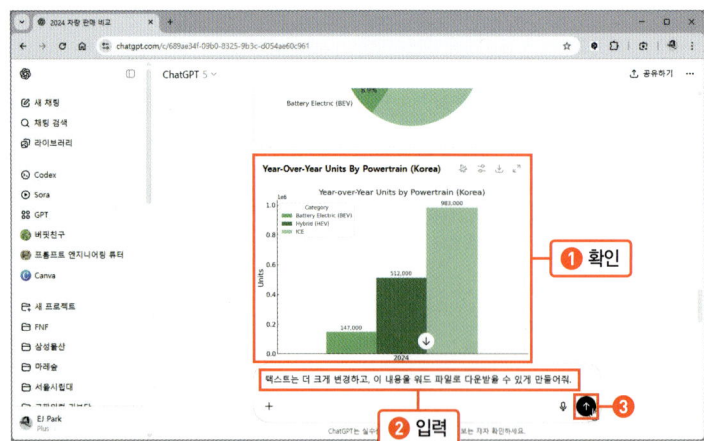

⑤ 생성된 워드 파일의 링크를 클릭해 다운로드하세요.

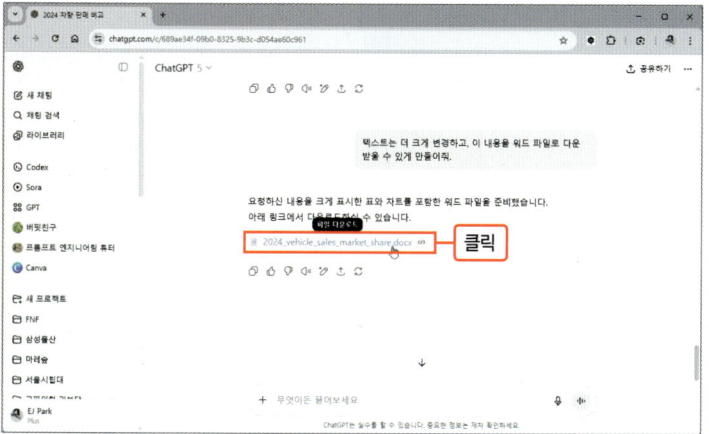

⑥ ❶ 웹 브라우저에서 [다운로드](⬇)를 클릭하고 ❷ 다운로드한 워드 파일을 선택합니다.

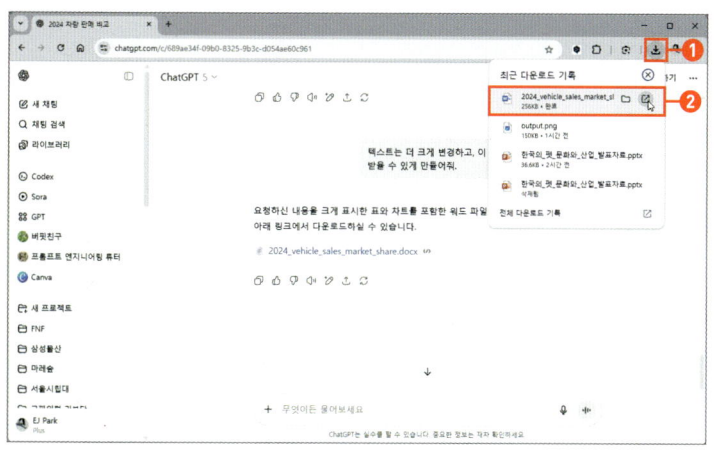

❼ 워드 파일이 열리면 내용을 확인합니다.

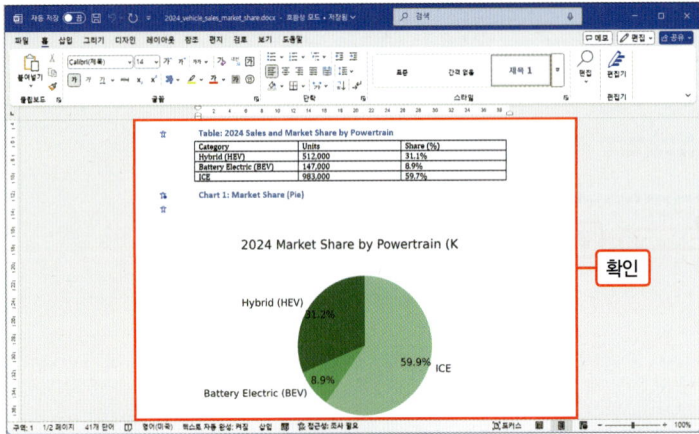

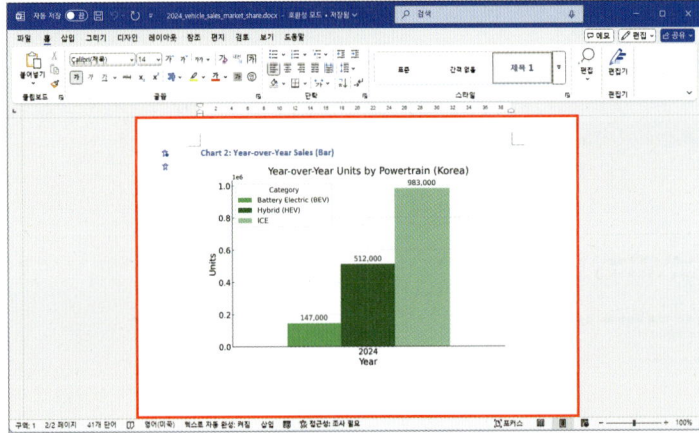

활용도 ■■■

● 실습예제 : 재활용.docx, 프롬프트2.txt
● 완성예제 : 재활용_완성.docx

02 이미지와 그래픽 요소 추천하고 삽입하기
ChatGPT

① AI의 이미지 그리기 기능을 활용해 문서 내용에 맞는 그림을 생성하거나 적절한 이미지를 검색해 삽입해 볼게요. ❶ **ChatGPT 사이트**(www.chatgpt.com)에 접속한 후 ❷ 채팅 창에 다음과 같이 프롬프트 내용을 입력하고 ❸ ↑를 클릭합니다.

> **프롬프트**
>
> 다음과 같이 재활용 단계별로 4컷 만화를 그려줘.
> 1. 비운다: 용기 속 내용물을 깨끗하게 비우기
> 2. 헹군다: 깨끗하게 헹궈 오염 물질 제거하기
> 3. 분리한다: 재질별로 나누고 부피 줄이기
> 4. 배출한다: 정해진 요일과 방법에 따라 정확하게 배출하기

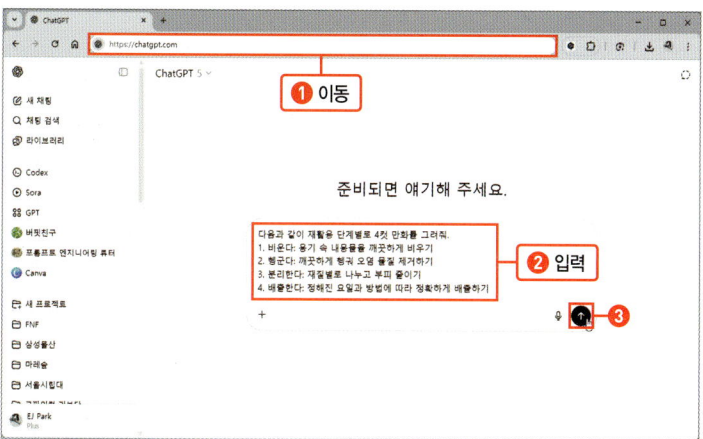

> **Tip**
>
> 프롬프트에 2줄 이상 입력할 때는 Shift + Enter를 눌러서 계속 입력하세요. ChatGPT 프롬프트에 '그려줘'가 포함되거나 [이미지 그리기] 도구를 선택하면 내장 이미지 생성 모델인 DALL·E 3이 이미지를 생성합니다.

❷ 생성된 그림에서 **[다운로드]**(⬇)를 클릭해 다운로드하세요.

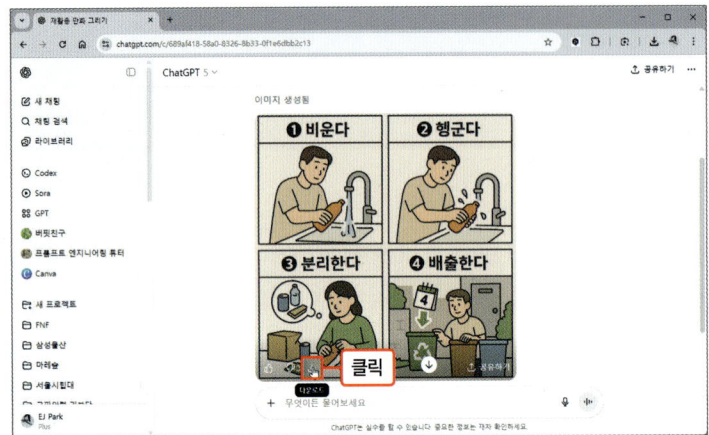

> **Tip**
> 생성된 그림이 마음에 들지 않으면 프롬프트를 다시 입력해 재실행하세요. 그러면 새로운 그림을 만들 수 있어요. 한글이 정확하게 표시되지 않을 수도 있습니다.

❸ ❶ '**재활용.docx**'를 열고 ❷ 2페이지에서 ❸ 빈 공간을 클릭한 후 ❹~❺ **[삽입] 탭-[일러스트레이션] 그룹-[그림]-[이 디바이스]**를 선택합니다.

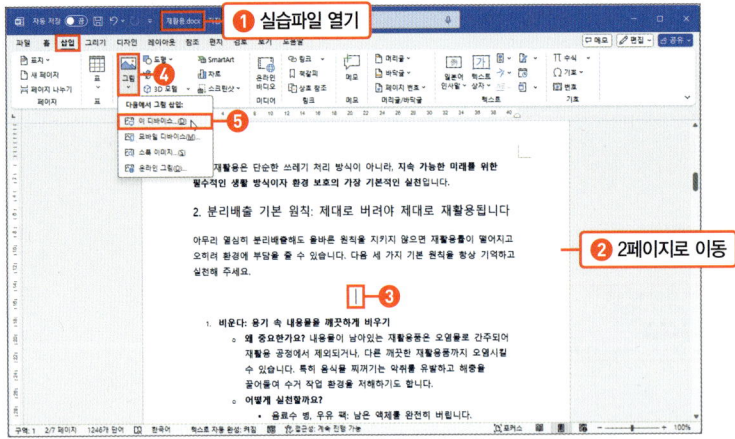

④ ❶ [그림 삽입] 대화상자가 열리면 다운로드한 그림을 선택한 후 ❷ **[삽입]**을 클릭합니다.

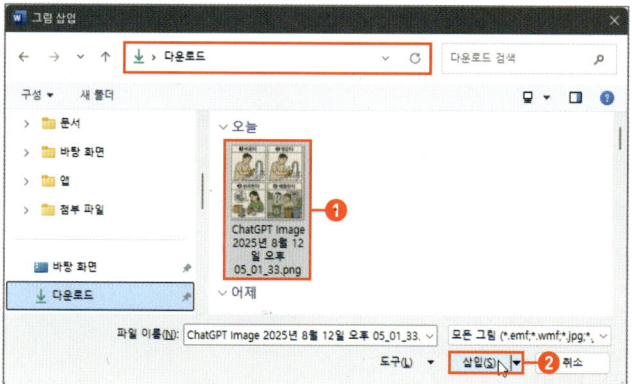

⑤ 문서에 그림이 삽입되면 그림의 크기를 적절하게 조절하세요.

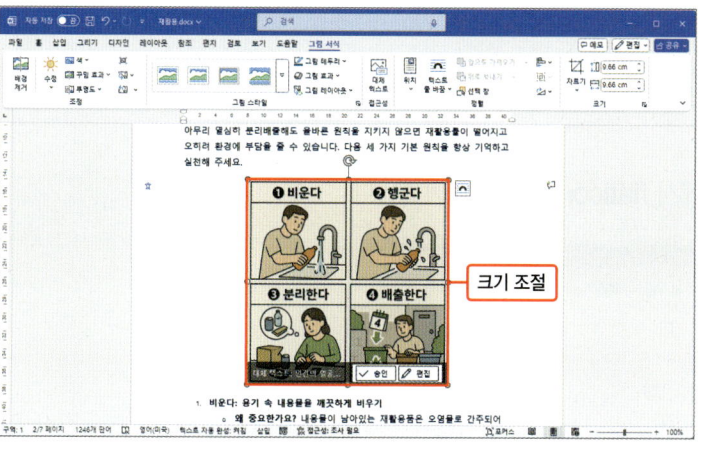

⑥ ❶ ChatGPT에서 [새 채팅]을 클릭하고 ❷ 채팅 창이 열리면 다음과 같이 입력한 후 ❸ ↑를 클릭합니다.

> **프롬프트**
> 보고서에 사용할 재활용품 아이콘이 필요해. 종이, 플라스틱, 병, 캔 모양의 무료 아이콘 사이트를 추천해줘.

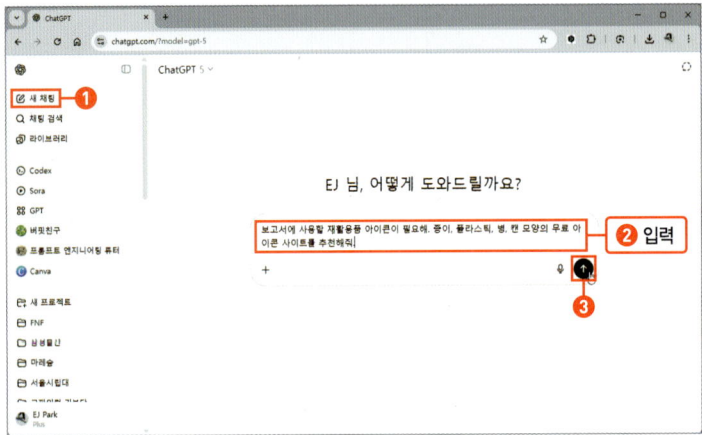

⑦ 무료 아이콘 추천 사이트 중에서 **flaticon.com**을 클릭합니다.

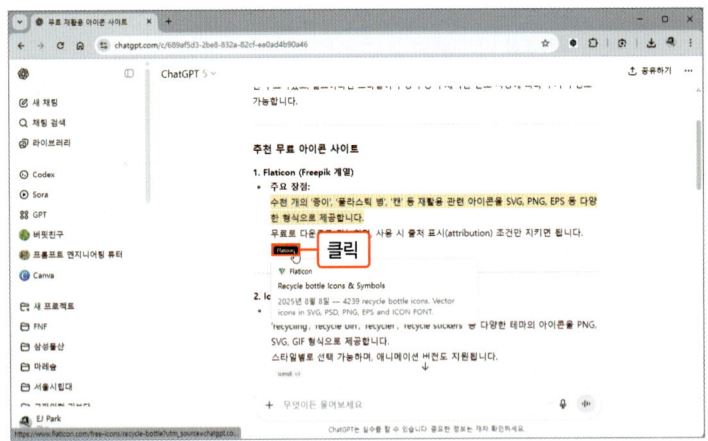

> **Tip**
> 생성형 AI의 실행 결과는 이 책에 나온 화면과 다를 수도 있고 전혀 다른 결과가 나타날 수도 있습니다.

⑧ ❶ Flaticon.com 사이트에 접속하면 ❷ 원하는 이미지를 클릭해 선택하세요.

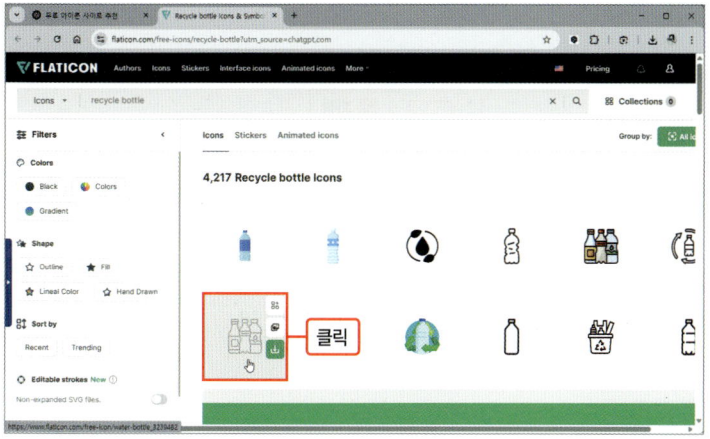

⑨ [Copy PNG]를 클릭해 이미지를 복사합니다.

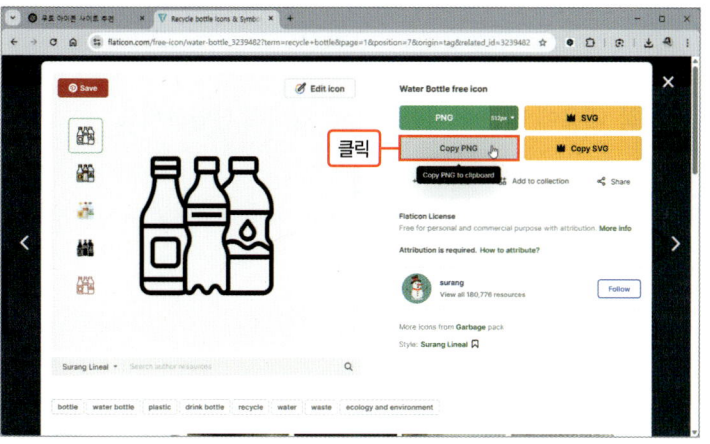

> **Tip**
> PNG 이미지를 클릭하여 다운로드해도 되지만, 노란색 단추는 유료 사용자 전용입니다.

❿ ❶ '재활용.docx'에서 '4. 올바른 분리배출 사례' 부분의 해당 위치에 복사한 그림을 붙여넣고 (Ctrl)+(V) ❷ **[그림 서식] 탭-[크기] 그룹-[도형 높이]**를 **1cm**로 지정합니다.

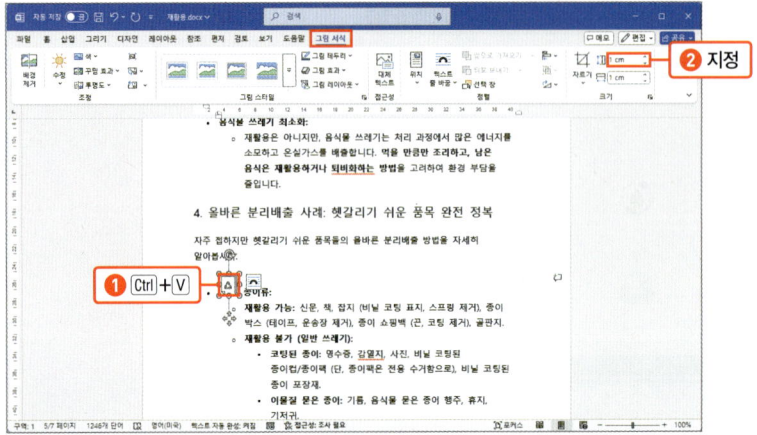

> **Tip**
> 그림의 높이를 설정하면 너비도 자동으로 조절됩니다.

⓫ 이와 같은 방법으로 아래쪽 재활용품 내용에 맞는 아이콘을 각각 검색해 삽입하세요.

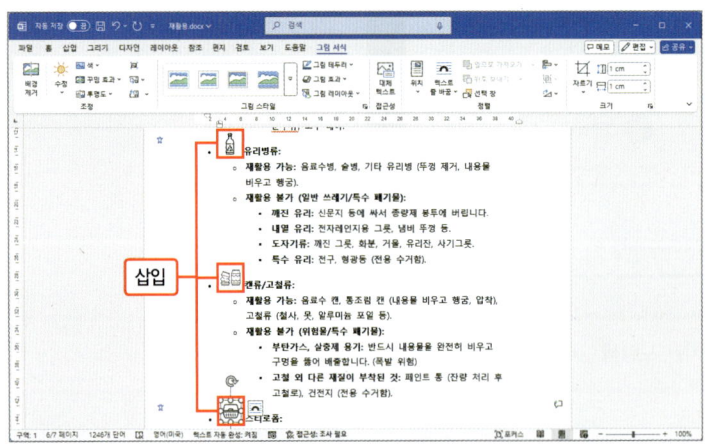

> **Tip**
> 아이콘의 색깔, 윤곽 여부, 윤곽선 두께 등은 같은 유형으로 통일해서 문서의 일관성을 유지하는 것이 좋아요.

● 실습예제 : 전기차.docx, 프롬프트3.txt
● 완성예제 : 전기차_완성.docx

활용도

문서 요약하고 내용 보완하기

① 코파일럿을 활용하면 문서를 요약하고 웹 검색을 통해 내용을 보완할 수 있어요. ❶ **[홈] 탭-[Copilot]**을 클릭하고 ❷ 화면의 오른쪽에 [Copilot] 채팅 창이 열리면 **문서의 각 섹션을 간단히 요약해 줘**라고 입력한 후 ❸ **[보내기]**(▶)를 클릭합니다.

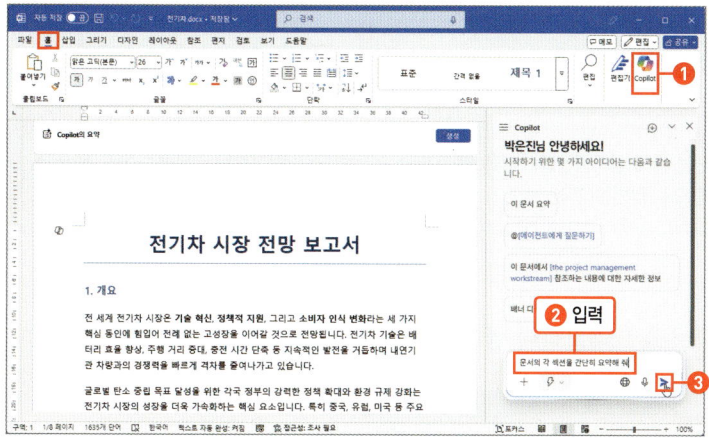

Tip
[Copilot] 채팅 창의 [이 문서 요약]을 클릭해도 됩니다.

② 섹션별로 결과가 요약되면 '2. 2024년 전기차 판매 현황 분석:' 끝부분에 있는 출처 링크 번호를 클릭해서 요약 내용의 출처 정보를 확인할 수 있습니다.

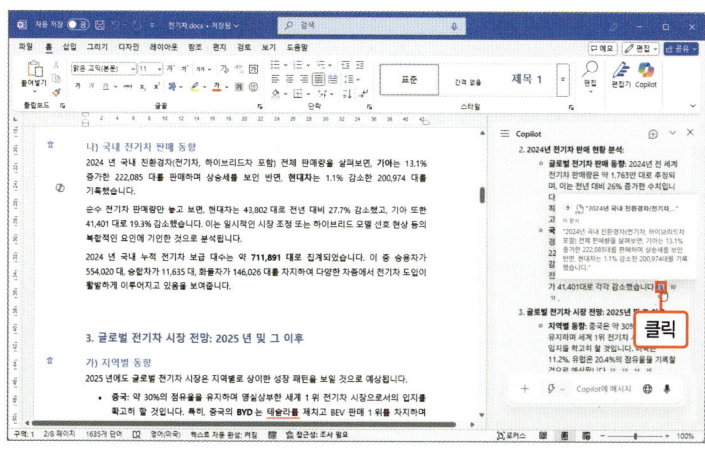

Tip
출처 링크 번호(linked references)는 AI의 요약 방식에 따라 실행될 때마다 달라질 수 있어요. 따라서 항상 같은 번호가 표시되는 것은 아닙니다.

③ ❶ [Copilot] 채팅 창에 **최근 3년간 국내 전기차 중 하이브리드차의 등록 비율 추이를 알려줘**라고 입력하고 ❷ **[웹 콘텐츠]**(🌐)를 클릭해 기능을 활성화한 후 ❸ **[보내기]**(▶)를 클릭합니다.

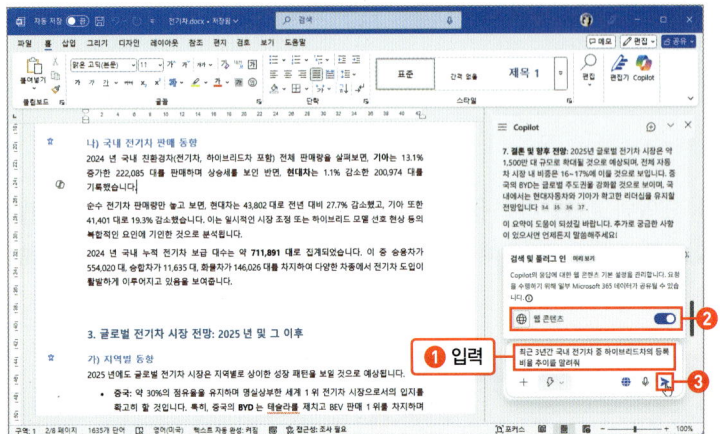

> **Tip**
> 웹 콘텐츠를 활성화하면 Bing 등 검색 엔진을 통해 실시간 인터넷 정보를 조회할 수 있어요. 비활성화된 경우에는 워드 문서 내용, Outlook 메일, OneDrive 문서 등을 바탕으로 답변합니다.

④ 코파일럿의 실행 결과 답변 내용을 드래그하여 범위로 지정하고 Ctrl + C 를 눌러 복사합니다.

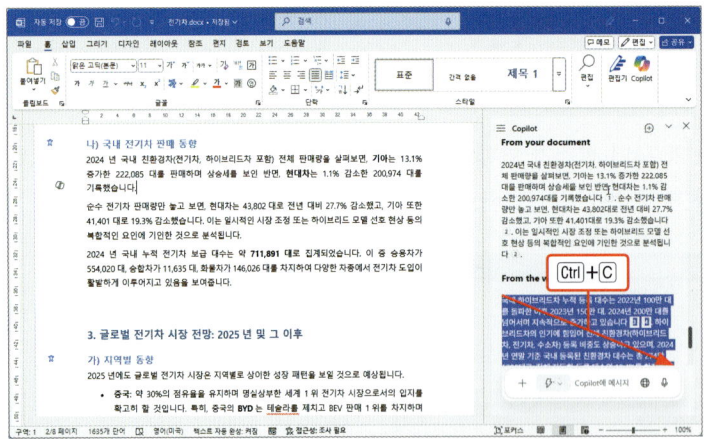

> **Tip**
> AI의 생성 결과는 매번 달라질 수 있으며 'From the web'과는 다른 형태로 답변될 수도 있습니다. 결과가 마음에 들지 않으면 다시 시도해 보세요.

5 ❶ '나) 국내 전기차 판매 동향'의 마지막 부분을 클릭한 후 ❷ Ctrl + V 를 눌러 복사한 내용을 붙여넣어 문서를 보완합니다.

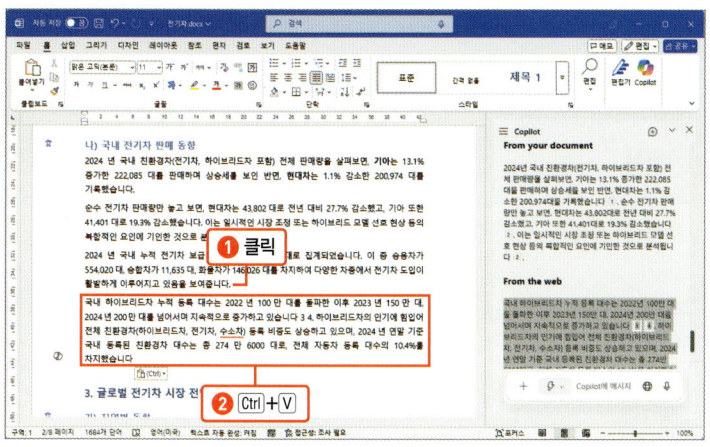

찾아보기

단축키

Ctrl + *	67
Ctrl + A	16
Ctrl + C	39, 42
Ctrl + H	9
Ctrl + Shift + C	12, 15, 52, 55
Ctrl + Shift + J	20
Ctrl + Shift + V	12, 15, 52, 55
Ctrl + V	39, 43
Esc	60, 71
F4	37, 55
F7	100
Shift + Enter	92, 111
Tab	19

영어

AI	90
AVERAGE	36
ChatGPT	103
Copilot	91, 97
[Copilot] 채팅 창	98
[Microsoft Word의 차트] 창	43
[Word 옵션] 창	15, 21

한글

ㄱ~ㄹ

가로 텍스트 상자 그리기	26
[고급] 탭	14
구역	63
구역 나누기(다음 페이지부터)	68
균등 분할	20
[그림 삽입] 대화상자	24, 58, 113
[글꼴] 대화상자	13
[글꼴 바꾸기] 대화상자	10
[글꼴] 탭	10
글머리 기호	55
[기호] 대화상자	51
나누기	64, 68
눈금자	18
다단계 목록	53
다시 생성	93
단락 기호	21
[단락] 대화상자	17, 29, 82
[데이터 원본 선택] 대화상자	43
도형 채우기	27
들여쓰기	51
[레이아웃] 대화상자	25

ㅁ~ㅂ

머리글	57
머리글/바닥글 닫기	62
머리글 제거	60
모두 바꾸기	11
목록 수준 변경	53
[목차] 대화상자	85
[목차 옵션] 대화상자	86
묶은 세로 막대형 차트	42
문자 모양	12
바꾸기	9
바닥글	60
번호 매기기	49, 54, 73
[번호 매기기 값 설정] 대화상자	54
보조 축	44
분수	31
붙여넣기	39

ㅅ~ㅈ

상하형 분수	31
[새 글머리 기호 정의] 대화상자	50
서식 복사	14
[서식에서 새 스타일 만들기] 대화상자	74
선 및 단락 간격	16
선택 영역과 일치하도록 중제목 업데이트	82
수식	30
[수식] 대화상자	36
스타일 만들기	73
[스타일 수정] 대화상자	78
용지 방향	66
[음영] 탭	79
위 첨자	32
이 디바이스	23
이전 머리글에 연결	70
[자세히] 단추	26, 73
장평	12
줄 간격 옵션	16, 28

ㅊ~ㅎ

[차트 스타일] 단추	45
[차트 종류 변경] 대화상자	44
[찾기 및 바꾸기] 대화상자	9
코사인 함수	30
코파일럿	91
[탭] 대화상자	18
[테두리 및 음영] 대화상자	78
텍스트 맞춤	28
[텍스트 배치] 탭	25
텍스트 상자	26
[텍스트 자동 맞춤] 대화상자	20
평체	13
페이지 나누기	69
페이지마다 머리글 행 반복	41
페이지 번호	61
[페이지 번호 서식] 대화상자	62
편집 기호 표시/숨기기	67
표 분할	38
프롬프트 편집	92
함수	30
행/열 전환	43